KB186607

무용
김태길 전집

한국 윤리의 재정립

우송
김태길 전집

한국 윤리의 재정립

철학과 현실사

1980년대 충북 중원의 생가 앞에서

철학개론 강의노트

머리말

1986년 2월에 정년퇴임을 기념하는 고별 강의가 있었을 때, 나는 새로 구상한 한 권의 저서를 위한 서장(序章) 원고를 낭독함으로써 그 강의를 대신하였다. 내가 새로운 책을 한 권 쓰겠다는 예고를 한 셈이었다. 나의 학문을 정리하는 의미를 담은 책 한 권을 꼭 쓰고 싶었던 것이고, 그것을 예고함으로써 끝까지 쓰지 않을 수 없도록 나 자신을 구속하자는 뜻이 숨어 있었다.

만 65세가 넘었으니 싫어도 '할아버지'라는 호칭을 감수해야 할 처지였고, "늙은이의 건강이란 믿을 수 없다(老健不信)."는 것이 옛날부터의 상식이므로, 나는 그 구상 중인 책을 완결짓지 못할 가능성도 염두에 두었다. 그래서 "내가 만약 계획 중인 책의 원고를 끝까지 못 쓸 경우에는, 후학 중에서 누가 그 끝마무리를 대신해 주면 고맙겠다."는 사족을 붙여 두었다.

나이가 들면 일의 능률이 떨어진다. 부지런히 원고를 쓰느라고 힘을 쏟았으나, 탈고하기까지 약 5년이 걸렸다. 『변혁 시대의 사회철학』이라는 이름을 붙여서 세상에 내놓은 것은 1990년 3월이었다.

어쨌든 시작했던 저술의 끝마무리를 보게 된 것이 기뻤고, 그것으로써 연구 업적에 들어가는 저술에 종지부를 찍었다고 생각했다. 이제는 가벼운 글이나 써 가며 여생을 보내자는 안이한 생각이 자연스럽게 받아들여졌던 것이다. 그러한 안이한 자세로 약 2년 동안 빈둥거렸다. 그러는 가운데 연구서적을 저술하는 일의 어려움에 대한 기억이 흐려졌고, 책을 한 권 더 써보자는 생각이 고개를 들었다.

김영삼 정권이 '개혁(改革)'을 앞세운 것과 때를 같이하여, 여기저기서 '도덕성(道德性)'을 주제로 삼는 토론의 모임이 잇따라 열렸다. 나도 그런 모임에 가끔 참석하게 되었고, 그럴 때마다 토론의 흐름이 복고주의적이고 상식의 수준을 맴돈다는 느낌을 가졌다. 복고풍의 상식을 바탕으로 삼아 현대 한국의 도덕성 문제를 다루어서는 안 된다는 것이 나의 지론이었고, 때늦은 감이 있었으나 『한국 윤리의 재정립』이라는 이름의 책을 한 권 써야겠다는 생각을 갖게 되었다.

사람들은 '도덕성의 회복'이라는 말을 즐겨서 사용하였고, 윤리(倫理)라는 것을 만고불변하는 도덕률의 체계라고 생각하는 분위기가 압도하였다. '도덕성의 회복'이라는 말 배후에는 옛날의 우리나라를 도덕성이 높은 나라로 믿는 전제가 있고, 윤리를 만고불변의 규범으로 보는 생각은 윤리에 관한 논의를 냉엄한 역사적 현실로부터 떨어지게 만들 염려가 있다. 성선설(性善說)과도 깊은 관계가 있는 저 믿음과 이 생각에 대한 비판적 고찰이 앞서야 한다는 것이 나의 지론이다.

서장(序章)에 해당하는 1장에서 나는 윤리라는 것이 인간성(人間性)에 근거를 둔 삶의 지혜라는 견해를 다시 정리하여 내놓았다. 2장에서부터 6장까지에서는 우리 조상들이 어떠한 태도로 인생을 살았으며 그들의 사회가 가졌던 도덕성 또는 부도덕성이 어떤 것이었나를 큰 줄거리나마 더듬어 보고자 하였다. 그러나 이 역사적 탐구는 자료와 시간의 제한으로 인하여 매우 미흡한 수준에 머물렀다. 7장에서는 현대 한국을 위한 윤리의 기본과 그 전략을 고찰하였고, 8장에서는 현대 한국의 윤리 문제를 가정과 직장 그리고 일반 사회의 것으로 나누어서 약간 구체적으로 다루어 보았다. 그리고 끝으로 9장에서는, 윤리의 문제는 결국 인간 교육의 문제로 돌아간다는 생각에 따라서, 인성(人性) 교육 내지 가치관(價値觀) 교육의 문제를 불충분한 대로 이모저모 살펴보았다.

이 저서는 그 진행 과정에서 한국학술진흥재단의 연구조성비를 받았다. 이 자리를 빌려 감사의 뜻을 표시하는 바다.

1995년 8월

김 태 길

차례

머리말 — 7

1장 윤리란 무엇인가 — 15
  1. 경험적 현실로서의 윤리 규범 — 17
  2. 절대론적 윤리설과 윤리학적 회의 — 25
  3. 삶의 지혜로서의 윤리 — 32
  4. 가치의 세계 — 39
  5. 가치설과 윤리의 문제 — 48

2장 통일신라시대까지의 윤리적 상황 — 61
  1. 고조선 — 65
  2. 삼국시대 — 71
  3. 통일신라시대 — 90

3장 고려시대의 윤리적 상황 — 107
  1. 무속 신앙과 고려의 불교 — 109
  2. 유교 사상과 그 반대 세력 — 116
  3. 무인 정권 시대의 민심과 사회상 — 126
  4. 고려 말기의 윤리적 상황 — 134
  5. 찬양받은 덕목과 그 실천 사례 — 141

4장 조선시대의 윤리적 상황 — 157
  1. 유교적 덕치 국가 건설의 이념 — 159
  2. 조선 초기의 교화 정책 — 167
  3. 대가족제도의 질서와 양반들의 세력 싸움 — 178
  4. 전란과 당쟁의 세월 — 187

5. 조선 말기의 내우외환 ─ 198

6. 조선시대 윤리적 상황의 밝은 측면 ─ 207

5 장 구한말과 일제시대의 윤리적 상황 ─ 219

1. 일본 제국주의의 침략과 민족의 수난 ─ 221

2. '개화'에 대한 염원과 현실의 어려운 여건 ─ 230

3. 일제시대의 정신 풍토 개관 ─ 237

4. 민족주의와 가족주의 ─ 246

5. 개화 속의 남존여비 ─ 257

6. 농민과 도시인 ─ 264

6 장 해방 이후: 남한의 상황 ─ 269

1. 도덕적 무정부 상태와 좌우익의 갈등 ─ 271

2. 금전만능과 향락 그리고 이기주의 ─ 280

3. 흔들리는 가족 윤리 ─ 290

4. 남녀관(男女觀)과 성 윤리 ─ 295

5. 전통 의식과 시민 의식 ─ 300

6. 자유민주주의의 허실 ─ 308

7 장 현대를 위한 한국 윤리: 기본과 전략 ─ 315

1. 도덕성 제고의 전제 조건 ─ 317

2. 새 시대를 위한 한국 윤리의 주춧돌 ─ 326

8 장 현대를 위한 한국 윤리: 가족, 직장, 사회 ─ 341

1. 현대의 가족과 그 윤리 ─ 343

2. 현대사회에서의 직업과 직업윤리 ─ 358

3. 질서 있고 평화로운 사회를 위한 주요 덕목 ― 375

9장 인간 교육 ― 387
1. 인간 교육의 핵심: 가치관 교육 ― 389
2. 인간 교육이 실패하게 된 사유 ― 398
3. 인간 교육의 목표: 바람직한 인간상 ― 407
4. 인간 교육의 방안 ― 415

참고문헌 ― 430

1장
윤리란 무엇인가

1. 경험적 현실로서의 윤리 규범
2. 절대론적 윤리설과 윤리학적 회의
3. 삶의 지혜로서의 윤리
4. 가치의 세계
5. 가치설과 윤리의 문제

1장 윤리란 무엇인가

1. 경험적 현실로서의 윤리 규범

깊이 잠들었을 경우나 '식물인간'의 경우는 다르겠으나, 우리는 살아 있는 동안 어떤 행위를 하기 마련이다. 삶이란 곧 행위의 연속이라고 하여도 과언이 아닐 정도로 인간은 항상 여러 가지 행위를 한다. 그런데 우리가 충동을 따라서 아무렇게나 행위하여도 좋은 것은 아니며, 적어도 집단생활을 하는 곳에서는 행위의 제약을 가하는 규범이 있다. 아무리 자유주의를 표방하는 사회라 하더라도 아무렇게나 행동해도 좋은 것은 아니다. 하고 싶어도 해서는 안 되는 행위가 있고, 하기 싫어도 해야 하는 행위가 있다고 사람들은 생각한다. 예컨대, 현재 우리나라에서는 두 사람 이상의 배우자를 동시에 갖는 것은 '해서는 안 되는 행위'로 인정되고 있으며, 갚기로 약속을 하고 빌린 돈을 반환하는 것은 '하기 싫어도 해야 하는 행위'로 인정되고 있다.

인간 집단이 있는 곳에서는 어디에서나 찾아볼 수 있는 사회규범에도 여러 가지가 있어서, 우리는 그것들을 흔히 관습(慣習)과 법(法), 그리고 도덕률(道德律)로 나눈다. 예컨대, "악수를 청할 때는 왼손을 내밀어서는 안 된다."는 규범은 관습이요, "모든 차량은 우측으로 통행해야 한다."는 규범은 법적 규정이다. 그리고 "노약자를 도와주어야 한다." 또는 "말과 행동이 일치하도록 힘쓰라." 하는 따위의 규범은 도덕률에 해당한다. 우리 사회에는 여러 가지의 도덕률이 있거니와, 여러 가지 도덕률을 하나로 묶어서 그 전체를 지칭할 때는 '윤리(倫理)' 또는 '도덕(道德)'이라는 말을 사용한다. (직업에 관한 도덕률들을 하나로 묶어서 '직업윤리'라 부르고, 방송에 관한 여러 도덕률을 하나로 묶어서 '방송 윤리'라는 말로 부른다. 그러나 '직업 도덕'이니 '방송 도덕'이니 하는 말은 별로 사용하지 않는다.)[1]

관습과 법과 윤리 가운데서 가장 근본적이며 중요한 것은 윤리의 규범이다. 왜냐하면 우리는 관습 가운데서 존중해야 할 것과 타파해야 할 것을 분간하고, 법률 가운데서도 정당한 것과 부당한 것을 구별해야 할 필요성에 부딪칠 경우를 경험하거니와, 이런 경우에 관습 또는 법률을 평가하는 기준이 되는 것은 윤리이기 때문이다. 다시 말해서, 참된 윤리가 요구하는 바와 일치하지 않거나 조화되기 어려운 관습이나 법률은 올바른 사회규범으로서의 자격을 인정받을 수 없기 때문이다.

모든 사회규범의 근간이라고 볼 수 있는 윤리는 도대체 어디에서 온 것이며, 우리가 그것을 존중히 여겨야 할 이유는 무엇일까? 윤리란 선천적으로 정해져 있는 것인가, 또는 인간의 사회생활 내지 경험에 근거를 두고 생긴 역사적 산물인가? 도대체 윤리의 본질은 무엇인가? '윤리'라는 말의 뜻을 살피

---

1 '윤리'와 '도덕'은 엄밀하게 같은 뜻을 가진 말은 아니다. 그러나 우리들의 일상 생활에서는 이 두 말을 거의 같은 뜻으로 사용할 경우가 많으며, 근래에는 전문적 학자들도 그 구별에 구태여 신경을 쓰지 않는 경향이 있다. 다만 일반적으로 말해서, 인간 사회의 **규범**을 의미할 때는 '윤리'라는 말이 많이 쓰이고, 윤리를 존중하는 사람들의 **심성(心性)** 또는 **덕행(德行)**을 가리킬 때는 '도덕'이라는 말을 많이 사용한다.

는 일에서부터 이 물음에 접근하는 실마리를 찾아보기로 하자.

'윤리(倫理)'라는 한자어의 윤(倫) 자는 '사람 인(人)'과 '뭉치 윤(侖)'을 합해서 된 글자로서 인간 집단을 가리키는 글자다. 그리고 리(理)라는 글자는 석리(石理), 목리(木理), 또는 도리(道理)라는 말에서 알 수 있듯이, '결' 또는 '길'을 가리키는 한자다. 그러므로 '윤리'라는 말의 기본적인 뜻은 '인간 사회의 결 또는 길'이라고 풀이할 수 있을 것이다.

나무에는 나무의 결이 있고, 돌에는 돌의 결이 있다. 나무를 깎는 목수는 나무의 결을 따라서 대패질도 하고 톱질도 해야 한다. 돌을 다듬는 석수가 돌의 결을 무시하면 좋은 석조물을 만들기 어렵다. 그와 마찬가지의 논리를 따라서, 인간 집단이 원만한 사회생활을 영위하고 그 집단의 성원 각자가 만족스러운 삶을 누리기 위해서는, 사람들의 행위가 인간 사회의 결(理) 또는 길(道)을 벗어남이 없어야 한다. 그 인간 사회의 결 또는 길에 해당하는 것이 바로 '윤리'라는 사회규범이다.

윤리는 여러 개의 도덕률로 구성되어 있다. "거짓말을 하지 말아라." "훔치지 말아라." "약속을 지켜라." "간음하지 말아라." 등등 여러 가지 도덕률이 집합하여 '윤리'라는 사회규범을 형성한다. 그렇다면 이 윤리의 구성요소인 도덕률(moral rules)은 도대체 어떤 연유로 생긴 것일까? 다시 말해서, 윤리라는 것은 어떠한 기원(起源)을 가지고 있는 것일까?

윤리의 기원 또는 그 근거에 관한 학설을 우리는 크게 두 부류로 나눌 수 있다. 하나는 윤리의 근거가 인간 이전에 이미 주어졌다고 보는 견해이며, 또 하나는 그것을 인간 역사의 경험적 산물이라고 보는 견해다.

윤리의 근거가 인간 이전에 미리 주어졌다는 견해도 다시 두 가지로 나눌 수 있다. 그 하나는 '신학적 윤리설'이라고 볼 수 있는 것으로서, 신이 우주를 창조하고 인간을 창조했을 때 "훔치지 말아라." "간음하지 말아라." 등등의 계율을 내렸다는 주장이다. 모든 세세한 도덕률을 신이 내려 주었다는 주장은 아니며, 기본적인 것 몇 가지만 신이 명령했다고 주장하는 것이 보통이다. 그 몇 가지 기본 원칙으로부터 세세한 구체적 도덕률이 도출된다는 것이다. 예컨대, "버스나 지하철을 탈 때는 줄을 서서 차례를 기다려라." 또는 "지정된 장소가 아닌 곳에서는 담배를 피우지 말아라." 하는 따위의 현대적 도덕률을 신이 우주를 창조했을 때 이미 내려 주었다고 보기보다는 "네 이웃을 사랑하라."는 기본 원칙에서 그것들을 도출할 수 있다고 보는 것이다.

윤리의 근거가 인간보다 앞서서 이미 주어졌다는 견해의 또 하나는 '형이상학적 윤리설'이라고 부를 수 있는 성질의 것이다. 어떤 인격신(人格神)이 있어서 인간에게 도덕률을 내려 주었다고 보는 대신, 우주 자연의 이법(理法) 원리 속에 도덕률의 근원이 있다고 보는 견해가 이 분류에 속한다. 예컨대, 천지자연은 이미 정해진 이법을 따라서 운영되기 마련이며 자연의 일부인 인간도 이 이법을 따라야 한다는 전제 아래, 우주 자연을 지배하는 그 이법이 윤리의 근본원리에 해당한다고 주장하는 학설은 이 부류에 속한다. 그리고 우주는 어떤 목적을 가진 체계라고 믿는 목적론적 세계관에 입각하여 인간도 이 우주의 목적 실현을 위해서 이바지해야 할 존재로 보고, 우주의 목적 실현에 부응하는 모든 행위는 옳은 행위요, 이에 역행하는 행위는 그릇된 행위라고 보는 학설도 이 부류에 속한다.[2]

신학적 윤리설은 신앙에 바탕을 두고 있다. 종교적 신앙의 문제는 '믿음'의 문제이며, 엄밀한 의미의 '앎'의 문제와는 근본이 다르다. '앎', 즉 인식의 문제와 다르다 함은 그 진위(眞僞)를 이론적으로 따져서 가릴 수 있는 문제가

---

2 음양(陰陽) 또는 오행(五行)의 이법이 우주를 지배한다는 전제 아래, 인간도 그 이법을 따라서 순리(順理)대로 사는 것이 올바른 삶의 길이라고 보는 중국의 전통 사상은 전자의 대표적인 것이다. 그리고 목적론적 세계관에 입각한 형이상학적 윤리설을 주장한 학자의 대표로서는 고대 그리스의 아리스토텔레스(Aristoteles)를 들 수 있다.

아니라는 뜻이다. 예를 들자면, 기독교의 십계명(十誡命)은 하나님이 모세에게 내린 것으로 되어 있다. 이 이야기는 우리가 그것을 믿을 경우도 있고 믿지 않을 경우도 있으나, 이 이야기가 참인지 아닌지를 이론적으로 증명할 수는 없다. 성경에 그런 말이 적혀 있고 또 성지로 알려진 곳의 바위에 그런 말이 새겨져 있다 하더라도, 그것이 충분한 증거가 되기는 어렵다. 한편 그것이 사실이 아닌 조작이라는 것을 증명할 길도 없다. 그것은 어디까지나 믿음의 문제다.

형이상학적 윤리설도 그 주장하는 바가 참이라는 것을 경험적 근거에 의존해서 증명할 수 없기는 신학적 윤리설의 경우와 비슷하다. 그러나 형이상학적 윤리설이 종교적 신앙에 바탕을 두었다고 말하기는 어렵다. 형이상학적 윤리설에도 어떤 '믿음'의 요소가 포함되어 있음은 사실이나, 그 믿음은 우리가 보통 말하는 '종교적 신앙'과는 성질이 다르다. 그 다른 점을 명백하게 밝히기는 쉬운 일이 아니다. 다만 종교적 신앙에는 정(情)의 요소가 압도적인데 비하여, 형이상학을 떠받들고 있는 '믿음'에는 지적(知的) 요소가 상당히 강하다고 말할 수 있을 것이다.

현대의 경험과학적 사고방식을 따르는 사람들은 윤리라는 것이 인간보다 앞서서 어떤 초월적 존재의 힘에 의해서 미리 주어졌다는 견해를 받아들이지 않는다. 그들은 윤리를 인간의 사회생활 과정에서 필요에 의하여 생겨난 역사적 산물이라고 주장한다. 윤리의 근거를 인간의 사회생활의 경험에서 찾으려는 견해도 여러 가지 학설로 나누어 볼 수 있겠으나, 그 공통된 줄거리는 대략 다음과 같이 요약될 수 있을 것이다.

인간은 옛날부터 집단을 이루고 사회적 존재로서 살아왔다. 집단생활에서는 한 개인의 행위가 그 행위자에게 어떤 결과를 가져올 뿐 아니라 집단의 공동 이익과 타인에 대해서도 영향을 미친다. 그러므로 같은 집단에 속하는 사람들은 서로의 행위에 대해서 깊은 관심을 갖기 마련이고, 그들의 행위가 집단 또는 타인에게 미치는 결과 여하에 따라서 '옳다' 또는 '그르다'는 평가를 내리기가 쉽다.

예컨대, 함께 어울려서 농사를 지으며 사는 사회에서는 부지런한 사람이 칭찬을 받는 반면에, 게으름을 피우는 사람은 비난의 대상이 된다. 공동 작업으로 사냥을 하여 생계를 유지하는 족속의 사회에서는 날쌔고 용감한 행위가 칭찬을 받는 반면에, 굼뜨고 비겁한 행위는 비난을 받을 것이다. 일반적으로 말해서, 거짓말, 도둑질, 욕심 따위와 같이 집단생활에 지장을 초래하는 행위들은 '해서는 안 될 행위'로서 비난의 대상이 되기 쉽고, 정직, 자기희생, 이웃 돕기 등 집단생활을 위해서 도움이 되는 행위들은 '마땅히 해야 할 행위'로서 칭찬의 대상이 될 공산이 크다.

모든 집단에는 그 집단을 통솔하는 힘을 가진 개인 또는 계층이 생기기 마련이고, 지배적 세력을 가진 개인 또는 계층은 '해서는 안 될 행위'로서 비난의 대상이 되는 행위를 억제하는 방향으로 영향력을 행사하는 반면에, '마땅히 해야 할 행위'로서 칭찬의 대상이 되는 행위는 권장하는 방향으로 영향력을 행사하게 된다. 이러한 상태가 오래 지속되는 가운데 거짓말, 도둑질, 욕심 따위의 행위에 대해서는 '해서는 안 될 행위'라는 고정관념이 형성되고, 정직, 자기희생, 이웃 돕기 등 칭찬의 대상이 되는 행위에 대해서는 '마땅히 해야 할 행위'라는 고정관념이 형성된다.

'해서는 안 될 행위' 또는 '마땅히 해야 할 행위'에 관한 고정관념이 언제나 그 사회의 공동 이익에 일치하도록 형성되는 것은 아니다. 다시 말하면, '해서는 안 될 행위'로 알려진 행위 **모두가 반드시** 그 사회를 위해서 좋지 않은 결과를 초래할 공산이 크다고 보기 어려우며, '마땅히 해야 할 행위'로 알려진 **모든** 행위가 **반드시** 그 사회를 위하여 좋은 결과를 가져올 가능성이 크다고 말하기도 어렵다. 바꾸어 말하면, '해서는 안 될 행위'로 알려진 행위 가운데도 사회를 위해서 나쁠 것이 없는 행위가 있고, '마땅히 해야 할 행위'로 알려진 행위 가운데도 사회를 위해서 바람직하지 않은 것이 있을 수 있다.

조선시대에는 과부의 재혼을 '해서는 안 될 행위'로 생각하는 사람들이 압도적으로 많았다. 그러나 과부의 재혼이 사회 전체에 대하여 불이익을 초래했다고 보기는 어렵다. 지금도 우리나라에서는 결혼식이 끝난 뒤에 폐백의 절차를 갖는 것이 '마땅히 해야 할 일'이라고 생각하는 사람들이 많으며, 정초에 어린이들에게 세뱃돈을 주는 것도 '마땅히 해야 할 일'로 생각하는 사람들이 많다. 그러나 폐백의 절차나 세뱃돈의 관습이 반드시 우리 사회를 위해서 좋은 결과를 가져오리라고 말하기는 어렵다.

사회 전체의 이익과 인과관계가 없는 행위에 대해서도 '마땅히 해야 할 행위' 또는 '해서는 안 될 행위'라는 고정관념이 생길 수 있다는 사실은, 그러한 고정관념이 반드시 합리적 근거를 따라서만 생기는 것이 아님을 의미한다. 그러한 고정관념이 합리적 근거 없이도 생길 수 있는 원인의 하나는 강자(強者)들의 이해관계가 행위의 가치에 대한 고정관념을 형성하는 데 결정적 영향을 미칠 수 있다는 사실이며, 그 원인의 또 하나는 오비이락(烏飛梨落) 격으로 우연히 생긴 결과에 대해서 잘못된 인과관계를 인정하는 비과학적 사고 방식이다. 남자의 재혼은 당연시하면서 여자의 재혼은 부당하다고 생각하는 고정관념은 전자의 경우가 될 것이고, 장례식에 참석한 사람이 일정한 시일이 경과하기 전에 결혼식에 참석하면 안 된다는 따위의 고정관념은 후자의 경우라고 볼 수 있을 것이다.

어떠한 사유(事由)에 의해서 생겼든 간에 '마땅히 해야 할 행위' 또는 '해서는 안 될 행위'로서의 고정관념이 생기고, 그것이 사람들의 행동을 규제하는 힘을 갖게 되면, 그 고정관념은 사회규범으로서의 성격을 띠게 된다. 사회생활의 진행 과정에서 자연발생적으로 생긴 규범 가운데 가장 소박한 것이 '관습'에 해당한다. 관습은 이성적(理性的) 반성의 산물이기보다는 단순히 오랜 내력에 의하여 뒷받침되고 있는 사회규범으로서, 더러는 불합리성 내지 맹목성(盲目性)을 가지고 있기도 하다. 조상의 제사를 지낼 때, 남자들은 두 번 절하고 여자들은 네 번 절하도록 되어 있는 예법 따위는 합리적으로 설명하기 어려운 관습의 예가 될 수 있을 것이다.

관습이 경험적으로 형성된 역사적 산물이라는 것에는 의심의 여지가 없다. 윤리의 기원을 경험론적으로 파악하고자 하는 학자들은, 윤리도 그것이 역사적 산물이라는 점에서는 관습과 다를 바가 없다고 주장한다. 다만 관습은 그것이 오랜 전통을 가졌다는 사실로 인하여 존중되는 것임에 비하여, 윤리는 그것이 합리적 근거를 가졌다는 사실 때문에 권위를 인정받게 되었다는 점이 다를 뿐이라고 경험론자들은 설명한다.

어떤 사회규범은 그것을 관습과 윤리 어느 쪽으로 분류해야 옳을지 판단하기 어려울 경우가 있다. 예컨대, 사촌 사이의 결혼을 금지하는 규범을 관습에 지나지 않는다고 보아야 할지, 합리적 근거를 가진 윤리라고 보아야 할지 그 판단이 쉽지 않다. 아마 많은 한국인은 그것을 윤리라고 보아야 옳다고 생각할 것이다. 그러나 사촌 사이의 결혼이 허용되는 나라의 사람들은 한국에서의 사촌간 결혼 금지를 단순한 관습에 불과하다고 생각할 것이다.

우리나라에서는 동성동본(同姓同本)에 속하는 사람들 사이의 결혼을 전통적으로 금지해 왔고, 지금도 그것은 비윤리적이라고 생각하는 사람들이 적지 않다. 그러나 우리 사회에서도 삼혁성(三革姓) 육촌의 혈연을 가진 처녀와 총각의 결혼은 옛날에도 허용하였다. 동성동본의 경우에는 혈연이 아주 멀어도 결혼을 금지하면서 삼혁성의 경우에는 육촌의 가까운 혈연관계가 있어도 결혼을 허용하는 것은 합리적으로 설명하기 어려운 규범이다.[3]

그러나 동성동본 사이의 결혼 금지를 일종의 관습으로 간주할 때는, 사촌 사이의 결혼을 금지하는 것도 관습이라고 주장할 수 있는 꼬투리를 허용하게 된다. 만약 동성동본 사이의 결혼 금지가 일종의 관습이라면, 혈연의 촌수가 얼마 이상이면 결혼 금지가 관습이고 얼마 이내면 윤리적 규범이라는 한계를 짓기가 어려우므로, 모든 근친간의 결혼 금지는 관습이라고 보아야 한다는 논리가 성립할 것이기 때문이다. 실제로 사촌간의 결혼을 허용하는 나라가 더러 있다는 사실도, 근친간의 결혼을 허용하느냐 금지하느냐 하는 문제는 어떤 선천적 원칙을 따라서 결정되기보다는 관습을 따라서 결정된다고 보는 견해를 위해서 유리한 증거의 구실을 한다.

2. 절대론적 윤리설과 윤리학적 회의

어느 나라 어느 사회에나 그 나라 또는 그 사회의 윤리 사상이 있다. 그런데 여러 나라 또는 여러 사회에서 발견되는 윤리 사상 사이에는 다소간 차이점이 있는 것이 보통이다. 같은 나라 또는 사회 안에서도 서로 다른 윤리 사상이 대립할 경우가 있다. 세상에는 농경 사회를 배경으로 삼고 형성된 가족주의적 전통 윤리를 숭상하는 나라도 있고, 산업사회를 배경으로 삼고 형성된 개인주의적 시민 윤리를 신봉하는 사회도 있다. 그리고 현재 우리나라에는 가족주의적 전통 윤리 사상을 오늘에 되살려야 한다고 믿는 사람들도 있고, 개인주의적 시민 윤리를 바탕으로 삼는 새로운 윤리 체계를 정립해야 한다고 믿는 사람들도 있다.

같은 나라 또는 같은 사회 안에서 서로 다른 윤리 사상이 대립하는 상태는 사회적 갈등을 조장하는 상태다. 그러므로 같은 나라 또는 같은 사회 안에서 서로 다른 윤리 사상이 대립할 경우에는, 그 대립을 극복할 수 있도록 하나의

---

3 '갑'이라는 남자의 어머니와 '을'이라는 여자의 어머니가 사촌간일 경우에 갑과 을의 사이는 육촌척(六寸戚)에 해당한다. 이럴 경우에, 갑과 을을 '삼혈성 육촌' 사이라고 부른다. 갑의 아버지와 을의 어머니가 사촌간일 경우보다도 좀 더 먼 관계라고 보는 의미가 담겨 있다.

올바른 윤리 사상 내지 윤리 체계를 정립할 필요가 있다. 그런데 대립된 여러 윤리 사상 가운데서 하나의 올바른 체계를 찾아내거나 또는 그들 밖에서 새로 올바른 윤리 사상 내지 윤리 체계를 정립하자면, 올바른 윤리 사상과 그릇된 윤리 사상을 판별할 수 있는 기준을 발견해야 한다. 윤리 사상의 옳고 그름을 판별하기에 필요한 기준을 발견하여 여러 가지 윤리 사상 가운데서 올바른 것 하나를 정립하는 것은 윤리학자들이 해야 할 일들 가운데서 가장 기본적인 것이다.

여러 국가나 사회에서 '윤리'의 이름으로 불리고 있는 사회규범들 사이에 다소간 차이가 있는 것은, 그 규범들이 각기 그 나라 또는 그 사회의 실정을 반영하고 형성된 경험적 산물이기 때문이다. 바꾸어 말하면, 여러 나라가 가지고 있는 윤리 사상이 다소간 서로 다른 것으로, 여러 나라들의 서로 다른 현실과 전통이 각각 그 나라 윤리 사상에 반영되기 때문이다. 경험적으로 형성된 윤리 사상은 그 배경을 이루는 경험적 조건들의 다양함을 따라서 서로 다른 내용을 담기 마련이다.

여러 나라 또는 여러 사회가 가지고 있는 윤리 사상 사이의 차이가 그 배경을 이루는 경험적 조건들의 다양성에 기인하는 것이라면, 경험적 요소를 제거한 윤리 체계를 찾아냄으로써 여러 경험적 윤리 사상의 거울이 될 수 있는 보편적 윤리의 원형(原型)을 제시할 수 있을 것이다. 이에 옛날부터 대부분의 윤리학자들은 여러 나라의 경험적 특수성의 영향을 제거한 보편적 윤리의 원리를 찾아내는 일을 기본적 과제로 삼았다.

만약에 인간이면 누구나 그것을 실현하기 위해서 노력해야 마땅한 삶의 보편적 목적이 정해져 있다면, 그 보편적 목적이 보편적 윤리의 원리가 될 수 있을 것이다. 만인이 마땅히 추구해야 할 보편적 목적이 존재한다면 그 목적의 실현을 위해서 적합한 행위는 옳은 행위로서 평가될 것이며, 그 목적에 위배되는 행위는 그릇된 행위로서 평가될 것이다. 한 나라의 윤리 사상이 타당성을 갖느냐 못 갖느냐 하는 문제도 그 윤리 사상 속에 포함된 도덕률이 저 보편적 목적 달성에 적합하냐 부적합하냐에 따라서 판가름 날 수 있을 것이다.

역사 위에 기록을 남긴 저명한 철학자들 가운데는, 인간이면 누구나 추구해야 마땅한 삶의 목표가 주어져 있다고 전제함으로써 보편적 윤리의 원리를 제시하고자 꾀한 사람들이 있다. 플라톤, 아리스토텔레스, 스피노자, 헤겔 또는 그린 같은 철학자들은 그러한 목적론자들의 대표적 인물로 볼 수 있다. 이들은 삶의 궁극목적을 인간이 마음대로 정할 수 있다고 본 것이 아니라, 삶의 목적은 이미 선천적으로 주어져 있다고 믿었다. 그런 뜻에서, 그들이 제시한 삶의 목적은 절대성(絕對性)을 가졌다고 주장한 것이며, 우리는 그들을 목적론(目的論)에 입각한 윤리학적 절대론자라고 부를 수 있을 것이다.

목적론에 입각해서 절대론적 윤리설을 주장한 학자들이 여럿 있으나, 그들이 인생의 보편적이며 절대적인 목적을 제시하는 일에 충분히 성공했다고 보기는 어렵다. 그들이 제시한 삶의 목적은 '인격의 완성', '자아의 실현', '이상적 사회의 실현' 등으로 표현되었거니와, 이러한 말로 표현된 목적이 이미 주어진 절대적 목적이라는 점을 논리적으로 밝히는 데 성공한 경우는 없었다. 예컨대, 인격의 완성 또는 자아의 실현이 삶의 궁극목적이라고 주장한 사람들은 왜 그것이 모든 사람들을 위해서 이미 주어진 목적인지를 만족스럽게 밝힐 수가 없었다. 그리고 또 그들은 그들이 제시한 궁극목적의 개념을 명확하게 규정하는 데 성공했다고 보기도 어렵다. 예컨대, '인격의 완성' 또는 '자아의 실현'이 구체적으로 무엇을 의미하는지에 대해서 만인이 수긍할 수 있는 만족스러운 해명을 주지 못하였다.

절대론적 윤리설을 제창한 학자들 가운데는 목적론 대신 법칙론(法則論)을 내세운 사람들도 있다. 버틀러, 칸트, 프라이스 또는 프리차드 등은 그 대표적인 학자들이다. 이들 법칙론자들에 따르면, 우리 인간에게는 사람인 이상 누구나 마땅히 지켜야 할 행위의 법칙이 주어져 있다. 그 법칙은 인간이 편의를 따라서 정할 수 있는 것이 아니라 인간의 의지를 초월하여 미리 주어진 것으로서 절대 불변하는 것이다. 그 절대적 법칙이 구체적으로 어떤 조목들로 되어 있으며, 그것을 인간에게 준 것이 누구냐에 관해서는 법칙론자 사이에서도 여러 가지로 견해가 대립된다. 그러나 행위의 옳고 그름을 선천적으로 주어진 도덕법칙에 비추어서 결정해야 한다고 믿는 점에 있어서, 그들의 의견은 근본적으로 일치한다.

법칙론자들도 선천적으로 주어진 절대적이며 보편적인 행위의 법칙을 제시하는 일에 성공하지 못하였다. 예컨대, "약속을 지켜야 한다." 또는 "남의 것을 훔쳐서는 안 된다."는 따위의 도덕법칙이 선천적으로 정해진 절대적 법칙이라고 주장한 사람들은, 그러한 도덕률이 역사적 산물이 아니며 모든 사람들에게 구속력을 가진 절대적 법칙이라는 것을 증명하는 데 성공하지 못하였다.

무릇 '증명한다' 함은 이미 확립된 원리를 전제로 삼는 연역 추리의 방법에 호소하거나 또는 경험적으로 확인된 사실을 증거로 제시함으로써 주어진 명제의 타당성을 밝히는 것을 의미한다. 그런데 선천적으로 주어진 윤리의 최고 원리를 연역 논리로써 논증하거나 경험적 사실로써 뒷받침하기는 원칙적으로 불가능하다. 왜냐하면 윤리의 최고 원리는 그것이 최고의 원리인 까닭에 그것보다 한층 높은 원리에 의거해서 논증할 수 없으며, 또 그것은 논자들의 주장에 따르면 **선천적** 원리인 까닭에 범주를 달리하는 경험적 사실로써 뒷받침하기도 어렵다.

여기서 윤리학자들에게 남아 있는 길은 명증론(明證論)에 호소하는 길뿐이다. 즉 어떤 목적 또는 법칙이 선천적이요 절대적인 윤리의 원리라는 것은 증명을 기다릴 필요도 없이 자명(自明)하다고 주장하는 길만이 남아 있다. 그러나 명증설을 끌어들인다 하더라도 역시 어려운 문제점은 뒤를 따른다. 그 가장 큰 문제점은 논자들이 주장하는 '자명한 원리'들 사이에 불일치가 있다는 사실이다. 어떤 사람은 '자아의 실현'을 자명한 삶의 목적이라고 주장하는 가 하면, 다른 사람은 '인격의 완성'을 자명한 삶의 목적이라고 주장한다. 어떤 사람은 '양심을 따르라.'를 자명한 윤리의 기본 원리라고 주장하기도 하고, 다른 사람은 '삼강(三綱)' 또는 '오륜(五倫)'을 자명한 원리로서 제시하기도 한다. 참으로 자명한 원리라면 모든 사람에게 자명하게 느껴져야 마땅할 터인데, 논자들이 주장하는 자명한 원리가 일부 사람들에게만 자명한 듯이 느껴질 뿐이며 다른 사람들에게는 별로 자명하지 않다는 사실은 명증론으로서는 난처한 문제점이 아닐 수 없다.

각양각색의 불완전한 윤리 체계 배후에 그것들의 거울이 될 수 있는 완전한 절대적 윤리가 존재한다는 철학설은 플라톤의 이데아설에 근원을 두었다. 플라톤은 경험의 세계 안에서 생겼다 없어졌다 하는 모든 사물은 불생불멸(不生不滅)하는 참된 존재의 불완전한 모사(模寫)에 불과하다고 단정하고, 저들 불완전하고 다양한 사물들의 완전하고 불변하는 원형(原型)을 '이데아(idea)'라고 불렀다. 이 이데아의 개념을 윤리 현상에 적용할 때, 여러 가지 모습으로 나타난 불완전한 윤리 현상의 완전한 원형으로서의 선천적 절대 윤리를 상정(想定)하게 된다. 여러 가지로 다양하고 불완전한 각국의 언어 배후에는 참되고 모범적인 절대언어가 존재한다는 주장이나, 여러 가지로 불완전한 각국의 실정법(實定法) 배후에 그것들의 귀감이 될 완전무결하고 영원불변하는 자연법(jus naturale)이 선천적으로 실재한다는 자연법설(自然法說)도 모두 같은 발상에 근원을 둔 것이라고 볼 수 있을 것이다.

플라톤의 이데아설에 대해서는 일찍이 아리스토텔레스의 예리한 비판이 있었고, 그 뒤에도 이를 부정하는 많은 철학자들이 속출하였다. 아마 오늘날 플라톤의 이데아설을 그대로 신봉하는 학자보다는 이에 대하여 회의를 느끼는 학자들이 더 많을 것이다. 그러나 플라톤의 이데아설이 완전히 타도당한 것은 아니다. 플라톤 철학의 타당성을 확고하게 입증한 사람도 없지만, 그 부당성을 완전히 증명한 사람도 없다. 플라톤의 이데아설은 하나의 형이상학설(形而上學說)이요, 형이상학설은 경험을 초월한 세계에 대한 사변(思辨)의 체계인 까닭에, 그것의 타당성 또는 부당성을 완전하게 증명한다는 것은 본래 불가능에 가깝다. 그것은 결국 믿음을 바탕으로 삼은 이론이며, 그것을 긍정하느냐 부정하느냐 하는 문제도 필경은 믿음에 따라서 좌우될 문제일 따름이다.

철학사를 빛낸 수많은 철학자들이 목적론 또는 법칙론을 전개하여 절대적 윤리의 원리를 제시했으나 논리적으로 만족스러운 것은 하나도 없었다. 2천년 이상의 오랜 세월을 두고 갖가지 윤리설이 속출했으나, "어떻게 사는 것이 가장 바람직한 삶의 길인가?" 하는 문제에 대해서 아직도 반론의 여지가 없는 정론(正論)을 얻지 못했다는 것을 우리는 솔직하게 인정해야 할 형편이다.

무수한 철학자들이 오랜 세월을 두고 절대적 윤리의 원리를 애써 찾았음에도 불구하고 아무도 만족스러운 결과를 얻지 못했다는 사실은, 절대적 윤리의 원리가 존재한다는 그 전제 자체에 대한 의심을 일으키기에 충분하다. 일찍이 기원전 5세기에 그리스의 소피스트들이 시비(是非)와 선악(善惡)의 객관적 기준을 부인하는 회의론을 주장한 바 있고, 그 뒤에도 회의(懷疑)의 뜻을 함축한 학설이 가끔 나타나곤 했으나, 절대론적 윤리설의 대세에 눌려서 크게 각광을 받지 못하였다. 그러나 20세기 초에 이르러 사정은 크게 달라지게 되어 윤리학적 회의론(ethical skepticism)의 기세가 과거 어느 때보다도 강하게 일어났다.

윤리학적 회의론이 특히 현대에 이르러서 크게 대두하게 된 데는 여러 가지 사유가 있다. 두 차례에 걸친 세계대전을 치르는 가운데 세계 질서에 막대한 혼란이 일어났을 뿐 아니라, 과학 기술의 놀라운 발달로 말미암아 사회의 양상과 생활의 조건이 급격하게 변화했다는 역사적 사실을 우선 그 큰 원인으로서 지적할 수 있을 것이다. 절대론적 윤리설은 대체로 전통 윤리를 권위주의적으로 옹호하는 경향을 가졌거니와, 세계 질서나 사회 양상에 획기적 변동이 생겼을 때는 종전의 전통 윤리로써는 새 시대에 적응하기 어려운 현실에 자주 부딪치게 된다. 따라서 전통 윤리에 대한 불신이 생기기 쉽고, 전통 윤리에 대한 불신은 '윤리'라는 것 자체에 대한 불신으로 이어질 가능성이 크다.

자연과학이 눈부신 발달을 이룩하게 되면서 과학적 방법이 인간 연구에도 적용되어 인간에 대한 이해가 새로운 방향으로 발전했다는 사실도 절대적 윤리설에 대한 회의를 조장하는 결과를 초래하였다. 인간을 주로 형이상학적 견지에서 탐구한 철학자나 종교가들은 인간의 본성을 오로지 이성적 존재로서 이해하고, 이성을 선천적이며 만인에게 있어서 동일한 것으로 보았던 까닭에, 그러한 인간관에 입각한 윤리설은 자연히 절대론 쪽으로 기울기 쉬웠다. 그러나 자연과학의 방법을 적용한 경험적 인간학은 인간을 진화(進化)의 산물로 보는 동시에 이성 또는 양심까지도 경험을 따라서 발달하는 것으로 보는 경향이 있다. 이성 또는 양심까지도 경험을 따라서 발달하는 것이라면 인간성 전체를 가변적(可變的)인 것으로 보아야 할 것이며, 고정불변한 선천적 인간성 내지 '인간의 본질'을 인정하기가 어렵다. 요컨대, 현대의 생물학적 인간관에 따르면 인간을 오로지 이성적 존재라고 보기가 어려우며, 영원히 변치 않는 '인간의 본질'을 생각하기도 어렵게 된다. 이것은 절대적 윤리설의 바탕이 되었던 고전적 인간관을, 즉 인간의 본질을 선천적 이성에서 찾으려 한 종래의 인간관을 불신하는 것이니, 이 불신은 절대적이며 보편적인 윤리의 실재(實在)에 대한 불신으로 옮겨 갈 소지를 다분히 가지고 있다.

선천적이며 보편적인 윤리의 원리를 뒷받침하는 강력한 근거로서 만인이 공유하는 선천적 도덕감 또는 선천적 양심을 내세운 윤리학자들도 있었다.[4] 그런데 경험과학적 인간 연구는 바로 이 선천적 도덕감 또는 선천적 양심의 존재를 부인하는 경향으로 기울었다. 특히 문화적 배경을 달리하는 여러 민족 또는 부족에 대한 민속학적 연구는 인종과 전통이 다르면 도덕감 내지 양심도 다르다는 사실을 발견했고, 이러한 발견은 절대적 윤리설의 신빙성을 크게 약화시키는 결과를 가져왔다. 그리고 절대적 윤리의 존재에 대한 의심은 도대체 윤리니 도덕이니 하는 것이 본래 자의적인 것이 아니냐 하는 의심으로 발전할 가능성을 가졌다.

3. 삶의 지혜로서의 윤리

그 유래나 원인이 무엇이든 간에 윤리적 회의는 극복되어야 할 문제를 안고 있는 정신적 상황이다. 왜냐하면 시간과 공간의 제약을 받지 않고 보편적 타당성을 갖는 절대 윤리의 존재를 의심하는 데 그치지 않고 윤리라는 것 자체를 자의적(恣意的)인 것으로 보는 생각에 이르면, 모든 윤리가 권위를 잃게 되며 도덕적 무정부 상태를 방지할 이론적 근거가 무너지기 때문이다. 그러므로 1920년대와 1930년대에 이르러 거의 절정에 달한 윤리학적 회의론을 어떻게 극복하느냐 하는 것은 그 뒤 수십 년 동안에 걸쳐서 윤리학자들의 큰 과제가 되었다.

윤리적 회의를 극복하는 효과적 방안의 하나로서 종교적 신앙을 생각할 수 있을 것이다. 신앙심이 투철한 사람들은 그들의 믿음을 통하여 윤리적 회의를 벗어나는 데 성공할 수 있을 것으로 기대된다. 그러나 종교적 신앙의 힘으로 할 수 있는 일은 윤리적 회의의 부분적 극복에 지나지 않으며, 현대에 있어

---

4 대표적인 학자로서 샤프츠버리(Shaftesbury), 허치슨(Hutcheson), 버틀러(Butler) 등을 들 수 있다. 선천적이며 보편적인 '실천이성'을 윤리의 기본 개념으로 삼은 칸트의 학설도 크게 보면 같은 범주에 속한다.

서 어떤 특정한 종교의 교리로써 모든 사람들 또는 대부분의 사람들을 같은 윤리 체계의 신봉자로 만든다는 것은 실현성이 희박한 소망에 그칠 것이다.

특별한 신앙심이 없더라도 정상적인 지성을 가진 사람이라면 누구나 납득할 수 있는 이론으로써, 윤리가 단순한 자의적 규범이 아니라는 것을 밝힐 수 있는 길을 찾아보는 것이 오늘날 우리가 시도할 수 있는 가장 현실적인 대안이라고 생각된다. 그리고 실제로 현대의 많은 윤리학자들이 택하고 있는 것도 대체로 이 방향의 길이라고 볼 수 있다.[5] 단적으로 말해서, 비록 절대적 윤리의 원리가 선천적으로 주어진 바 없다 하더라도 윤리라는 것이 모든 사람들을 위해서 필요하고 도움이 되는 '삶의 지혜'라는 사실을 밝히게 된다면, 현대를 윤리적 회의로부터 벗어나게 하는 데 일단 성공하는 결과를 얻을 것이다.

심리학적 견지에서 볼 때, 삶이란 부단히 일어나는 욕구를 충족해 가는 과정이라고 말할 수 있다. 그런데 욕구가 저절로 충족될 경우는 적으며, 대개는 행위를 통해서 소기의 목적을 달성한다. 행위는 본래 욕구 충족을 위한 수단으로서의 성격을 갖거니와, 모든 행위가 소기의 목적을 달성함에 효과적인 것은 아니다. 그러므로 인간의 지성은 자연히 행위를 평가하게 된다. 욕구 충족에 적합한 행위는 높게 평가하고, 그 반대의 것은 낮게 평가하기 마련이다. 우리들의 욕구 충족과 인과관계를 갖는 것은 나 자신의 행위만이 아닌 까닭에, 우리는 남의 행위까지도 평가의 대상으로 삼는다. 결국 인간이 사회생활을 하는 가운데 자타(自他)의 행위를 평가하는 것은 불가피한 현상이다. 자타의 행위에 대한 평가는 윤리 또는 도덕이라는 현상을 낳게 하는 근원이며, 행

---

5 예컨대, 듀이(J. Dewey), 헤어(R. M. Hare), 롤즈(J. Rawls) 등의 윤리설은 그 근본정신에 있어서 이 길을 택한 것이라고 볼 수 있을 것이다.

위 내지 인품에 대한 평가가 불가피한 이상 윤리 또는 도덕의 현상 역시 불가피하다. 인간 사회가 있는 곳에는 반드시 '윤리' 또는 '도덕'으로 불리는 것이 따르기 마련이고, 윤리나 도덕을 갖지 않은 인간 사회는 생각할 수 없다. 인간 사회를 위하여 필요 불가결하다는 뜻에서 윤리는 인간에게 **필연적**이다.

모든 인간 사회는 필연적으로 '윤리'라는 이름의 사회규범을 가지고 있다. 그러나 우리 사회가 가지고 있는 윤리를 모든 면에서 완전무결하다고 보기는 어렵다. 불합리한 점도 없지 않은 현재의 윤리를 그대로 묵수하기보다는 그것을 가급적 완벽함에 가까운 것으로 만드는 편이 바람직하다는 점에는 의심의 여지가 없다. 특히 급격하게 변동하는 사회에서는 이제까지 통용되어 온 윤리 규범에 불합리한 요소가 발견되기 마련이므로, 현재의 윤리 규범을 더욱 타당성이 높은 것으로 고치는 일이 중요한 과제가 된다. 그리고 이 과제를 수행하기 위해서는 모든 면에서 타당성을 갖는 윤리란 어떤 것이냐 하는 이론적 문제가 먼저 해결되어야 할 것이다.

완전무결한 윤리의 원형(原型)이 선천적으로 주어져 있다면, 우리는 그 선천적 윤리의 원형을 기준으로 삼고 우리들의 현존하는 윤리의 결함을 보완하는 길을 찾을 수 있을 것이다. 그러나 우리들의 문제는 선천적 윤리 원형의 존재를 의심스럽게 생각하는 회의론을 어떻게 극복하느냐 하는 것이므로, 선천적 윤리의 원형이 존재한다는 전제 아래 이론을 전개할 수는 없다. 바꾸어 말하면, 우리들의 문제는 선천적 윤리 원형에 대한 믿음이 없는 사람들을 위해서 제시할 수 있는 길이 무엇이냐는 그것이다. 그러나 선천적으로 주어진 윤리의 원형이 존재하지 않을 경우에 우리는 무엇을 기준으로 삼고 현존하는 윤리의 평가와 시정을 꾀할 수 있을 것인가?

원만한 사회생활을 위해서 윤리가 필요 불가결하다고 하였다. 이는 사회생활 안에서 윤리가 수행해야 할 기능이 있음을 의미한다. 다시 말해서, 윤리에는 그것이 수행해야 할 기능이 있으며, 이 기능의 수행은 원만한 사회생활을 위하여 절대로 필요하다는 것을 의미한다. 그러므로 어떤 윤리 사상이 타당성을 인정받기 위하여 갖추어야 할 첫째 조건은 그것이 맡은 바 기능을 유감없이 수행할 수 있는 효용성이 아닐 수 없다. 그렇다면 윤리 또는 윤리 사상이 수행해야 할 중대한 기능이란 무엇일까?

윤리는 인간이 지켜야 할 행위의 규범이다. 바꾸어 말하면, 그것은 사회생활을 위한 행위의 처방이다. 그리고 인간이 행위를 하는 까닭은 그가 봉착한 문제를 해결하고자 함에 있다. 그러므로 행위의 처방으로서의 윤리가 타당성을 갖기 위해서는, 첫째로, 행위자 또는 그의 사회가 부딪치는 여러 가지 문제들을 해결하기에 가장 적합한 행위의 지침을 밝혀 줄 수 있어야 한다. 인간 사회 안에서 일어나는 문제들을 원만하게 해결하기에 적합한 행위의 원칙을 제시해 주는 삶의 지혜로서의 구실을 할 수 있는 윤리가 아니면 그 사회에서 타당성을 가진 윤리로서 인정되기 어렵다.

삶의 과정에서 야기되는 **모든** 문제에 대해서 윤리가 해결의 처방을 내리는 것은 물론 아니다. 어떤 문제에 대해서는 관습 또는 상식이 처방을 내리기도 한다. 다만 사회생활 속에서 일어나는 문제들 가운데서 특히 여러 근본적 문제들에 대하여 윤리가 해결의 처방을 내리는 것이며, 그 임무를 완수하기에 적합한 윤리가 아니면 타당성을 가진 윤리라고 볼 수 없다.

윤리가 관여할 사회적 문제들의 대부분은 욕구의 대립에서 오는 문제들이다. 한 개인의 내부에서 일어나는 욕구의 대립도 넓은 의미의 윤리가 관여할 문제라고 하겠으나, 윤리가 관여할 중요한 문제들의 대부분은 개인과 개인, 집단과 집단, 또는 개인과 집단 사이에 일어나는 욕구의 대립에 연유하는 것들이다. 그러므로 이러한 욕구의 사회적 갈등을 원만하게 해결하기에 적합한 행위의 처방을 제시하는 일은 도덕률이 맡아야 할 구실의 가장 큰 것이며, 이 구실을 유감 없이 수행하기에 부족함이 없도록 지혜로움은 이상적 윤리가 갖추어야 할 조건이다.

욕구의 사회적 갈등을 해결하기 위한 규범으로서 가장 강력한 것은 법(法)이다. 그러므로 욕구의 사회적 갈등을 해결하기 위한 처방을 제시하는 것은 윤리의 임무이기보다도 법의 임무가 아니냐는 의문을 제기하는 사람이 있을지도 모른다. 그러나 정당한 법이 요구하는 바는 윤리도 동시에 그것을 요구한다. 따라서 욕구의 사회적 갈등의 해결을 위한 처방을 제시하는 일은 법의 임무이자 또 윤리의 임무이기도 하다. 정상적인 국가에서는 법은 '최소한의 윤리'에 해당한다. 다시 말해서, 윤리가 요구하는 규범들 가운데서 특히 엄격한 실천이 요청되어 공권력의 제재(制裁)가 수반되는 일부의 규범이 곧 법을 구성한다고 볼 수 있다. 그러므로 우리가 윤리와 법을 대립시켜서 생각할 이유는 없으며, 욕구의 사회적 갈등을 해결함에 있어서 윤리는 법보다도 더 넓은 범위를 담당한다는 차이가 있을 뿐이라고 이해하면 족할 것이다.

욕구의 사회적 갈등을 원만하게 해결하기에 가장 적합한 원리가 될 수 있는 것은 이성(理性), 특히 이성이 요구하는 공정성(公正性)일 것이다. 왜냐하면 대립된 욕구 가운데서 어느 한쪽만을 살리고 다른 한쪽은 희생시키는 길이 옳다고는 볼 수 없으며, 두 욕구를 가능한 범위 안에서 크게 만족시키는 동시에 어느 한쪽으로만 치우치지 않는 길을 모색함에 있어서 이성보다 더 믿을 만한 것이 없기 때문이다. 그러므로 우리는 윤리가 타당성을 갖기 위하여 입각해야 할 기본 원리는 이성, 특히 이성이 요구하는 공정성에서 찾을 수밖에 없다는 결론을 얻게 된다. 이것은 우리가 현재 가지고 있는 윤리를 평가하거나 또는 새로운 윤리를 모색할 경우에 기본으로 삼아야 할 것이 이성의 판단, 특히 그 공정성의 원리라는 것을 의미한다.

욕구의 갈등뿐 아니라 그 밖의 어떠한 윤리적 문제에 있어서도 우리가 일차적으로 의존해야 할 것은 이성이라고 생각된다. 윤리의 근원을 인간적인 것으로 보고 윤리를 인간의 역사 속에서 형성되는 삶의 지혜로 믿는 견지에서 볼 때, 우리는 이성보다 더 나은 어떤 윤리의 원리를 생각하기 어려울 것이다. 이와 같은 견지에서 볼 때, 가장 바람직한 윤리라는 것은 인간이 그들의 이성을 동원하여 구체적으로 정립할 앞으로의 과제이며, 발견되기를 기다리며 어디엔가 숨어 있는 기성(旣成)의 체계는 아니다.

그러나 '이성'이라는 말은 그 뜻이 반드시 명확하지 않으며, 그 해석에 관해서 여러 가지 견해의 차이가 생길 여지가 있다. 그러므로 "이성을 기본 원리로 삼고, 기존의 윤리 체계를 비판하는 동시에, 같은 원리에 의존하여 앞으로 더욱 타당성이 높은 윤리 체계를 정립해야 한다."는 주장을 받아들인다 하더라도, 그것만으로 문제가 해결되는 것은 아니다. 이성을 기본 원리로 삼고 정립될 윤리의 체계에 관해서는 여러 가지 학설의 대립이 생길 수 있다. 그러나 이 자리에서 우리가 당면하고 있는 문제는 '타당성 있는 윤리 체계'의 내용을 밝히는 문제는 아니다. (그 문제는 뒤에 가서 다시 다룰 기회가 있을 것이다.) "선천적으로 주어져 있는 절대적 윤리에 대한 믿음을 전제로 하지 않을 경우에, 우리는 윤리의 본성을 어떻게 이해해야 할 것인가?" 이것이 우리가 당면한 문제였다. 그리고 이 물음에 대하여 "사회생활의 필요에 따라서 필연적으로 생긴 사회규범의 일종이 곧 윤리"라는 대답을 얻은 것이며, 이 역사적 산물로서의 윤리를 '삶의 지혜'로서 이해했던 것이다. 그리고 그 지혜의 원천을 이성이라고 보았던 까닭에, 기존의 윤리 체계를 비판적으로 고찰함에 있어서나 새로운 윤리 체계를 모색함에 있어서나 기본 원리가 될 수 있는 것은 이성밖에 있을 수 없다는 설명을 추가하게 되었던 것이다.

선천적 윤리설 가운데도 이성을 원리로 삼고 '윤리의 원형'을 찾아낼 수 있다고 보는 견해가 있다. 칸트의 윤리설은 그 대표적인 것이다. 그러나 우리가 말하는 '이성을 원리로 삼는 윤리'란 저 이성론자 절대론자들이 주장하는 선천적 윤리와는 크게 다르다. 이성론자 절대론자들은 이성이 본래부터 가지고 있는 선천적 원리만을 근거로 삼고 윤리의 체계를 **연역적으로** 도출해 낼 수 있다고 주장하나, 우리의 경우는 그것이 아니다. 윤리를 역사의 과정에서 생겨나는 삶의 지혜로 보는 견지에서 이성이 그 기본 원리의 구실을 해야 한다고 주장할 때, 이성 그 자체 속에서 윤리 규범이 풀려 나온다는 것을 의미하지 않는다. 다만 인간의 심리와 생활의 조건들을 비롯한 여러 가지 사실에 대한 지식을 근거로 삼고, 이성적 숙고를 통하여 하나의 길을 선택함으로써 윤리의 원리를 세워야 한다는 뜻을 말하는 것이다.

윤리를 역사의 과정에서 경험적으로 형성되는 삶의 지혜라고 보는 것은 윤리의 근거를 인간성 안에서 찾으려 하는 견해의 한 유형이다. 그리고 이때 윤리의 근거로서 인정되는 인간성은 형이상학자들이 말하듯 신비롭고 성스러운 것이기보다는 생물학 또는 심리학으로 파악되는 경험적 인간의 본성이다. 여기서 일부 사람들은 생물학이나 심리학 또는 사회학 따위의 경험과학적 인간 연구에 근거를 둔 윤리가 과연 우리에게 의무를 부과할 수 있는 권위를 가질 수 있겠느냐고 의문을 제기할 것이다. 선천적 근거를 가진 윤리라면 절대성과 권위를 인정받을 수 있겠지만 경험적 근거밖에 없는 윤리라면 상대적일 수밖에 없을 것이고, 따라서 우리가 그것을 존중하지 않으면 안 될 만한 권위를 인정할 수 없지 않을까 하는 의문이다. 그러나 이러한 의문과 걱정은 종교적 사고방식의 영향을 받은 선입견에 유래하는 것으로서 정확한 논리에 근거한 것은 아니다.

첫째로, 선천적 권위를 전제로 삼지 않으면 윤리다운 윤리는 성립할 수 없을 것이라는 생각은 한갓 기우에 지나지 않는다. 사람은 누구나 목적의식을 가지고 살기 마련이며, 각자는 자기 나름의 목적의 체계와 가치의 서열을 갖기 마련이다. 아무런 목적의 체계도 가치의 서열도 갖지 않고 산다는 것은 불가능한 까닭에, 우리는 반드시 어떤 행위 규범, 즉 윤리를 가져야 한다. 여러 가지로 가능한 윤리 체계 가운데서 어느 하나를 선택할 자유는 있을 것이나, 모든 윤리 체계를 거부할 자유는 아무에게도 없다. 욕구와 지성을 아울러 가지고 있는 까닭에 우리는 평가(評價)를 떠나서 살 수 없으며, 행위와 인품도 평가의 대상이 되지 않을 수 없다는 사실이 윤리를 불가피한 것으로 만든다. 형이상학 또는 신학에 대한 믿음이 없는 사람도 윤리는 거부할 도리가 없다. 결국 그도 주체적으로 하나의 윤리 체계를 선택할 수밖에 없으며, 그가 주체적으로 하나의 윤리 체계를 선택할 경우에 그 선택된 체계는 그것을 선택한 사람에게 일종의 절대성을 갖는다.

둘째로, 윤리가 인간이 주체적으로 선택한 삶의 지혜에 불과하다면 그러한 윤리에는 숭고한 권위가 없으며, 우리가 그것을 준수해야 할 의무의 근거가 박약하게 된다는 주장도 논리에 맞지 않는다. 그것은 마치 신성한 황제가 제정한 국법에만 권위가 있고, 국민 스스로가 참여해서 만든 민주주의 법률에는 권위와 의무의 근거가 없다는 것을 국민들이 주장하는 것과 비슷한 사고방식이다. 국민 스스로가 참여해서 만든 국법이라면 국민으로서 그것을 지켜야 할 책임은 더욱 무겁다. 그와 마찬가지로, 인간 스스로가 깊은 숙고를 거쳐서 스스로 결단을 내림으로써 선택한 윤리라면, 우리 인간이 그 길을 따라야 할 책임은 더욱 확고한 근거를 가졌다고 보아야 할 것이다.

4. 가치의 세계

우리는 가치가 큰 삶을 염원한다. 평생을 통하여 실현할 가치의 총량이 많을수록 그 사람을 위해서나 그가 사는 사회를 위해서나 바람직한 일이다. 우리가 각각 나름대로 여러 가지 노력을 하는 것도 가치가 큰 삶을 실현하고자 원하기 때문이요, 우리가 윤리니 도덕이니 하는 것을 존중히 여기는 것도 그것을 존중함이 값진 삶을 위하는 길이라고 믿기 때문이다. 그러므로 '윤리'에 대한 이해를 깊게 하고, 나아가서 '값진 삶'을 설계하는 데 도움이 될 것을 기대하며, 이 자리에서 "가치란 무엇인가?"라는 물음에 대하여 간략하게 고찰해 보고자 한다.

우리는 우리 주변에서 발견되는 여러 가지 사물에 대해서 '가치가 있다'고 인정한다. 그런데 일상생활에서 인정되는 가치에 관해서 한 가지 주목되는 사실이 있다. 동일한 사물도 주위의 사정 여하에 따라서 그것에 대하여 인정하는 가치가 달라진다는 사실이다. 예컨대, 제주도의 감귤은 생산지에서보다 서울에 가져다 놓으면 값이 올라간다. 같은 물건이 같은 장소에서 평가되는 가치에도 때에 따라서 변동이 생긴다. 일반적으로 말해서, '교환가치'라고 불리는 종류의 가치는 주위의 사정에 따라서 항상 변동한다.

물건의 '효용가치(效用價値)'도 누가, 어떤 경우에 그것을 사용하느냐에 따라서 변동한다. 우리는 "인삼이 아무에게나 좋은 것은 아니다." 또는 "근시안 환자에게 돋보기는 무용지물이다." 하는 따위의 말을 들을 경우가 있거니와, 이것은 같은 물건도 그것을 사용하는 사람에 따라서 효용가치가 달라질 수 있다는 것을 지적하는 발언의 예라고 볼 수 있다.

교환가치와 효용가치는 그 자체를 위해서 귀중하기보다는 다른 무엇을 얻기 위한 수단으로서 중요한 가치다. 예컨대, 상인이 상품에 대해서 인정하는 교환가치는 돈을 벌 수 있는 수단으로서 요긴한 가치요, 환자가 약품에 대해서 인정하는 효용가치는 건강을 얻기 위한 수단으로서 도움이 되는 가치다. 교환가치와 효용가치가 그렇듯이 다른 무엇을 위한 수단으로서 이바지하는 가치를 '도구적 가치(instrumental value)'라고 부른다. 그리고 모든 도구적 가치는 주위 사정의 변동을 따라서 변동할 수 있다는 일반적 특색을 가졌다.

만약 가치가 사물 그 자체에 속해 있는 실재적 속성이라면, 그것은 어느 때 어느 곳에서나 일정한 수치를 유지할 것이다. 물체의 실재적 속성으로서 인정되는 크기나 모양이 보는 사람 또는 보는 장소 여하에 따라서 변동한다고 생각할 수 없는 것과 같은 논리다. 그런데 사물의 도구적 가치는 주위 사정의 변동을 따라서 변동한다. 여기서 우리가 알 수 있는 것은 도구적 가치라는 것이 대상 속에 있는 실재적 속성이 아니라는 사실이다. 도구적 가치는 대상 속에 본래부터 깃들어 있는 독자적 실재가 아니라 대상과 다른 것과의 관계를 통해서 형성되는 무엇이다. 다시 말해서, 도구적 가치의 근원은 그 가치가 인정되는 대상 자체가 아니다. 그 대상 밖에 있는 어떤 목적이라고 보아야 한다.

'도구적 가치'에 대립하는 개념은 '본래적 가치(intrinsic value)'다. 다른 무엇을 얻기 위한 수단으로서 소중한 것이 아니라 그 자체가 귀중하고 그 자체가 목적으로서 추구되는 가치, 즉 도구적 가치가 그것에 의존하는 가치를 일컫는 개념이다. 예컨대, 기업인이 제품을 만드는 것은 돈을 벌기 위해서이며, 그가 돈을 벌고자 하는 것은 그 돈을 써서 다른 무엇을 얻기 위해서이다. 그 다른 무엇도 그보다 더한층 높은 어떤 목적을 달성하기 위한 방편일 수 있다. 이와 같이 우리의 행위에는 어떤 목적이 있고, 그 목적은 다른 목적을 위한 수단이며, 그 다른 목적도 그보다 더한층 높은 목적을 위한 것이고…. 이러한 식으로 점점 높은 목적으로 거슬러올라가면, 마침내 더 이상 높은 목적이 없이 그 자체가 목적이 되는 것에 도달할 것이다. 이 마지막 목적이 가지고 있는 가치가 바로 '본래적 가치'다.

철학자들이 "가치란 무엇인가?"라는 물음을 제기할 때 그들이 염두에 두는 것은 본래적 가치의 문제다. 교환가치는 주로 경제학자나 상인들의 관심사요, 효용가치는 주로 응용과학자들이 다루는 문제라면, 본래적 가치의 문제는 철학자들의 큰 관심사라고 말할 수 있을 것이다. 도구적 가치의 성격을 설명하기는 그리 어렵지 않은 데 비하여, 본래적 가치의 본성을 규명하는 일은 매우 어려운 문제다. 이제까지 이 문제에 대하여 많은 철학자들이 여러 가지 학설로 맞서 왔다.

본래적 가치의 본성에 관한 가장 기본적인 문제는, "가치는 그 자체가 독자적으로 실재하는 것인가, 또는 가치를 인정하는 어떤 주관(主觀)의 태도, 즉 평가(valuation)라는 심리 작용의 영향을 받고 생기는 것인가?"라는 물음에 의하여 제기된다. '가치'는 어떤 주관의 심리 작용을 기다릴 필요 없이 그 자체가 독자적으로 실재한다고 주장하는 학설을 '가치 실재론'이라고 부른다. 한편 '가치'는 사물을 대하는 어떤 주관의 심리 작용에 의해서 생기는 것이라는 주장을 흔히 '심리학적 가치설'이라고 부른다.

가치에 관한 실재론(實在論) 가운데서 가장 소박한 것은 가치를 일종의 자연적 성질로 보는 견해다. 붉은 꽃에 '붉음'이라는 자연적 성질이 들어 있듯이 아름다운 꽃에 '아름다움'이라는 자연적 성질이 들어 있다는 생각이며, 뚱뚱한 사람에게서 '뚱뚱함'이라는 자연적 특색이 발견되듯이 착한 어린이에게는 '착함'이라는 자연적 특색이 속해 있다는 생각이다. 여기서 말하는 '자연적'이라 함은 시각 또는 청각 따위의 지각(知覺) 기관으로써 경험할 수 있다는 뜻이니, 이와 같은 소박한 생각이 학문적으로 용인되기 어려움은 명백하다. 왜냐하면 색채와 형태 그리고 단단함 따위의 자연적 성질의 경우는 주의를 집중시켜서 면밀하게 관찰하면 관찰할수록 그 참모습을 분명하게 지각할 수 있으나, 아름다움이나 착함 따위는 그러한 지각적(知覺的) 확인이 불가능하다. 눈을 비비고 가까이서 응시한다고 하여 여자의 '아름다움'을 지각할 수 있는 것이 아니며, 사람의 아래 위를 면밀하게 뜯어본다 하더라도 그의 '착함'을 시각적으로 확인할 수는 없다.

가치가 자연적 성질이 아님은 미술품의 원작과 그 모사품을 비교할 경우를 생각하면 더욱 명백하게 알 수 있다. 한 화가가 불후의 명작을 만든 후에 그와 엄밀하게 같은 또 한 폭의 그림을 모사했다고 가정하자. 설령 두 폭의 그림이 똑같은 자료를 사용하여 똑같이 만들어졌다 하더라도, 우리는 그 모사품보다는 원작을 더 높이 평가할 것이다. 만약 미술품의 미적 가치가 일종의 자연적 성질이라면, 지각적 차이를 인정할 수 없는 두 점의 미술품에 대하여 서로 다른 가치를 인정한다는 것은 논리에 어긋나는 일이 아닐 수 없다.

위와 같은 논리적 모순을 피하면서 가치의 실재성을 인정하는 길은 가치를 일종의 자연적 성질로 보지 않고 초자연적 내지 형이상학적 성질이라고 주장하는 길이다. 플라톤을 비롯한 많은 철학자들이 지각으로써 경험할 수 있는 세계, 즉 경험계(經驗界) 이외에 다른 실재의 세계가 존재한다고 믿었다. 그것은 경험계처럼 감각기관을 통하여 지각할 수는 없으나 이성의 직관 또는 추리로써 인식할 수 있는 세계이며, 경험계처럼 생멸 변화하는 일시적 존재가 아니라 영원히 불변하는 진실로 참된 존재라고 믿었다. 이와 같이 자연을 초월하여 경험에는 나타나지 않는 세계, 그러나 진실로 참된 세계를 철학자들은 '형이상학적 세계'라고 불렀거니와, 가치라는 것은 바로 형이상학적 실재 또는 형이상학적 성질이라고 주장한다면 지각적 사실에 근거를 둔 경험론자들의 공격을 일단 피할 수 있을 것이다. 이러한 강점이 있는 까닭에 과거의 여러 철학자들이 가치를 형이상학적 실재로서 규정하였다. 플라톤, 하르트만(N. Hartmann), 무어(G. E. Moore) 등은 형이상학적 기초 위에서 가치의 실재성을 주장한 대표적 철학자들이다.

현대 윤리학의 전환점을 마련한 명저『윤리학 원리(*Principia Ethica*)』의 저자이기도 한 무어는 '좋음(good)'을 하나의 궁극적 성질이라고 주장하였다. '좋음'은 '노랑(yellow)'이 그렇듯이 다른 말로 설명할 수 없는 궁극적이며 단순한 성질이라는 것이다. 그러나 '노랑'은 노란 물체들이 가지고 있는 여러 가지 자연적 속성들(natural properties)의 하나이지만, 그는 '좋음'을, 좋은 사물을 구성하는 자연적 속성들의 하나로 보지 않고 좋은 사물이 가진 여러 자연적 속성들의 종합에 필연적으로 수반하는 비자연적 특성, 즉 일종의 형이상학적 특성이라고 보았다. 좋은 것들(good things)은 자연현상으로서 시간과 공간 안에 존재하나, 좋음 그 자체는 일정한 시간과 공간 안에 나타나는 것이 아니며, 따라서 지각(知覺)의 대상이 될 수 없다는 것이다.

무어에 따르면, 좋음만이 아니라 '아름다움', '숭고함' 등 모든 본래적 가치는 경험을 초월해서 실재하는 형이상학적 성질이다. 일정한 대상이 갖는 본래적 가치는 그 대상의 객관적 구성요소에 따라서 결정되는 것이며, 그 대상에 대하여 관심을 가진 유정자(有情者, sentient being)의 감정과 의지 또는 그 밖의 어떤 주관적 태도도 그 대상 속에 깃들어 있는 선악(善惡)과 미추(美醜) 등의 가치를 좌우하거나 변경시킬 수는 없다. 사물의 본래적 가치는 그 사물 자체가 본래 가지고 있는 객관적 실재적 속성이며, 그 사물을 대하는 어떤 주관의 심리 작용에 의해서 영향을 받지 않는다. 예컨대, 난초의 아름다움은 난초 자체가 본래 가지고 있는 속성이며, 난초를 아름답게 여기고 사랑하는 사람들의 심리에 의해서 비로소 생기는 것은 아니다. 이 세상 아무의 눈에도 뜨이지 않는 심산유곡에 한 포기의 난초가 꽃을 피웠다 하더라도, 그 난초의 아름다움에는 하등의 다를 바가 없을 것이라는 주장이다.

가치 실재론에 반대하여 가치라는 것은 사물을 대하는 어떤 주관(主觀)의 심적 태도에 의해서 생긴다고 주장하는 가치 주관론도 오랜 역사를 가지고 있다. "인간은 만물의 척도"라고 갈파하여 시비와 선악이 인간 주관의 산물임을 주장한 소피스트(sophist)들을 비롯하여 가치판단을 심리학적 사실판단으로 바꾸어 놓을 수 있다고 믿은 현대의 자연론자(naturalist)들에 이르기까지, 상당히 많은 철학자들이 이 계열의 학설을 지지하였다.

가치는 대상 그 자체 속에 객관적으로 실재하는 것이 아니라 어떤 주관의 심적 태도가 관계함으로 인하여 비로소 생긴다 할 때, 그 주관이 어떠한 주관이냐 하는 것이 우선 큰 문제가 된다. "인간은 만물의 척도"라고 말했을 때, 프로타고라스(Protagoras)가 의미한 '인간'이 천차만별한 여러 개인들을 가리킨 것인지, 또는 공통된 '인간성'을 가정하고 그것을 말한 것인지 문제가 되거니와, 주관의 심적 태도가 가치 발생의 필수 조건이라고 주장한 학자들 가운데는 그 주관을 초경험적 존재로 생각한 사람들도 적지 않다.

고대 그리스 말기의 철학자 플로티노스(Plotinus)는 모든 존재들의 근원인 '일자(一者)', 즉 신(神)과의 합일(合一)을 지향하는 초개인적인 보편적 의지가 모든 가치의 원천이라고 생각하였다. 그리고 중세기의 여러 기독교 철학자들은 신의 소망하는 바가 곧 선(善)이라고 믿었다. 또 19세기 영국의 철학자 그린(T. H. Green)은 "모든 사람들의 개별적 욕구를 통하여 욕구하고, 모든 사람들의 개별적 지능의 작용을 통하여 이해하며, 모든 사람들의 개별적 의지를 통하여 자신의 의지를 나타내는 … 하나의 주체 또는 정신적 존재"가 있다는 것을 전제하고, 그 하나의 보편적 주체가 바라는 것이 선(good)이라는 견해를 표명하였다.[6] '궁극적 의지' 또는 '보편 의지' 등으로 불리는 형이상학적 주체를 상정(想定)하고, 그러한 보편적 의지 또는 절대적 의지가 바라는 것이 곧 값진 것이라고 보는 견해들은 모두 같은 계열의 가치설이라 하겠다.

신(神), 절대 의지 또는 보편 의지 등 초월적 주체의 존재를 전제로 삼는 것은 하나의 믿음일 수는 있으나 경험적으로 확인된 지식은 아니다. 그러므로 우리가 확실하게 알고 있는 유정자(有情者)의 최고봉인 인간을 가치 형성의 참된 근원으로 보는 학자들도 적지 않다. 프로타고라스를 비롯한 소피스트들에 대해서는 이미 언급한 바 있거니와, 17세기 네덜란드의 철학자인 스피노자(B. Spinoza)는 인간의 욕구가 작용함으로 말미암아 가치의 지평이 열린다고 보았으며, 18세기 영국의 철학자 흄(D. Hume)은 대상에 대하여 인간이 느끼는 어떤 감정이 가치를 발생하게 한다고 주장하였다. 특히 경험과학이 놀라운 발달을 이룩한 현대사회에서는 인간의 심리가 대상에 작용함으로 인하여, 즉 사물을 대하는 인간의 정의적(情意的) 태도로 말미암아 가치의 세계가 형성된다고 주장하는 학자들이 많이 나타났다.

인간의 심리 작용이 가치 형성의 근원이라고 보는 학설, 즉 심리학적 가치

---

6 T. H. Green, *Prolegmenea to Ethics*, 1890, p.122 참조.

설을 주장하는 학자의 한 사람으로서 페리(R. B. Perry)를 들 수 있거니와, 다음에는 페리의 견해를 통하여 이 학설의 윤곽을 알아보기로 하자. 『일반 가치론(*The General Theory of Value*)』이라는 저술로 널리 알려진 페리는 가치는 관심(interest)에 의해서 생긴다고 주장한다. 누구의 어떠한 관심이든, 여하간 어떤 관심의 대상이 된 모든 사물에는 어느 것에나 가치가 생기기 마련이라고 믿은 페리는, "가치란 어떤 사물이 관심을 끌었다는 사실로 말미암아 그 사물이 갖게 되는 특수한 성질"이라고 규정하였다. 어떤 사물이라도 그것이 관심의 대상[7]이 되기만 하면 그것은 곧 가치를 갖게 된다는 것이다. "가치는 모든 종류의 사물이 (그것이 실재적인 것이든 상상적인 것이든) 관심의 주체와의 사이에 맺을 수 있는 일종의 관계다."[8]

페리가 말하는 '관심'이란 "좋아하거나 싫어하는 상태, 행동, 태도 또는 경향"[9]을 통틀어 일컫는 것으로서, 호오(好惡) 또는 원불원(願不願)의 지향적 태도를 묶어서 가리키는 말이다. 쉽게 풀어서 말한다면, 누군가가 좋아하거나 원하는 대상이 될 때 모든 사물은 '좋음'의 가치를 갖게 되고, 싫어하거나 원치 않는 대상이 될 때 그것들은 '나쁨'의 가치를 갖게 된다는 것이 페리의 주장이다.

언뜻 보기에 페리의 학설은 상식을 벗어난 주장 같은 인상을 준다. 누군가가 좋아만 하면 아무것이나 '좋음'의 가치를 갖게 된다는 것은 말도 안 되는 억설이라고 반박하고 싶은 사람이 있을 것이다. 그러나 이러한 반박은 주로 페리에 대한 곡해에서 연유한다. 첫째로 주의해야 할 것은, 페리의 경우 '좋다' 또는 '값지다'는 말의 뜻은 '도덕적으로 선하다' 또는 '바람직하다'는 의

---

7 R. B. Perry, *The General Theory of Value*, New York, 1936, p.124.
8 같은 책, p.116.
9 G. E. Moore, *Principia Ethica*, Cambridge University Press, 1956, pp.83–85 참조.

미가 아니라는 사실이다. 예컨대, 음란한 성인 만화도 그것을 보고 싶어 하는 사람이 있는 한 페리의 의미로 '값진 것'이다. 누군가에게 만족감을 줄 수 있는 힘을 가졌다는 바로 그 점만을 따로 떼어서 볼 때, 그것은 역시 '값지다'는 것을 인정해야 할 것이다. 그러나 음란한 성인 만화가 **도덕적으로** 바람직한 것이냐 하는 문제는 관련된 사실들을 모든 측면에서 고찰한 다음에 대답되어야 할 문제다. 그 만화에 대한 탐독이 다른 일에 미치는 영향도 생각하고, 그러한 만화를 좋지 않은 것으로 생각하는 사람들의 부정적 관심도 고려해야 하며, 그러한 만화 자체에 대하여 거부적 반응을 느끼는 사람들의 심리도 계산에 넣어야 할 것이다. 그런 만화를 은근히 즐기는 사람도 한편으로는 그것을 저속한 것으로서 경멸할 수도 있으며, 그 따위 만화의 탐독과는 양립하기 어려운 더욱 큰 여러 가지 소망을 가지고 있을 가능성도 있다. 음란한 만화가 **전체적으로** 또는 **도덕적으로** 바람직한 것이냐 아니냐 하는 것은 이상과 같은 여러 가지 관련 사항들을 모두 고려한 다음에 종합적으로 결정되어야 할 문제다. 한편으로 그것에 호기심을 느끼고 끌리는 심리가 있다 하더라도 다른 한편으로 그것을 못마땅하게 여기고 배척하는 심리, 즉 부정적 관심이 그보다 더욱 강할 경우에는, 종합적으로 판단할 때, "음란한 만화는 바람직한 것이 아니다."라는 평가가 내려져야 한다는 것이 페리의 주장이다.

페리에 따르면, 도덕적 선(moral goodness) 또는 행위의 옳음(rightness)은 관련된 관심 전체의 계산을 따라서 결정된다. 일정한 조건 아래서 내가 할 수 있는 행위에 A, B, C, D, E 등 여러 가지가 있다고 하자. 내가 만약 A라는 행위를 한다면, 그로 인하여 나 또는 다른 사람들의 몇 가지 관심은 만족을 얻는 반면에 다른 어떤 관심들은 저해 또는 불만족을 당할 것이다. B, C, D 등 다른 행위를 선택했을 경우에도 역시 만족을 얻는 관심과 저해를 당하는 관심이 있을 것이다. 그리고 만약 관심의 크기를 측정하는 방법을 강구할 수 있다면, 한 가지 행위를 했을 경우에 만족을 얻게 될 관심과 저해를 당하게 될 관심의 크기를 비교하여 어느 편이 어느 정도 큰가를 발견할 수 있을 것이다. 이와 같은 계산을 통하여 일정한 상황 아래서 실천이 가능한 여러 행위 가운데서 어느 것이 가장 좋은 결과를 얻을 수 있을지를 찾아낼 수 있을 것이다. 만족을 얻게 될 관심의 총화의 크기로부터 저해를 당하게 될 관심의 총화의 크기를 빼고 남는 차액이 가장 큰 수치에 이르게 되는 행위가, 페리의 견지에서 볼 때, 도덕적으로 옳은 행위가 된다.

이상에서 우리는 가치설에 몇 가지 유형이 있다는 사실을 소개하고, 그 가운데서 무어의 학설과 페리의 학설을 요약하여 설명하였다. 이 두 사람을 여기서 앞세운 것은 그들의 학설이 매우 대조적이라는 이유 때문이며, 어느 편이 옳고 어느 편이 그르다는 것을 밝히기 위한 것은 아니다. 여러 가지 가치설을 비판하고 평가하는 문제는 별개의 문제로서 남아 있다.

5. 가치설과 윤리의 문제

모든 유정자(有情者)의 주관과의 관계를 떠나서 본래적 가치는 그 자체로서 독자적으로 실재한다고 보는 가치 실재론은 매우 매력적이기는 하나, 이 학설을 논리적으로 뒷받침하기는 어려울 것으로 보인다. 무어는 그의 가치 실재론을 뒷받침하기 위하여 다음과 같은 주장을 전개했으나 별로 설득력이 있는 것으로는 생각되지 않는다. 그의 주장에는 논리적 오류가 들어 있는 것이다.

무어는 우리가 생각할 수 있는 한에 있어서 가장 아름다운 세계와 가장 보기 싫은 세계를 상상해 보라고 제언하였다. 그리고 이 두 세계를 감상할 만한 유정자는 아무도 존재하지 않는다고 가정하자고 하였다. 그 두 세계를 보고 느끼는 사람이 전혀 없다 하더라도, 전자인 가장 아름다운 세계가 존재하는 것이 후자인 가장 보기 싫은 세계가 존재하는 것보다 바람직하다는 것은 의

심의 여지가 없다고 무어는 주장한다. 유정자가 전혀 없는 경우에도 아름다운 세계의 존재가 바람직하다는 것은, 아름다움의 가치가 유정자의 주관을 떠나서 독자적으로 실재함을 의미한다는 것이 무어의 요점이다.

그러나 무어의 이 입론(立論)은 타당성을 인정받을 수 없다. 왜냐하면 무어의 두 가지 가정 가운데는 감상할 만한 유정자가 전혀 없더라도 아름다운 세계와 보기 싫은 세계가 존재할 수 있다는 전제가 이미 깔려 있다. 이것은 '선결문제 요구(begging the question)'라는 논리적 오류를 범한 입론이 아닐 수 없다.

가치의 실재를 밝히기 위하여 또 하나 시도할 수 있는 것은 직각(直覺, intuition)에 호소하는 길이다. 예컨대, "아무도 보는 사람이 없다 하더라도 장미가 그 자체로 아름답다는 것은 직각적으로 자명하다." 또는 "평화가 전쟁보다 바람직하다는 것은 우리들의 욕망이나 감정을 떠나서 보더라도 의심의 여지가 없다."고 주장함으로써, 가치의 실재성을 밝히는 길을 생각할 수 있을 것 같기도 하다.

그러나 인간의 직각은 어디까지나 **유정자로서의** 직각이며, 장미를 아름답게 보는 미감(美感) 또는 평화를 바라는 소망 등이 전혀 없는 상황에서의 직각이란 있을 수가 없다. 다만 우리가 지적할 수 있는 것은 장미를 보면 누구나 아름답다고 느낀다는 사실과 전쟁은 누구나 싫어하는 경향이 있다는 사실뿐이다. 그리고 이러한 사실이 의심의 여지가 없는 보편적 사실이라 하더라도, 그것이 가치의 실재성을 증명하는 근거가 되기는 어렵다. 그러한 사실을 근거로 삼고 우리가 주장할 수 있는 것은, 미추(美醜) 또는 선악(善惡)의 구별이 단순한 개인적 호오(好惡)의 감정에 유래하는 것이 아니라 보편적인 인간성에 유래한다고 보는 견해다.

우리들의 직각도 명증론자(明證論者)들이 주장하듯이 확고부동한 것은 아니다. 논자들이 직각을 가치판단의 객관적 기준으로서 중요시하는 가장 큰 근거는, 감정과 욕심을 떠나서 판단할 때 모든 사람들의 직각이 일치한다는 점에 있다. 그러나 사람들의 직각이 일치한다는 것은 동일한 문화적 전통 속에 사는 사람들의 경우에 국한되며, 문화의 전통이 다르면 사람들의 직각에도 차이가 생기는 경우가 있다. 예컨대, 전쟁을 막아야 할 악으로 보는 것이 모든 시대, 모든 사회에 공통된 직각이라고 말하기는 어렵다.

어떤 유정자의 주관이 작용함으로써 가치의 지평이 열린다는 견해를 취한다 하더라도, 그 유정자가 인간을 초월한 보편적 내지 절대적 존재라면 가치의 보편성 또는 가치판단의 보편적 기준을 밝히는 일은 크게 어렵지 않을 것이다. 가령 신(神) 또는 '절대의지(絕對意志)'의 뜻이 시비와 선악 등 가치를 결정한다면, 비록 그들의 주관을 따라서 가치의 지평이 열리기는 하지만, 그 주관은 하나밖에 없는 절대자의 주관인 까닭에 가치판단이 보편적 기준을 잃을 염려는 없다.

그러나 신 또는 절대의지의 뜻이 가치의 세계를 결정한다는 주장은 신학적 내지 형이상학적 믿음이며, 그 주장을 논리적으로 뒷받침하기는 매우 어렵다. 우리들이 경험적 사실을 근거로 삼고 가치의 세계를 탐구할 경우에는, 인간의 심리와 대상의 관계를 통하여 가치의 지평이 열린다고 보는 것이 가장 합리적이라는 결론에 도달할 것이다. 한 사회 또는 한 개인의 욕구 내지 관심이 변하면 그 사회 또는 그 개인이 인정하는 가치에도 변화가 온다는 경험적 사실은, 저 결론을 뒷받침하는 중요한 근거의 하나로서 제시될 수 있다.

우리나라의 전통 사회에서는 대부분의 사람들이 아기 잘 낳고 힘든 일 잘하는 여자를 선호하였다. 여자의 출산 능력과 가사노동 능력에 대한 관심이 컸던 것이다. 이러한 관심은 여성의 체격미(體格美)를 평가하는 기준에도 반영되어, 너무 호리호리한 여자보다는 약간 오동통하고 탄탄하게 생긴 여자가 아름다운 체격의 소유자로서 인정되었다. 날씬하고 호리호리한 여자는 산고(産苦)를 이겨 내는 힘이나 가사의 중노동을 견디는 힘에 있어서 오동통하고 탄탄한 여자를 못 당한다는 일반적 상식이 있었고, 그러한 상식이 이상적 여성상에 반영되었던 것이다.

그러나 해방을 계기로 미국 문화가 들어오고 근대화가 추진되는 가운데 우리나라의 여성관에도 현저한 변화가 왔다. 출산을 많이 하여 가문을 번성하게 하는 것이 여자의 첫째 임무라는 관념이 쇠퇴하고, 가사의 중노동으로 내조하는 것이 결혼한 여자의 직분이라는 고정관념도 무너져 가고 있다. 이러한 여성관의 변화는 여자의 체격미의 기준에도 영향을 미쳐서, 지금은 한국에서도 다리와 팔과 허리가 가늘어서 날씬한 것이 미녀의 조건으로 손꼽히고 있다.

물론 이러한 변화를 서구 문화의 영향으로서 설명할 수도 있을 것이다. 해방 이후에 서양 미인의 모습을 볼 기회가 빈번하게 되었고, 선진 문화를 이룩한 서양인을 우리 민족보다는 우수한 인종으로 여기는 사대주의적 사고방식이 서구식 미인을 미인의 본보기로 생각하는 가치관을 초래했다고 설명할 수도 있을 것이다. 선진국에 대한 사대주의적 모방의 심리가 우리들의 가치 의식에 현저한 변화를 가져왔다는 설명이다.

이러한 설명에도 응분의 타당성이 있음을 부인하기 어렵다. 우리는 해방 이후에 서구 문화의 영향을 크게 받아 왔고, 서구인의 코와 눈을 모방하기 위한 성형수술이 유행할 정도로 외모의 미에 대한 의식에도 현저한 변화가 왔다. 그러나 이와 같은 외래문화의 영향으로 설명하는 것과, 앞에서 말한 여성의 임무와 직분에 대한 의식의 변화의 영향으로 설명하는 것은 서로 배척되거나 모순된 것은 아니다.

사실은 서구 사회에서도 전통적으로는 풍만한 여성들이 미인으로서 찬양을 받았다. 르네상스 이후 19세기 말까지 그려진 서양의 유명한 여인상(女人像)은 예외 없이 풍만한 몸매를 자랑하고 있다. 서양에서 미인의 조건으로서 날씬한 몸매를 존중하게 된 것은 20세기 이후의 새로운 경향이 아닐까 한다.

인구의 폭발적 증가가 심각한 문제로서 제기되기 전에는 서양에서도 자녀가 많은 것을 복된 일로 생각하는 경향이 있었고, 아기는 모유로 키우는 것이 당연하다는 생각이 지배적이었다. 많은 자녀를 낳고 그 아이들을 모두 모유로 기르자면 여성은 풍만한 체격과 양호한 영양 상태를 유지할 필요가 있었을 것이다.

그러나 20세기에 들어온 뒤로는 서구의 여러 나라들로부터 산아 제한 운동이 전개되었고, 자신의 몸매를 젊게 유지하기를 원하는 개인주의적 어머니들이 모유 대신 우유로 키우는 길을 선호하는 풍조를 일으켰다. 그뿐만 아니라 산업화가 진행되고 주방 설비가 현대화됨에 따라서 가사 노동의 수고도 크게 줄어들었다. 여러 자녀를 출산하여 모유로 기를 뿐 아니라 가사의 중노동을 능히 감당할 수 있는 듬직한 체구의 여자가 필요 없는 세상이 된 것이다.

한편 민첩한 몸놀림을 자유자재로 할 수 있는 날렵한 체구의 여자를 요구하는 직업이 여러 가지 생겼다. 근래에는 무대에서 노래를 부르는 사람도 화려한 율동을 곁들여 하고, 가수 뒤에서 분위기를 돋우는 춤꾼들의 몸놀림은 더욱 날렵해야 한다. 패션모델이 되어 굽 높은 신을 신고 맵시 있게 걷기 위해서도 날씬한 몸매가 유리하고, 영화배우나 탤런트가 되어 아름다운 영상으로 비치기 위해서도 뚱뚱함보다는 날씬함이 유리하다.

요컨대, 서양에서나 동양에서나 시대가 요구하는 여인상이 달라진 것이다. 옛날에는 아기를 많이 낳아서 모유로 키울 뿐 아니라 힘든 가사노동에도 견딜 수 있는 듬직한 체구의 여성이 사회적 환영을 받았으나, 근래에는 기민한 몸놀림에 적합한 날렵한 체격이 환영을 받는다. 여성에 대한 사람들의 기대와 관심이 바뀐 탓이고, 이 기대와 관심의 변화는 여성의 체격미의 기준에도 변화를 초래한 것이다. 그리고 사람들의 관심과 아름다움의 기준 사이에서 발견되는 이러한 상관관계는, 가치가 인간 심리의 영향을 받고 형성된다는 심리학적 가치론을 뒷받침한다고 볼 수 있을 것이다.

욕구 내지 관심의 변화가 대상에게 인정하는 가치에도 변화를 가져온다는 것은 한 개인의 심리적 변화를 통하여 더욱 명확하게 드러난다. 남녀의 사랑의 가치에 대한 한 개인의 평가는 그의 연령에 따라서 다소간 변동하는 것이 일반적 현상이다. 삶의 과정에서 경험하는 여러 가지 가치 가운데서 '사랑'의 가치를 가장 높이 평가하는 것은 사춘기에서 청년기에 이르는 젊은 연령층이다. 혈기 왕성한 젊은이들 가운데는 사랑이 부모보다도 더 중요하다고 생각하는 경우가 많으며, 때로는 생명보다도 사랑이 더 중요하다고 믿는 젊은이도 있다. 그러나 생리적으로 성숙하기 이전의 어린이들의 경우에는 사랑을 부모나 생명보다 소중히 생각하는 사람을 찾아보기 어렵다. 사랑을 세상에서 가장 소중하다고 믿던 젊은이도 늙어서 기력이 쇠진한 뒤에는 그 믿음에 회의를 느끼게 된다. 생리적 변화를 따라서 이성(異性)에 대한 관심이 달라지고, 이성에 대한 관심의 변화를 따라서 남녀의 사랑에 대한 평가에도 변화가 생기는 것이다.

　욕망 내지 관심과 가치의 인식 사이에 불가분의 관계가 있다는 것이 부인할 수 없는 사실이라 하더라도, 그것만으로 가치 실재론의 허위가 증명되었다고 말하기는 어렵다. 인간의 욕망 내지 관심이 가치의 지평을 여는 것이 아니라, 이미 실재해 있는 가치가 인간의 관심을 끌기 마련이라고 주장할 수 있는 여지가 남아 있기 때문이다. 인간의 욕망 내지 관심이 대상에 작용함으로써 가치가 발생하는 것이 아니라, 가치를 가진 대상이 욕망 내지 관심을 불러일으킨다는 주장이다. 가치에 대한 인식 능력에 개인차가 있고 동일한 개인도 의식 수준의 발달을 따라서 가치 인식이 달라진다고 봄으로써, 연령에 따라서 사랑에 대한 평가가 달라지는 현상을 설명하고자 할 수도 있을 것이다.

　그러나 이와 같은 설명은 받아들이기가 어렵다. 사랑의 가치에 대한 인식이 원인이 되어 사랑에 대한 관심을 갖게 된다고 보는 것보다는 사랑에 대한 관심이 커 감을 따라서 사랑의 가치를 높게 평가하게 된다고 보는 편이 자연스럽다. 사랑의 가치가 사람의 심리를 따라서 독자적으로 실재하는 것이라면, 그 가치에 대한 인식은 지식수준과 깊은 상관관계를 가져야 마땅하며 연령 또는 생리적 성숙과 깊은 관계를 가질 이유가 없다. 그러나 실제에 있어서 사랑의 가치에 대한 평가는 연령 또는 생리적 성숙을 따라서 크게 달라지며 지식수준과는 별로 상관이 없다. 대상의 가치에 대한 인식이 그 대상에 대한 관심을 좌우한다는 가설로써는 노쇠한 뒤에는 이성간의 사랑에 대한 관심이 현저하게 감소한다는 사실을 설명하기 어렵다.

사람의 욕구 내지 관심에는 개인차가 많으며, 동일한 개인의 경우에도 때에 따라서 욕구 내지 관심에 변화가 생긴다. 그러므로 만약 우리가 인간의 심리 작용을 따라서 사물의 가치가 좌우된다는 심리학적 가치설을 받아들인다면, 우리는 가치 상대주의에 빠지게 되며 시비와 선악을 판단하는 객관적 기준은 있을 수 없지 않느냐는 문제가 제기된다. 시비와 선악을 판단하는 객관적 기준이 있을 수 없다면 윤리학이라는 것이 성립할 수 없으며, 우리는 각자 제멋대로 살아도 좋다는 결론을 피할 수 없을 것이다.

그러나 인간의 심리 작용을 따라서 사물의 가치가 좌우된다는 전제로부터 우리가 각자 제멋대로 살아도 좋다는 결론이 반드시 도출되는 것은 아니다. 가치 상대주의에도 여러 가지가 있으므로 우리 문제에 대한 결론을 그토록 단순한 논리를 따라서 서둘러서는 안 될 것이다. 심리학적 가치설을 받아들일 경우에 선악과 시비의 문제가 어떻게 해결되는가를 다시 생각해 보기로 하자.

심리학적 가치설에 입각할 경우에 "어떻게 살아야 하는가?" 하는 윤리학의 첫째 물음에 대한 첫 번째 대답은 "가능한 범위 안에서 최대의 가치가 실현되도록 꾀해야 한다."가 될 것이다. 여기서 이어지는 물음은 "가능한 범위 안에서 최대의 가치를 실현하는 길이 무엇인가?"로 표현될 수 있을 것이다. 이 이어지는 물음에 대한 잠정적인 대답은 "욕구의 충족이 극대화되도록 최선을 다하되 모든 사람들의 욕구가 공정하게 충족되도록 꾀해야 한다."는 표현으로 주어지게 된다.

심리학적 가치설에 따르면, 넓은 의미의 욕구가 충족되는 곳에 가치의 실현이 따른다. 따라서 욕구 충족의 극대화는 가치 실현의 극대화를 위한 필요하고 충분한 조건이다. 그리고 우리가 현대인의 지배적 인생관인 개인주의를 받아들이고 사회정의에 대한 이성의 요구를 물리치지 않는다면, "모든 사람들의 욕구는 공정하게 충족되도록 꾀해야 한다."는 단서가 붙지 않을 수 없다.[10]

한 개인의 삶만을 따로 떼어서 생각한다면 그의 욕구를 최대한으로 충족시키는 것이 그 개인을 위해서 바람직한 삶의 길이 될 것이다. 만일 모든 욕구를 충족시킬 수 있다면 그렇게 하는 것이 가장 바람직한 삶이 될 것이다. 그러나 도저히 모두 충족시킬 수 없을 정도로 과다한 욕구를 가진 것이 인간인 까닭에, 우리는 각각 자신의 많은 욕구들 가운데서 더욱 중요하다고 생각되는 것부터 우선순위를 따라서 살리는 취사선택을 통하여 욕구의 체계를 세울 필요가 있다. 욕구의 체계를 합리적으로 구상하는 일은 합리적 인생 설계의 기본에 해당한다.

만약 이 세상에 나만 홀로 살고 있고 타인의 존재가 없었다면, 나의 욕구가

---

10 벤담(J. Bentham)과 밀(J. S. Mill)이 대표하는 경험적 공리주의(empirical utilitarianism)의 '최대 다수의 최대 행복'을 목적으로 삼으라는 원리는, 그 실질적 내용에 있어서 "욕구의 충족이 극대화하도록 최선을 다하라."는 대답과 일치한다. 그리고 우리가 집단주의 인생관을 받아들이거나 또는 욕구를 충족시킬 수 있는 개인들의 능력에 차이가 없다고 전제한다면 여기에 어떤 단서를 추가할 필요는 없을 것이다. 그러나 우리가 개인의 권익을 존중하고 모든 사람들이 인간이라는 점에서는 평등하다고 전제한다면, 여기서 말하는 '공정성(公正性)'에 관한 단서는 불가피하다. 다만 "공정성이란 무엇인가?" 하는 물음은 그 자체가 논란의 여지가 있는 별개의 문제다.

최대한으로 충족되도록 삶을 설계하면 그것으로 족할 것이다. 그리고 그 설계대로 내 삶이 실현된다면 나로서는 그 이상 바랄 것이 없게 된다. 비록 그 설계대로 되지 않는다 하더라도, 그 설계와 크게 어긋나지 않는 삶만 갖게 되면 그것만으로도 성공적인 삶이라고 볼 수 있을 것이다.

그러나 이 세상에는 무수히 많은 사람들이 살고 있으며, 그들도 각각 자신들의 욕구를 충족시키기를 원하고 있다. 나의 욕구 충족이 가치의 실현이듯이 다른 모든 사람들의 욕구 충족도 가치의 실현이다. 다른 모든 사람들도 각각 합리적 인생 설계를 통하여 욕구의 충족을 극대화할 권리를 가지고 있으며, 아무도 다른 사람들의 욕구 충족을 방해할 권리를 가지고 있지 않다. 의도적으로 타인의 욕구 충족을 방해할 권리를 가지고 있지 않을 뿐 아니라, 결과적으로 타인의 욕구 충족을 방해하는 일이 있어서도 안 된다.

여러 사람들이 타인을 고려함이 없이 각각 자신의 욕구 충족의 극대화를 꾀할 경우에, 그들 사이에 만남이 있고 관계가 생기는 한, 욕구 충족을 꾀하는 각자의 노력은 결과적으로 타인의 욕구 충족에 영향을 미친다. 그 영향은 타인에게 방해가 되기도 하고 도움이 되기도 할 것이다. 쉽게 말해서, 여러 사람들이 하나의 사회를 구성하고 살 때, 자신의 욕구 충족의 극대화를 꾀하는 모든 사람들의 행위는 의도적으로 또는 결과적으로 서로에게 도움을 주기도 하고 방해가 되기도 한다. 서로에게 주게 되는 도움이 많을수록 좋을 것이며, 서로에 대한 방해는 극소화에 머무는 것이 바람직할 것이다.

우리가 만약 사회 전체를 하나의 유기적 존재로 본다면, 그 사회 안에 사는 사람들 전체의 욕구 충족을 극대화하도록 함으로써 그 사회가 실현하는 가치의 총량을 극대화함이 가장 바람직하다는 원칙을 세울 수 있을 것이다. 다시 말하면, 우리는 유기적 존재로서의 사회가 실현하는 가치의 총량만을 고려할 일이며 인간의 평등이나 정의로운 분배의 문제에 신경을 쓸 필요는 없을 것이다.

그러나 사회를 하나의 유기체적 존재로 보는 집단주의 내지 전체주의에는 몇 가지 어려움이 있다. 첫째로, 그 유기체적 존재를 구성하는 집단의 크기를 어떻게 정하느냐 하는 문제에 대답하기가 어렵다. 작게는 가족을 유기체적 존재로 보아야 한다는 견해도 있을 수 있고, 크게는 인류 전체를 그렇게 보아야 한다는 견해도 생각할 수 있다. 가족을 유기체적 존재로 볼 경우에는 개인적 이기주의에 대신하여 가족적 이기주의를 끌어들이는 결과를 부를 것이다. 그리고 인류 전체를 하나의 유기체로 보는 것은 현재의 의식 수준으로서는 감당하기 어려운 인간관이다. 그 중간에 위치하는 국가나 민족을 유기체적 존재로 보자는 견해에는 '국가'의 범위가 유동적이며 '민족'의 개념과 그 외연(外延)을 결정하기가 어렵다는 문제가 있다. 또 유기체적 전체주의에는 인간 이외의 다른 동물들의 욕구, 특히 인간과 함께 살고 있는 가축이나 애완동물의 생명과 욕구의 좌표를 어떻게 정하느냐 하는 문제도 까다로운 문제로서 뒤따른다.

모든 종류의 공동체에 느슨한 의미의 '유기체적' 일면이 있는 것은 사실이다. 그러나 인간 집단을 엄밀한 의미의 유기체(有機體)로 보는 데는 문제가 있다. 비록 인간의 집단이라 하더라도 집단 그 자체에는 의식이나 욕망이 없으며, 집단 그 자체를 생활의 기본적 주체로 보기는 어렵다. 생활의 기본적 주체는 자아의식과 욕구의 체계를 가진 개인이라고 보아야 할 것이다. 특히 개인주의적 자아의식이 강한 현대인의 경우는 더욱 그러하다.

개인을 생활의 기본적 주체로 보아야 한다면 모든 개인들이 가진 욕구의 체계는 평등한 권리를 가졌다고 보아야 하며, 한 개인의 욕구 체계를 충족시키기 위하여 다른 사람들의 욕구 체계 충족을 방해하거나 희생시키는 것은 옳은 일이 아니다. 여기서 각 개인은 자신의 삶을 설계하는 과정과 그 설계를 실천에 옮기는 과정에서 타인의 권익을 침해하는 일이 없도록 자제해야 한다는 원칙이 서게 된다. 이것은 욕구의 충족이 곧 가치의 실현을 가져온다는 심리학적 가치설을 받아들여도 윤리가 전적으로 위협을 받거나 도덕적 무정부주의에 빠질 논리적 필연성은 없다는 것을 의미한다.

여러 개인들 또는 여러 집단들이 각각 자기의 욕구 충족이 극대화하기를 꾀할 때, 그 개인들 또는 집단들 사이에 욕구의 충돌이 생기고 감정의 갈등이 일어나는 것이 자연의 추세일 것이다. 이 자연의 추세를 그대로 내버려 두면, 강자가 약자를 유린하는 불공정한 결과를 부를 뿐 아니라, 마침내는 모두가 큰 상처를 입거나 멸망하는 불행을 초래할 것이다. 서로 각자의 욕구 충족을 극대화하려다가 도리어 모두가 크나큰 불만을 경험하게 되는 모순에 빠지는 것이다.

욕구의 충돌에서 오는 갈등을 방지하고 이미 나타난 갈등을 해소함으로써 약육강식의 불공정을 막고 피차가 함께 파멸하는 불행을 방지할 규범을 정립하는 일은 인간 사회가 존립하기 위한 필수 조건이다. 그리고 이 절실한 요청에 의해서 형성되거나 발견되는 사회규범이 다름 아닌 '삶의 지혜로서의 윤리'에 해당한다.

"어떻게 살아야 하는가?" 하는 철학적 물음에 대한 첫 번째 대답을 '가치'라는 말을 사용하여 제시한다면, "가능한 최대량의 가치가 실현되도록 살아야 한다."가 되는 것이다. 그리고 가능한 최대량의 가치를 실현하는 길은, 심리학적 가치설을 따를 경우에, 욕구 충족의 극대화를 꾀하는 길이 된다. 여기서 문제를 복잡하게 만드는 것은 욕구를 가진 주체로서의 인간이 무수하게 많고 그들이 사회를 구성하고 서로 어우러져서 살고 있다는 사실이다. 하나의 사회를 구성하고 상호관계 속에 사는 사람들이 각자의 극대화된 욕구 충족을 추구하는 과정에서 약육강식의 불공정 또는 자타공멸(自他共滅)의 불행을 막기 위해서 요구되는 자제(自制)의 규범이 곧 윤리에 해당한다. (중요한 윤리 규범의 불이행이 사회적 파탄을 초래할 것에 대비하여 공권력의 제재와 규제가 보태질 때 법이 생긴다.)

바꾸어 말하면, 사람들이 각각 자신의 욕구 충족의 극대화를 꾀하는 사회 생활 속에서는 욕구의 충돌에서 오는 사회적 갈등이 끊이지 않는다. 이 사회적 갈등의 문제를 원만하게 해결하고 사회의 성원 각자가 타인에게 피해를 주지 않으면서 자신의 뜻을 실현할 수 있는 길을 지시해 주는 것이 '윤리'라는 이름의 규범이다. 인간과 인간의 만남에서 오는 사회적 갈등의 문제를 해결할 수 있는 슬기로운 행위의 처방을 밝혀 줄 임무를 가진 것이 윤리이며, 이 임무를 능히 수행할 수 있는 규범의 체계가 올바른 윤리로서의 자격을 갖게 된다.

가장 추상적인 언어로 표현될 수 있는 윤리의 근본원리는 어느 시대 어느 사회에서나 보편적 타당성을 갖는다. 심리학적 가치설에 입각할 때, 그 근본원리의 첫째는 "가능한 범위 안에서 최대의 가치가 실현되도록 꾀해야 한다."였고, 그 근본원리의 둘째는 "욕구의 충족이 극대화되도록 최선을 다하되 모든 사람들의 욕구가 공정하게 충족되도록 꾀해야 한다."였다. 그러나 이러한 추상적 원칙은 우리가 구체적으로 어떻게 행동해야 하는가를 명백하게 밝혀 주지는 못한다.

일상생활에서 부딪치는 문제 앞에서 어떻게 행위해야 하는가를 구체적으로 밝혀 줄 수 있는 윤리의 체계는 그 나라의 전통 윤리와도 밀접한 관계를 가졌고, 그 시대의 문제 상황의 실상(實相)과도 불가분의 관계를 가졌다. 다음에는 우리나라의 전통 윤리의 대강을 살펴보고, 이어서 현대 한국의 윤리적 상황을 진단하는 일로 넘어가도록 하자.

2 장
통일신라시대까지의 윤리적 상황

1. 고조선
2. 삼국시대
3. 통일신라시대

2장 통일신라시대까지의 윤리적 상황

이 저술의 기본 목표는 한국 윤리를 재정립함에 있다. 그런 의미에서 우리의 관심은 과거지향적이기보다는 미래지향적이다. 그러나 한국 윤리의 재정립을 위한 작업이 백지로부터 출발할 수는 없는 일이다. 한 나라를 위해서 바람직한 윤리의 체계를 모색할 때 그 나라 국민의 의식구조를 도외시할 수 없으며, 국민의 의식구조는 그 나라의 전통 윤리와 불가분의 관계를 가졌다. 그러므로 우리의 주된 관심이 미래를 위한 윤리에 있다 하더라도, 우리의 작업은 우리의 전통 윤리를 긍정적으로 혹은 부정적으로 고찰하는 과정을 포함하지 않을 수 없다. 여기서 우리가 우리나라 전통 윤리의 큰 흐름을 대략 살펴보고자 하는 이유는 명백하다.

'전통 윤리'라는 말은 복합적인 의미를 가지고 있다. 한국의 전통 윤리를 말할 때, 우리는 먼저 화랑도의 세속오계(世俗五戒) 또는 퇴계(退溪)나 율곡(栗谷)의 저술에 나타난 윤리 사상 따위를 연상한다. 그러나 원광(圓光), 퇴계, 율곡 등이 강조한 덕목들이 반드시 그 시대 사람들의 실천에 의하여 뒷받침되었다고 단정하기는 어렵다. 선철들의 가르침이 같은 시대 사람들에게 실천적 영향을 미친 경우도 물론 있었을 것이나, 더러는 그 시대 사람들에게 가장 부족한 점을 경계하기 위하여 어떤 덕목을 강조했을 경우도 있다. 가령 탐관오리가 많은 세상에서 청렴과 결백의 덕목을 강조하는 경우가 있고, 인심이 각박한 세상일수록 사랑과 인정을 강조할 경우도 있다.

일반적으로 말해서, 윤리학자나 윤리 사상가들의 저술을 통해서 우리가 확인할 수 있는 것은 어떤 시대의 어떤 학자나 사상가가 어떤 인간상 또는 어떤 사회상이 바람직하다고 믿었는가 하는 문제에 국한되며, 그 시대의 일반인들이 어떠한 윤리적 태도로 실생활에 임했는가 하는 것은 별개의 문제로서 남게 된다.

우리가 우리의 전통 윤리의 실상(實相)을 파악하기 위해서는 일부 학자들이나 사상가들의 저술에 담긴 사상도 중요하고, 우리 조상들 가운데 대중에 속하는 일반인의 실천에 담긴 생활 태도 내지 가치관도 중요하다. 필자는 앞으로 한 시대의 사상가들이 남긴 저술 속에 담긴 윤리 사상과 윤리 문제에 관한 일반 국민의 의식 수준과 실천적 생활 태도 등을 묶어서 '윤리적 상황'이라는 말로 표현하고자 한다.

한국의 '전통 윤리'는 고정불변한 하나의 실체(實體)로서 있는 것이 아니라 기나긴 역사 속에서 형성되고 변천해 온 삶의 발자취이며, 시대에 따라서 그 양상에도 차이와 변화가 있었던 복합적인 전통의 한 측면을 가리키는 이름이다. 그러므로 우리가 한국의 전통 윤리의 큰 흐름을 대략 살펴보고자 할 때, 시대별로 나누어서 윤리적 상황을 고찰하는 것이 서술하기에 편리할 것이다. 윤리 사상 내지 윤리 의식이 발전하거나 변천하는 역사의 매듭이 반드시 정치사의 매듭과 일치하느냐 하는 의문이 제기될 수 있을 것이다. 그러나 더 좋은 대안을 알지 못하므로, 필자는 한국의 전통 윤리가 걸어온 길을 ① 통일신라시대까지의 윤리적 상황, ② 고려시대의 윤리적 상황, ③ 조선시대의 윤리적 상황, ④ 한말(韓末) 이후의 윤리적 상황으로 구분하여 살펴보기로 한다.

1. 고조선

근래에 알려진 유적들로 미루어 볼 때, 우리나라에도 구석기시대가 있었다고 보는 것이 전문가들의 견해인 것으로 안다. 그러나 우리나라 구석기 문화의 구체적인 모습은 거의 알려진 바 없으며, 그 시대의 윤리적 상황에 대해서는 아직 아무 이야기도 하기 어렵다.

신석기시대의 유적과 유물은 전국 각지에서 발견되고 있으므로, 그 시대의 사회와 문화에 대해서는 어느 정도 추측이 가능하다. 이기백(李基白)은 유적과 유물 그리고 신화와 전설 등을 근거로 우리나라 신석기시대에 대해서 다음과 같은 추측을 하고 있다.

(1) 신석기시대의 기본적 사회 단위는 씨족(氏族)이었고, 그것은 오늘의 면(面) 하나 정도를 차지하는 작은 집단이었다.

(2) 씨족은 혈연을 중심으로 한 사회였으며, 결혼의 상대는 다른 씨족에 속하는 사람들 가운데서 구하였다.

(3) 씨족은 자급자족하는 공동체였으며, 다른 씨족의 영역에서 채취나 사냥 또는 고기잡이 등의 경제 행위를 하는 것은 허용되지 않았다.

(4) 인구의 증가로 인하여 분열된 동계(同系)의 여러 씨족들 또는 혼인관계를 통하여 가까워진 씨족들이 연합하여 부족(部族)을 형성했다. 부족은 오늘날의 군(郡) 정도의 크기를 가진 공동체였다.

(5) 씨족의 경우나 부족의 경우나 생산, 전쟁, 종교 등 중대한 문제는 회의를 통하여 의논했으며, 부족장은 씨족장 회의에서 결정하여 추대하였다.

(6) 우리나라의 신석기인들은 무격신앙(巫覡信仰)을 가지고 있었다. 인간뿐 아니라 모든 자연물에도 영혼이 있다고 믿었으며, 특히 큰 산, 큰 나무, 큰 바위 등은 위대한 힘을 가졌다고 믿었다. 그 가운데서도 태양을 가장 큰 신앙

의 대상으로서 숭배하였다.

(7) 태양이 대표하는 착한 신(善神)들은 인간에게 행복을 가져다준다고 믿었으며, 귀신류의 나쁜 신(惡神)들은 인간에게 재앙을 가져다준다고 믿었다. 착한 신의 힘을 빌려 악한 신을 물리칠 수 있는 특수한 능력을 가진 사람들이 다름 아닌 무당이다.[1]

위에 열거한 것 가운데서 윤리적 상황과 관계가 있는 것으로서는 ① 우리나라가 아득한 옛날에 혈연을 중요시하는 씨족 집단으로부터 출발했으며, ② 우리 조상들은 일찍부터 중요한 문제를 결정할 때는 회의를 열어서 중지를 모았다는 사실과, ③ 우리 조상들에게는 태고 시대부터 무격 신앙이 있었다는 사실이다. 특히 우리 조상들의 무격 신앙은 우리 민족의 의식구조 속에 깊이 뿌리를 내리고 이어지면서 오늘에 이르도록 우리 민족의 사고방식과 생활 태도에 지대한 영향을 미치고 있다.

우리 한반도에 청동기 문화가 나타난 것은 기원전 7세기 내지 6세기경이라고 역사학자들은 추측하고 있다. 청동기시대를 맞이하여 무기와 농기구의 발달을 보게 되었고, 혈연을 유대로 삼은 씨족사회의 공동체적 질서가 무너지는 동시에 그보다 규모가 큰 부족국가가 생긴 것으로 보인다. 그리고 대동강 유역을 중심으로 산재해 있던 부족국가들이 연맹(聯盟)의 형식으로 더욱 큰 나라를 형성한 것이 우리가 흔히 말하는 '고조선(古朝鮮)'이라고 이해하면 크게 무리가 없을 것이다.

청동기 문화를 배경으로 삼고 형성되기 시작한 고조선은 이미 우세한 철기 문화를 가졌던 한족(漢族)과 만나게 된다. 당시의 선진국을 이룩한 한족과의

---

1 이기백, 『한국사신론(韓國史新論)』, 일조각, 1970, pp.16-19 참조.

만남은 철기 문화를 받아들여 농업의 발달을 가져오는 등 긍정적 측면도 있었으나, 정치적 조직력이 공고하고 우세한 철제 무기를 가진 강대국의 침공에 시달리는 부정적 측면이 압도적이었다. 이리하여 단군 조선으로 시작된 고조선은 대륙으로부터의 침공과 싸워 가며 기자(箕子) 조선과 위씨(衛氏) 조선으로 이어지다가, 기원전 108년과 107년에 이른바 한사군(漢四郡)이 설치되면서 역사적 전환기를 경험하게 된다.

고조선의 윤리적 상황을 알려 주는 기록은 매우 빈약하다. 다만 그 당시에 이미 8조목(八條目)의 법률이 시행되고 있었다는 것이 고조선의 사회상을 짐작하게 하는 귀중한 기록으로서 전해지고 있다. 그 8조목의 내용이 모두 전해지고 있는 것은 아니며, 다만 그 가운데서 다음 세 가지 조목만이 알려져 있다고 한다.

(1) 사람을 죽인 자는 즉시 사형에 처한다.
(2) 남에게 상해를 입힌 자는 곡물로써 배상한다.
(3) 남의 물건을 훔친 자는 데려다 노비로 삼는다. 단 스스로 속죄하기를 원하는 자는 1인당 50만 전을 내야 한다.[2]

위에 적은 세 가지 조목을 통하여 우리가 알 수 있는 것은, 인간의 생명과 재산을 존중히 여기는 관념이 고조선 사회에 뿌리를 내리고 있었다는 것과, 남의 생명 또는 재산에 피해를 입힌 자에 대해서는 응분의 처벌을 가해야 옳다는 응보주의(應報主義)의 발상이 싹텄다는 사실이다.

한사군은 토착 세력의 저항에 부딪쳐 많은 변동을 겪었다. 변동을 겪으면

---

2 같은 책, p.29; 유승국 외, 『한국윤리사상사』, 한국정신문화연구원, 1987, pp.15-16 참조.

서 그 세력이 약화되기는 했으나, 313년에 이르러 완전히 소멸될 때까지 명맥을 유지했으며, 그 400여 년 동안에 우리나라 고대 문화에 적지 않은 영향을 끼쳤다. 한인(漢人)들의 사회제도와 생활양식이 토착 조선인 사회에 점차 침투하는 결과를 부른 것이다. 그 결과에는 긍정적 측면과 부정적 측면이 아울러 있었다.

우리나라의 토착 사회가 한나라 군현(郡縣)의 고도로 발달한 금속 문화를 받아들여 문명의 일반적 수준이 높아진 것은 긍정적으로 평가해도 좋을 것이다. 그러나 사유재산제도와 상업이 발달한 한인(漢人)들과의 접촉이 고조선 사회의 순박하고 검소한 풍토를 파괴한 것은 그 부정적 측면이라고 보아야 할 것이다. 본래 8조목에 불과했던 고조선의 금법(禁法)이 그들과의 접촉이 있은 뒤에 60개 조목으로 늘어났다 하거니와, 금법의 조목이 많아졌다는 것은 사회 인심이 각박해졌음을 의미한다. 이기백에 따르면, 고조선의 토착민들이 물건을 감추지 않고 노출시키는 순박한 생활 태도를 악용하여 한의 상인들의 절도 행위가 빈번하게 일어났다. 이로 말미암아 토착민의 인심도 각박해지고, 따라서 금법의 조목도 늘어나게 되었다고 전해진다.[3]

고구려(高句麗)의 윤리 상황으로 넘어가기에 앞서서, 잠시 부여(扶餘)의 그것을 살펴보는 것도 뜻이 있을 것으로 보인다. 부여는 본래 북만주 송화강(松花江) 일대를 무대로 삼고 성장한 유목 민족으로서, 한때는 고구려와 대항한 일도 있었다. 그러나 3세기 말 이후에는 고구려의 보호 아래 놓이게 되었고, 4세기 말에는 고구려에 흡수되었으니, 그들의 문화는 우리나라 고대 문화 유산의 일부로 간주하여도 무리함이 없을 것으로 보인다.

우리는 부여의 법조목(法條目)을 통하여 그 사회상과 윤리적 상황의 일부

---

3 이기백, 『한국사신론』, p.34 참조.

를 짐작할 수가 있다. 이기백은 현재까지 전해지고 있는 부여의 법조목으로서 다음 네 가지를 들고 있다.

(1) 살인자는 사형에 처하고 그 가족은 데려다 노비로 삼는다.
(2) 절도를 한 자는 12배의 배상으로 갚는다.
(3) 간음한 자는 사형에 처한다.
(4) 부인의 질투를 특히 미워하며, 이를 사형에 처하되, 그 시체를 서울 남쪽 산 위에 버려서 썩게 한다. 단 그 여자의 집에서 시체를 가져가고자 하면 우마(牛馬)를 바쳐야 한다.[4]

앞에서 언급한 고조선의 법조목과 근본이 비슷한 가운데, 엄격한 성도덕과 부녀자의 시기를 극형으로 다스리는 조항이 특히 주목을 끈다. 고조선의 8조목 가운데도 간음(姦淫)을 금지하는 조항이 있었을 것으로 추측하는 학자들이 있으나, 확실한 기록은 없는 것으로 안다. 그런데 부여의 법조목으로서 남아 있는 것 가운데 "간음한 자는 사형에 처한다."가 있다는 사실에서, 우리는 그 시대의 가족제도에 대해서 더욱 많은 것을 짐작할 수가 있다. 우선 간음죄를 극형으로 처벌한다는 것은 가족제도를 절대 신성시했다는 추측을 가능하게 한다. 특히 부인의 질투를 사형으로 처벌하고 그 시체까지 산 위에 버리게 했다는 것은 남성 위주의 가부장적 가족제도가 성립했음을 말해 준다. 여자의 질투를 죄악시하는 것은 주로 일부다처제의 상류사회에 있어서다.
앞에서 소개한 고조선의 8조목이나 여기 소개한 부여의 법조목은 모두 인

---

4 같은 책, p.39.

간이 인간의 비행을 제재하는 실정법적(實定法的) 규범이다. 우리나라의 고대사회에는 인간에 의한 실정법적 규범 이외에 인간을 초월한 신적(神的) 존재에 대한 신앙에 근거를 둔 종교적 규범도 있었다. 일찍부터 무격신앙(巫覡信仰)을 가졌던 우리 조상들은 하늘과 땅, 해와 달, 큰 강과 큰 산 등 거대한 자연물을 신격화(神格化)하는 동시에, 이 신들이 인간의 길흉화복을 좌우할 수 있는 위대한 힘을 가졌다고 믿었다. 신의 뜻을 어기면 벌을 받고, 그 뜻을 받들면 복을 받을 것이라고 믿었다. "죄를 지은 자는 천벌을 받는다."는 말은 그러한 믿음의 표현이라고 볼 수 있다.

큰 나무 또는 큰 바위를 숭배한 것은 물체로서의 나무나 바위를 숭배한 것이 아니라 그 자연물 속에 깃들어 있는 영혼을 숭배한 것이었다. 자연물에 불멸하는 영혼이 있다면, 인간에게도 불멸하는 영혼이 있다고 믿어야 한다. 따라서 돌아가신 조상의 영혼도 숭배의 대상이 되었고, 장례와 제례를 매우 소중한 행사로 여겼다. 조상의 영혼에도 자손들의 길흉(吉凶)을 좌우할 힘이 있다고 믿었기에 더욱 소중히 제사 지낼 필요가 있었다.

자연물 속의 영혼이나 조상의 영혼이 내려 주는 축복과 재앙은 물이 반드시 낮은 곳으로 흐르듯이 물리학적으로 결정되는 것은 아니라고 우리 조상들은 믿은 것으로 보인다. 모든 영혼은 유정적(有情的) 존재이고, 유정적 존재인 까닭에 정성을 다하여 빌고 애원하면 그 기원(祈願)을 들어줄 것이라고 믿었을 것이다. 기복(祈福) 종교의 싹이 일찍부터 트기 시작한 것이다.

인간의 비행(非行)을 제재하는 두 가지 규범, 즉 세속적인 금법(禁法)과 종교적 금법이 아무런 관계도 없이 이원적(二元的)으로 권위를 행사했을 것으로는 생각되지 않는다. 인간이 인간에게 가하는 실정법적 제재도 그 권위의 근원을 아마 종교적 신앙에 두었을 것이다. 바꾸어 말하면, 인간의 비행에 벌을 내릴 수 있는 권위는 본래 인간을 초월하는 신에게 있는 것이나, 신의 뜻을 대신하여 벌을 내릴 수 있는 대리권을 가진 사람이 있어서 그 대리권을 행사하는 것이 다름 아닌 인간이 인간을 처벌하는 제재에 해당한다. 천지신명(天地神明)을 받들어 제례(祭禮)를 지내는 사람이 백성을 다스리는 정권을 장악하는 제정일치(祭政一致)의 체제는 고대 동북아 지역에 흔히 있는 일이었다.

2. 삼국시대

고구려는 압록강과 동가강(冬佳江) 유역을 중심으로 형성되었던 토착 부족들이 연맹을 이루고 인근의 다른 족속 및 한족(漢族)과 싸워 가며 성립하고 성장한 나라다. 건국 과정에 전투가 많았던 까닭에, 고구려의 지배층은 일찍부터 발달한 군사 조직을 가지고 있었다. 강력한 군사 조직을 가졌던 까닭에 중국과 자주 충돌하였고, 중국과의 전투에서 승리를 거두며 만주 일대와 대동강 유역에 걸쳐서 거대한 왕국을 건설하였다.

인접한 국가 또는 부족과의 전쟁을 빈번하게 경험하며 성장했던 고구려를 위해서 가장 절실한 문제는 외적(外敵)의 침입을 효과적으로 막는 것이었고, 또 자원이 빈약하고 생산이 부실했던 고구려로서는 살아남기 위하여 이웃 부족을 정복하고 전리품을 획득할 필요가 있었다. 그러므로 고구려는 건국 초기부터 무(武)를 숭상하게 되었고, 힘이 강하고 무술이 뛰어난 사람을 높이 평가했으며, 감투 정신과 용맹의 덕을 높이 평가하였다. 건국 시조(始祖) 동명왕(東明王)도 매우 용맹스러운 활쏘기의 달인이었다고 전해진다.

초창기에는 주로 무예(武藝)에 치중했던 고구려도 국가의 기반이 잡혀 감에 따라서 교학(敎學)의 길도 중요시하여 문무(文武)를 겸수하는 방향으로 나아갔다. 제17대 소수림왕(小獸林王)이 태학(太學)을 두어 가르치게 했다는 기록은 교학에 대해서도 비중을 두었다는 증거로 볼 수 있다. 태학에 입학이 허용되지 않은 평민의 자제들을 위해서는 각지에 '경당(扃堂)'이라는 교육기관을 설립하여 경전과 무술을 함께 가르쳤다.

태학과 경당을 설립하여 경전을 가르쳤다 함은 유학이 들어오고 있었음을 의미하거니와, 유학뿐 아니라 불교의 경전과 불상도 소수림왕 시대에 들어왔다. 유학과 불교는 주로 왕실을 중심으로 한 귀족 사회에 전파되었고, 일반 서민사회에는 원시사회의 전통과 유습이 여전히 남아 있었던 것으로 보인다. 토속신(土俗神)인 영성(靈星)과 일신(日神)에 대한 제사를 받들었으며, 원시 모계사회의 유습인 서옥제(壻屋制)가 실시되었다는 기록이 그것을 증명한다.[5]

고구려가 안으로 국가 조직과 관료 체계를 정비한 것은 소수림왕 때였고, 밖으로 정복 사업을 크게 성공시켜 만주 일대의 주인공이 되고 영토를 한강과 낙동강 유역까지 넓힌 것은 광개토대왕(廣開土大王)의 업적이었다. 광개토대왕의 뒤를 이은 장수왕(長壽王)은 79년 동안 왕위를 지키며 고구려의 전성기를 초래하거니와, 이와 같은 국력 신장이 이루어지는 가운데 귀족적 지배 계층이 형성되었다. 귀족적 지배층은 비단옷을 입고 금과 은으로 복장을 장식하는 등 사치스러운 생활을 누리기도 하였다.[6]

일부 귀족 사회에 호화스러운 풍속이 생기기는 했으나, 나라 전체가 문약(文弱)한 풍조로 흐른 것으로는 보이지 않는다. 이웃 나라들과의 끊임없는 전투를 겪으면서도 꾸준히 국력과 영토를 키워 갔다는 사실로 미루어서 그렇게 보게 될 뿐 아니라, 기록에 남은 일화(逸話)를 통해서도 고구려가 도덕적으로

---

5 서옥제(壻屋制)란 혼인의 결정이 나면 신부 집 후원에 작은 집을 짓고 그곳에 신부가 한동안 거처하도록 한 모계사회의 제도를 말한다. 신랑은 신부 부모의 허락을 받고 그 서옥에 가서 신부와 잠자리를 함께한다. 그러는 가운데 자식이 생기고 그 아이가 어느 정도 자란 뒤에야 아내를 신랑 집으로 데려갈 수 있었다.

6 이기백, 『한국사신론』, p.45 참조.

건전한 가치 풍토를 형성했음을 알 수가 있다. 한두 가지 예화(例話)를 인용하기로 한다.

제3대 왕 대무신왕(大武神王)은 즉위 15년에 구도(仇都), 일구(逸苟), 분구(焚求) 등 세 대신을 내쫓아서 서민으로 만들었다. 이 세 사람은 전에 비류부장(沸流部長)으로 있었을 때 남의 아내와 첩 그리고 가축을 폭력으로 빼앗는 등 행패가 심했는데, 그 사실을 왕이 알게 되어 벌을 내린 것이다. 그 죄상으로 말하면 극형에 처해야 마땅했으나, 개국 시조인 동명왕(東明王)의 옛 신하였음을 감안하여 목숨만은 살려 두었던 것이다.

그 뒤에 대무신왕은 남부의 사자(使者)인 추발소(鄒勃素)를 비류부장으로 삼았다. 새로 부임한 추발소는 큰 집을 짓고 그곳에 살았거니와, 구도 등 세 죄인이 찾아와도 마루 위에 오르지 못하게 하였다. 이때 구도 등 세 죄인은 추발소 앞에 사죄하고 과거를 뉘우치며 새 사람이 되도록 도와달라고 간청하였다. 이에 추발소는 그들을 마루 위에 올라와 앉게 하고, "사람에게는 누구나 잘못이 있기 마련이며, 잘못을 뉘우치고 고치면 그 이상 더 착함이 없다."고 말하며 그들을 친구로 삼았다. 추발소의 이 같은 도량에 감복한 세 사람은 크게 뉘우치고 다시는 나쁜 짓을 하지 않았다. 이 소문을 들은 왕은 지혜로써 악인들을 개과천선하게 한 추발소의 인품을 높이 찬양하여 그에게 성(姓)을 내려서 대실씨(大室氏)라고 부르도록 하였다.[7]

위의 이야기는 고구려 초기의 윤리적 상황에 대해서 여러 가지를 암시한다. 첫째로, 구도 등 세 대신이 권력을 남용하여 백성을 괴롭힌 죄에 대해 단

---

7 『三國史記』, 卷 第14, 高句麗本紀 第2, 大武神王條.

호한 처벌을 내린 대무신왕의 조치를 통하여 그 시대에 왕의 권위를 중심으로 기강이 섰음을 알 수 있다. 둘째로, 남의 여자와 가축을 강탈한 행위를 극형에 처해야 마땅하다고 여긴 점으로 보아 고구려의 법이 매우 엄중했음을 짐작할 수 있으며, 선왕의 옛 신하였음을 감안하여 목숨만은 살려 준 대무신왕의 처사는 왕실에 효(孝)의 덕이 숨쉬고 있었음을 말해 준다. 셋째로, 죄인들이 과거의 잘못을 뉘우치고 새로 비류부장이 된 추발소 앞에 와서 사죄한 것이나 추발소의 인간적인 대우에 감복하여 다시는 나쁜 짓을 하지 않았다는 이야기를 통하여, 우리는 당시의 고구려 사람들이 대체로 소박하고 도덕적 정신 자세가 건전한 편이었다는 것을 짐작하게 된다.

고구려가 그토록 강대한 국가를 건설할 수 있었던 것은 용기와 덕망을 갖춘 왕들이 있었기 때문이다. '광개토대왕비(廣開土大王碑)'에는 개국 시조인 동명왕이 무덕(武德)뿐 아니라 문덕(文德)도 갖춘 훌륭한 지도자였다는 기록이 남아 있다. 동명왕은 골격이 기이하고 영특했으며, 나이 7세에 이미 활을 잘 쏠 정도로 타고난 무인이었다. 그뿐만 아니라 18년 동안 통치하고 세상을 떠날 무렵에 세자 유리왕(榴璃王)에게 "도(道)로써 나라를 다스리라."고 일렀으니, 그는 문덕도 중요시한 명군(名君)으로 평가된다. 광개토대왕의 공적을 찬양한 대목에서는 "대왕의 은택이 하늘에까지 사무치고 위무(威武)의 정신은 사해(四海)를 뒤덮어서 백성들은 그 직업에 안정을 얻었다."고 기록되어 있다. 광개토대왕도 역시 문무를 겸비하고 덕과 위엄을 아울러 갖춘 지도자로 기록된 것이다.[8]

제9대 왕 고국천왕(故國天王)과 제11대 왕 동천왕(東天王)도 덕망이 높은 군주로 알려지고 있다. 고국천왕은 사냥 갔던 길에서 가난으로 고생이 막심

---

8 유승국 외, 『한국윤리사상사』, pp.21-23 참조.

한 백성을 만나 그에게 의복과 식량을 하사하여 위로했으며, 중앙과 지방의 관원들에게 명령하여 의지할 곳이 없거나 병과 가난으로 생계의 길이 막힌 사람들을 구제하도록 하였다.[9]

그리고 동천왕은 그 성품이 매우 너그러운 사람으로 기록되어 있다. 왕후가 왕의 마음을 시험하고자 시자(侍者)를 시켜서 왕의 옷에 국을 엎지르게 하였을 때, 왕은 노하지 않고 불문에 부쳤다고 한다.[10]

훌륭한 군주 아래는 훌륭한 신하가 따르기 마련이다. 동명왕 11년에 한나라 요동(遼東) 태수(太守)가 대군을 거느리고 고구려를 침공했을 때, 우보(右輔) 송옥구(松屋勾)와 좌보(左輔) 을두지(乙豆智)가 충성과 지략으로 국난을 극복한 일이 있었다. 고국천왕 때도 훌륭한 신하가 나타났다는 기록이 있다. 왕이 4부(四部)에 명령하여 재야에 있는 현량(賢良)한 인물을 천거하도록 하였다. 이에 4부에서는 모두 동부(東部)의 안류(晏留)를 천거하였다. 왕이 그를 불러 국정을 맡기고자 했을 때, 안류는 자기보다 더 유능한 사람이 있다고 말하며 초야에 묻혀 있던 을파소(乙巴素)를 대신 추천하였다. 왕은 을파소를 불러서 그에게 국상(國相)의 자리를 맡겼으며, 을파소는 지성을 다하여 나라에 봉사하고 정교(政敎)를 밝혀 상벌(賞罰)을 신중하게 하였다. 이로써 백성들이 편안한 삶을 누리게 되고, 나라의 안팎이 무사하게 되었다.[11]

안류와 을파소에 관한 이야기는 몇 가지 뜻있는 암시를 함축하고 있다. 첫째로, 고국천왕이 동서남북 4부에 명령하여 현량한 인재를 천거하도록 했을 때, 4부에서 각기 자기 고장 사람을 천거하지 않고 모두 동부의 안류를 천거

9 「三國史記」, 卷 第16, 高句麗本紀 第4, 故國川王條 참조.
10 「三國史記」, 卷 第17, 高句麗本紀 第5, 東川王條 참조.
11 「三國史記」, 卷 第16, 高句麗本紀 第4, 故國川王條 참조.

한 것은 팔이 안으로 굽는 심리를 넘어서서 공정하게 처사하려는 태도를 보였다는 점에서 인상적이다. 둘째로, 4부의 추천을 받은 안류가 스스로 고관의 자리를 맡지 않고 을파소를 그 자리의 적임자로 추천한 것은 국가를 위한 공직을 사사로운 영달의 방편으로 생각하지 않았다는 점에서 높이 평가된다. 셋째로, 초야에 묻혀 있던 을파소가 국상이라는 막중한 임무를 맡아서 지성을 다하여 공정하고 신중한 자세로 임무를 수행하여 나라의 안팎을 편안하게 했다는 결과는, 을파소 한 사람뿐 아니라 그 주위의 여러 사람들이 현명하게 처신했기 때문일 것으로 생각되며, 동천왕의 어진 인품을 느끼게 한다.

삼국(三國)의 하나로서 한반도의 서남부 지역을 점유하고 일어난 백제(百濟)가 어떠한 경위를 밟고 고대국가로 성장했는지에 대해서는 명백한 기록이 없는 것으로 안다. 다만 삼한(三韓)의 하나인 마한(馬韓)에 속했던 조그마한 부족국가 백제가 그 모체라는 것만은 사학자들 사이에 통설로서 받아들여지고 있다. 유승국은 『주서(周書)』가운데 '이성전(異城傳), 백제조(百濟條)'에 "백제는 그 선대 마한의 속국으로서 부여(扶餘)의 별종이다."라는 구절이 있음을 근거로, 북방의 부여족이 남하하여 마한의 토착민들을 지배함으로써 건설한 나라가 백제라고 주장한다.[12] 이 나라의 모체가 된 백제를 북방으로부터의 유이민(流移民)이라고 보는 사학자들의 견해와 묶어서 볼 때, 삼국의 하나인 백제는 일찍이 대륙 문화의 영향을 받은 북방 사람들과 옛날부터 한반도의 남서부 지방에 살았던 토착민이 결합함으로써 형성된 나라라는 결론을 얻게 된다.

석기시대부터 한반도에 거주했던 토착민들은 일찍부터 중국 대륙의 금속 문화와 접촉하게 되었으며, 대륙 문화를 한발 먼저 받아들인 것은 지리적으

---

12 유승국 외, 『한국윤리사상사』, p.24 참조.

로 가까운 북방의 여러 부족들이었을 것이다. 보통 삼한(三韓)이라고 불리는 마한과 진한(辰韓), 그리고 변한(弁韓)은 주로 한강 이남에 위치했으므로 대륙 문화와의 접촉이 비교적 늦은 편이었고, 따라서 토착적 풍습을 오래 간직하고 있었을 것이다. 그러므로 마한의 토착민들과 북방으로부터의 유이민이 결합함으로써 형성된 백제에도 고유한 토착 문화가 비교적 우세하게 남아 있었을 것으로 생각된다. 예컨대, 주술적(呪術的) 신앙의 제단인 소도(蘇塗)를 마련하고 질병과 재앙이 없기를 기원하는 풍습 등이 한동안 남아 있었을 것이다.

그러나 백제의 지배 계층은, 고구려의 경우가 그러했듯이, 유학과 불교를 적극적으로 수용하여 삼한시대의 후진성을 벗어나고자 하였다. 백제에 이미 오경박사(五經博士)의 제도가 있었음은 널리 알려진 사실이며, 이는 『역경(易經)』, 『시경(詩經)』, 『서경(書經)』, 『예기(禮記)』 및 『춘추(春秋)』 등 유학 고전에 대한 연구가 활발하게 이루어졌음을 의미한다. 더욱이 오경박사들 가운데는 일본의 초빙을 받아서 고대 일본의 문화를 발전시키는 데 공로가 많은 사람들도 있었으니, 백제의 유학이 상당한 수준에 이르렀다는 것을 의미한다.

유학이 성행하면서 백제의 생활 습속도 그 영향을 크게 받아 삼한시대와는 다른 모습으로 나타났다. 특히 예법(禮法)이 중국의 영향을 받아서 남녀의 예절이 세련되었고, 남녀의 복식을 구별했을 뿐 아니라, 미혼녀와 기혼녀의 구별도 외모로써 알 수 있도록 하였다. 그리고 부모나 남편이 죽으면 삼년상을 지내는 제례(祭禮)도 행하여졌다.[13]

백제의 왕실은 불교도 받아들였다. 불교가 고구려에 들어온 것은 소수림왕 2년(372)이었다고 하거니와, 그것이 백제에 전해진 것은 그보다 12년 뒤인

---

13 같은 책, p.25 참조.

침류왕(枕流王) 원년이었다. 침류왕은 즉위하자 곧 진(晋)나라에 사신을 보냈고, 호승(胡僧) 마라난타가 동진(東晋)에서 왔을 때 "왕이 궁으로 맞아들여 예로써 공경하였다."고 기록되어 있다.[14] 백제의 왕실이 불교를 받아들인 자세가 매우 적극적이었음을 말해 준다.

제17대 아화왕(阿華王)은 불법을 신앙하여 복을 구하라고 백성들에게 하교하였고, 제29대 법왕(法王)은 살생을 금하는 명령을 내리는 동시에 민가에서 기르는 매와 새매를 놓아 주고 고기잡이와 사냥에 사용하는 도구를 불태우도록 시달하였다.[15] 백제의 왕실이 불교를 숭상함에 이토록 적극적이었으니, 백제의 윤리적 상황에 불교의 영향이 적지 않았을 것임은 의심의 여지가 없다.

백제는 건국 이래 두 가지 어려운 과제를 안고 있었다. 우선 백제는 북방에서 내려온 지배층과 남쪽 마한 땅에 본래부터 살고 있던 토착민 사이의 갈등을 해소하고 전국의 융화를 가져올 필요가 있었다. 그리고 백제는 고구려와 신라 및 중국으로부터 오는 외침(外侵) 내지 압박의 위협을 물리쳐야 했다. 이러한 사정은 백제의 지배 세력으로 하여금 단결과 충성, 그리고 나라의 기강을 강조하지 않을 수 없게 하였을 것이다.

백제는 우선 강력한 공권력으로써 국가의 기강을 바로잡았던 것으로 보인다. 백제는 형벌 제도가 매우 엄했으며, 반역자와 전쟁에서 퇴각한 자, 그리고 살인자는 극형에 처했다. 도둑질에 대해서는 훔친 것을 두 배로 변상하도록 했을 뿐 아니라 또 유배형에 처하였다. 부인이 간통했을 경우에는 남편 집의 종으로 삼았다고 한다.[16] 백제가 금법(禁法)이 엄중하고 남성 위주의 나라

---

14 「三國史記」, 卷 第24, 百濟本紀 第2, 枕流王條 참조.
15 「三國史記」, 卷 第27, 百濟本紀 第5, 法王條 참조.

였음을 짐작하게 한다.

현대사회에서는 위정자가 엄벌로써 국민에게 임하면 아래로부터의 반항에 부딪치는 경우가 많다. 그러나 백제의 신하와 백성들은 성품이 유순하여 왕실에 반항하기보다는 충성으로 순종하는 경향이 있었던 것으로 보인다. 백제가 자리잡은 지역이 오늘의 충청도와 전라도 지방으로서 그 지세(地勢)가 순탄하여 사람들의 기질에 영향을 끼친 것이 아닐까 하는 추측을 하게 된다. 여기 백제의 신하와 백성들이 반항적이기보다는 순종적이었음을 말해주는 일화가 있다.

> 의자왕(義慈王)이 재위 16년 봄에 궁인들과 어울려 음란한 환락에 탐닉하고 술 마시기를 그치지 않았다. 좌평(佐平) 성충(成忠)이 극력 간하였으니, 왕은 노하여 그를 옥중에 가두었다. 이로 인하여 다시는 아무도 감히 말하는 사람이 없게 되었고, 성충은 몸이 쇠약하여 죽게 되었다. 임종에 즈음하여 성충은 왕에게 다음과 같은 글을 올렸다. "충신은 죽어도 임금을 잊지 못하므로 한 말씀 올리고 죽고자 합니다. 신이 항상 시운(時運)의 변화를 관찰하옵건대, 반드시 병란(兵亂)이 있을 것 같습니다. 무릇 군사를 부림에 있어서는 반드시 지세(地勢)를 잘 가려야 하며, 상류에 머물러서 적병을 맞이하면 능히 보전할 수 있을 것입니다. 만약에 다른 나라 군대가 쳐들어오면, 육로로는 침현(沈峴) 고개를 넘어오지 못하게 하고, 수군은 기벌포(伎伐浦) 언덕에 오르지 못하게 하며, 험하고 좁은 곳에 웅거하여 적병을 막아야 합니다."[17]

---

16 유승국 외, 『한국윤리사상사』, p.25 참조.
17 『三國史記』, 卷 第28, 百濟本紀 第6, 義慈王條.

주색에 탐닉한 군주에게 충간을 한 까닭에 투옥된 성충이 옥고를 못 이겨 죽어 가면서도 왕을 원망하기보다는 외적의 침입을 물리칠 계략을 상신하고 있다. 의자왕은 이 상신을 묵살했다고 기록되어 있거니와, 백제 신하의 충성과 애국심이 지극함을 보여준 일화라고 할 수 있을 것이다.

사기(斯紀)라는 사람에 관한 기록은, 백제의 규율이 매우 엄했으며 그런 가운데서도 조국에 대한 사랑을 잃지 않은 백제인의 본보기를 보여주는 흥미 있는 이야기다. 사기는 본래 백제 사람이었으나, 실수로 국마(國馬)의 말굽에 상처를 내고 처벌이 두려워서 고구려로 달아났다. 고구려로 달아나서 얼마 동안 살고 있었을 때, 고구려의 국강왕(國岡王)이 군사를 거느리고 백제를 침공했다. 백제의 근초고왕(近肖古王)은 태자를 보내어 침략군을 막도록 했거니와, 이때 사기는 백제로 돌아와서 태자에게 고구려 군사의 내막을 알림으로써 태자가 고구려군을 물리치는 데 결정적인 도움을 주었다.[18]

위의 이야기에서 국마의 말굽에 상처를 입혔을 정도의 실수를 범한 사람이 처벌을 겁내어 이웃 나라로 도망했다 함은 백제의 규율이 지나치게 엄중함을 의미한다. 엄벌이 두려워서 고구려로 달아난 사기는 그 고국인 백제가 고구려의 침공을 받았을 때 백제를 구하기 위하여 고구려 군사의 비밀을 알려 준다. 이는 백제 사람의 순박한 애국심을 말해 주는 예화(例話)로서의 의미를 가진다.

이 일화를 통하여 또 한 가지 짐작할 수 있는 것은 백제인과 고구려인이 인종적으로 큰 차이가 없었다는 것과 그들의 언어와 풍습도 대동소이했으리라는 점이다. 두 나라 사이에 큰 차이가 있었다면 백제인이 고구려로 달아나서 발을 붙이기가 어려웠을 것이다. 고구려와 백제 그리고 신라의 인종과 언어,

---

18 『三國史記』, 卷 第24, 百濟本紀 第2, 近仇首王條 참조.

풍습 등이 대동소이했다는 사실은 후일에 세 나라가 한 나라로 통일되는 데 큰 도움이 되었을 것으로 생각된다.

고구려와 백제보다 뒤에 일어난 신라(新羅)는 본래 경주 지방에 본거지를 두었던 사로(斯盧)라는 작은 부족국가가 이웃 부족들과 연합함으로써 형성된 국가다. 건국 당시의 고구려는 농사가 잘되지 않았으므로 남의 식량을 약탈할 필요가 있었다. 이러한 사정은 처음부터 군사에 힘쓰지 않을 수 없게 하였고 건국과 성장 과정에서 무력에 호소한 경우가 잦았다. 백제도 부여에서 갈라져 나온 사람들이 남쪽의 토착민들을 지배하에 넣으면서 건설한 나라이므로 처음부터 무력을 사용해야 할 경우가 많았을 것이다. 그러나 신라는 본래 오늘의 경상도 지방에 살던 토착민들이 북방과 서방으로부터의 외적(外敵)을 막기 위해 대동단결이 필요함을 느꼈고, 그리하여 우선 6부(六部)가 단합하고 다시 주변의 부족국가들과 연합함으로써, 급기야 그전에 진한과 변한이 점유했던 지방을 통합해 왕국으로 성장한 나라다. 그러므로 신라가 건국되고 성장한 초기 과정에서는 무력에 의한 정복보다도 평화적으로 맺어진 동맹과 협조를 통하여 나라가 성장했을 것으로 보인다. 따라서 그 발전 초기에는 군주의 전제보다 여러 부족 대표들의 합의에 따른 정치가 실시되었다. 군왕(君王)의 자리를 오직 하나의 성씨(姓氏)만이 독점하여 세습하지 않고 박(朴), 석(昔), 김(金)의 3성 가운데서 가장 탁월한 인물을 골라 추대하였다. 남자뿐 아니라 여자도 군주가 될 수 있었다는 사실과 화백(和白)이라고 부르는 부족 회의가 중대한 구실을 했다는 사실 등은 신라에 일찍부터 민주주의적 사고방식이 있었음을 의미한다.[19]

그러나 가까운 이웃 나라 고구려와 백제가 무력을 앞세워 날카롭게 대립하

---

19 최남선, 「국민조선역사(國民朝鮮歷史)」, 『최남선 전집』, 제1권, p.258 참조.

고 있었으므로 신라도 강력한 군사력을 가질 필요가 있었고, 확고한 정치적 구심점의 구실을 할 왕권의 수립도 필요했을 것이다. 미천왕(美川王) 14년 (313)에 낙랑(樂浪)과 대방(帶方) 두 군(郡)을 축출한 고구려는 그 여세를 몰아서 백제를 압박하였다. 이에 백제는 왜국(倭國)과 연결하여 맞섰고, 백제와 왜국 사이에 끼어서 협공을 받는 위치에 있던 신라는 고구려의 후원을 받을 필요가 있었다. 17대 내물왕(奈勿王)은 광개토대왕의 원군에 힘입어 왜군을 물리쳤고(400), 고구려의 세력을 배경으로 삼고 김씨 왕권이 박씨와 석씨를 물리치고 단독으로 통치권을 장악하게 된다.

국제관계는 이해관계의 변화를 따라서 변동하기 마련이다. 김씨 왕권을 구심점으로 삼고 신라의 국력이 커지자, 이제는 종전의 후원국이던 고구려가 신라를 압박해 왔다. 이에 신라는 옛날 적대관계에 있던 백제와 동맹을 체결하였고(눌지왕 17년, 433), 고구려와 군사적 충돌을 빚었다. 이러한 상황에서 필요한 것은 자국의 군사력을 강화하는 일일 수밖에 없을 것이고, 처음에는 비교적 평화롭게 출발한 신라도 점차 상무(尚武)로 방향을 돌리게 되었다. 신라의 화랑(花郎)들이 평소에 무술 연마에 힘쓴 것도 이러한 맥락에서 이해할 수 있을 것이다.

화랑들이 힘쓴 것은 무술의 연마만이 아니었다. 그들은 서로 도와 가면서 도의(道義)를 연마했으며, 함께 어울려 노래와 음악을 즐겼다. 그들은 명산(名山)과 대천(大川)을 두루 찾아다니며 심신을 단련했다고 전해진다. 아마 화랑들은 어떤 이상적 인간상을 추구한 것으로 보이며, 우리는 원광법사(圓光法師)의 세속오계(世俗五戒)를 통하여 그들이 추구한 이상적 인간상의 대강을 짐작할 수 있을 것이다.

다섯 가지 계명 가운데 "충성으로써 임금을 섬기라."와 "효도로써 부모를 섬기라." 그리고 "믿음으로써 벗을 사귀라."는 유교의 오륜(五倫) 가운데 세 가지와 일치한다. 그러나 "전쟁에 임해서는 물러서지 말라."는 전쟁이 잦은 나라의 젊은이로서 마땅히 갖추어야 할 덕목을 강조한 것이며, "살생을 함부로 하지 말라."는 불교의 가르침을 현실에 맞도록 완화한 것으로 보인다. 고구려와 백제의 뒤를 이어서 신라도 유학의 가르침을 받아들였고, 특히 불교에 대한 신심은 대단히 깊었다.

화랑의 대표적 인물이었던 김유신(金庾信)과 그의 아들 원술(元述)에 대한 일화는 화랑의 충효와 용기가 어떠한 것이었는가를 여실히 말해 준다. 『삼국사기(三國史記)』의 기록에 따르면, 김유신이 전쟁터에서 돌아와 왕궁에 복명하고 아직 집으로 돌아가기도 전에 백제의 군사가 또 국경에 나타나서 신라를 위협한다는 급보가 들어왔다. 이때 왕은 김유신에게 명령하여 다시 나아가 백제군을 격퇴하라고 당부한다. 이에 김유신은 자기가 돌아오기를 기다리며 문 앞에 나와 있는 가족을 못 본 체하고 그의 문전을 지나간다. 문전을 지나서 한 50걸음쯤 간 뒤에 말을 멈추고 부하를 시켜서 자기 집 장수(漿水)를 가져오게 하여 갈증을 해소하였다. 멸사봉공의 정신이 투철했음을 말해 주는 일화다.[20]

당나라와 말갈의 군대가 합세하여 신라를 공격했을 때, 원술은 비장이 되어 이에 참전하였다. 전세가 불리하여 수많은 신라군이 장렬하게 전사하였다. 원술도 달려나가 전사하고자 하였으나 그의 부관 담릉(淡凌)이 "아직은 죽을 때가 아니다."라고 하며 말리는 바람에 뜻을 이루지 못하였다. 결국 신라군은 많은 사상자를 낸 보람도 없이 전쟁에서 지고 돌아왔다. 이때 김유신은 자기 아들 원술이 살아서 돌아온 것을 비겁한 소치로 보고 참형에 처할 것을 대왕에게 진언하였다. 그러나 대왕은 그렇게까지 할 필요는 없다고 하며 원술을 용서한다. 원술은 부끄럽고 두려워 감히 아버지를 뵙지 못하고 시골

---

20 『三國史記』, 卷 第41, 列傳 第1, 金庾信 上 참조.

에 은둔하였다가 아버지 유신이 타계한 뒤에 어머니를 만나고자 하였다. 그러나 어머니는 "여자에게는 세 가지 따라야 할 의리(三從之義)가 있으니, 내가 이미 혼자된 몸으로서 마땅히 아들의 뜻을 따라야 할 것이다. 그러나 원술은 이미 돌아가신 아버지에게 자식 노릇을 못했으니, 내 어찌 그 어미가 될 수 있겠는가?" 하고 끝내 만나 주지 않았다. 이에 원술은 탄식하고 태백산으로 들어갔다. 그 뒤 을해년(675)에 당나라 군사가 다시 침공했다는 소식을 들었을 때 원술은 죽음을 각오하고 전쟁터로 나가기를 자청한다. 힘을 다하여 용감히 싸워서 큰 공을 세우고 상까지 받았다. 그러나 그전에 부모에게 용납되지 못했음을 자책하여 벼슬길에 오르지 않고 한평생을 마쳤다.[21]

신라 사람들의 나라에 대한 충성과 죽음을 두려워하지 않는 강건한 무인 정신을 전해 주는 일화는 『삼국사기』와 『삼국유사(三國遺事)』 여러 곳에서 발견할 수 있다. 15대 문무왕(文武王) 때의 용장(勇將) 침나(沈那)와 소나(素那)의 무용담, 남편 소나의 전사 소식을 듣고 울면서도 "장부는 마땅히 전쟁터에서 죽어야 한다."는 것이 남편의 소신이었다고 말한 소나 부인의 태도에 대한 기록도 그 하나다.[22] 본래 출가하여 중이 되었으나 이렇다 할 선행(善行)이 없었음을 뉘우치고, 차라리 종군하여 목숨을 바침으로써 나라에 보답하기로 작심하고 군인 되기를 자청하여 전사한 취도(驟徒)와, "나의 두 형님이 이미 왕을 위하여 죽음으로써 이름이 영원히 전하게 되었거늘, 내 비록 불초이나 어찌 죽음을 겁내어 구차하게 살겠소." 하는 말을 아내에게 남기고 전쟁터에 나가서 수십 명의 백제군을 베어 죽이고 전사한 핍실(逼實)의 일화도 비슷한 이야기다.[23]

21 『三國史記』, 卷 第43, 列傳 第3, 金庾信 下 참조.
22 『三國史記』, 卷 第47, 列傳 第7, 素那條 참조.

화랑도의 세속오계 가운데 '사군이충(事君以忠)', '사친이효(事親以孝)', '임전무퇴(臨戰無退)'의 가르침을 실천한 일화는 무수히 전해지고 있는 데 비하여, 다른 두 가지 계명을 실천한 이야기의 기록은 그리 많지 않은 편이다. 이것을 '교우이신(交友以信)'과 '살생유택(殺生有擇)'의 계율이 그 당시의 실생활에 별로 영향을 주지 못했다는 증거로 보기는 어렵다. 그보다는 항상 전쟁의 위협 속에서 살았던 그 시대 사람들의 가치관으로 볼 때, 충효와 용맹의 덕이 특히 높이 평가되었다는 증거로 보아야 할 것이다.

신의(信義)를 지킨 이야기로서는 거칠부(居漆夫)와 혜량법사(慧亮法師) 사이의 미담을 들 수 있을 것이다. 내물왕의 5대손인 거칠부가 소년 시절에 머리를 깎고 사미승이 되어 사방으로 유람하다 고구려를 엿보고자 그 나라로 들어갔다. 때마침 고구려에서는 혜량법사가 법당을 설치하고 경(經)을 강설하고 있었다. 거칠부는 그 법당을 찾아가서 법사의 설법을 들었다. 관상에 일가견이 있는 혜량법사는 거칠부의 용모가 비상함을 보고, 그가 다른 뜻이 있어서 고구려에 잠입한 것을 뚫어 보았다. 법사는 거칠부를 조용히 불러 놓고 신라로 돌아가라고 은밀히 타이른다. 고구려에 오래 머물면 본색이 탄로나 죽음을 당할 것임에 틀림이 없다고 본 것이다. 이에 거칠부는 고구려를 떠나거니와, 떠나면서 후일에 기회가 생기면 법사의 은혜에 보답하겠다고 약속한다. 후일에 거칠부가 장군이 되어 고구려를 쳐부수었을 때, 혜량법사와 그 무리를 만나게 된다. 거칠부는 법사의 소원을 따라서 그를 수레에 태우고 신라로 와서 진흥대왕에게 소개했다. 대왕은 법사를 승통(僧統)으로 삼고 처음으로 백좌강회(百座講會)와 팔관법(八關法)을 설치하였다.[24]

---

23 『三國史記』, 卷 第47, 列傳 第7, 驟徒條 참조.
24 『三國史記』, 卷 第44, 列傳 第4, 居漆夫條 참조.

신의를 굳게 지킨 사람들의 이야기는 그 밖에도 많이 전해지고 있다. 『동사강목(東史綱目)』에 나오는 백운(白雲)과 제후(際厚)와 김천(金闡) 세 사람이 목숨을 걸고 약속을 지킨 이야기도 그것이고, 일찍이 미천한 집안의 딸과 결혼한 강수(強首)가 후일에 입신 출세하여 좋은 집안의 규수와 다시 결혼하라는 압력을 받았으나 끝내 조강지처를 버리지 않은 이야기도 그것이다.[25]

고구려와 백제 그리고 신라는 각각 그 건국의 시기와 지정학적 조건 등에 차이가 있으나, 그 윤리적 상황에는 기본적 공통점이 적지 않았던 것으로 보인다. 첫째로, 세 나라는 모두 언어와 풍습이 비슷한 한반도 주민들을 모체로 삼고 형성되었으며, 세 나라 국민들은 뿌리가 같은 토착 신앙을 공통으로 가지고 있었다. 다시 말해서, 신석기시대부터 전해 내려온 무격신앙은 한반도 전역에 퍼져 있었으며, 그 토착 신앙은 삼국 사람들의 의식구조의 공통된 바탕을 이루었던 것으로 보인다. 그 당시에는 종교와 정치가 불가분의 관계에 있었으며, 종교의 지도자가 동시에 정치의 지도자를 겸하는 경향이 있었으므로, 삼국이 공통된 토착 신앙을 가지고 있었다는 사실은 삼국 사람들의 윤리 의식과 풍습 등에도 공통점을 가져오는 결과를 불렀을 것이다.

신석기시대부터 우리 조상들은 우주 만물에 영혼이 깃들어 있다고 믿었으며, 태양을 비롯한 거대한 자연물을 신격화하였다. 태양이 대표하는 선신(善神)들은 인간에게 행복을 가져다주고, 암흑 속에 사는 악귀(惡鬼)들은 인간에게 재앙을 가져다준다고 믿었다. 그러므로 착한 신들의 뜻을 받들고 악귀들을 물리치는 것이 인간으로서 행복을 얻는 첩경이라는 믿음이 생겼으며, 선신들의 뜻을 읽을 수 있고 악귀를 물리칠 수 있는 특수한 능력을 가진 것으로 알려진 무당은 여러 사람들의 존경과 두려움의 대상이 되었다. 이러한 상황

---

25 『東史綱目』, 第3上, 戊戌 眞興王 27年 및 第4上, 太宗武烈王 元年 五月 참조.

에서, 가장 탁월한 무당은 신에게 제사 지내고 사람들을 다스리는 지도자로서의 권위를 갖기에 적합하였고, 그의 명령은 거역할 수 없는 규범으로서 작용했을 것이다.

고구려와 백제 그리고 신라가 처해 있던 두 번째 공통점은 세 나라가 모두 전쟁의 위협 속에서 살았다는 사실이다. 삼국시대의 한반도는 평화로운 땅이 아니었으며, 세 나라가 음으로 양으로 세력 다툼을 했을 뿐 아니라 중국과 왜국까지 가세하여 각기 자국의 보존과 영토의 확장을 꾀하는 약육강식의 전쟁터에 가까웠다. 그러므로 세 나라는 모두 강한 군사력을 확보할 필요가 있었으며, 왕권을 중심으로 전 국민이 단결할 필요가 있었다. 이러한 조건은 전제군주를 탄생시켰고, 군주에 대한 충성을 가장 귀중한 덕으로서 강조하는 가치관이 지배하도록 만든 것으로 보인다. 삼국이 한결같이 적극적으로 받아들인 유교의 본고장에서는 효(孝)를 모든 덕의 근본으로 여기고 있으나, 그것을 받아들인 삼국에서는 모두 충(忠)을 최고의 미덕으로 삼은 까닭을, 우리는 삼국이 그들의 실정에 맞추어서 외래의 문화를 수용했음에 있다고 볼 수 있을 것이다.

셋째로, 고구려와 백제 그리고 신라의 삼국은 모두 유학과 불교를 받아들이는 데 적극성을 보였다. 우리 삼국보다 한 걸음 앞서서 철기 문명을 가지고 있었던 중국의 문화를 우수한 문화로서 직관한 우리 조상들이 중국에서 발생한 유학과 인도에서 전래하여 중국의 것이 된 불교를 숭상한 것은 자연스러운 추세였을 것이다. 특히 삼강(三綱)과 오륜(五倫)을 윤리의 기본으로서 가르친 유교는 전제 왕조를 위하여 유리한 이념으로서 환영을 받았을 것이다. 다만 삼국은 유교와 불교를 자국의 형편에 맞도록 고쳐서 받아들였으니, 효보다도 충을 앞세운 것이나 불교를 호국(護國)과 기복(祈福)의 종교로서 정착시킨 것은 그 현저한 사례라고 볼 수 있다.

효보다도 충을 더 앞세우는 가치 풍토이기는 했으나, 충과 효는 불가분의 관계를 가진 덕목(德目)으로서 동시에 추구된 것으로 보인다. 앞에서 소개한 원술랑(元述郞)의 참회는 전쟁터에서 그가 취한 행동이 불충인 동시에 불효라는 반성이었다. 그러나 효를 도덕의 근본으로서 크게 앞세운 것은 통일신라 이후의 일이요, 전쟁이 그치지 않았던 삼국시대에는 충의(忠義)의 덕을 으뜸으로 강조한 것으로 보인다. 『삼국사기』와 『삼국유사』 등이 전하는 충신과 열사는 대개 통일신라 이전의 사람들이고, 효자와 효녀는 대개 통일신라 이후의 사람이라는 사실이 이러한 추측을 가능하게 한다.

넷째로, 고구려와 백제 그리고 신라에서는 모두 가부장적 가족제도가 정착한 것으로 보인다. 유교의 가르침을 따라서 '남녀유별(男女有別)'이 강조되었고, 특히 여자의 정절(貞節)이 높이 평가되었다. 『삼국사기』에 기록된 설씨녀나 도미 부인의 이야기는 그 시대 열녀들의 모습을 상징적으로 전해 준다.

설씨녀(薛氏女)는 신라 진평왕(眞平王) 때의 여자다. 비록 한미한 서민 가정에서 자랐으나 용모가 단정하고 행실이 방정했으므로, 보는 사람들이 부러워했으나 감히 넘보지 못하였다. 그의 늙고 병든 아버지가 정곡(正谷)에서 적을 막기 위한 방위병으로 소집되었다. 여자의 몸이라 아버지를 대신할 수 없음을 근심하고 있었을 때, 평소에 그녀를 사모했으나 감히 내색하지 못했던 소년 가실(嘉實)이 노인을 대신하여 종군하기를 자청했다. 젊은이의 호의에 감격한 노인은 자기의 딸과 결혼해 줄 것을 제의하였고, 설씨녀와 가실은 약혼한 사이가 되었다. 가실은 당장에 혼례 올리기를 원했으나, 설씨녀는 가실이 방술(防戍)에서 돌아올 때까지 기다릴 것을 약속하고 결혼은 뒤로 미루었다.

3년 뒤에 돌아오기로 되어 있던 가실은 6년이 되어도 돌아오지 않았다. 이에 설씨녀의 노부는 더 이상 기다릴 필요가 없다고 생각하여 마을의 다른 청년과 결혼할 것을 딸에게 강요하였다. 그러나 설씨녀는 가실에게 일단 마음을 허락한 이상 다른 남자와 결혼할 수 없다고 주장하며 완강하게 반발하고 마굿간으로 달아났다. 그때 몰라보게 초췌한 모습으로 가실이 돌아왔고, 설씨녀는 약속한 대로 그와 결혼하게 되었다.[26]

　백제 사람 도미(都彌)는 한갓 서민에 불과했으나 의리를 아는 곧은 인물이었다. 그의 아내가 몹시 아름다우며 절개가 굳다는 소문을 듣고, 개루왕(蓋婁王)이 그녀를 뺏기 위하여 계략과 강권을 동원하였다. 도미 부인도 계략을 써서 첫 번째 위기를 모면했으나, 왕은 속은 것을 분하게 여겨 도미에게 없는 죄를 씌워서 그의 두 눈을 뺀 뒤에 그를 작은 배에 실어 강물에 띄워 버렸다. 그리고 도미 부인을 끌어들여 강제로 음행을 시도했을 때, 도미 부인은 마침 월경 때임을 핑계 삼아 며칠 동안의 말미를 얻었다. 도미 부인은 곧 도망을 쳐서 강가를 헤맨 끝에 빈 배를 얻어 타고 맹인이 된 남편을 만났다. 그들은 고구려 땅으로 달아나 구차스럽게 살다가 객지에서 평생을 마쳤다.[27]

　설씨녀와 도미 부인은 모두 가난하고 한미한 신분이었으나 부권(父權)과 왕권(王權)의 강압을 이기고 끝까지 정절을 지켰다는 이야기가 인상적이다. 설씨녀의 경우는 신의(信義)를 지켜야 한다는 강한 의지도 나타나고 있거니와, 이는 '교우이신(交友以信)'의 계율이 화랑이 아닌 부녀자들에게까지 영향을 미쳤음을 의미한다. 도미 부인을 강제로 뺏으려고 욕심을 부린 개루왕이 도미에게 한 말 가운데, "무릇 부인의 덕은 비록 절개가 굳고 결백함을 제일로 삼지만, 어둡고 사람이 없는 곳에서 교묘한 말로 유혹하면 마음이 움직이지 않는 자가 적을 것이다."라는 말이 있다.[28] 이 말은 개루왕 같은 무법자도 정절이 부녀자를 위한 최고의 미덕임을 인정했다는 것을 의미하는 동시

26　『三國史記』, 卷 第48, 列傳 第8, 薛氏女條 참조.
27　『三國史記』, 卷 第48, 列傳 第8, 都彌條 참조.
28　凡婦人之德 雖以貞潔爲先, 若在幽昏無人之處 誘之以巧言 則能不動心者 鮮矣乎.

에, 남녀간의 문제는 예나 지금이나 은밀한 구석을 가졌음을 암시한다.

왕이 권력을 남용하여 남의 아내를 범하려 한 실례는 신라에 대한 기록에서도 찾아볼 수 있다. 제25대 진지왕(眞智王) 시절에 사량부(沙梁部)의 어떤 민가에 절세 미녀가 있었다. 왕은 도화랑(桃花娘)이라고 불린 그 미인을 궁중으로 불러들여 몸을 요구하였다. 그러나 도화랑은 여자가 지킬 바는 두 지아비를 섬기지 아니함이라고 하며 듣지 않았다. 목숨을 위협했으나 끝내 거절하였다. 이에 왕은 만약 남편이 죽은 뒤라면 말을 듣겠느냐고 물었고, 이에 대해서 도화랑은 그럴 경우에는 가능하다고 대답한다. 이 대화를 통하여 짐작할 수 있는 것은, 남편과 사별한 여자는 다른 남자를 가까이 해도 무방하다는 관념이 신라 사람들에게 있었다는 점이다. 이 추측이 타당성을 갖는다면, 소생이 없는 청상 과부도 일평생 수절해야 한다고 믿은 조선시대의 부덕(婦德) 관념보다는 신라의 그것에 다소 융통성이 있었다는 것을 의미한다.[29]

3. 통일신라시대

백제는 고구려가 수(隋)나라 및 당(唐)나라와의 혈투로 지친 틈을 타서 신라에 대한 공략을 서둘렀다. 특히 효성과 우애로 해동증자(海東曾子)로 불리던 제31대 의자왕(義慈王)은 즉위 2년째인 642년에 친히 대군을 지휘하여 신라의 40여 성을 빼앗고, 다시 장군 윤충(允忠)을 보내어 대백제 전선의 요지인 대야성(大耶城, 합천)을 비롯한 40여 성을 함락시키는 데 성공하였다. 그러나 거듭된 승전에 도취하여 교만해진 의자왕은 향락에 젖는 타락상을 보이기 시작했다. 조정에서는 간신들이 사리(私利)를 도모하기에 여념이 없었고,

---

29 『三國遺事』, 卷 第1, 紀異 第1, 桃花女 鼻荊郎 참조.

성충(成忠)과 흥수(興首) 등 여러 충신들이 축출되었다. 따라서 백성들은 정부로부터 떠나게 되었고, 계백(階伯)과 같은 명장의 분투에도 불구하고 결국 백제는 신라와 당나라의 연합군 앞에 굴복하고 멸망했다. 지배층의 도덕적 부패가 국가의 쇠망을 초래한 전형적인 사례라 하겠다.

신라와 연합하여 백제를 타도한 당나라는 공격의 화살을 고구려로 돌렸다. 보장왕(寶藏王) 20년(661)에 소정방(蘇定方)이 평양을 침공했을 때는 연개소문(淵蓋蘇文)의 선전으로 일단 국난을 극복하였다. 그러나 연개소문이 죽은 뒤에는 그의 아들들과 아우는 권력 다툼에 여념이 없었고, 오랜 독재와 전쟁에 지친 민심은 구심점을 잃고 분산하였다. 이 기회를 놓치지 않고 당나라와 신라는 고구려를 공략하여 멸망시켰다(보장왕 27년, 668). 독재자가 사라진 뒤에 흔히 있는 내부 분열로 인하여 나라가 멸망한 대표적인 경우라 하겠다.

당나라의 궁극적 목적은 한반도 전체를 자신들의 지배 아래 두고자 함에 있었다. 신라와 한편이 된 것도 백제와 고구려를 멸망시키기 위한 전략에 불과했으며, 신라를 돕고자 함이 본래의 목적은 아니었다. 그러므로 백제와 고구려를 타도한 다음에는 그 옛 땅에 여러 개의 도독부(都督府)를 두어 다스리게 하였고, 신라에 대해서도 같은 방식으로 지배권을 장악하고자 하였다. 그러나 신라는 당나라의 그러한 흉계를 용납할 수 없었고, 문무왕(文武王)을 중심으로 용감하게 싸워서 당나라 세력을 북방으로 물리치는 데 성공하였다. 당의 군대를 한반도 밖으로 완전히 쫓아내지는 못했으나, 대동강과 원산만을 잇는 선 이남의 땅을 점유하여 불완전하게나마 삼국을 통일하는 위업을 달성했다(문무왕 16년, 676).

삼국이 각각 나라의 흥망과 성쇠를 걸고 힘 겨루기에 열중하던 전쟁의 시대에는 국가를 살아남도록 하는 일이 일차적 공동 목표가 될 수밖에 없었다. 그러므로 세 나라는 모두 왕에 대한 충성과 국가에 대한 공동체 의식을 강조하는 한편 무력 증진에 힘쓸 수밖에 없었다. 그러나 삼국통일의 위업을 달성한 뒤의 신라가 처하게 된 상황은 크게 달라졌다고 보아야 한다. 이제는 오랜 전쟁으로 피폐한 백성들의 생활을 안정시키고 모처럼 통일한 새 나라를 보전하는 일이 급선무가 아닐 수 없었다.

통일의 위업을 달성한 문무왕은 이 새로운 과제에 대해서도 슬기롭게 대처한 명군이었다. 그는 승전에 도취함이 없이 안민(安民)과 보국(保國)을 위하여 필요한 문무겸전(文武兼全)의 길을 조화롭게 실천하였다. 역사상에서 절대 권력을 장악한 전제군주들이 무단정치로 민심을 잃거나 문약(文弱)한 정치로 국가를 잃은 경우가 많았으나, 문무왕은 무공(武功)과 문덕(文德)을 아울러 숭상한 슬기로운 군주였다. 그는 죽어서까지도 호국의 대룡(大龍)이 되어 왜국의 침입을 물리치겠다고 동해 바다에 장사 지내도록 유언을 남길 정도로 투철한 애국자였다. 그리고 그는 또 가야국의 원군(元君)이 자기의 15대 시조임을 잊지 않고 그 사당을 신라의 종묘에 합쳐서 제사를 지내도록 명령할 정도로 효성도 지극하였다.[30]

문무왕의 뒤를 이은 신문왕(神文王)도 부업을 잘 계승하여 신라의 전성기를 이룩하였다. 그러나 그 뒤로 신라는 점차 문약한 편으로 기우는 경향을 보였으며, 36대 혜공왕(惠恭王) 시대에는 현란한 문화를 구가하기에 이르렀다. 그러나 상무(尙武)의 기상을 상실한 혜공왕은 음탕한 생활을 일삼게 되어 궁중의 기강이 문란한 상황에 이르렀다. 이러한 틈을 타서 이찬(伊飡) 김지정(金志貞)은 반란을 일으켰고, 왕은 왕비와 함께 난군에게 피살되는 불상사가 생겼다.

왕실의 기강이 문란했던 것은 혜공왕 대에 국한된 불행이 아니었다. 제40대 애장왕(哀莊王)은 숙부에 의하여 살해되었고, 왕을 살해한 숙부는 그 자리

---

30 『三國遺事』, 卷 第2, 紀異 第2, 駕洛國記 참조.

를 찬탈하여 제41대 헌덕왕(憲德王)이 되었다. 제42대 흥덕왕(興德王)에게 아들이 없었으므로 그가 죽은 뒤에 왕의 아우와 조카가 왕위를 다투는 가운데 김명(金明) 등에 의하여 아우인 정균(貞均)이 살해되고 조카인 제륭(悌隆)이 제43대 희강왕(僖康王)이 된다. 희강왕은 즉위하자 김명을 상대등(上大等)의 자리에 앉혔고, 김명은 이듬해(837)에 반란을 일으켜 왕을 자살하게 만든 다음에 스스로 왕위에 올랐다. 그가 바로 제44대 민애왕(閔哀王)이다. 민애왕은 즉위 2년 만에 김우징(金祐徵)에게 살해되고, 우징이 임금이 되니 그가 제45대 신무왕(神武王)이다. 신무왕은 즉위한 지 3개월 만에 병사하거니와, 그의 아들이 제46대 문성왕(文聖王)이 된 뒤에도 궁복(弓福), 양순(良順), 김식(金式) 등이 반란을 일으켜 나라가 평안한 날이 적었다.

통일신라 왕실의 기강 문란은 제51대 진성여왕(眞聖女王)의 대에 이르러 극에 달하였다. 『삼국사기』에 따르면, 진성여왕은 평소에 각간(角干) 위홍(魏弘)과 간통했으며, 위홍으로 하여금 대궐에 들어와 권세를 마음대로 부리도록 하였다. 위홍이 죽자 그에게 혜성대왕(惠成大王)이라는 시호를 추증하였고, 그 뒤에는 젊은 미남자들을 두세 명 끌어들여서 음란하게 굴었다. 그뿐만 아니라 그들에게 높은 관직까지 주었고, 아첨하여 여왕의 사랑을 받은 자들이 뜻을 펴게 되었다. 뇌물이 공공연하게 오가고 상벌은 공평을 잃었다. 왕실의 기장이 이토록 문란하게 되어 조세가 걷히지 않고 병제마저 퇴폐하여 도적이 들끓었다.[31]

혜공왕 때부터 신라 왕실의 권력과 권위는 점점 쇠퇴하는 길을 밟았고, 귀족 또는 호족들의 세력은 날로 커 갔다. 귀족 또는 호족들은 중앙의 전제 왕권을 견제하고 이에 도전했을 뿐 아니라 저희들끼리도 대립하는 양상을 보여

31 『三國史記』, 卷 第11, 新羅本紀 第11, 眞聖王 참조.

혼란을 가중했다. 이런 상황 아래 귀족들은 점차 많은 재산을 축적하는 반면에, 민중의 생활은 점점 가난으로 기울게 되었다. 가난한 민중 가운데는 빚을 갚을 길이 없어서 귀족의 노비가 되는 사례가 많았고, 귀족들의 생활은 사치와 낭비를 일삼는 불건전한 사회상이 출현하였다.

왕실을 중심으로 한 중앙의 기강이 문란하게 되자. 지방에는 사병(私兵)을 거느리고 성(城)을 쌓아 그 안에 웅거하며 성주로 자처하는 호족들이 생겼고, 그들 가운데는 지방으로 몰락한 중앙의 귀족 출신도 있었다. 지방 성주들의 대두는 중앙정권의 지배력을 약화시키는 동시에 농민으로부터 조세를 거두어들이는 일을 어렵게 만들었다. 이러한 상황에서도 귀족들의 사치와 향락은 날로 늘어 갔고, 그 비용을 감당하기 위하여 조세를 독려하게 되었다. 결국 농민들은 중앙정부와 지방 성주로부터 이중의 수탈을 당하게 되어, 이들 가운데는 유민(流民)이 되어 사방으로 떠도는 무리들이 생겼고, 더러는 떼도적이 되어 질서를 교란하였다.

악정에 시달린 농민들의 불만은 점점 고조되어, 마침내 반란의 기치를 들기에 이르렀다. 처음에는 한갓 지방 반란군의 두령에 불과하던 사람들 가운데서 새로운 정권의 수립을 꾀하는 인물까지 생겼다. 견훤(甄萱)과 궁예(弓裔)가 그 사람들이다. 본래 상주 지방의 농민 출신이었던 견훤은 각지의 반란군을 이끌고 지금의 전라도 지방을 장악하자 의자왕의 원한을 갚는다는 구호를 앞세우고 후백제를 건국하기에 이른다(진성여왕 6년, 892). 한편 신라의 왕자로 태어나 정치 싸움에 말려들어 낙향한 사람으로 전해지는 궁예는 여러 경로를 거쳐서 반란군의 한 두령이 되었고, 송악(松岳)을 근거지로 하여 후고구려를 건국하기에 이르렀다. 궁예는 폭군으로 타락하여 결국 왕건에게 쫓기어 피살되지만, 통일신라는 붕괴의 과정에서 끝내 헤어나지 못하게 된다. 지배 계층의 도덕적 타락과 내분이 국가의 멸망을 초래한 전형적 사례라 하겠다.

모처럼 삼국의 통일을 달성한 신라의 위업은 겨우 2백여 년의 수명을 누리고 붕괴했지만, 이것은 우리 민족사 전체로 볼 때 매우 큰 의의를 갖는 업적이기도 했다. 첫째로, 이기백도 지적한 바 있듯이, 삼국의 통일은 한민족 형성에 크게 이바지하였다. 만일 삼국이 각각 독립된 상태를 그대로 지속했다면, 삼국은 서로 판이한 문화를 가진 다른 민족이 되었을 가능성이 있다. 그렇게 되었다면 삼국은 각각 너무 약소한 나라의 상태를 면하지 못하고, 결국은 중국 또는 일본의 완전한 식민지가 되기 쉬웠을 것이다. 이미 당나라는 삼국의 갈등을 이용하여 백제와 고구려를 차례로 멸망시키고 신라까지 그 지배 아래 두려는 야심을 보였거니와, 신라는 당의 침략적 의도를 물리치고 통일된 한반도를 하나의 독립국으로서 키우기 시작한 큰 업적을 세웠던 것이다.

삼국통일의 또 한 가지 중요한 역사적 의의는 민족문화 발전에 크게 이바지했다는 점에서 찾아볼 수 있을 것이다. 통일신라의 문화에는 일부 귀족 계급의 불건전한 생활 태도로 얼룩진 흠도 없지 않으나, 길이 자랑할 만한 업적도 적지 않다. 특히 통일신라의 불교 문화는 우리 민족문화의 정화(精華)의 하나로 평가된다. 통일신라의 지배적 사상은 불교였고, 불교에 대한 깊은 신앙은 여러 고승(高僧)들의 출현을 가능하게 했을 뿐 아니라 불교 예술에서도 찬란한 업적을 낳게 하였다.

통일신라시대에는 자장(慈藏), 의상(義湘), 원측(円測) 등 여러 명승이 나타났으며, 그들의 대부분은 중국에 가서 불교를 연구하였고, 혜초(慧超)와 같이 인도에까지 가서 성지를 순례한 사람도 있었다. 그들은 대개 개별적으로 중국 또는 인도에서 유학했고 그들이 사사한 스승과 종파가 서로 달랐던 까닭에, 그들이 가지고 돌아온 종파도 여러 가지였다. 예컨대, 자장 스님은 계엄종(戒嚴宗)의 개종자(開宗者)가 되고, 의상 스님은 화엄종(華嚴宗)을 개종하였으며, 진표(眞表) 스님은 법상종(法相宗)의 개종자가 되었다. 따라서 그들이 들여 온 여러 종파들 사이에는 불교 사상을 이해하는 시각의 차이가 있었고, 종파간의 대립도 생기게 되었다. 이에 당대의 고승 가운데서 이례적으로 외국 유학을 하지 않고 오로지 국내에서 성장한 원효(元曉) 스님은 종파간의 대립과 편견을 초월하여 원융회통(円融會通)하기를 역설하는 화쟁(和諍)의 논리를 전개하였다. 원효는 남의 나라 불교 사상을 그대로 배우는 데 그치지 않고 그것을 창의적으로 발전시킨 크나큰 업적을 남긴 것이다.

원효는 오로지 귀족 사회 안에서 기거한 학승(學僧)으로만 그치지 않았다. 파계한 뒤의 그는 방방곡곡 지방을 돌아다니며 일반 민중 속의 무식한 사람들에게 적합한 정토교(淨土敎)를 전파한 유행승(遊行僧)으로 오히려 더욱 큰 발자취를 남겼다. 통일신라시대의 서민들은 사회적 모순과 귀족들의 비리에 시달려 매우 고통스러운 현세를 살고 있었다. 그들의 대부분은 불경의 깊은 교리를 깨달음으로써 구제를 받기에는 무식한 사람들이었으므로, '나무아미타불'을 거듭 외우기만 해도 극락으로 왕생할 수 있다고 가르친 정토종은 그들의 환영을 받을 충분한 이유를 가지고 있었다. 원효는 전국 방방곡곡을 돌아다니며 서민 계층에 이 단순하고 소박한 교리를 포교하여 국민의 대부분을 신앙의 세계로 인도하였다. 민중 불교의 대전도자로서 원효의 발자취가 후세에까지 칭송되는 까닭을 알 수 있다.

귀족 계층은 귀족 계층대로 서민 계층은 서민 계층대로, 통일신라의 국민 대부분은 불교를 믿었다고 하여도 과언이 아니다. 여기서 우리나라의 윤리적 상황을 돌이켜 보고자 하는 우리들의 관심은 불교에 대한 신라인의 신앙이 속세에서의 그들의 도덕적 생활 태도에 어떠한 영향을 미쳤는가 하는 문제에 초점을 두게 된다. 대개의 종교가 그렇듯이, 불교의 가르침 가운데도 세속적인 윤리 규범이 담겨 있거니와, 그 윤리 규범을 신라의 불교 신도들이 어느 정도 충실하게 준수했는가를 궁금하게 생각하는 것이다. 이 궁금증을 투명하게 풀어 줄 충분한 자료는 남아 있지 않다. 그러나 어느 정도의 짐작은 가능할 것이다.

우리 조상들의 불교에는 처음부터 기복 신앙으로서의 색채가 현저하였다. 삼국시대의 불교에는 처음부터 호국 신앙의 경향이 강했거니와, 국가의 안전과 발전을 빎으로써 호국의 실(實)을 거둘 수 있다고 믿었던 것은 기복 신앙으로서의 성격을 말해 주는 증거로 볼 수 있다. 개인적으로도 질병의 치유와 득남을 비는 불자들이 많았으니, 석기시대부터 있었던 무속 신앙과 새로 들어온 불교가 결합함으로써 기복(祈福)의 성격이 강한 불교 신앙이 생긴 것으로 볼 수 있다.

삼국이 통일된 뒤에도 한동안은 호국 불교의 성격이 강하게 지속되었을 것으로 보이나, 이웃 나라로부터의 침공 위협이 줄어든 뒤에는 주로 개인의 복을 비는 기복 신앙으로서의 경향이 강해졌을 것이다. 진정한 의미의 구도(求道)의 자세로써 불교를 신앙한 사람들도 물론 적지 않았으나, 대부분이 그렇게 했다고는 생각되지 않는다. 왕실을 중심으로 귀족들이 불교 신앙에 앞장을 선 가운데 조정의 기강이 문란하고 귀족 사회에 치부(致富)와 사치의 풍조가 심했다는 사실은 구도의 자세로써 계율을 준수하는 기풍이 지배적이 아니었음을 말해 준다. 귀족계급에는 속세에서의 다복을 빌며 불교를 믿은 사람이 많았고, 가난한 서민들 가운데는 내세에 극락으로 왕생할 것을 빌며 '나무아미타불'을 외우는 사람들이 많았을 것이다.

그러나 서민층의 불자들 가운데는 성실하게 계율을 지키며 몸과 마음을 닦은 순진한 신도들도 있었다. 『삼국유사』에 보이는 다음 일화는 매우 상징적인 의미를 가졌다.

문무왕 때 광덕(廣德)과 엄장(嚴莊)이라는 두 중이 있었다. 두 사람은 매우 가까운 친구여서 누구든 극락 세계로 먼저 가게 되면 반드시 알리기로 약속하였다. 광덕은 분황사(芬皇寺) 부근에 은거하여 신 삼는 것을 생업으로 삼았고, 엄장은 남악(南岳)에 암자를 짓고 화전(火田)을 일구며 살았다. 어느 날 엄장의 창 밖에서 "나는 먼저 서방(西方)으로 가니 그대도 잘 살다가 빨리 내

뒤를 따르라."는 광덕의 목소리가 들렸다. 다음 날 엄장이 광덕의 거처를 방문하니, 과연 광덕은 죽어 있었다. 광덕의 아내와 함께 유해를 거두어 장사를 지내고, 엄장은 친구의 아내에게 함께 살기를 제안하였다. 광덕의 아내도 이에 찬성하여 두 사람은 그날밤을 함께 지내게 되었다. 엄장이 남녀의 정을 통하려 하자, 부인은 서방의 정토(淨土)를 동경하는 구도자로서 있을 수 없는 일이라며 거절하였다. 엄장이 놀라며 "광덕도 이미 그렇게 했을 터인데 나라고 왜 안 되느냐?"고 물었다. 부인은 십여 년을 남편과 동거했으나 한 번도 동침한 적이 없었다고 대답하였다. 다만 밤마다 단정히 앉아서 한결같은 목소리로 아미타불의 이름을 외웠을 뿐이라고 하였다. 이에 엄장은 부끄럽게 여기고 물러섰다.[32]

위에 소개한 이야기는 신라의 윤리적 상황에 대하여 몇 가지 의미 있는 짐작을 가능하게 한다. 첫째로, 신라의 서민들 가운데는 서방에 극락의 세계가 있음을 굳게 믿은 불자들이 많았으며, 남녀가 운우(雲雨)의 정을 나누는 것은 극락으로 왕생하는 데 치명적 장애가 된다고 믿었다. 둘째로, 남녀가 한집에 살면서도 십여 년간 금욕 생활을 할 정도로 극락왕생에 대한 소망이 절실한 사람들이 있었다. 셋째로, 여자의 재혼을 큰 흉으로 여기는 유교적 부덕(婦德)의 관념은 아직 일반화되지 않았으며, 남편의 친구와 재혼하는 것을 부도덕하게 여기는 윤리 의식도 별로 없었다. 넷째로, 신라 사람들에게는 친구 사이의 신의를 존중하는 기풍이 있었으며, 그들은 죽은 친구의 아내와 결혼하는 것을 신의에 위배되는 행위라고 보지 않았다.

삼국시대 또는 통일신라시대의 성도덕이 현대 한국의 그것에 비하면 매우 엄격했으나, 조선시대의 그것에 비하면 상당히 자유로웠음을 암시하는 기록

---

32 『三國遺事』, 卷 第5, 感通 第7, 廣德 嚴藏 참조.

은 그 밖에도 또 찾아볼 수 있다. 예컨대, 김유신이 처녀인 그의 누이동생 문희(文姬)를 김춘추(金春秋)에게 접근시켜 임신하게 만들고, 처녀 임신의 죄를 거짓으로 다스린 이야기도 그 하나다. 김유신은 김춘추가 비범한 인물임을 알고 계략을 써서 그의 누이동생과 가까이할 수 있는 기회를 만들어 준다. 결국 두 남녀 사이에 아기가 생기게 되었고, 이는 유신이 바란 바이나, 명분상으로는 누이동생의 부정(不貞)을 용서할 수 없었다. 유신은 누이를 화형(火刑)에 처하겠다는 소문을 퍼뜨리고, 선덕여왕이 남산에 올라간 시간에 맞추어 마당에 나무를 쌓고 불을 질러 연기를 피웠다. 여왕이 연기의 연유를 물었고, 왕이 아끼는 춘추의 소행으로 문희가 임신했다는 사실을 안다. 여왕은 문희를 살리도록 급한 명령을 내렸고, 춘추와 문희는 곧 혼례를 올리게 되었다.[33]

신라시대의 도덕관념으로 볼 때, 처녀 임신이 극형에 처할 정도로 큰 죄였는지는 의문이다. 아마 김유신이 과장된 연극을 꾸몄을 가능성이 높다. 그러나 어쨌든 그것이 집안 망신시키는 짓이었음에는 틀림이 없다. 친구의 여동생을 범한 김춘추는 "누구의 소행이냐?"고 묻는 여왕의 물음 앞에서 얼굴을 붉혔다고 하니, 그 짓이 남자에게도 떳떳한 행위로는 인정되지 않았음을 알 수 있다. 그러나 김춘추를 꾸짖었다는 말은 없고, 다만 상대 아가씨와 결혼함으로써 뒷수습을 했으니, 그 당시에도 성도덕이 남자 측에 유리했음을 밝혀 준다.

진정한 구도자의 자세로써 불교를 믿은 사람들도 있었다는 것은 최치원(崔致遠)의 문집에도 나타나 있다. 『고운선생문집(孤雲先生文集)』을 통하여 우리는 불교의 가르침을 실천에 옮겨 가며 고매하게 생활한 사람들의 예화를

___

33 『三國遺事』, 卷 第1, 紀異 第1, 太宗春秋公 참조.

찾아볼 수 있을 뿐 아니라, 그들이 숭상한 도덕의 구체적 내용의 일부도 알아낼 수 있다. 다음에 한두 사람의 예화를 살펴보기로 한다. 우선 중알찬(重閼粲) 이재(異才)에 관한 최치원의 증언을 일부 인용해 보도록 하자.

> 중알찬은 훌륭한 대부(大夫)다. 기회를 타고 뜻을 발휘하여 일찍 풍운(風雲) 속에서 그의 민활한 역량을 시험하였고, 이제는 생각을 달리하여 몸을 수양하며 수토(水土)에서 은혜 갚을 생각을 가졌다. 범처럼 나타나서 국가를 해치는 무리를 쓸어 버리던 몸으로 뱀처럼 도사리고 돌아앉아서 더욱 인격의 수양을 쌓았다. 이미 나쁜 무리를 제거하였으니 곧 고향으로 다시 돌아갔다. … 지방의 주민을 편하게 돌보고 친구들을 맞아서 접대하였다. 찾아오는 사람이 구름같이 모였으나 그들을 받아들이는 아량이 바다같이 넓었다. 가령 복잡한 부탁이 있을지라도 모두 힘을 다하여 주고 말이 없었다. 더구나 불교에 뜻을 두고 몸소 육도(六度)를 실천하였다. 돈오(頓悟)하면 아침에 범인이던 사람이 저녁에 성인이 되고, 점수(漸修)하면 조금씩 전진하여 크게 발전한다. 언제나 자신에 대해서는 원수처럼 책망하고, 스님을 공경함에는 부처님처럼 받들었다. 항상 불법의 일을 마련하였고 다른 인연에는 구애하지 않았다.[34]

중알찬이라는 벼슬길에 올라 국가를 위하여 헌신했던 이재가, 정부의 기강이 문란해지자 초야에 묻혀서 불도를 닦는 한편 고향 사람들과 어울리며 그들을 도와준 모습을 묘사한 글이다. 아마 이것은 최치원 자신의 모습이기도

---

34 『孤雲先生文集』, 卷1, 記 新羅 壽昌郡 護國城 八角燈樓記, 민족문화추진회 편, 『전통윤리교범자료집(傳統倫理教範資料集)』, 1984, I, p.2에서 전재.

했을 가능성이 높다. 인용한 문장 가운데 "육도(六度)를 실천하였다."는 구절이 있거니와, 이 말을 그대로 믿어도 좋다면, 불도에 귀의한 사람들이 어떠한 덕목의 실천에 힘썼는지 짐작할 수가 있다. '육도'라 함은 보시(布施), 지계(持戒), 인욕(忍辱), 정진(精進), 선정(禪定), 지혜(知慧)를 말하기 때문이다. 이 여섯 덕목을 사람들이 어느 정도까지 충실하게 실천했는지는 정확하게 알길이 없다. 다만 이 여섯 가지 덕목을 실천하는 것이 사람의 마땅한 도리라는 것을, 적어도 관념적으로는 믿은 불자들이 많았으리라는 것은 짐작할 수가 있다. 그리고 통일신라시대 사람들의 대부분이 불교 신자였다는 사실로 미루어 볼 때, 그 당시 신라 사회에서 일반적으로 숭상된 덕목들 가운데 이 '육도'가 가리키는 덕목이 포함되었으리라는 것도 짐작하게 된다. 다만 어떤 덕목들을 관념적으로 숭상하기는 쉬우나 그것들을 실천에 옮기기는 어려운 일이므로, '육도'가 가리키는 덕목을 언어나 관념의 세계에서 숭상했다 하여 그 덕목을 대부분의 사람들이 실천했으리라고 말하기는 어렵다.

앞에서 인용한 『고운선생문집』의 글에 바로 이어서 이재의 부인에 관한 기술이 있다. 그 부인이 훌륭한 아내였다는 것을 밝히는 말 가운데는 "날마다 불경을 읽었으며 불경이 손을 떠난 적이 없다."는 구절이 있고, "자비를 베푸는 것을 분가루로 삼고, 지혜를 여는 것으로 거울을 삼았다."는 구절도 있다. 그 밖에 또 한마디의 말도 실수하는 법이 없었다는 칭찬도 있다. 불교의 도(道)를 깊이 닦고 그 가르침을 따라서 실천한 부인을 '아내'로서도 훌륭한 여인으로 평가한 당시의 여성관의 일단을 엿볼 수 있다.

통일신라시대에는 전제적 왕권을 위하여 적합한 정치 이념을 담고 있는 유학도 장려되었다. 신문왕(神文王) 2년(682)에 국학(國學)을 설립하고, 성덕왕 때는 공자와 십철(十哲) 그리고 72제자의 화상을 당(唐)으로부터 들여와 국학에 안치시켰다. 그뿐만 아니라 원성왕(元聖王) 4년에는 독서삼품과(讀書三品科)라는 국가 시험 제도를 만들어 오경(五經)을 비롯한 유학 고전에 능통한 사람들을 관리에 등용하였다.

통일신라시대에 가장 중요시된 고전은 『논어(論語)』와 『효경(孝經)』이었다. 초기 유학의 경전이 대부분 윤리 사상을 중심으로 삼고 엮어지고 있거니와, 유학의 윤리적 교훈이 신라인들에 의하여 어느 정도 실천되었는지 소상히 알 길은 없다. 대체로 말해서, 통일신라시대의 윤리 풍토에 대한 영향력은 유학이 불교를 따라가지 못했을 것으로 보인다. 다만 유교에서 가장 중요시하는 효(孝)의 덕목은 불교의 가르침과도 일치하는 것이어서 크게 강조되었고 또 실천한 사례도 많았을 것이다. 『삼국사기』와 『삼국유사』 등을 통하여 우리는 그 여러 사례를 확인할 수 있다.

경덕왕(景德王) 14년(755)에 큰 흉년이 들어 백성들이 굶주리고 전염병까지 번졌다. 웅천주(熊川州)에 살던 상덕(尙德)의 집도 가난하여 부모가 굶주리고, 어머니는 모진 종기에 시달렸다. 상덕은 양식을 구할 방도가 없어서 자기의 넓적다리 살을 베어서 부모에게 먹였으며, 어머니의 종기를 입으로 빨아서 낫게 했다. 이 사실을 관원이 주(州)에 보고했고, 주에서는 왕에게 보고했다. 왕은 교지를 내려 상덕에게 곡식과 집과 땅을 하사했을 뿐 아니라 효행을 기리는 비석까지 세우게 하였다.[35] 병들고 노쇠하여 식욕을 잃은 어머니에게 넓적다리 살을 베어서 바친 효자로서는 진주 사람 성각(聖覺)도 기록에 남아 있다. 성각의 경우도 국왕에게까지 알려져 벼 3백 석을 상으로 받았다고 한다.[36]

제52대 효공왕(孝恭王) 때의 여인 지은(知恩)은 홀어머니를 봉양하기 위하여 32세가 되도록 시집도 가지 않고 품팔이와 구걸의 나날을 보냈다. 그러나

---

35 『三國史記』, 卷 第48, 列傳 第8, 尙德 참조.
36 『三國史記』, 卷 第48, 列傳 第8, 聖覺 참조.

그렇게 하여도 피곤하기만 하고 어머니를 제대로 봉양하기 어려웠으므로 마침내 쌀 10여 섬에 몸을 팔아 부잣집의 여종이 되었다. 어머니가 이 사실을 알고 목을 놓아 통곡하니 딸도 또한 통곡하였다. 이때 효종랑(孝宗郎)이 지나가다가 이 광경을 보고 집으로 돌아가서 부모에게 청하여 곡식 백 섬과 의복을 보내 주었을 뿐 아니라, 지은의 주인에게 몸값을 갚아 주고 지은을 양민(良民)이 되게 하였다. 대왕도 이 소식을 듣고 지은에게 벼 5백 석과 집 한 채를 하사하였으며, 그녀의 집에 도적이 들지 못하도록 군사를 보내어 지켜 주라고 명령하였다.[37]

위에 소개한 예화와 비슷한 효행의 이야기는 그 밖에도 또 있거니와, 그러한 효행에 대해서는 대개 이웃의 도움과 왕실의 막대한 하사로써 그 갸륵함을 표창하고 있다. 그 표창의 정도가 엄청나게 후하고 넉넉했다는 사실은 우리에게 두 가지 추측을 가능하게 한다. 첫째로, 통일신라시대에는 효행이 지극한 덕행으로서 높이 평가되고 권장되었다. 둘째로, 크게 효행을 실천한 사람의 수가 그리 많지는 않았을 것이다. 만일 효자와 효녀의 수가 도처에 많았더라면 그들에게 희소가치는 없었을 것이며, 그토록 엄청난 물자를 상으로 준다는 것이 사실상 불가능했을 것이다.

필자가 알고 있는 현재의 자료만을 근거로 삼고 삼국시대와 통일신라시대의 윤리적 상황의 그림을 전체적으로 그리기는 어렵다. 현대 한국인의 생활 태도에 관한 기록을 후세인이 읽어 보았을 경우에, 만약 그 기록이 단편적인 것이라면, 독자에 따라서 의견이 구구할 것이며 현대 한국인의 생활 태도의 전체적 상황을 파악하기에는 어려움이 있을 것이다. 현대 한국인 가운데서도 효자, 효부들이 상당수 있고 청백리(淸白吏)도 적지 않게 있어서 이들의

---

37 「三國史記」, 卷 第48, 列傳 第8, 孝女 知恩.

덕행과 그에 대한 표창이 기록에 남을 경우가 많다. 그러나 이러한 기록을 근거로 삼고 1990년대 한국의 젊은이들은 대체로 효성이 지극했으며 공무원들은 청렴결백했다고 말한다면, 정확성을 잃은 주장이 될 것이다. 한편 요즈음 우리 사회에 살인, 강도 사건이 많다는 보도가 실린 기록을 후세 사람이 읽고 1990년대의 한국인은 대부분이 살인자, 강도이거나 그 피해자였다고 말한다면, 그것도 지나친 속단이 될 것이다. 그와 마찬가지로, 현재 남아 있는 적은 자료를 근거로 삼고 삼국시대나 통일신라시대의 윤리적 상황 전반에 걸친 어떤 주장을 한다면, 그 주장은 편협한 견해가 될 공산이 크다. 다만 비록 제한된 자료에 의거한 것이기는 하나 이제까지 위에서 시도한 단편적 고찰을 연결하여 윤리적 상황 전반에 대한 매우 개괄적인 정리는 가능할 것으로 보인다.

앞에서도 언급한 바와 같이, 삼국이 정립(鼎立)했던 시대의 신라는 왕실을 중심으로 전국이 단결하였고, 상무의 정신이 강한 충신들과 장병들의 애국심으로 나라 전체의 가치 풍토가 강건했던 것으로 보인다. 그리고 통일을 성취한 뒤에도 신라의 위상은 한때 자랑스러운 모습을 유지하였다. 그러나 평안한 세월이 지속되는 가운데 신라의 기풍은 문약한 편으로 기울었으며, 왕실에는 문란한 풍조가 가득 찼고, 귀족계급 가운데는 권력과 부귀를 탐내는 무리들이 세력을 떨쳤다. 귀족들이 부를 축적하면 할수록 서민들은 가난을 더하게 되어 빈부의 격차가 심하게 되었다.

이러한 상황에서도 왕실은 불교를 신봉 권장하였고, 귀족들 가운데서는 열반종(涅槃宗)과 계율종(戒律宗) 등 5교를 믿는 사람들이 많았으며, 서민들 가운데서는 단순하고 소박한 정토교(淨土敎)에 귀의하는 사람들이 많았다. 이러한 종교적 분위기 속에서 보덕(普德), 자장, 원효, 의상과 같은 학덕이 높은 고승도 출현했으나, 한편에는 불교를 단순한 기복의 수단으로서 믿는 사람들도 많았다. 귀족들 가운데는 사바세계에서의 탐욕스러운 생활을 더욱 오래 누리게 해주십사 하고 부처님께 기도한 사람들이 많았을 것이고, 가난과 고역으로 속세의 생활에 희망을 느낄 수 없었던 서민들 가운데는 죽은 뒤에 극락의 정토(淨土)로 왕생하기를 기원하며 열심히 '나무아미타불'을 외운 사람들이 많았을 것이다. 순박한 불교 신도 가운데는 속세에서의 선행(善行)을 교시한 가르침을 따라서 가난 속에서도 착하게 산 사람들이 많았을 것이며, 특히 불교와 유교가 모두 권장하는 효도의 길을 실천한 사례도 있어서 여러 사람들의 칭송을 받았을 것이다.

3 장
고려시대의 윤리적 상황

1. 무속 신앙과 고려의 불교
2. 유교 사상과 그 반대 세력
3. 무인 정권 시대의 민심과 사회상
4. 고려 말기의 윤리적 상황
5. 찬양받은 덕목과 그 실천 사례

3장 고려시대의 윤리적 상황

1. 무속 신앙과 고려의 불교

신라 말기에 조정의 기풍이 문란하고 지방에 대한 지배력이 약해짐에 따라서 지방의 세력가들이 성(城)을 쌓고 사병(私兵)을 양성하는 사례가 생겼다. 사치와 향락을 일삼은 귀족들의 과소비로 인하여 과중한 조세(租稅)와 부역(賦役)의 부담에 시달린 농민들 가운데는 저들 호족의 보호 아래로 들어간 사람들도 있고, 무리를 지어 도적떼가 된 사람들도 있었다. 결국 신라의 중앙 권력에 도전하는 반란이 여기저기서 일어나는 상황이 되고 말았다.

그 반란군의 두목 가운데는 새로운 정권을 수립하여 신라와 대항하는 인물들도 나타났는데, 견훤(甄萱)과 궁예(弓裔)가 바로 그들이었다. 호남 지방을 근거지로 삼고 일어난 견훤은 의자왕의 원한을 갚기 위하여 백제를 부흥한다는 명분을 내세워 후백제의 왕으로서 자처하였다. 한편 신라의 왕자로 태어나서 지방으로 밀려나게 되었던 궁예는, 처음에는 양길(梁吉)의 부하 노릇을 하다가 그를 타도하고 개성 지방을 근거지로 하여 후고구려를 건국하였다. 결국 신라까지 합하여 다시 세 나라가 정립(鼎立)한 모양이 되었으니, 이를

'후삼국시대'라고 부른다.

궁예의 권력은 오래 지속되지 못했다. 그는 곧 폭군으로 타락하여 처자와 여러 신하들을 죽임으로써 민심을 잃었고, 결국 부하들에 의하여 축출되었다. 궁예를 축출한 여러 장수들의 추대를 받고 북방의 왕자 자리를 계승한 것은 왕건(王建)이었다. 왕건은 국호를 '고려(高麗)'라 부르고 수도를 지금의 개성인 송악(松岳)으로 옮겼다.

왕건은 왕위에 오른 지 18년째 되던 935년에 신라의 마지막 임금인 경순왕(敬順王)의 항복을 받았고, 그 다음 해에 후백제까지도 평정하였다. 태조 왕건이 후삼국을 통일하는 일에 성공한 것이며, 50년 동안의 기나긴 내란의 시기가 끝난 것이다.

신라의 혜공왕(惠恭王) 4년(768)에 대공(大恭)의 난이 일어났을 때부터 신라의 정치적 혼란은 이미 시작되었다고 볼 수 있을 것이다. 왕건이 후삼국을 통일한 것이 936년이니, 거의 150년 가까운 정치적 혼란기가 지속된 셈이다. 정치가 혼란에 빠지면 사회가 전반적으로 혼란하기 마련이고, 사회적 혼란은 윤리의 혼란을 내포하게 된다. 그러므로 고려를 건국하고 한반도의 대부분을 통일한 데 성공한 새 시대를 맞이한 우리 조상들이 해야 할 일 가운데는 정치적 새 질서를 바탕으로 삼고 윤리적 기강을 다시 세우는 일이 포함되었다고 보아야 할 것이다. 고려시대의 우리 조상들이 이 과제를 달성함에 어느 정도 성공했는지가 이 시점에서 우리의 관심사가 아닐 수 없다. 우선 고려시대 초기의 정신적 풍토부터 짚어 보기로 하자.

왕건이 후삼국을 평정하고 고려를 세울 수 있었던 것은 그의 군사적 전략과 정치적 영도력에 힘입은 바 클 것이다. 그러나 그것이 그가 나라를 얻게 된 원동력의 전부는 아니었으며, 그가 큰 일을 성취할 수 있는 운명을 타고난 인물이라는 것을 그와 그의 주변 사람들이 믿었다는 사실도 크게 기여했을 것으로 전해지고 있다. 그리고 그러한 믿음을 갖게 함에 있어서 결정적 구실을 한 사람이 바로 도선(道詵, 827-898)이었다고 한다. 중국(당나라)에 가서 풍수지리설을 터득하고 돌아온 도선이 금성(金城) 태수(太守) 융(隆)에게 장차 삼한(三韓)을 통합할 성자(聖子)를 낳을 명당 자리를 알려 주었고, 그곳에 집을 짓고 살다가 얻은 아들이 바로 왕건이라는 소문이 나돌았으며, 왕건과 그 주변의 사람들이 이 예언을 굳게 믿었던 것이다.[1]

도선에 관한 소문이 왕건의 대업(大業) 성취에 큰 힘이 될 수 있었던 것은 그 당시의 우리 조상들에게 무속(巫俗) 사상에 바탕을 둔 신앙심과 풍수설(風水說) 또는 도참설(圖讖說)로 끌리기 쉬운 기질이 강했기 때문일 것이다. 우리 민족에게는 상고시대부터 무격신앙의 전통이 이어졌으며, 중국 또는 인도로부터 받아들인 불교 사상도 저 토속 신앙과 융화되어 기복 종교의 색채를 띠게 되었다는 것은 앞에서 언급한 바와 같다. 특히 신라 말기 이후에 난세를 맞은 우리 조상들로서는 그 흉흉한 세상을 살아가는 처지에서 어떤 신비로운 힘의 존재를 믿고 그 힘의 가호(加護)에 의지하고 싶었을 것이다.

비록 정도의 차이는 있었을 것이나, 우리 조상들이 겪은 모든 시대는 인간의 힘만으로는 살아가기 어려운 험악한 세상이었다. 그들에게는 천지신명의 보살핌이 필요하였고, 자비로운 부처님의 호위가 요망되었다. 인간 자신의 힘만으로는 감당하기 어려운 문제 상황에 부딪쳤을 때, 인간을 초월한 절대적인 힘을 가진 자의 존재를 믿고 의지하고자 하는 것은 유한자 인간의 일반적 심정이다. 사람이 사는 곳에 종교가 생기는 까닭이다.

국민을 다스리는 위정자의 견지에서 볼 때, 인도에서 일어나 중국을 통하여 들어온 불교는 토속 종교인 무속 신앙보다 바람직하고 믿음직한 가르침이었다. 왜냐하면 불교에는 인간의 도리를 지키라는 윤리적 교리가 있었고, 이

---

1 김충렬, 「고려시대의 윤리 사상」, 유승국 외, 『한국윤리사상사』, pp.51-52 참조.

윤리적 교리를 백성이 지켜 주는 것은 나라의 질서를 유지함에 막대한 도움이 되었기 때문이다. 백제와 신라의 왕실이 불교 수용에 적극성을 보인 것은 통치를 위해서도 도움이 되는 처사였다.

통일신라시대에 보편적으로 신봉되었던 불교는 고려시대에도 그대로 연장되었다. 고려 태조 왕건은 개인적으로 선종(禪宗)을 좋아했으나, 종파의 구별 없이 불교를 보호하였으므로 화엄종(華嚴宗)을 위시한 교종(敎宗)도 성행하였다. 불교는 외래 종교라기보다는 이미 국교(國敎)로서의 권위를 갖게 되었고, 새로운 사회 세력으로 대두한 유신(儒臣)들까지도 불교의 신봉을 당연한 것으로 여길 정도였다.

고려시대 불교의 융성을 상징적으로 입증하는 것으로서 우리는 8대 왕 현종(顯宗) 때에 시작하여 11대 왕 문종(文宗)에 이르러 완성을 보게 된 대장경의 조판(彫板)을 거론할 수 있을 것이다. 이 경판(經板)은 몽고의 침입으로 소실되고 말았으며, 고종(高宗) 때에 강화도 피난처에서 다시 조각한 팔만대장경(八萬大藏經)이 현재 해인사(海印寺)에 세계적 문화재로 남아 있다.

불교가 융성한 가운데서도 교종과 선종의 편협한 아집에서 오는 갈등의 문제가 있었다. 이러한 상황에서 고려 불교에 새로운 혁신의 기풍을 일으키고, 나아가서 고려 불교를 이론적으로 심화하는 데 크게 기여한 고승으로 의천(義天, 1055-1101)이 널리 알려져 있다. 문종의 왕자로 태어난 의천은 일찍부터 불교의 고전을 깊이 연구했을 뿐 아니라 유교와 도교까지도 널리 공부한 호학도였다. 그는 송(宋)에 유학하여 화엄(華嚴)과 천태(天台)의 교리를 연구하고 돌아왔으며, 교선(敎禪)의 일치를 주장하는 천태종을 앞세움으로써 교종과 선종의 대립을 지양하고자 하였다. 의천은 불교 교리의 연구와 천태종의 개종(開宗)을 통하여 신라 불교의 연장으로부터 벗어나서 고려 불교의 새로운 경지를 개척한 사람으로 평가된다.[2]

고려의 불교는 현실 생활에도 결정적 영향을 주었다. 고려시대의 사람들 가운데는 불교를 현세에서 국가의 번영과 개인의 행복에 도움을 주는 현세 이익의 종교로 생각하는 사람들이 많았으며, 특히 귀족들에게는 기복 종교로서의 불교가 일상생활에 지대한 영향을 주었다. 태조를 비롯한 역대의 왕실은 국가와 왕실의 융성을 기원하기 위하여 여러 사찰을 세웠으며, 각종의 불교 행사에 정성을 기울였다. 대장경의 각판(刻版)을 제작한 방대한 작업도 호국(護國)을 기원하는 목적으로 이루어진 것임은 널리 알려진 사실이다.

무릇 종교가 세속적 기복(祈福)을 목적으로 신앙의 대상이 되는 경우에는, 그것이 국가나 사회의 윤리적 상황에 긍정적으로 기여하기도 하지만, 도리어 부정적으로 작용할 가능성도 적지 않다. 종교의 가르침을 따라서 착한 행동을 많이 하면 복을 받는다는 믿음이 강하여 그것이 실천으로 옮겨진다면, 결과적으로 윤리적 질서를 위하여 이바지하게 될 것이다. 예컨대, "살생을 하지 말아라." 또는 "자비를 베풀어라." 하는 가르침을 믿고 충실하게 따르면, 그러한 신앙생활은 그 사회의 윤리를 위하여 이바지하는 바가 있을 것이다. 그러나 그 가르침의 근본정신을 떠나서 형식에만 매달리면, 도리어 부정적 결과를 가져올 염려가 크다. 가령 동물에게 자비를 베푼다는 명목으로 물고기를 잡아서 다시 놓아 주는 '방생회(放生會)'의 행사 따위는 동물을 위해서도 별로 도움이 되지 않는다.

고려시대의 불교 신앙이 그 시대의 귀족과 서민의 도덕적 행위에 어떤 영향을 미쳤는지 그 전모(全貌)를 밝힐 길은 없다. 그러나 그 시대의 불교가 기복 종교였다는 사실과 귀족 사회의 동요를 계기로 생긴 사회적 혼란 등으로 미루어 볼 때, 불교의 신앙이 윤리적 상황에 크게 기여했다고 보기는 어렵다. 왕실 및 귀족과 결탁하여 세속화한 교종(敎宗)에 등을 돌리고 현실도피의 색

---

2 이기백, 『한국사신론』, p.156 참조.

채가 강한 조계종(曹溪宗)이 세력을 떨쳤다는 사실도 이러한 통찰을 뒷받침한다.

고려시대에 널리 퍼졌던 풍수지리설(風水地理說)도 신비로운 힘에 의존하고자 하는 점에서 기복 종교와 맥을 같이한 것으로 볼 수 있다. 풍수지리설을 크게 일으킨 도선이 본래 신라의 승려였다는 사실은 우리나라 불교와 풍수지리설이 심정적으로 공통된 뿌리를 가졌음을 암시한다. 고려 태조 왕건도 풍수지리설의 돈독한 신자였고, 그가 후삼국 통일의 대업(大業)을 이룩한 것도 '삼한 산천(山川)의 음덕(陰德)의 힘' 때문이라고 말했을 정도다.[3] 풍수지리설에 대한 믿음도 고려 귀족 사회에 널리 퍼졌던 것으로 알려져 있으나, 그것이 고려의 윤리적 상황을 위해서 크게 기여했으리라고는 생각되지 않는다.

기복 종교나 풍수지리에 대한 믿음이 절제를 지킨다는 것은 어려운 일이다. 고려시대의 우리 조상들이 불교를 기복의 수단으로 받아들이고 명당(明堂)의 음덕에 힘입어 현세의 영화를 누리려고 한 생활 태도는, 정당한 노력으로써 행복을 달성하고자 하는 합리적 태도와 양립하기 어려운 것이므로, 고려 사회의 윤리적 건설을 위해서는 부정적으로 작용한 측면이 컸다고 생각된다.

불교의 기복 종교로서의 세속화가 고려의 윤리적 상황에 부정적으로 작용한 측면이 컸다는 것을 우리는 그 시대의 역사적 사실을 통하여 확인할 수 있다. 앞에서도 언급한 바와 같이, 태조를 비롯한 여러 왕과 귀족들은 국가와 왕실의 평안과 융성을 기원하는 뜻으로 많은 사찰을 세웠고, 또 국가적 규모의 불교 행사를 빈번하게 수행하였다. 개경(開京)에만도 70개에 이르는 불사(佛寺)가 건립되고, 그 가운데는 흥왕사(興王寺)와 같이 완성되기까지 12년

---

3 太祖十訓要, 第5條. 「高麗史節要」, 卷 1, 太祖 二十六年條 참조.

의 세월이 걸리고 건물의 규모가 2천 8백 칸이 넘는 대찰(大刹)도 있었으니, 국고의 낭비와 서민층의 부역 부담이 과다하였음에 틀림없다. 불교 행사만 하더라도 상원(上元)의 연등회(燃燈會), 중동(仲冬)의 팔관회(八關會), 불탄일의 법회(法會) 등 한 달이 멀다 하고 자주 모임을 가졌으며, 더러는 참여한 승려가 10만 명에 달했다고 하니, 이 역시 막대한 시간과 물질의 낭비가 아닐 수 없다.

불교의 세속화는 과거제도에 승과(僧科)를 창설함을 계기로 더욱 촉진되었다. 광종(光宗) 때 교종선(敎宗選)과 선종선(禪宗選) 두 가지의 승과를 새로 설치한 것을 계기로, 고려의 승려들은 대덕(大德)에서 왕사(王師) 또는 국사(國師)에 이르는 명예로운 벼슬길에 오를 수 있었으며, 국가는 그들에게 토지까지 급여하여 우대하였다. 승려들에게 명예와 부(富)가 동시에 주어진 것이다. 이리하여 왕족을 비롯한 귀족들 사이에 삭발하고 중이 된 사람들이 많았으며, 사원(寺院)은 많은 토지를 소유하게 되었다.

옛날부터 종교가 경제적 부에 눈을 뜨게 되면 타락으로 기우는 것이 상례였다. 고려의 불교도 사원 소유의 토지가 면세의 특전을 누렸음에도 불구하고 그에 만족하지 않고 고리채의 이자놀이도 하고 상업과 양주(釀酒)에까지 손을 뻗쳤다. 사원은 그 늘어난 경제적 부를 지키기 위하여 승병을 길러 무장할 필요가 있었고, 승려들은 귀족들의 세력 싸움에도 관여하고 정치 무대에까지 영향을 미쳤다. 이는 종교 본연의 자세를 크게 이탈한 것이니, 곧바로 부패를 의미한다고 볼 수 있을 것이다.

인종(仁宗) 때 일어난 묘청(妙淸)의 난도 불교의 세속화와 풍수지리설에 대한 믿음이 빚어낸 불상사였다고 볼 수 있다. 본분이 불교의 승려였던 묘청이 정계에 진출하여 왕실의 고문이 된 것부터가 종교의 세속화로 인하여 생긴 일이며, 그가 서경(西京) 천도를 꾀함에 있어서 이용한 것은 당시의 인심을 미혹했던 풍수지리설이었다. 묘청은 개경의 지덕(地德)은 이미 쇠진했으니 지덕이 왕성한 서경으로 천도함이 마땅하다고 주장하였으며, 그 주장의 일환으로서 건립한 것이 대화궁(大花宮)이었다. 대화궁 안에는 팔성당(八聖堂)을 짓고 그 안에 무속 신앙과 신선 사상 그리고 불교의 여러 신불(神佛)을 모셨으니, 토속신앙과 외래 불교가 한데 어우러진 당시 사상 풍토의 일단을 보여준다. 서경으로 천도함으로써 고려 중흥의 공신이 되어 정권을 장악하려 했던 묘청의 의도는 김부식(金富軾)이 이끄는 개경파(開京派)의 공격을 받고 실패했으나, 어쨌든 묘청의 난이 종교의 세속화와 풍수지리설이 빚은 역사적 오점이었음에는 틀림이 없다.

　불교의 세속화와 타락에 대한 비판 정신의 발로로서 조계종이라는 선종의 교파가 강대한 세력으로 대두하여, 오늘에 이르기까지 한국 불교의 큰 산맥을 이루고 계승되었다는 사실도 잊어서는 안 될 것이다. 우리는 고려시대 무인 정권 이후에 조계 선종이 융성한 것을 왕실 및 문신 귀족과 결탁하여 세속화로 기울어 간 고려 교종(敎宗)을 부정적 매개로 삼고 일어난 현상이라고 볼 수 있거니와, 이 해동 조계종의 대두에 의하여 고려 불교는 내적 발전을 이룩했다고 평가할 수 있다. 특히 조계종의 종풍(宗風)을 떨치게 한 중심 인물로서 보조국사(普照國師) 지눌(知訥)과 같은 고승이 나타난 것은 우리나라 문화사의 큰 자랑이기도 하다.

　그러나 조계종 대두의 현실적 결과는 불교와 현실 세계의 유리(遊離)였고, 불자들의 현실도피 경향이었다. 결국 세속화로 타락한 교종의 경우와 마찬가지로, 현실을 외면하고 산중으로 들어간 선종도 고려 사회를 정신적으로 이끌어 가는 지도적 능력으로서 작용하기에는 스스로 한계가 있었다.

2. 유교 사상과 그 반대 세력

　건국 당시의 고려의 정신세계를 지배한 것은 토속적 무속 신앙과 외래의 불교 신앙이 한데 어우러진 종교적 분위기였다. 그러나 불교나 무속 신앙의 가르침만으로 나라를 다스리고 정권을 유지할 수는 없는 상황이었다. 그 당시 우리나라에 알려진 사상 가운데 국가의 통치를 위해서 가장 강력한 원리를 제공할 수 있었던 것은 군신(君臣)의 윤리와 상하(上下)의 질서가 강조되는 유교 사상이었다. 태조를 위시한 역대의 왕실이 불교를 국교로 삼으면서도 다시 유교의 정치 이념과 윤리 사상을 적극적으로 수용한 것은 당연한 처사였다.

유교 사상은 가슴에 와 닿는 느낌만으로도 접근이 가능한 불교나 무속 신앙과는 달라서, 학문적 교양의 과정을 거치지 않고는 보급하기가 어려웠다. 그러므로 건국 초기부터 왕실은 유교 교육을 위한 학교의 설립을 서둘렀고, 유교적 교양을 갖춘 사람을 선발하여 관직에 임용하기 위한 과거제도의 정립을 꾀하였다. 이리하여 고려의 유교는 통치의 실용적 목적과 불가분의 관계를 가지고 문관 계층을 기반으로 삼고 서서히 세력을 키워 가게 된다.

여기서 주목되는 것은 고려시대의 유교가 수신제가(修身齊家)의 일반 윤리로서 민중 속으로 파고들지 못하고 주로 지배 계층의 통치 이념으로서 받아들여졌다는 사실이다. 이것은 당시의 유학자들이 유교가 가지고 있는 수신제가 윤리로서의 의의를 몰랐음을 의미하는 것이 아니라, 그 당시 고려의 정신 풍토에 있어서 불교와 도교의 세력이 너무나 압도적이었음을 의미하는 사실이라고 보아야 할 것이다. 당시의 유가들로서는 유교가 민중의 일상생활을 위한 수신제가의 윤리도 된다는 것을 감히 주장하기가 어려운 상황이었던 것이다. 김충열은 최승로(崔承老)의 시무(時務) 28조에 근거하여 이 점을 명료하게 밝히고 있다.[4]

태조에서부터 성종(成宗)에 이르기까지 여섯 왕 밑에서 문신의 자리를 지킨 최승로가 건국 이래의 60년을 돌아보았을 때, 그 실정(失政)의 근원은 너무나 많은 사찰의 건립과 지나치게 번거로운 불교 행사, 승려들의 횡포와 왕들의 혹불(惑佛)에 있었다. 이에 그가 성종에게 지어 올린 것이 이른바 '시무 28조'이거니와, 그 시무책(時務策) 제20조에 다음과 같은 말이 있다.

유불도(儒佛道) 3교는 각기 그 맡은 바 임무가 다르므로, 사람들은 그것을 하나로 혼동해서는 아니 된다. 불교를 믿는 것은 수신(修身)의 근본이요, 유교를 행하는 것은 이국(理國)의 근원이다. 수신은 내세를 위한 바탕이요, 이국은 오늘을 위한 임무다. 오늘은 지극히 가까이 있으며, 내세는 매우 먼 곳에 있다. 그러니 지극히 가까운 것을 버리고 매우 먼 곳에 있는 것을 추구한다면, 이 또한 잘못이 아닌가.

이 글에서 최승로는 유교가 가진 통치 이념으로서의 기능만을 강조하고 수신의 기능은 불교의 몫으로 떼어 주고 있다. 최승로같이 탁월한 유학자가 유교가 가지고 있는 수신제가의 기능을 몰랐을 리는 없으며, "당시의 상황에서 볼 때, 일차적으로 정치면에서만이라도 불교를 몰아내고 유교의 독점을 주장한 것은 현명하고 용기 있는" 처사였다고 김충열은 평가하고 있다. 우선 정치와 관료 사회의 영역에서만이라도 의타적(依他的)이요 미신적인 정신 풍토를 몰아내면, 차차 다른 영역에서도 유교 사상이 사람들의 생활을 이끌어 가는 수신 윤리의 구실도 하게 되리라는 긴 안목이었다.

고려 태조는 훌륭한 군왕이었다. 몸소 매우 검소한 생활로 일관했으며, 왕권을 잡은 뒤에도 교만함이 없이 공손한 태도로 아랫사람들을 대하였다. 그는 어진 사람을 좋아했으며, 남의 말에 귀를 기울였다. 그러나 제2대 왕인 혜

4　김충열, 『고려윤리학사』, pp.74-78 및 「고려시대의 윤리 사상」, 유승국 외, 『한국윤리사상사』, pp.61-62 참조.

종(惠宗) 때부터는 왕실의 생활이 사치로 기울었고, 불사(佛事)로 인한 낭비도 적지 않았다. 왕실의 기강이 흔들리는 틈을 타서 왕규(王規)라는 자가 혜종을 해치려는 음모를 꾸몄고, 제3대 왕 정종(定宗)이 즉위한 뒤에도 다시 반란을 일으켰다. 왕규는 왕식렴(王式廉)의 군사력에 의하여 제거되었으나, 왕권은 불안한 상황을 벗어나지 못하였다.

불안한 왕권을 안정시키기 위하여 제4대 왕 광종(光宗)은 개혁에 착수하였고, 그 개혁의 기본 원리를 유교에서 찾으려 하였다. 유교 사상에 입각한 과거제도를 도입하고, 무신(武臣) 대신에 문신(文臣)을 등용하여 문치주의(文治主義)의 정치를 실천하고자 한 것이다. 최승로가 성종에게 28조의 시무책을 건의한 것도 왕실의 문치주의 이념에 부응한 것이라고 이해하면 틀림이 없을 것이다.

유교의 통치 윤리에 입각한 고려 초기의 문치주의 정치는 어느 정도 성과를 거둔 것으로 보인다. 제8대 왕 현종(顯宗)에서 제11대 왕 문종(文宗)에 이르는 80여 년 동안은 우선 군왕들이 선정을 베풀고자 노력한 데 힘입어 비교적 나라가 융성하였다. 특히 문종은 몸소 근검절약의 모범을 보였고, 현재(賢才)를 등용하여 백성을 위하는 정치에 힘썼다. 이제현(李齊賢)은 문종의 정치를 다음과 같은 표현으로 찬양하고 있다. "비록 가까운 인척이라 하더라도 공(功)이 없으면 상을 주지 않았으며, 좌우의 사랑스러운 사람일지라도 죄가 있으면 반드시 벌을 주었다. 환관과 급사는 10여 명을 넘지 않았고, 내시(內侍)는 반드시 공능(功能)이 있는 자를 선정하여 그 자리를 채웠으며 역시 20여 명을 넘지 않았다. 관원을 가급적 줄이고 일을 간소화함으로써 나라 살림을 부유하게 했으며, 대창(大倉)에 곡식이 가득하여 백성을 먹여 살리기에 풍족하였으므로, 사람들이 태평성대를 구가하였다."[5]

이제현의 말에 다소 과찬(過讚)이 들어 있을 가능성도 없지 않다. 문종은 고려의 제11대 왕이고, 이제현이 실록(實錄)을 편찬한 것은 제31대 왕인 공민왕(恭愍王)의 뜻을 받들어서 한 일이라는 사실을 감안할 때, 이제현의 기록에 주관이 작용할 여지가 있었다고 생각된다. 그러나 실록을 작성하는 사관(史官)의 입장에 서게 된 그가 전혀 근거 없는 말을 함부로 지어냈다고 보기는 어렵다.

한 가지 분명한 것은 고려 초기의 왕실과 문신들이 유교 사상의 덕치(德治)를 표방하고 그것을 실천에 옮겨 보려고 시도했다는 사실이다. 특히 현종과 정종(靖宗), 그리고 문종 등은 형벌의 관용과 농업의 권장에 힘쓰고 경로(敬老)와 효도의 덕을 중요시한 것으로 전해지고 있다. 그리고 가계(家系) 상속의 제도를 유교의 원칙을 따라서 규정하고 근친혼(近親婚)을 금지하는 법을 제정한 것도 이 시기에 있었던 일이다.

그러나 유교 사상에 입각해서 문치주의의 국가를 건설하고자 했던 고려 왕실의 의도는 끝까지 순조롭게 진행되지 못하고, 도중에 여러 가지 어려움에 부딪쳐서 차질이 생겼다. 차질을 빚은 어려움의 첫째는 문신들을 중심으로 구성된 귀족 사회 자체의 내분과 동요였다. 신라시대에는 골품제도(骨品制度)에 따라서 귀족 사회가 형성되었으나, 고려시대에는 주로 유학을 공부한 호족 출신들이 과거를 통하여 정치 무대로 진출함으로써 그것이 형성되었다. 물론 왕실도 귀족 중의 귀족이었고, 왕실과의 혼인을 통하여 귀족으로서의 지위를 더욱 높인 가문도 있었다. 귀족의 문벌은 정치적 출세와 경제적 부를 아울러 누릴 수 있는 토대가 되었으며, 귀족 상호간의 세력 다툼이 생긴 것은 벼슬 자리와 경제적 부에 한계가 있는 인간 사회의 불가피한 현상이었다. 그리고 귀족 문벌 사이의 세력 다툼은 왕왕 반란의 형태로 발전하였다. 인종(仁宗) 4년(1126)에 일어난 이자겸(李資謙)의 난은 그 가운데서 대표적

---

5 『高麗史節要』, 卷5, 文宗 三十七年條 참조.

인 것이었다.

고려 귀족들의 문치주의 국가 건설에 차질을 가져온 둘째 걸림돌은 유교 세력에 대한 불교와 토속 신앙의 반발이었다. 유교의 기본 사상은 종교적이기보다는 윤리적이고, 감성적이기보다는 합리적이다. 그러므로 새로운 세력으로 등장한 유교 사상은, 우리나라의 토속 신앙 또는 한 걸음 먼저 자리를 잡은 불교의 견지에서 볼 때, 용납하기 어려운 침입자로 느껴질 요인을 적지 않게 가지고 있었다.

최승로는 국가 통치의 이념은 유교 사상을 따르고 수신제가의 문제는 불교 사상에 맡기자는 영역 양분론을 주장했지만, 현실적으로 정치의 영역과 수신제가의 영역이 그렇게 명확하게 나누어지는 것은 아니다. 더구나 최승로는 유교와 불교의 영역을 현세(現世)와 내세(來世)로 나누자고 제언하였다. 유교는 가까운 현세를 맡을 것이니 불교는 먼 내세나 맡으라는 것이다. 이것은 실속 있는 것은 제가 차지하고 껍데기만 내주겠다는 수작이다. 왜냐하면 한국인의 주된 관심은 현세에서 부귀를 누리며 잘사는 일이기 때문이다. 어쨌든 불교와 토속신앙의 견지에서 볼 때, 유교 세력의 팽창은 목숨을 걸고라도 막아야 할 해악이었다.

고려시대의 불교 또는 토속신앙의 견지에서 볼 때, 문신 귀족들의 사대주의 경향도 용납할 수 없는 증오의 사유가 되기에 충분하였다. 고려의 왕실과 문신 귀족들은 만주와 몽고 지방의 거란(契丹)과 금(金)나라 그리고 중국 본토의 송(宋)에 대하여 굴욕적인 속방(屬邦)으로서 자처하는 사대주의적 태도를 취하고 있었다. 이것은 당시의 국제적 상황에서 살아남기 위하여 부득이한 처사였다고 변명할 여지가 있다 하더라도, 고구려의 후신(後身)임을 자임한 고려로서는 너무나 나약한 태도가 아닐 수 없었다.

이상과 같은 여러 가지 사정은 고려가 건국되던 태동기에 크게 이바지한 바 있어 왕실의 신임이 두터웠던 불교와 풍수지리설의 신봉자들을 자극하게 되었고, 그들의 강한 반발을 유발하는 결과를 불렀다. 이 불만 세력은 이자겸의 난으로 나라 안이 혼란하고 또 여진(女眞)의 압력으로 대외 문제가 시련을 겪게 된 틈을 타서 권력을 장악하려고 시도하기에 이르렀다. 이 시도에서 앞장선 것은 묘청(妙淸), 백수한(白壽翰), 정지상(鄭知常) 등 서경(지금의 평양) 사람들이었다.

묘청과 그의 일당은 이자겸의 난으로 궁성이 불탄 개경을 버리고 서경으로 천도할 것을 꾀하였으며, 이때 풍수지리설을 이용했음은 앞에서 이미 말한 바와 같다. 서경으로의 천도를 계기로 고려 중흥의 공신(功臣)이 되어 정권을 장악하려 한 것이 그들의 계략이었다. 이 계략이 개경파의 반대에 부딪쳐 뜻대로 되지 않자 군사 행동으로 반란을 일으켰다. 이 반란은 김부식이 이끄는 관군에 의하여 진압되었으나, 이러한 내란이 유학파(儒學派) 귀족들에게도 큰 상처를 주었음은 의심의 여지가 없다.

유교 사상에 입각하여 문치주의의 국가를 건설하고자 했던 고려 왕실과 문신들의 의도에 차질을 가져온 또 하나의 어려움은 거란, 금(金)과의 잦은 무력 충돌이었다. 고구려의 후신임을 자처한 고려는 태조 때부터 만주 일대의 옛 땅을 회복할 것을 꾀하였고, 고려의 이러한 정책은 자연히 거란과 충돌하게 되었다. 거란은 926년에 발해(渤海)를 멸한 다음부터 세력이 크게 강화되었고, 10세기 말에서 11세기 초에 걸쳐 누차 고려를 침공하였다. 한때는 고려의 서울 개경을 거란군에게 점령당하는 수모를 당하기도 하였으나, 강감찬(姜邯贊)의 귀주대첩(龜州大捷)으로 그들은 물러갔다. 결국 거란의 고려 정복 정책은 실패하고 말았으나, 고려는 막대한 피해를 입게 되었다.

여진은 본래 미개의 족속으로서 한때 고려를 상국(上國)으로 섬기기도 했으나, 12세기 초엽에 여진족의 한 추장이었던 오아속(烏雅束)과 그의 아우 아골타(阿骨打)가 여진족 전체를 통일하기에 이르러 형세가 달라졌다. 여진족 통일을 이루고 세운 나라가 바로 금(金)이었으며, 금의 세력은 급속도로 성장하였다. 금은 거란을 멸망시켰으며(1125), 송(宋)의 서울 개봉(開封)을 함락시키고 송을 양자강 이남으로 쫓아 버릴 정도로 강대해졌다. 이러한 상황에서 금은 고려에 대하여도 누차 압력을 가해 왔고, 두 나라 사이에 군신(君臣)의 관계를 맺자고 강요하였다. 당시의 권신(權臣) 이자겸이 여러 사람들의 반대를 무릅쓰고 금의 요구를 수락했으니, 나라의 꼴이 말이 아니었다.

외국과의 무력 충돌이 잦게 되면 무장(武將)과 군인들의 힘에 의존해야 할 일들이 많아진다. 전쟁 상태에서 국가의 제일선을 지키는 것은 군인이기 마련이다. 그럼에도 불구하고 고려시대의 무신(武臣)과 군인들은 사회적으로 천대를 받았다. 그들은 정치적으로나 경제적으로나 매우 불리한 대접을 받고 있었다. 졸병들은 말할 것도 없고, 장군들까지도 문신들 밑에 눌려서 천대를 받았다. 무력을 손에 쥐고 있는 무인 계층이 억울한 대접을 받은 것이다.

물리적인 힘인 무력을 장악한 사람들이 언제까지나 억울하게 당하고만 있다는 것은 기대하기 어려운 일이다. 무신과 군인들의 불만은 조만간 폭발할 시한폭탄과 같은 것이었다. 결국 무신들의 반란은 일어나기 마련이었고, 그것이 실제로 일어난 때는 의종(毅宗) 24년(1170)이었다. 장군 정중부(鄭仲夫), 이의방(李義方), 이고(李高) 등이 군인들을 선동하여 일으킨 이 반란으로 무수한 문신들이 살육을 당했고, 의종도 폐위를 당하였다. 결국 정권이 문신으로부터 무신에게로 넘어가고 만 것이다.

돌이켜 보건대, 고려의 유신(儒臣)들은 유교의 기본이 되는 윤리를 배반함으로써 스스로 묘혈(墓穴)을 판 꼴이 되었다. 유교의 기본 사상은 실천윤리를 강조함에 있다. 그러므로 유신다운 유신이 되기 위해서는 스스로 인간의 도리를 지키고 왕에게도 통치 윤리를 따라서 선정을 베풀도록 도움을 주어야 마땅하다. 그러나 고려의 유신들은 고관의 자리에 오르며 방자하게 되었고, 왕을 도와서 선정을 베풀도록 보필하는 소임을 게을리하였다. 짧게 말해서, 고려의 왕실과 유신들은 권력에 도취하여 문약(文弱)으로 흘렀고, 사치와 향락으로 국고를 탕진하여 백성들의 부담을 크게 하였다. 이와 같은 폐풍이 극도에 달한 것이 의종 때였고, 결국 무신들의 반란으로 의종은 폐위를 당하고 정권은 무인들의 손으로 넘어가게 된 것이다. 지배 계층의 도덕적 타락이 국가의 기본을 흔드는 사례는 흔히 있는 일이다.

문신들을 몰아내고 고려의 정권을 장악한 무신들도 도덕적으로 타락했다는 점에서는 다를 바가 없었다. 그들도 나라를 위하여 거사한 것이 아니라 자기들의 이기적 목적을 위하여 문신들과 혈투를 감행했음이 곧 드러났다. 경인란(庚寅亂, 1170)과 계사란(癸巳亂)을 통하여 의종과 문신들을 몰아낸 무신들은, 본래 군사 문제를 다루는 기관이던 중방(重房)을 중심으로 삼고 군사뿐 아니라 모든 정치 문제를 자기 마음대로 좌우하였다. 그들은 고관 현직의 자리는 물론이요, 미관 말직의 자리까지도 독차지하기를 꾀하였다. 그들은 권력을 남용하여 사전(私田)을 확대함으로써 경제적 부까지도 차지하였다. 그들은 무력으로 차지한 지위와 부(富)를 지키기 위하여 문객과 하인들을 무장하게 함으로써 물리적 실력이 지배하는 세상을 만들었다.[6]

윤리적 관점에서 볼 때 가장 바람직한 것은 도리(道理) 내지 순리(順理)가 지배하는 세상이다. 물리적 실력이 지배하는 세상은 윤리적으로는 최악에 가까운 것이라 하겠다. 물리적 실력의 역학관계는 변화무쌍하므로, 이것에 의하여 좌우되는 세상은 갈등과 불안의 공포가 떠날 날이 없다. 무신들이 나랏일을 좌지우지한 고려의 경우도 예외는 아니었다.

문신들을 몰아내고 정권을 장악할 때까지는 함께 협력했던 정중부, 이의방, 이고 등은 일단 권력을 쟁탈한 뒤에는 각자가 대권을 독점하려고 하였다. 이 반란 주체들의 내부적 투쟁에서 먼저 승리를 거두고 대권을 잡은 것은 이

---

6 이기백, 『한국사신론』, p.164 참조.

의방이었다. 그러나 이의방은 그의 형 준의(俊儀)와의 불화 등으로 물의를 일으키며 횡포를 부리다가, 얼마 되지 않아 정중부의 아들 정균(鄭筠)에게 살해되고 말았다.

이의방의 뒤를 이어서 대권을 장악한 정중부도 무지막지하고 방자하게 굴다가 젊은 장군 경대승(慶大升)에게 의하여 살해되었다. 경대승은 다른 무신들과 적대관계에 놓이게 되었고, 생명에 위협을 느낀 그는 용사 백여 명을 모집하여 신변의 안전을 도모하다 정신적 압박으로 병을 얻어서 30세의 젊은 나이로 세상을 하직했다(1183). 경대승의 뒤를 이어서 세력을 잡은 것은 천민 출신으로 상장군(上將軍)의 지위에까지 오른 이의민(李義旼)이었다. 이의민 역시 힘만 세고 무식하기 짝이 없는 군인이어서, 횡포를 일삼다가 최충헌(崔忠獻)과 최충수(崔忠粹) 형제에 의하여 살해되었다(1196). 불과 20여 년 동안에 권세가 여러 차례나 바뀌는 어지러운 세상이 된 것이다.

주마등처럼 어지럽게 돌아가던 세태를 수습하여 일단 정국의 안정을 가져온 것은 최충헌이었다. 최충헌은 무기의 힘만 믿고 날뛰는 무지막지한 군인이 아니라 정치적 수완도 가진 사람이었다. 그는 이의민을 타도할 때 수훈을 세운 아우 충수의 횡포를 잠재우기 위하여 동생을 죽인 골육상잔의 고비를 겪기도 했으나, 매사를 지능적으로 처리함으로써 자신의 정치 기반을 구축하는 데 성공하였다. 그는 자기의 정권을 위협하는 반대 세력에 대하여 무단(武斷)과 회유의 양면 작전을 교묘히 구사함으로써, 70여 년 동안 지속된 최씨 정권의 기틀을 마련하였다.

유교의 통치 이념을 따라서 문치주의 국가를 건설하고자 했던 고려 유신들의 소망은 결국 이루어지지 않았다. 유교 윤리의 정신에 부합하는 도덕적 사회를 건설하는 일은 더욱 요원한 과제로 남게 된 셈이다. 외래의 사상을 들여와 뿌리 내리게 하고 순조롭게 소화한다는 것이 얼마나 어려운 일인가를 말해 준다.

3. 무인 정권 시대의 민심과 사회상

최씨 일가가 안정된 정권의 기반을 구축하는 데 성공한 것은 백성을 위하는 선정(善政)을 베푸는 정도(正道)를 걸은 결과가 아니라, 지능적이고 교묘한 방법으로 적대 세력을 막을 수 있었기 때문이었다. 최씨의 정권이 정도에 의한 떳떳한 정권이 아니었다는 것은 그들이 방대한 규모의 사병(私兵)을 양성하고 유지했다는 사실만으로도 능히 알 수가 있다. 무신란(武臣亂)을 계기로 권세를 장악한 무신들은 제각기 사병을 양성하여 자신들의 생명과 재산을 지키는 도구로 삼았거니와, 그 사병을 처음 조직화한 것은 도방(都房)을 설치한 경대승이었다. 경대승의 도방 인원은 백여 명에 불과했으나, 최충헌의 경우는 그 수를 늘려서 6번 교대로 그의 집을 지키게 하였고, 뒤에 최항(崔沆)이 집권했을 때는 내도방과 외도방을 합하여 36번으로 확장 강화하였다. 최충헌의 아들 최우(崔瑀)는 도방 이외에 마별초(馬別抄)라는 기마대와 삼별초(三別抄)의 시초가 되는 야별초(夜別抄)까지 조직하였다.

최씨 가문의 사병 조직이 방대해짐에 따라서 관군은 유명무실하게 되었다. 용기와 힘이 센 군인은 사병으로 편입되고 나약한 자들만 관군에 속하는 상태가 된 것이다. 이는 주객이 전도된 꼴이며, 고려의 왕실은 이름만을 유지하는 데 불과했음을 말해 준다.

방대한 조직의 사병을 양성하고 조직할 수 있었던 것은 세력을 장악한 무신들이 막대한 사전(私田)을 소유했기 때문이다. 문신 귀족들이 권세를 누리던 시절에는 그들이 많은 토지를 소유하고 있었거니와, 무신란 이후에는 세력을 장악한 무신들이 문신들의 토지를 폭력으로 탈취하는 사례가 많았다. 정권을 잡은 최씨 일가는 대단히 많은 토지를 소유하게 되었으며, 막대한 분량의 곡식을 저장할 수 있었다. 국가의 창고는 비어 있어도 최씨 일가는 많은 곡식을 가지고 있어서, 사병을 양성함에 어려움이 없었다. 결국 그들은 부당한 방법으로 많은 토지를 소유했을 뿐 아니라, 그 재력으로 관군을 능가하는 사병 조직을 운영하여 권력 유지의 방편으로 삼았던 것이다.

토지의 대부분을 권문 귀족들이 독점함으로 인하여 가장 큰 피해를 입은 것은 농민과 노비들이었다. 논밭을 경작하는 일은 농민과 노비들의 몫이었고, 그들은 땀흘려 얻은 농작물을 지주인 무신들에게 조세로 바쳐야 했다. 그들은 신역만 고되고 항상 가난하게 살아야 했고, 그들의 일부는 토지를 떠나 유민(流民)이 되는 경향이 있었다. 이러한 상황에서 농민과 노비 사이에 불만과 불평이 쌓이는 것은 불가피한 현상이었고, 쌓인 불만으로 인해 그들은 떼도적이 되어 각지를 소란스럽게 하기도 하고, 집단적 반란을 일으켜 위정자들을 괴롭히기도 하였다. 그러한 반란은 모두 최씨 무력 정권의 병력에 의하여 진압되기는 했으나, 그 시대의 민심의 불안과 신분 질서의 동요를 입증한다는 의의를 가지고 있다.

의종 24년(1170)에 무신의 난이 일어난 뒤로부터 최씨의 무인 정권이 몰락한 때까지의 약 백 년 동안은 전형적인 난세였다. 고종(高宗) 18년(1231)에 시작된 몽고의 침입이 여섯 차례에 걸쳐서 20여 년 동안 계속된 것도 이 시기의 후반기에 일어난 국란이었다. 내우와 외환으로 나라 전체가 극도의 고초를 겪었으니, 우리나라 역사상에서 가장 불행했던 시기의 하나가 아닐 수 없다.

국가가 정치적 안정을 잃고 정권의 교체가 빈번할 경우에 그 혼란과 변화의 영향을 가장 많이 받는 것은 지배계급이다. 어느 편이 세력을 잡느냐에 따라서 지배계급의 생활에는 심한 기복이 생긴다. 그 기복을 따라서 일시적으로 부귀와 영화를 누리기도 하지만, 필경은 모두가 불행하게 된다. 그러나 그 불행이 권력 싸움에 직접 관여한 지배 계층에만 국한되는 것은 아니다. 서민 또는 천민의 경우는 평화 시에도 불행한 삶을 살기 마련이지만, 난세를 만나면 그들의 불행은 더욱 커지게 된다.

고려시대에는 토지가 재산의 기본이었고 토지를 경작하는 것은 농민이었으나, 농민에게는 토지의 소유권이 없었다. 그들은 소유주가 따로 있는 공전(公田) 또는 사전(私田)을 빌려서 농사를 짓는 소작농에 불과하였다. 그들은 많은 도조를 바쳐야 했고, 바치고 남은 것으로 생계를 꾸려 나가야 했던 까닭에 몹시 가난했다. 농민들은 도조뿐 아니라 과실 또는 마포(麻布) 등을 바치는 잡공(雜貢)도 부담해야 했고, 16세 이상 60세까지의 남자들은 부역의 의무까지 있었으므로, 그 삶이 매우 비참하였다.

농민은 그래도 양인(良人)의 대접을 받았으나, 그들보다도 더욱 천대를 받은 천민(賤民)과 노비(奴婢)들이 있었다. 사람 대접을 못 받는 사람들이 무수하게 많았던 것이다. 농사를 지으면서도 농지를 소유할 수 없고 부당하게 많은 도조를 상납해야 하는 사회는 도덕적으로 정당화되기 어려운 사회다. 천민과 노비가 많은 것은 옛날에는 흔히 있는 일이었다 하겠으나, 오늘의 가치 기준으로 말한다면 역시 도리에 어긋나는 사회현상이 아닐 수 없다. 비록 옛날의 신분 사회라는 것을 전제로 삼는다 하더라도, 문신 귀족 또는 무신 세도가들의 호화로운 생활의 그늘에서 비참한 생활을 강요당한 민중이 있는 고려의 윤리적 상황을 긍정적으로 평가하기는 어려울 것이다. 모순이 없는 인간 사회라는 것은 현실적으로 존재하기 어렵다는 사실을 감안한다 하더라도, 고려의 사회 현실의 경우는 그 모순의 정도가 매우 지나쳤다고 보아야 할 것이다.

고려 사회의 지나친 모순은 농민과 노비들의 반란을 통하여 확연하게 드러났다. 가난과 노역(勞役)을 견디지 못하여 많은 농민들이 토지를 버리고 유민이 되어 떼도적으로 변하기도 하고 집단적 반란을 일으키기도 했다는 사실은 이미 앞에서 언급한 바 있다. 신종(神宗) 1년(1198)에 최충헌의 종 만적(萬積)이 모든 공사(公私) 노비들과 연락하여 노비의 해방과 정권의 탈취를 목적으로 반란을 꾀했던 것도 그 시대의 윤리적 상황을 짐작하는 데 큰 의의를 가진 사건이었다. 특히 만적이 많은 노비들을 모아 놓고 선동적 연설을 했을 때,

"장상(將相)이 원래 씨가 따로 있을 리 없다."고 외쳤다는 기록은, 고려의 노비 가운데도 인권과 평등에 대한 의식이 상당한 수준에 이른 사람이 있었음을 의미하는 것으로서 시사하는 바가 적지 않다. 그리고 순정(順貞)이라는 노복의 밀고로 인하여 반란의 계획이 사전에 발각되어 거사조차 못하고 실패했다는 사실은 그 당시 노비들의 어떤 한계를 암시하는 것으로 분석할 수 있음직하다.[7]

고려의 농민과 노비들의 이야기를 함에 있어서 빼놓을 수 없는 것은 몽고의 침입에 대하여 항쟁했을 때 그들의 공로가 컸다는 사실이다. 고려의 무인 정권이 몽고에 대해서 상당히 완강한 항쟁을 할 수 있었던 것은 농민과 노비들에 힘입은 바 컸기 때문이었다. 예컨대, 몽고의 제1차 침입 때에는 관악산을 근거지로 삼았던 초적(草賊)들이 몽고군과 맞서 싸웠으며, 충주에서는 지광수(池光守)가 이끄는 노예군이 용감하게 항쟁하였다. 그들은 귀족과 관리들이 도망친 뒤에도 끝까지 성을 지키며 몽고에 항쟁하였다.[8] 정부와 국가의 혜택을 입지 못하고 도리어 천대만 받았던 민초들이 국난을 당하여 용감하게 싸운 것이다. 이것은 우리 민족의 기층(基層)이 튼튼함을 의미하는 것으로 우리 민족의 어떤 가능성을 암시하는 고무적 사실이라고 보아도 좋을 것이다.

고려는 몽고가 바다를 두려워하는 약점을 알고 강화도로 서울을 옮김으로써 비교적 효과적인 항쟁을 하였다. 그러나 몽고는 유럽까지 석권할 정도로 강대한 제국을 건설하여, 이제 고려를 징검다리로 삼고 일본까지 정복하려는 기세로 침공을 거듭해 왔다. 무신의 난 이후로 대내적으로도 문제가 많았던 고려로서는 대항하기에 벅찬 상대가 아닐 수 없었다. 최씨의 무인 정권에

---

7 같은 책, p.169; 이홍직, 『국사대사전』, 지문각, 1968, p.462 참조.
8 이기백, 『한국사신론』, p.174 참조.

불만을 가졌던 왕실과 문신들 사이에서는 몽고와 화해함으로써 무인 정권을 타도하고자 하는 세력도 있었으므로, 조야(朝野)와 문무(文武)가 하나로 뭉쳐서 외적에 대항할 수 있는 상황도 아니었다. 불력(佛力)에 의존하여 침공자를 물리치고자 하는 염원에서 팔만대장경을 조각하기도 했으나, 대세를 뒤집기에는 역부족이었다.

승산 없는 전쟁에 지친 고려 사람들의 항몽(抗蒙) 의지와 내적 단결은 무너지고, 강화를 주장하는 목소리가 점차 높아졌다. 고종 45년(1258)에 최씨 정권의 마지막 계승자 최의(崔竩)가 문인들에 의하여 살해됨을 계기로 정권은 일단 왕에게로 돌아갔고, 몽고와의 강화를 추진하는 방향으로 국론이 기울었다. 그리하여 다음 해인 고종 46년에 태자를 몽고로 보내어 항복의 뜻을 전하기에 이르렀다. 그러나 계속 항쟁을 주장하는 주전파(主戰派) 무인들의 남은 세력이 있어서, 완전한 강화를 맺은 것은 원종(元宗) 11년(1270)이었다.

'강화'라는 것은 사실은 굴욕적 항복이었다. 몽고는 국호를 원(元)으로 정하고, 고려를 원의 일개 속방(屬邦)으로 대접하였으며, 고려는 그러한 대접을 감수하게 되었다. 고려는 이른바 원의 부마국(駙馬國)이 된 것이다. 몽고와의 강화를 계기로 대권을 다시 찾은 원종은 그의 왕권을 강화할 목적으로 세자와 원의 공주를 혼인시켰는데, 그 결과로서 고려는 원의 '부마국'이라는 이름의 속방으로 전락하고 말았다.

고려의 역대 세자들은 원나라의 공주를 정비(正妃)로 삼았고, 그 공주의 몸에서 출생한 아들 가운데서 다음 세자를 세웠다. 역대의 세자는 인질이 되어 북경에 머물러 있다가 즉위한 뒤에 귀국하는 것이 관례였다. 왕이 된 뒤에도 그는 자주 북경을 드나들어야 했다. 고려의 왕실은 몽고의 풍속을 따라서 생활하고 몽고어를 상용하였다. 이러한 풍습은 왕실 밖에까지 전파되어 나라 전체가 이른바 '몽고풍'의 영향을 받았다.

무신들이 나랏일을 좌지우지했던 시대의 고려 사회는 심한 혼란을 겪었다.

예나 지금이나 난세가 되면 사람들은 불합리한 사고방식으로 기우는 경향이 있다. 고려의 무인 정권 시대에는 그 경향이 더욱 현저하였다. 우리 민족에게는 옛날부터 무속과 기복 신앙을 좋아하는 바탕이 있었으며, 고려의 건국 초기에는 풍수지리설과 기복 불교에 대한 믿음이 정신 풍토의 주류를 이루었다. 그러나 토속적 신앙심에 호소하는 것만으로는 순조로운 통치가 어려움을 알았던 까닭에, 왕실에서는 유교를 적극적으로 수용하는 동시에 문신들을 중용하였다. 권좌에 접근한 문신들은 유교의 도의(道義) 정신으로 국가와 군왕에게 헌신하기보다는 세도를 믿고 무신들을 능멸 천대하는 쪽으로 기울었다. 이에 무신의 반란이 일어났고, 무인들이 세상을 좌지우지한 난세가 백여 년 동안 지속되었다. 이러한 상황에서 우리나라 조상들의 의식구조 바탕에 자리잡고 있던 무속 신앙 내지 신비주의의 경향이 크게 되살아난 것은 자연스러운 귀추였다.

고려의 무인 정치 시대에 무속적 믿음의 풍토 속에서 크게 유행한 것은 풍수지리설이었다. 특히 최충헌이 정권을 잡은 뒤에는 그가 솔선해서 풍수설의 신봉자가 되어 이 설에 입각한 국가 기구를 창설하기까지 하였다. 신종 1년(1198)에 설치한 '산천비보도감(山川裨補都監)'이 바로 그것이다. 이것은 우리나라 산천을 풍수지리설에 의하여 평가하고 관리하기 위한 기구로서, 최씨 정권은 이 기구를 통하여 불필요한 토목공사를 일삼곤 하였다. 예컨대, 최충헌은 이지식(李知識)이라는 술사(術士)의 말을 믿고 건원사(乾元寺)라는 절을 헐어 버린 일이 있고, 성종(成宗)의 신주를 개국사(開國寺)로 옮겼으며, 백악(白岳)에 새 궁전을 건립하는 토목공사를 벌인 적이 있었다.[9]

---

9 김충열은 『高麗史節要』卷 14와 卷 15에 근거하여 최충헌이 풍수지리설에 현혹된 사례를 여럿 소개하고 있다. 유승국 외, 『한국윤리사상사』에 실린 「고려시대의 윤리 사상」, pp.104-106 참조.

무속이 난무하고 미신이 종교를 대신하는 정신 풍토 속에서 불교도 가운데도 혹세무민하는 자가 나타났다. 그 대표적인 예로서는 전주를 무대로 세상을 어지럽힌 일엄(日嚴)의 경우를 들 수 있을 것이다. 다음은 『동국이상국집(東國李相國集)』에 기록된 일엄의 행적의 일부다.

명종(明宗) 때 남국의 중으로서 일엄(日嚴)이란 자가 있어 자칭 세존(世尊)이라고 하였다. 여러 사람들이 전하기를, 그가 사람의 병을 잘 고치며, 비록 소경과 귀머거리 또는 문둥병자라 하더라도 즉석에서 낫게 한다고 하므로, 서울(京師)에서도 이 소문을 듣고 초빙하기를 원하였다. 명종은 여러 신하들의 뜻을 거절하기 어려웠던 까닭에, 먼저 내신(內臣)을 시켜서 그 사실 여부를 알아보도록 하였다. 내신은 돌아와서 소문과 다를 바 없다고 아뢰었다. 명종은 부득이 사신을 보내어 일엄을 맞아 오도록 하였으며, 그를 동성(東城) 밖에 있는 홍법사(弘法寺)에 거처하게 하였다.

일엄이 처음 왔을 때는 채첩건(綵氎巾)이라는 건을 쓰고 박마(駁馬)를 타고 나타났다. 그뿐만 아니라 그는 비단 부채(綾扇)로 얼굴을 가렸으며, 수를 헤아릴 수 없을 정도의 많은 무리들이 그가 탄 말 머리를 가렸으므로 그의 얼굴을 제대로 볼 수가 없었다.

개경의 관리와 서민들은 밤낮으로 그 홍법사에 모여들었다. 모인 사람들이 무려 만여 명에 이르렀고, 그들은 모두 '나무아미타불'을 외쳤으며, 그 소리가 10리 밖에까지 들렸다. 심지어 고급 관리와 일반 벼슬아치 및 그들의 부인 그리고 규중의 처녀들까지 수풀처럼 모여들었고, 그들은 모두 머리를 풀어서 일엄 앞에 깔고 그의 발에 닿도록 하였다. 허구헌날 일엄이 먹고 남긴 음식이나 그가 목욕한 물을 얻기만 하면, 하나도 남기지 않고 모두 천금과 같이 귀하게 여겨 먹고 마시지 않는 자가 없었다.

이때에 만약 명종이 일엄을 대궐 안으로 맞아들여서 지극한 예우를 했다면, 온 나라가 오랑캐풍으로 변했을 것이며 남녀가 혼거해서 음란이 막심하기에 이르렀을 것임에 틀림이 없다. 그러나 명종은 그를 잠깐 시험해 보고는 강남으로 보내 버렸다. … 다만 그 당시에는 한이부(韓吏部) 같은 사람이 하나도 없어서 불골(佛骨)을 받아들이는 것을 간언하지 않는 것이 한스러울 뿐이다.[10]

위에 인용된 이야기에서 우리의 강한 관심의 대상이 되는 것은, 일엄과 같은 혹세무민하는 종교인이 나타났다는 사실 자체보다도 남녀노소나 지위의 고하를 막론하고 그토록 많은 사람들이 그에게 현혹을 당했다는 그 사실이다. 종교인을 가장한 사기꾼은 어느 시대에나 나타날 수 있는 것이며, 오늘날 우리나라에서도 그런 자가 물의를 일으킨 적이 가끔 있었다. 무릇 종교를 앞세운 사기꾼이 나타나는 것은 그 사기꾼에게 농락을 당할 소지가 있는 정신 풍토가 준비되었을 경우에 국한된다. 사기꾼이란 대개 사악하면서도 영리한 사람들이다. 영리한 사람은 자기가 꾀하는 사기에 현혹당할 사람이 없으면 실패가 내다보이는 모험을 감행하지 않는다. 옛날부터 우리나라에 종교와 관련된 사기 사건이 많았다는 것은 우리나라 정신 풍토에 문제가 있음을 말해 준다.

종교와 관련된 사기가 성행할 수 있는 정신 풍토는 주로 두 가지 요인의 결합으로 조성된다. 그 요인의 하나는 미신에 대해서 매력을 느끼기 쉬운 성격을 가진 사람이 많다는 조건이며, 그 요인의 다른 하나는 세상이 어지럽고 불안하다는 조건이다. 우리나라에는 고대로부터 무속 신앙의 전통이 사람들의 의식구조 바탕에 깔려 있어서, 미신적인 것으로 끌리기 쉬운 기질을 가진 사

---

10 李奎報, 『東國李相國集』, 卷 22, 雜文, 論日嚴事.

람들이 많은 편이다. 그뿐 아니라 잦은 외국의 침략과 내부 사정에 의한 혼란으로 세상이 어지러운 시기가 많았다. 그런 관점에서 볼 때, 우리나라에 예나 지금이나 혹세무민하는 사기 사건이 적지 않았다는 사실을 이해하기는 그리 어렵지 않을 것이다. 그러나 고려의 무인 정권 시대의 경우는 그 정도가 매우 심했다는 점에서 우리의 주목을 끈다.

고려시대에 무속의 난무와 술사(術士)들의 농간이 유례 없이 심했다는 것은 그 시대의 윤리적 상황이 크게 불안했음을 의미한다. 무릇 정당한 노력을 꾸준히 계속하면 어느 정도의 행복은 기대할 수 있다는 믿음이 앞설 때, 그 사회의 윤리적 상황은 안정을 얻게 된다. 고려의 사회는 인간적 노력으로써 어느 정도의 행복을 얻을 수 있다는 믿음을 갖기가 매우 어려웠다는 뜻에서, 윤리적 상황의 문제가 특히 심각했던 사회였다고 생각된다.

4. 고려 말기의 윤리적 상황

고려를 굴복시키는 데 성공한 몽고의 다음 목표는 일본을 정복하는 일이었다. 일본의 정복은 몽고가 일찍부터 품었던 야망이며, 그 야망 달성의 준비 과정으로서 고려를 공략할 필요가 있었고, 고려를 일본 정복의 수단으로 이용하겠다는 것이 그들의 속셈이었다. 고려로서도 왜구(倭寇)의 침략을 누차 당한 바 있어 일본에 대한 원한이 없던 것은 아니나, 몽고와의 오랜 전쟁 끝에 극도로 피곤했던 까닭에 몽고와 뜻을 같이할 형편이 아니었다. 그러나 몽고의 강요를 거부할 수 있는 자주성을 가지고 있지 못했던 까닭에, 고려는 다수의 병력을 동원했을 뿐 아니라 여원(麗元) 연합군의 식량과 선재(船材)를 전부 부담하는 꼴이 되었다. 결국 일본 원정은 실패로 돌아갔고, 고려는 막대한 인명과 물자의 손실을 보게 되었다.

몽고, 즉 원(元)의 행패는 군사 문제에 국한되지 않았다. 고려 왕위의 계승,

왕실의 혼인, 관제(官制)와 교령(敎令) 등 모든 일에 간섭하였다. 원은 고려에 대하여 금과 은, 곡물과 직물, 인삼과 베 등 여러 가지 물건을 바치도록 강요하였다. 심지어는 처녀와 환관까지도 징발하였다. 특히 부녀자에 대한 강요는 민심을 크게 동요시키는 폐단을 수반하였다.[11]

원으로부터의 이러한 요구는 결국 고려의 민중, 특히 농민들에게 큰 부담을 지웠다. 그들은 고려 정부와 원으로부터 이중의 부담을 강요당하는 꼴이 되었으며, 이를 견디지 못하여 많은 농민들이 고향을 버리고 유민(流民)이 되기도 하였다. 이러한 와중에서도 고려의 귀족들은 사전(私田)을 늘리기에 바빴고, 광대한 농장(農莊)의 소유자가 되곤 하였다. 이 농장을 경작하기 위하여 그들은 다수의 노비와 소작농을 거느렸다.

농장의 발달은 국가의 공전(公田)을 잠식하는 동시에 국가 재정의 곤핍을 초래하였다. 새로 관리를 임명해도 국가는 그들에게 녹봉을 줄 수가 없었다. 바꾸어 말하면, 국가로부터 관직에 임명되어도 녹봉의 혜택은 받지 못하는 신진 사대부(士大夫) 관료들이 생기게 된 것이다. 이들은 이미 오래 전부터 많은 농장을 소유하고 특권을 누려 온 권문세족(權門勢族)에 대하여 불만을 품는 동시에, 그들과 대립하는 새로운 세력을 형성하였다.

그 당시 고려의 권문세족은 원의 세력을 등에 업고 온갖 횡포를 감행하였다. 제26대 충선왕(忠宣王)은 이들의 폐단을 제거하려고 꾀한 바 있으나 뜻대로 되지 않았다. 막강한 힘을 가진 원의 내정간섭이 방해하는 상황에서는 개혁의 실효를 거두기가 어려웠던 것이다. 개혁의 뜻이 어느 정도의 실효를

---

11 원은 고려에 대하여 여러 가지 명목의 부녀를 요구하였다. 원실(元室)에 바치는 공녀(貢女), 원의 귀족과 고관을 위한 처녀, 집단적 결혼을 위한 부녀자 등. 이에 응하기 위하여 고려에서는 결혼도감(結婚都監)과 과부처녀추고별감(寡婦處女推考別監)을 두기까지 하였다. 이병도, 『한국사대관(韓國史大觀)』, 보문각, 1964, p.250 참조.

거둔 것은 원의 내분과 명(明)의 흥기로 인하여 원의 세력이 쇠미하게 된 기회를 잡은 제31대 공민왕(恭愍王) 때의 일이다.

몽고는 본래 유목 민족 특유의 강건하고 용맹스러운 기질 덕분에 원이라는 강대한 군사 대국을 건설하는 데 성공했으나, 도덕적 내지 문화적 견지에서 높은 평가를 받을 만한 족속은 아니었다. 아직 야만성을 벗어나지 못한 저들에게 주권을 빼앗기고 왕실의 혼인과 왕위의 계승까지도 저들의 뜻을 따라야 했던 고려로서는, 왕실과 귀족들이 윤리적으로 모범이 될 만한 생활 태도를 견지하기가 어려웠던 것으로 보인다. 무릇 어느 사회에나 간사한 무리는 있기 마련이고, 간사한 사람들은 강자에게 아첨함으로써 자기들의 부당한 목적의 달성을 꾀한다. 아첨을 당하는 강자가 도덕적으로 탁월할 경우에는 간사한 무리의 농간을 물리칠 수 있으나, 몽고와 같이 무지막지한 족속이 강자의 위치를 차지하고 있을 경우에는 사태가 매우 비관적일 수밖에 없다.

충선왕이 권문세족의 횡포에서 오는 폐단을 제거하려 했으나 뜻을 이루지 못한 것은 간악한 자들의 방해와 비방 때문이었다. 충렬왕(忠烈王)의 뒤를 이어 왕위에 오른 충선왕은 정국의 쇄신을 꾀하여 우선 관제(官制)부터 개혁하고자 했다. 이때 고려 사람인 조비(趙妃)를 질투해 오던 원나라 여자 계국공주(薊國公主)와 왕의 반대파에 의한 음모 사건이 일어났다. 이로 인하여 충선왕은 즉위 7개월 만에 물러나고 충렬왕이 다시 왕위에 올랐다. 충선왕이 왕위에서 물러나 원나라로 간 뒤에도, 그에게 원한을 품은 송인(宋璘), 송방영(宋邦英) 등이 그를 모함하고 충렬왕과의 사이를 이간시킨 일이 있었다.

제27대 충숙왕(忠肅王) 때에도 간사한 자들의 농간이 나라를 어지럽게 하였다. 충숙왕이 주색과 사냥을 즐긴다는 것을 구실로 삼고 심양왕(瀋陽王) 고(暠)는 원나라 조정에 대하여 그를 참소하였고, 왕이 원에 갔을 때 원나라의 영종(英宗)으로부터 옥새를 탈취당하는 수모를 겪었다. 그때에 유청신(柳淸臣)과 오잠(吳潛) 등이 왕을 탄핵하여 심양왕을 옹립하려 하였고, 원에 머물러 있던 고려인 2천여 명이 연명하여 충숙왕을 원에 참소한 사건도 있었다. 이러한 상황에 환멸을 느낀 왕은 한때 심양왕에게 고려 왕위를 내주려고 하기도 했으나 한종유(韓宗愈)의 충간으로 그만두고, 결국 16세의 어린 세자에게 양위하였다. 국왕의 자리를 철부지 아들에게 내맡기고 자신은 여행과 사냥을 즐기고자 했던 것이다.

제28대 충혜왕(忠惠王)은 나이가 어렸을 뿐 아니라 사람됨이 경박하여 몽고의 이국 풍습을 좋아하고 사냥과 격구 또는 주색의 향락을 일삼았다. 그리하여 2년도 채우기 전에 원은 그를 왕위에서 물리치고 충숙왕을 다시 그 자리에 앉혔다(1332). 8년 뒤에 충숙왕이 죽었을 때, 심양왕 일파가 다시 고(暠)를 옹립하려고 음모했으나 실패하고, 충혜왕이 다시 왕위에 올랐다. 그러나 충혜왕은 여전히 주색에 빠져서 예쁜 사람이면 남의 처첩까지도 모조리 후궁으로 삼는 등 비행이 심하였다. 결국 그는 복위 4년 만에 원나라 사신에 의하여 붙잡혀서 귀양을 가던 도중에 악양(岳陽)에서 죽었다(1344).

이상과 같은 단편적 고찰만으로도 짐작할 수 있듯이, 고려 말기의 왕실과 그 주변은 한심할 정도로 어지러운 상태에 있었다. 왕위에 오르고 왕위에서 물러나는 일이 원나라 조정의 자의(恣意)를 따라서 어린애 장난처럼 다루어졌으며, 간사한 무리들이 제 나라 왕을 원나라에 참소하기도 하고 왕실의 불화를 조장하기도 하였다. 왕들은 대개 충선왕과 충숙왕의 경우와 같이 한때 선정(善政)을 시도한 사례도 없지 않으나, 나라를 다스리는 일보다 놀이와 향락에 탐닉하는 길로 빠져들었다. 왕과 상왕(上王) 또는 왕과 왕자 사이의 불화도 적지 않았다. 사회질서의 근원이고 국민의 거울이 되어야 할 왕실과 그 주변이 이토록 혼탁하였으니, 사회 일반의 풍조도 비윤리적이고 부도덕할 수밖에 없었다.[12]

제31대 공민왕 초기에 중국 대륙에서는 원순제(元順帝)의 부덕(不德)으로 인하여 나라가 어지럽게 된 틈을 타서 도처에 한인(漢人)의 반란군이 일어났다. 원나라 조정에서는 토벌군을 파견하여 그들을 평정하게 했으나, 형세가 불리하여 뜻을 이루지 못하였다. 결국 원의 순제는 남경을 거점으로 삼고 세력을 키워 온 주원장(朱元璋)에게 쫓겨 대도(大都, 北京)를 버리고 상도(上都) 개평부(開平府)로 달아났다. 공민왕은 원의 압박으로부터 벗어날 수 있는 호기(好機)로 판단하고 내치와 외교에 일대 혁신을 시도하였다.

공민왕은 원의 연호(年號)를 폐지하고 기철(奇轍)을 위시한 친원파(親元派)를 물리치며 옛 관제를 복구하는 등 고려의 자주성 회복을 꾀하였다. 그는 또 군사를 동원하여 서울 방면의 옛 국토를 되찾았다. 그는 문벌이 한미한 신돈(辛旽)을 중책의 자리에 기용함으로써 권문세족의 횡포를 시정하고자 하기도 했다. 공민왕의 이 같은 의도는 어느 정도 성공한 측면도 있으나, 전면적 개혁에는 성공하지 못하였다. 기울어 가는 고려의 국력을 되살리기에는 상황이 어렵고 힘이 부족했던 것이다.

공민왕 자신에게도 문제가 있었다. 그가 즉위한 지 14년째 되던 해에 왕비 노국대장공주(魯國大長公主)가 난산으로 죽었을 때, 애도함이 지나쳐 정사를 돌보지 않았을 뿐 아니라 대규모의 불사(佛事)를 일으키고 호화로운 영전(影殿)을 건립하는 등으로 국고를 낭비하였다. 또 말년에는 '자제위(子弟衛)'라는 기관을 만들어서 미소년들을 궁중으로 끌어들여 궁중의 풍기를 문란하게 한 실수를 범하기도 하였다.

비록 원나라의 세력 쇠퇴로 인하여 고려의 국제적 처지가 호전한 바도 있었으나, 대외적으로 평화로운 시대가 온 것은 아니었다. 그 이전에도 종종 고려를 괴롭혔던 왜구가 공민왕이 즉위한 뒤에는 거의 매년 침범하여 그 피해가 막심하였고, 민심이 흉흉하여 농업에도 막대한 지장이 있었다. 또 북방으

---

12 같은 책, pp.251-253 참조.

로부터 홍건적(紅巾賊)의 침입이 누차 있었고, 공민왕 10년(1361)에는 개경이 함락되고 왕은 이천(利川)으로 피신하는 불행까지 겪어야 했다. 이 홍건적의 침공으로 인한 인명과 재산 피해 그리고 민심의 동요도 막심한 것이었다.

한미한 가문 출신인 신돈을 기용하여 권문세족의 폐단을 제거하려고 한 공민왕의 의도는 좋았으나, 이 의도 역시 뜻대로 되지 않았다. 개혁을 위하여 신돈이 사용한 방법이 지나치게 급격했을 뿐 아니라, 그도 나중에는 권력에 도취하여 향락을 일삼고 국고를 낭비하는 등 비행과 방종이 극에 달했다. 신돈은 결국 그를 미워한 권문세족들에 의해 살해되었고, 공민왕도 익비(益妃)를 간통한 홍윤(洪倫)과 그를 고발한 최만생(崔萬生)을 죽이려다 도리어 그들에게 시해를 당하고 말았다.

공민왕이 죽은 뒤에 이인임(李仁任)은 (일설에 신돈의 종의 몸에서 태어났다는) 우(禑)를 추대하여 왕위를 앉혔다. 신왕의 나이 겨우 10세에 불과했고, 국상(國相) 이인임이 권세를 누리게 되었다. 이인임은 충신을 모함하여 몰아내고 매관매직을 감행하는 등 비행이 심했을 뿐 아니라, 친명책(親明策)을 버리고 친원책(親元策)으로 되돌아가는 외교 정책의 오류까지 범하였다. 우왕은 즉위 초기에는 총명 호학하여 기대를 모으기도 했으나, 성장함에 따라서 방탕하고 음란하여 국고를 낭비하는가 하면, 정치는 돌보지 않고 사냥과 유희 등으로 소일하였다. 이리하여 고려왕조는 점차 쇠망의 길로 빠져들게 되고 말았다.

끝으로, 고려 말기에 있었던 유학의 대두와 불교의 배척에 대하여 간단히 언급하고자 한다. 앞에서도 말한 바와 같이 건국 초기부터 고려의 사상계를 지배한 것은 불교였다. 다만 세속을 초월한 불교 사상으로부터 국가 통치의 이념을 찾기가 어렵다고 보았던 까닭에, 고려 왕실은 유교의 통치 윤리를 적극적으로 수용했던 것이고, 최승로는 국가의 통치 원리는 유교에서 찾고 개인의 수신(修身) 원리는 불교에서 찾자고 영역의 분담을 제정했던 것이다. 그리하여 고려 초기와 중기에는 두 가지 가르침이 사이좋게 공존하여 불자(佛子)로서 유학에 겸통한 사람도 많았고, 유학자로서 불교를 신앙한 사람도 적지 않았다. 그러나 고려 후기에는 불교 승려의 세속화가 더욱 심하여 신돈과 같이 국정에 관여하여 권세를 차지한 자도 있고, 육식과 주색을 탐호한 속승도 있었으며, 무속과 결탁하여 혹세무민하는 사례도 늘어났다.

무인 정치 시대를 맞아 세력이 약화했던 유교는 충렬왕의 국학(國學) 재건과 성리학의 수용으로 다시 기세를 올렸다. 이 기세를 타고 이색(李穡), 김용구(金容九), 정몽주(鄭夢周), 정도전(鄭道傳) 등 쟁쟁한 유학자들이 나타났다. 이러한 유학자들은 타락한 불교를 맹렬히 비난하였고, 급기야 불교 자체를 배척하기까지 이르렀다. 일찍이 우리나라에 들어와서 큰 마찰 없이 함께 뿌리를 내려 오던 두 가지 거대한 외래 사상이 드디어 정면으로 충돌하여 갈등과 반목을 표면화하기에 이른 것이다. 이 갈등에서 점차 우위를 차지한 것은 유교 측이었고, 이 억불양유(抑佛揚儒)의 기류는 조선시대로 이어지며 더욱 발전한다.

고려 말기에 수용된 유학은 주자학(朱子學)을 중심으로 한 성리학(性理學)이었다. 그 이전에 들어온 원시 유학이 주로 효제충신(孝悌忠信) 등 실천윤리의 원칙을 밝히는 일에 중점을 둔 것과는 달리, 성리학은 원시 유학이 주장한 실천윤리의 형이상학적 근거를 밝히는 일에 주력한 것이었다. 구체적 실천윤리의 덕목에 관해서는 유교와 불교의 가르침에 크게 모순될 것이 별로 없었으므로, 그 단계에서는 유교와 불교가 사이좋게 공존할 수 있었다. 그러나 철학적 근본 사상의 바탕에까지 파고들면, 유교와 불교 사이에는 융화하기 어려운 차이점이 있음을 깨닫게 된다. 그 이전에는 그런대로 평화로운 관계를 유지했던 유교와 불교가 성리학의 수용을 계기로 불상용(不相容)의 관계로 전환한 사유의 일부를 우리는 두 가르침의 철학적 이론의 차이에서 유래했다고 볼 수 있을 것이다.

어쨌든 새로이 성리학을 공부한 고려 말기의 신진 유학자들은 불교를 이단으로서 물리치는 동시에 유교의 통치 이념을 따라서 혁신된 고려를 건설하고자 노력하였다. 그러나 현상 유지를 원하는 보수 세력의 저항도 만만치 않았고, 전통적으로 불교를 옹호해 온 왕실의 견제도 무시할 수 없는 어려움으로 작용하여, 그들의 개혁 의지가 일사천리로 성과를 거두지는 못하였다. 그뿐만 아니라, 앞에서도 살펴본 바와 같이, 고려는 이미 장기간의 내우(內憂)와 외환(外患)으로 기진맥진한 상태에 있었으므로 역사의 흐름을 근본적으로 바꾸어 놓기가 어려운 형편이었다. 그러므로 성리학을 앞세운 유교 사상의 윤리에 입각하여 도의(道義)가 지배하는 국가를 건설하는 과제는 다음 왕조(王朝)로 인계되고 말았다.

5. 찬양받은 덕목과 그 실천 사례

고려시대는 대체로 말해서 갈등과 혼란에 시달린 시기가 많았다. 중국의 유교를 받아들여 합리주의의 경향을 보인 새로운 사조와 무속을 바탕으로 한 종교적 신앙으로 기운 수구적(守舊的) 세력의 갈등이 있었고, 문신(文臣)과 무신(武臣) 사이의 갈등은 결국 무인 정권의 시대를 초래하였다. 왕실이 유명무실하고 무신들이 정권을 장악하게 되자 무인 상호간에 정권의 쟁탈을 위한 싸움이 벌어졌고, 사회의 질서는 위로부터 무너져 내려갔다. 그러한 와중에 몽고의 침공을 받았으니 내우와 외환이 겹친 꼴이 되었다.

통치 권력이 흔들리고 사회가 혼란에 빠지면, 국가의 기강이 무너지고 윤리는 땅에 떨어지기 마련이다. 몽고의 침입을 계기로 최씨의 무인 정권은 몰락했으나, 정권을 되찾은 고려 왕실은 원나라의 지배 아래 놓이게 되었다. 고려가 말기에 이른바 '부마국'이라는 오명을 얻게 된 것이다. 농민과 천민 계층은 몽고와 고려 귀족으로부터 이중의 수탈을 겪어야 했고, 그들 가운데 일부는 유민이 되기도 하고 일부는 반란을 도모하기도 하였다.

고려의 불행한 역사는 고려의 윤리적 상황에 대체로 부정적 영향을 끼쳤다. 고려 말기의 학자 이곡(李穀)이 상공(相公)에게 부친 글을 통하여 우리는 그 당시의 윤리적 상황을 대략 짐작할 수가 있다. 다음은 『가정집(稼亭集)』에 실린 그 글의 일부다.

> 우리 삼한국(三韓國)이 나라 꼴이 안된 지도 이미 오래입니다. 풍속은 퇴폐하고 형정(刑政)은 문란하여 백성이 안심하고 살 수 없음이 도탄 속에 빠진 것과 같습니다. …
>
> 대저 군자를 등용하면 사직이 편안하고 군자를 물리치면 백성이 괴로우니, 이는 고금의 당연한 도리입니다. … 그릇됨과 올바름을 묻지 않고, 높고 낮음을 논하지 않으며, 오직 재물만 있으면 이를 대접하고, 오직 세력만 있으면 이를 의지하며, 나에게 붙는 자는 비록 간사하고 아첨해도 그를 나아가게 하고, 자신과 다른 자는 비록 마음에 곧고 바르며 조심성이 많아도 그를 물리친다면, 사람을 쓰는 태도가 안이한 것이 아니겠습니까. 사람을 쓰는 태도가 안이한 까닭에 정치가 날로 어지럽고, 정치가 어지러운 까닭에 국가가 위태로워지고 망하게 됩니다. 이것은 멀리 옛적에서 그 예를 찾지 않더라도 실로 목전에서 똑똑히 볼 수 있습니다.[13]

그러나 사회의 현실이 비윤리적 상황으로 기울어 갈 때 도리어 윤리와 도덕에 대한 요구가 더욱 강할 수도 있으며, 많은 사람들이 도덕을 외면하는 풍토 속에서 높은 경지의 도덕을 실천하는 소수가 나타나기도 한다. 고려시대

---

13 李穀, 『稼亭集』, 卷之八 書寓本國宰相考, 『전통윤리교범자료집』, pp.143-144.

에도 도덕을 숭상하는 정신이 여기저기 살아 있었음을 말해 주는 기록이 남아 있다. 다음에 고려의 선각자들이 숭상한 덕목과 그것을 실천한 사례의 일부를 살펴보기로 한다.

이색(李穡)이나 길재(吉再)와 같은 고려시대의 학자가 쓴 문집이나 『고려사(高麗史)』 열전(列傳)을 보면, 충성과 효도를 강조하거나 찬양한 구절을 흔히 찾아볼 수 있다. 고려시대는 대체로 불교의 세력이 강한 가운데서도 식자층에서는 유교에 대해서 깊이 연구한 학자들도 다수 나타났다. 그 유교의 영향을 받은 사람들 사이에서는 충과 효를 윤리의 기본으로 생각하는 관념이 상식화되었던 것으로 보인다. 이색은 충과 효가 그 근본이 하나임을 강조하여 다음과 같이 말하고 있다.

어버이를 섬기는 것과 임금을 섬기는 것은 그 도(道)가 같다. … 신하가 되어 자기의 할 일을 다하는 것은 조정에 있어서의 효요, 자식이 되어 자기의 할 일을 다하는 것은 집에 있어서의 충이다.[14]

이색에 따르면, 이해타산을 초월하여 정성을 다하는 것이 곧 충도 되고 효도 된다. 그러므로 충과 효는 둘이 아니라 하나이며 모든 윤리의 근본이기도 하다.

충효의 덕목을 강조한 것은 유가(儒家)들만이 아니다. 불가에서도 역시 충과 효가 귀중한 덕임을 설교하고 있다. 예컨대, 보우(普愚)는 "속인 가운데도 임금께 충성하고 부모에게 효도하는 사람이 있으며, 재능을 품고 덕을 가졌으나 세상으로부터 버림을 받고 초야에 묻혀 살면서도 시대를 걱정하고 나라

---

14 李穡, 『牧隱文集』, 卷 7, 送朴中書歸覲序, 『전통윤리교범자료집』, p.175.

를 근심하여 세상과 백성을 구제하려는 사람이 있다."고 주장하며, 태고(太古) 자신도 출가하여 세속을 떠나 있으나 국가와 왕실에 대한 충정이 남만 못하지 않다는 말을 하고 있다. 그리고 부모의 은애(恩愛)가 태산처럼 크다는 사실을 지적하고, 그 은애에 보답함이 자식된 도리임을 암시하였다. 다만 머리를 깎고 불교에 입문한 사람으로서 부모의 은혜에 보답하는 길은 명리(名利)를 멀리하고 오로지 수도(修道)의 길로 정진함이라고 강조하였다. 백운화상(白雲和尙)도 효도의 중요함을 역설했으며, 다만 부모의 은혜에 진실로 보답하는 방안이 무엇이냐는 문제에 관해서는 불가의 견해와 유가의 견해가 같지 않다는 것을 말하고 있다.[15]

유가와 불가가 다 같이 설교한 충효의 길을 대부분의 고려인들이 실천했다면, 고려시대의 윤리적 상황은 매우 높은 수준에 올랐을 것이다. 그러나 고려의 유학은 수신(修身)과 제가(齊家)를 위한 도덕의 원리로서 받아들여지기에 앞서서 왕실에서는 치국(治國)과 선정(善政)의 원리로 받아들여졌고, 유생들은 과거를 통한 입신양명의 첩경으로서 받아들였다. 고려의 불교는 일부의 탁월한 종교인을 길러 내기도 했으나, 대체로 볼 때는 세속화한 기복 종교의 길로 타락한 아쉬움이 있었다.

더욱이 문신들과 무신들 사이에 심한 갈등이 있었고, 무인들이 정권을 장악한 긴 세월이 있었으며, 몽고와 왜구 등 외적의 침입에 거듭 시달리기도 하였다. 이와 같은 불행한 역사의 흐름 속에서 고려 사회의 도덕적 현실은 유교나 불교가 앞세운 이념과는 크게 다른 양상을 띠게 되었던 것이다. 그러나 그러한 어려움 속에서도, 혹은 옛 성현의 가르침을 따라서 혹은 타고난 성품을 따라서 숭고한 도덕의 길을 실천으로 밟은 사람들도 더러 있었다.

---

15 『전통윤리교범자료집』, p.159, p.169 참조.

충과 효의 덕목을 모두 실천한 대표적 인물로서는 길재가 널리 알려져 있다. 그는 본래 고려 말기의 선비로서 과거에 급제하여 벼슬길에 올랐다. 그러나 고려가 조선으로 바뀌게 된 것을 계기로 관직을 버리고 초야에 묻혀서 어머니에 효도하며 살았다. 길재는 조선 태조의 다섯째 아들 방원(芳遠)과는 어려서 동문 수학한 사이로서 정의가 두터웠다. 방원이 즉위하여 태종(太宗)이 되었을 때, 그는 옛 친구 길재에게 봉상박사(奉常博士)의 벼슬자리를 주고자 하였다. 그러나 길재는 두 임금을 섬길 수 없다 하여 끝내 그 자리를 사양하였다. 그는 향리에 머물면서 어머니를 정성껏 봉양했고, 어머니가 별세한 뒤에는 3년 동안 무덤 곁을 떠나지 않았다.[16]

공민왕 때의 현신 유숙(柳淑)도 효도와 충절에 모두 투철했던 인물이다. 그가 공민왕을 따라서 원나라에 갔을 때 모친의 병환 소식을 들었다. 때마침 충목왕(忠穆王)이 별세하여 원의 황제가 공민왕을 다음 왕으로 세우고자 하는 중요한 시기여서, 유숙에게 공민왕 곁을 떠나지 말라고 만류하는 사람들이 있었으나, 유숙은 뿌리치고 귀국길에 올랐다. "충신과 효자는 그 이름은 달라도 실은 같은 것이다. 임금 섬길 날은 길고 부모 섬길 날은 짧다. 만일 어머니가 세상을 떠나시면 후회한들 무슨 소용이 있겠는가." 하고 고국으로 돌아왔던 것이다.

그 뒤에 공민왕이 왕위에 올랐고 유숙은 왕의 신임이 두터운 신하의 한 사람이 되었다. 신돈이 정권을 장악하자 유숙을 경계하여 "반역의 뜻을 품었다."고 왕에게 그를 참소하였다. 유숙은 곤장을 맞고 홍주(洪州)로 유배되었다. 유배지에서도 유숙은 한결같이 국가와 왕실을 걱정하였다.[17]

---

16 같은 책, pp.213-214 참조.
17 『高麗史』, 卷 112, 列傳, 卷 第25, 柳淑 참조.

그 밖에도 고려시대의 이름난 충신으로서는 억울한 귀양살이를 하면서도 태조를 위하여 견훤의 군대와 싸운 유금필(庾黔弼), 공민왕을 향한 충성심에서 덕흥군(德興君) 섬기기를 죽음을 무릅쓰고 거부한 임박(林樸), 충선왕을 구하기 위하여 병석에 누운 아내를 집에 두고 81세의 늙은 몸으로 원나라를 향하여 먼 길을 떠난 허유전(許有全), 원종(元宗) 11년에 삼별초(三別抄)의 반란이 일어났을 때 고관의 자리를 주겠다는 반도의 유혹을 뿌리치고 죽음으로써 충절을 지킨 정문감(鄭文鑑) 등을 들 수 있을 것이다.

효자와 효부에 관한 찬양의 기록도 적지 않다. 여기서 주목되는 것은 조선시대의 기준으로 본다면 대서특필할 정도로 대단한 효성이라고는 생각되지 않는 경우도 높은 평가를 받고 있다는 사실이다. 그러한 사례의 하나로서 우리는 김광재(金光載)라는 사람에 관한 기록을 들 수 있을 것이다. 김광재는 그의 효행이 임금에게까지 알려져서 어전(御前)에 불려 갔을 뿐 아니라, 왕은 담당관에게 지시하여 그가 사는 곳을 '영창방 효자리(靈昌坊 孝子里)'라고 정표(旌表)하도록 한 사람이다. 그러나 김광재의 효행은 비교적 평범한 것이다. "조석으로 예(禮)를 다하여 어머니를 봉양하였고, 어머니가 별세하자 여묘(廬墓)에서 삼년상을 마쳤으며, 제사 때마다 눈물이 그치지 않았다."는 것이 『고려사』에 기록된 그의 효행의 내용이다. 이 정도에 대하여 임금이 크게 감동했다는 것은 고려시대에 유교적 효의 실천이 아직 정착되지 못했음을 암시하는 것이 아닐까 한다.[18]

한양부(漢陽府) 판관(判官) 송인(宋因)도 효성이 지극한 사람으로 기록되어 있으나, 그의 경우도 대서특필할 정도로 극적인 것은 아니다. 송인은 "처음에 전라도 보성(寶城)에 살았는데, 해적이 깊숙이 침입하여 소란을 피웠으

---

18 『高麗史』, 卷 110, 列傳, 卷 第23, 金台鉉 참조.

므로, 양친을 모시고 난을 피하여 숲 속을 헤매다가, 그래도 화를 면치 못할까 걱정되어 양광도 과주(果州)로 이사했다. 전답과 집을 세내어 종복들에게 농사를 짓게 해 부모를 봉양하니, 그 고을 사람들이 송인의 효성에 감동하여 많은 것을 보내 주었다. 아버지가 돌아가시자 초상(初喪)에서부터 장례와 제사에 이르기까지 모두 예를 갖추었고 또 슬피 울었다. 이에 이웃 사람들이 감동하였다."[19]

『양촌집(陽村集)』에 수록된 변죽강(邊竹崗)과 변귀수(邊龜壽) 부자의 효성에 관한 서술도 고려 말기 사회의 효도가 어느 정도의 수준인지를 짐작하는데 도움이 된다. 죽강은 순진하고 효성이 있는 사람으로서, 그 아버지가 왜구에게 잡혀 갔을 때 울며 따라가서 놓아 달라고 애걸함으로써 아버지를 구하였다. 그 뒤 17년 동안 아침저녁의 예절을 다하여 그 아버지를 봉양하였고, 아버지가 사망한 뒤에는 산소 가까이 여막(廬幕)을 짓고 삼년상을 마쳤다. 죽강은 한시(漢詩) 유고를 남겼는데, 그의 아들 귀수가 그것을 묶어서 『죽강시고(竹崗詩薰)』라는 책자를 만들기 위하여 양촌 권근(權近)에게 서문을 부탁하였다. 그 부탁을 받고 권근은 다음과 같은 찬사를 그 서문에 삽입하였다.

시문(詩文)에는 정신이 깃들고 손때가 묻어 있다. 그 귀중함이 어찌 사용하던 물건이나 노리개에 비할 바이랴. 그러나 자손들이 조상의 시문을 거두어 모아 보배로이 간직하는 자 드물며, 장 항아리를 덮는 휴지로 쓰지 않으면 다행이다. 근일에 내가 우리나라 사람들의 글을 속찬(續撰)하고자 여러 문장가들의 집에서 구하였으나, 그 유고가 남은 것이 매우 적었다. 이는 유고를 진귀한 노리개만도 못하게 여김이다. 세상 인심의 경박함이 이와 같은데, 이 변

19 『전통윤리교범자료집』, p.219 참조.

군의 경우는 그렇지 않다. 그 아버지의 시문이 없어져서 전해지지 않을까 걱정하여, 이미 그것을 모아서 편집하고 서문을 붙여서 집에 소장하여 대대로 지켜서 오래 전하고자 하니, 그 마음가짐이 훌륭하다.[20]

변죽강의 효성이 칭찬을 받기에 충분하다는 것은 의심의 여지가 없으나, 유교가 지배적이던 조선 중기 이후에는 그 정도의 경우는 흔히 있었다고 생각된다. 다음에 조상이 지은 시문을 소홀히 하던 그 당시 풍조는 효심이 일반적으로 미약했음을 의미한다.

남달리 극적인 효성의 기록이 전혀 없는 것은 아니다. 그 일례로서 『양촌집』에 보이는 군만(君萬)의 효성 이야기를 들 수 있을 것이다. 군만은 진주 사람으로 광대인 그의 아버지 군자(君子)가 범에 물려 갔다. 군만은 날이 새기를 기다려서 활을 메고 산으로 찾아가 그 범을 발견하고 활로 쏘아 죽였을 뿐 아니라, 범의 배를 가르고 아버지의 남은 뼈를 거두어서 화장하였다. 이 군만의 경우는 그가 유학의 영향을 받은 사대부 출신이 아니라 천민의 아들이라는 점이 특이하다.[21] 명주(溟州)의 아전 김천(金遷)의 효성도 대서특필하기에 충분한 사례라고 생각된다. 고종 때 몽고 군사가 침입하여 김천의 어머니와 아우를 강제로 끌고 가서 종으로 삼았다. 어머니가 만주 요양(遼陽)에 있다는 소식을 듣고, 김천은 머나먼 그곳까지 걸어가서 백금 55만 냥의 몸값을 주고 어머니를 찾아서 돌아왔다. 이때 중찬(中贊) 김방경(金方慶)이 그 모자를 접

20 權近, 『陽村集』, 卷之十八, 竹崗詩藁序, 『전통윤리교범자료집』, pp.235-236 참조.
21 『陽村集』, 卷之二十, 優人孝子君萬傳. 군만의 일화는 『고려사』 열전에도 실려 있다. 호랑이에게 아버지의 원수를 갚은 이야기는 그 밖에도 있다. 수원에 살던 최누백은 15세의 소년으로서 자기의 아버지를 해친 호랑이를 도끼로 찍어 죽였다고 전해졌다(『高麗史』, 卷 121, 列傳, 卷 第34, 崔婁伯 참조).

견하고, 칭찬을 아끼지 않았으며 물질적 도움까지 주었다.[22]

충숙왕 때 평양에서 아전 노릇을 하던 황수(黃守)는 70세가 넘은 노부모를 모시고 살면서, 맛있는 음식은 먼저 부모에게 드리고 그 나머지를 여러 남매들과 함께 먹었다. 이러한 생활이 오래 지속되었고, 그 소문을 들은 찬성사(贊成事) 강융(姜融)이 그의 집까지 찾아가서 그 가풍에 감탄하며, "요즈음 사대부 가운데서도 이러한 경우는 듣기가 어려운데 이 성 중에 이러한 가문이 있다는 것은 생각지도 못했다."고 말하였다. 사람을 시켜서 임금에게 장계를 올려 이 사실을 아뢰게 하였다. 찬성사는 정이품의 높은 벼슬이다. 그가 평양까지 가서 황수의 집을 찾아간 것이나 임금께 장계를 올리게 한 것은 결코 보통 일이 아니다. 그 시대에는 황수 정도의 효자가 그리 흔하지 않았음을 의미한다.[23]

효부(孝婦)에 관한 기록도 여기저기서 찾아볼 수 있다. 예컨대, 고려 말기의 사람인 여흥군(驪興郡) 부인 민씨의 이야기나 율정(栗亭) 윤문정공의 자부 최부인의 이야기가 그것이다. 그러나 이들의 경우도 그 사연이 매우 감동적이기보다는 유교적 전통 사회에서는 흔히 있을 수 있는 그런 정도의 이야기들이다. 오늘날 효행상(孝行賞)을 받은 사람들의 이야기와 비교하더라도 훨씬 평범한 편이다.

부덕(婦德) 가운데서 정절(貞節)의 덕을 중요시한 것은 고려시대에도 마찬가지였고, 정절을 지킨 부인의 일화는 적지 않게 남아 있다. 왕중귀(王重貴)의 아내 기씨(奇氏)의 경우는 그 대표적인 예라고 할 것이다. 기씨가 일찍이 과부가 되었는데, 찬성사 지윤(池奫)이 그를 첩으로 삼고자 하였다. 지윤이

---

22 『高麗史』, 卷 121, 列傳, 卷 第34, 金遷 참조.
23 『高麗史』, 卷 121, 列傳, 卷 第34, 黃守 참조.

처음에는 매파를 여러 차례 보냈으나 기씨가 응하지 않으므로 무리를 거느리고 기씨의 집으로 쳐들어갔다. 기씨는 우선 주안상을 마련하여 찬성사를 안심시킨 다음에, 내실로 들어가려 하는 찬성사의 멱살을 잡고 뺨을 갈기며 "재상으로서 이 따위 강포한 행위를 하는가. 차라리 죽을지언정 네 뜻을 따를 수 없다."고 소리쳤다. 이에 찬성사는 부끄러워하며 물러갔다. 기씨는 찬성사의 횡포를 최영(崔瑩)에게 알리고 다른 곳으로 이사를 했으며, 세상 사람들은 기씨의 처신을 의롭다고 칭송해 마지않았다.[24]

고려 여인의 정절에 관한 일화는 그 밖에도 많이 전해지고 있다. 몽고군의 침략으로 남편을 잃고 오랑캐에게 몸을 더럽히지 않기 위하여 물에 투신하여 자살한 유씨(俞氏) 부인, 삼별초의 반란을 막기 위해 싸우다가 전사한 남편 현문혁(玄文奕)의 뒤를 따라서 자결함으로써 정조를 지킨 그의 아내, 왜구의 침입으로 위기에 몰린 젊은 여인의 몸으로 "더럽힘을 당하느니 차라리 의롭게 죽겠다."고 외치며 죽어간 최씨 부인, 왜구에게 잡혀서 끌려 가다가 낭떠러지에 몸을 던져서 정조를 지킨 강호문(康好文)의 처 문씨, 남편 경덕의(景德宜)가 집을 비운 사이에 침입한 왜구에게 잡혀 위기에 몰린 안씨가 죽음으로써 정절을 지킨 애절한 사연, 과부가 되었음을 기회로 첩을 삼으려고 강요한 신돈과 맞서서 끝내 굽히지 않고 중이 된 허강(許綱)의 아내 김씨.[25]

효성과 정절 이외에도 여자들에게 권장된 부덕이 있었다. 해양군(海陽郡) 대부인(大夫人) 김씨에 관한 다음과 같은 찬사를 통하여 우리는 고려 사회가 칭송한 부덕의 대강을 짐작할 수 있을 것이다.

---

24 『高麗史』, 卷110, 列傳, 卷 第23, 王煦 참조.
25 여기서 예시한 정절의 이야기는 대개 『高麗史』, 卷 121, 列傳, 卷 第34에 근거를 둔 것이다. 다만 신돈과 관계가 있는 허강의 처 김씨의 이야기는 『高麗史』, 卷 132, 列傳, 권 第45, 辛旽에 기록되어 있다.

부인은 천성이 온숙(溫淑)하며 현명한 부형의 가르침을 받았다. … 귀족 가문에서 자랐으나 조금도 교만하거나 오만한 기색이 없었다. … 부인은 평생 효도로써 부모를 섬기고 공순(恭順)으로써 형제를 대하였다. 자손들에게는 차별 없이 고르게 대하고 하인들에게는 자비로웠다. 밤에는 불경을 읽고 낮에는 길쌈을 하되, 나이가 많아도 게을리함이 없었다. 의복과 음식은 풍부하나 검소함이 분수에 맞도록 중도를 지켰다.[26]

언양군(彦陽郡) 부인 김씨가 그의 외조모에 대해서 말한 다음과 같은 술회도 고려시대가 숭상한 부도(婦道)의 한 측면을 이해하는 데 도움이 될 것이다.

외조모께서는 술과 음식을 준비하여 외조부의 마음을 즐겁게 해드리고도 마음속으로는 부족하게 생각하셨다. 그리고 손녀들을 가르칠 때는 반드시 이렇게 말씀하셨다. "남편을 섬길 때의 예절은 처음부터 늙을 때까지 오직 공경하는 마음으로 일관할 것이며, 의복과 음식을 반드시 정결하게 하되 그때에 맞도록 해야 한다."[27]

『고려사』 열전에는 용감한 장군 또는 군인들의 이야기가 많이 기록되어 있다. 거란의 침입을 맞아 소수의 부하를 거느리고 용감히 싸워서 물리친 이적(李勣), 우세한 병력을 이끌고 침입한 몽고군을 맞아 20여 일 동안 분투한 끝

---

26 鄭夢周,『圃隱集』, 續綠, 卷之一, 墓誌銘, 海陽郡大夫人 金氏 墓誌銘,『전통윤리교범자료집』, p.200.
27 李穡,『牧隱集』, 卷 16, 彦陽郡夫人 金氏 墓誌銘,『전통윤리교범자료집』, pp.187-188.

에 마침내 적을 격퇴시킨 김경손(金慶孫), 몽고가 침입했을 때 적장 살례탑(撒禮塔)을 죽였고, 충주산성 방호별감(防護別監)으로 있었을 때 몽고군의 포위 공격을 받고 70여 일 동안 용감하게 싸워서 끝내 성을 사수한 김윤후(金允侯, 고려 고종 때), 일찍이 몽고의 침입을 위도(葦島)에서 막고, 진도(珍島)에 침입한 왜구를 물리쳤으며, 삼별초의 무리가 반란을 일으켰을 때는 추토사(追討使)로서 이를 격퇴한 김방경(金方慶). 그 밖에도 용맹을 떨친 사람들의 수는 적지 않다. 거란과 몽고 그리고 왜구 등의 빈번한 침공으로 나라가 어려움에 처했던 시대에 용맹스러운 장군과 병사들이 많이 나타났던 것이며, 이것은 우리 민족사의 자랑스러운 일면으로 평가된다.

앞에서도 언급한 바와 같이, 고려시대 470여 년 동안에는 난세에 가까운 시절이 많았다. 이 어지러운 시대에 부귀와 영화를 추구하며 탐욕스럽게 산 사람들도 많았지만, 초야에 묻혀서 근신하며 청빈낙도(淸貧樂道)로 소일하거나 아예 속세를 버리고 불도에 귀의함이 바람직한 삶의 길이라고 믿고 그 길을 실천한 사람들도 있었다. 이승휴(李承休)가 스스로를 경계한 다음의 구절은 그러한 인생관을 피력한 좋은 예라고 생각된다.

몸은 비록 벼슬아치일망정 쑥대 사립문의 초라한 집에 살 것이며, 나에게 공연한 명성이 있더라도 위엄이 밖으로 나타나게 하지 말라. … 나라의 안위(安危)나 조정의 잘잘못 또는 도참(圖讖)의 잡스러운 말을 입에 담지 말라. … 일에 있어서는 번거로움을 피하고 청빈함을 즐거워하라. 띠집 한 칸이면 내 한 몸 눕기에 충분하고, 나물 한 접시면 배를 채울 수 있다.

연독(緣督)으로 경(經)을 삼아 분수에 안주하고 옹졸로 자신을 숨겨라. 벼슬의 위엄을 누리지 말고 백성을 사랑으로 부려라. 관청에 나갈 때는 너의 발걸음을 가볍게 내닫지 말라. …

너의 토박한 전답을 경작하고 기름진 땅을 다투지 말라. 가뭄을 당하더라

도 물줄기를 다투지 말라. 주(周)나라 사람들이 밭두둑을 양보하니 하늘이 돌아보고 복을 내렸나니라.[28]

이색이 그의 동갑 친구 이석지(李釋之)의 청빈낙도를 찬미한 구절도 은일(隱逸)을 숭상한 당시 일부 선비들의 인생관을 엿보기에 도움이 된다.

지금 그가 남곡(南谷)에 살지만 밭이 있고 집이 있어서 관혼빈제(冠婚賓祭)의 쓰임에는 부족함이 없으나, 세리(勢利)에 마음이 없은 지는 이미 오래다. 그러나 숨은 것으로 자처하지 않은 까닭에 해마다 서울에 올라가 친구를 만나서 마음껏 술을 마시고 담소를 즐겼다. … 남곡은 산에서는 나물을 캘 만하고 물에서는 고기를 낚을 만하다. 세상에서 구하는 바가 없어도 스스로 만족할 것이다. 산은 맑고 푸르며 경치가 그윽하고 인적이 고요한데, 눈을 들어 유연히 바라보니 정신이 세상 밖에서 논다 하여도 지나치지 않을 것이다. 선생은 의당 여기서 스스로 즐거움을 찾을 것이다.[29]

길재도 젊었을 때 문하주서(門下注書)라는 관직을 맡은 적이 있으나, 공양왕이 즉위한 뒤에는 벼슬을 떠나서 초야에 묻혀 여생을 보냈다. 『야은집(冶隱集)』에 기록된 다음 구절은 숨어 산 그의 생활과 심경(心境)의 편린(片鱗)을 짐작하기에 적합하다.

내가 지정(至正) 연간에 집을 이곳에 짓고 지내 온 지가 어언 십여 년이 되

---

28 李承休, 『動安居士集』, 村居自誡文, 『전통윤리교범자료집』, pp.137-138.
29 李穡, 『牧隱集』, 卷 1, 南谷記, 『전통윤리교범자료집』, p.176.

었다. 찾아오는 속객(俗客)도 없거니와 세상 이야기를 들을 기회도 없다. 나를 상대하는 것은 산 속의 중뿐이요, 나를 아는 것은 강가의 새뿐이다. 명리(名利)의 영화와 수고로움을 잊고, 태수(太守)가 있고 없고를 상관하지 않는다. 노곤하면 낮잠 자고, 즐거우면 흥얼거리며, 해와 달이 뜨고 지는 것과 시냇물이 쉬지 않고 흐르는 것을 바라볼 뿐이다. 벗이 찾아오면 먼지 낀 자리를 쓸고서 응대하며, 용렬한 무리들이 찾아와서 문을 두드리면 평상에서 내려와 맞이한다. 군자는 화락(和樂)하되 속류(俗流)에 빠지지 않는 기상을 가히 볼 수 있다. …

사나운 바람이 불지 않으니 좁은 방도 편하고, 밝은 달이 뜰에 비치면 천천히 거닌다. 처마에서 빗물이 주룩주룩 떨어질 때 베개를 높이 베고 꿈을 꾸며, 산에 눈이 펄펄 흩날릴 때는 차를 끓여서 혼자 마신다.[30]

앞에서 언급한 은거(隱居)하는 유학자들은 세속의 영리(榮利)를 초월하여 청빈에 만족한 사람들이지만, 세속을 아주 떠난 사람들은 아니었다. 속세를 떠나는 것은 본래 불교에 귀의한 사람들의 길이나, 고려의 불교는 세속화의 경향이 현저했던 까닭에, 고려의 승려들은 많은 경우에 부귀와 영화를 마다하지 않았다. 과거제도에 승과(僧科)까지 두고 급제한 승려에게는 법계(法階)를 제수함으로써 승려의 귀족화를 용이하게 한 제도를 배경으로 삼고, 많은 승려들이 현세적 영화를 누렸다. 신돈은 그 극단적인 경우였으며, 백운(白雲), 태고(太古), 나옹(懶翁) 등 다른 저명한 승려들도 대사(大師), 선사(禪師), 왕사(王師), 국사(國師) 등 높은 칭호를 받고 영화를 누렸다. 그러나 여기에도 예외는 있었다. 고려시대 최고의 승려로 평가되는 지눌(知訥)은 끝까지 세속

---

30 吉再, 『冶隱集』, 言行拾遺, 卷上, 遺文, 出家序, 『전통윤리교범자료집』, p.209.

을 멀리했으며, 그를 따른 참된 제자들도 같은 길을 정진하였다.

이상에서 언급한 덕목 이외에도 강직(剛直), 겸양, 풍류, 청렴, 도량, 명찰(明察) 등이 숭상된 것으로 보이며, 이러한 덕목들을 구현함으로써 후세에 전해진 인물들도 적지 않다.

4장

조선시대의 윤리적 상황

1. 유교적 덕치 국가 건설의 이념
2. 조선 초기의 교화 정책
3. 대가족제도의 질서와 양반들의 세력 싸움
4. 전란과 당쟁의 세월
5. 조선 말기의 내우외환
6. 조선시대 윤리적 상황의 밝은 측면

4 장   조선시대의 윤리적 상황

1. 유교적 덕치 국가 건설의 이념

권세라는 것이 본래 덧없는 것이지만, 예부터 부도덕한 권세나 권좌(權座)가 오래 지탱한 적은 극히 드물다. 유흥과 향락을 일삼은 우왕(禑王)과 그를 앞세우고 정권을 장악한 이인임(李仁任)의 경우도 예외는 아니어서 곧 물리침을 받았다. 그들의 뒤를 이어서 고려의 실세를 장악한 것은 최영(崔瑩)과 이성계(李成桂) 등 무장들이었다. 북방의 영토를 넘본 명(明)의 야욕을 물리치라는 명령을 받고 출정한 이성계가 압록강 위화도(威化島)에서 팔도도통사(八道都統使) 최영의 명령을 어기고 회군(回軍)한 뒤에는 이성계 일파가 정권의 실세로 떠올랐다.

정권을 장악한 이성계와 정도전 일파는 조민수(曺敏修)의 주장을 따라서 옹립된 창왕(唱王)마저 신돈의 핏줄이라고 하여 축출하고 공양왕(恭讓王)을 세웠다(1389). 그리고 그 다음에는 사전(私田) 개혁을 단행하였다. 고려의 토지제도는 본래 모든 토지는 왕토(王土)라는 원칙을 따라서 국토의 많은 부분을 공전(公田)으로 삼고 출발하였다. 그러나 논공행상(論功行賞)의 수단으로서 공신에게 하사되기도 하고 관직 내지 군무에 종사하는 사람들에게 녹봉(祿俸)으로서 급여되기도 하는 과정에서 사유지(私有地)가 생기게 되었고, 공전의 많은 부분이 사유지에 의하여 잠식되는 추세로 흘렀다. 관직에 대한 녹봉으로서 받았다가 본인이 사망한 뒤에는 국가에 반납하기로 되어 있는 과전(科田)조차도 사전화(私田化)하는 경우가 생겨서 토지제도의 기본이 붕괴하기 시작했다. 몽고의 거듭된 침략을 받고 나라의 질서가 무너졌을 때, 고려의 토지제도는 더욱 크게 붕괴하였다. 척신(戚臣)과 무신(武臣), 그리고 사원(寺院) 등 힘이 강한 자들은 모든 수단을 동원하여 사유지를 확대하였다. 광대한 사유 농지, 즉 농장(農莊)이 각처에 생긴 것이다. 농장의 소유주인 권문세족과 사원은 점점 부유해지고 직접 경작에 종사하는 다수의 소작농과 노비들은 점점 빈곤해지는 사회적 모순이 커 갔을 뿐 아니라, 국가의 재정도 궁핍하게 되었다. 이러한 폐단을 일소한다는 명분으로 단행된 것이 바로 '사전 개혁'의 거사였다.

사전 개혁의 주역을 맡은 이성계 일파는 공양왕 2년(1390)에 공사전적(公私田籍)을 모두 불살라 버렸다. 그리고 다음 해에는 토지제도의 기본이 되는 과전법(科田法)을 공포하였다. 과전법의 핵심은, 경기도 일대의 토지는 과전으로 삼아서 관료들에게 그 직위의 고하를 따라서 분배하고, 경기 이외의 전국의 토지는 모두 공전으로 편입한다는 규정에 있었다. 이 과전법이 시행된 결과로서 이성계와 정도전을 위시한 신진 세력이 광대한 과전을 받게 된 반면에, 구세력인 권문세족과 큰 사원들의 경제적 기반은 무너지게 되었다.

이 사전 개혁의 의의는 권문세족과 불교 사원이 장악해 왔던 경제적 구질서를 신진 사대부의 세력을 업은 이성계 일파가 무너뜨렸다는 점에서 매우 큰 것이었다. 바꾸어 말하면, 이 개혁은 고려왕조와 공생했던 권문세족과 불교 사원의 몰락을 촉진하는 한편, 신진 사대부 계층의 지지를 받은 이성계 일파가 새로운 왕조를 세울 수 있는 경제적 기반을 마련했다는 역사적 의의를 가진 것이었다.

이성계는 비록 무장(武將) 출신이기는 하였으나, 그의 조선왕조 건설의 창업은 단순히 군사력에 호소한 정변이라기보다는 대세를 따른 역성혁명(易姓革命)에 가까운 것이었다. 이성계의 등극을 반대한 정몽주를 이방원이 선죽교에서 타살한 유혈극이 있기는 했으나, 전체로 볼 때는 평화로움에 가까운 정권의 교체였다. 고려왕조는 그 도덕성의 타락으로 인하여 스스로 붕괴의 길을 걸었고, 유교에 바탕을 둔 신진 사대부 계층의 지지를 받은 이성계가 크게 무리하지 않고 새로 왕좌에 오르게 되었다고 보아도 별로 잘못이 아닐 것이다.

그러나 고려왕조에 도덕적 타락의 허물이 있어서 스스로 붕괴의 길을 걸었다 하더라도, 당시의 국민 정서에 비추어 볼 때 신하의 신분으로 왕을 물리치고 그 자리에 오른다는 것은 역시 일종의 반역이었다. 바꾸어 말하면, 고려왕조의 도덕성 상실과 실정(失政)이 새 왕조 창건을 정당화하는 데 부분적 이유가 될 수는 있었으나 그것만으로 충분할 수는 없었다. 그러므로 이성계의 새 왕조는 창업 이후의 선정(善政)을 통하여 정통성이 약하다는 자신들의 약점을 보완함으로써 그들의 거사를 정당한 것으로 만들어야 하는 부담을 안고 있었다. 이 부담은 왕좌에 오른 이성계와 그의 아들 방원뿐 아니라 이들을 적극적으로 민 정도전과 권근(權近) 등 신진 사대부들이 함께 나누어야 할 공동의 부담이었다.

새 왕조 창건을 적극적으로 정당화하기 위한 선정은 민생의 안정을 보장할 수 있는 도덕적으로 올바른 정치일 수밖에 없었다. 그리고 이성계를 왕좌로 밀어 올린 혁명의 주역들이 유학을 공부한 사대부들이었으므로, 그 올바른 정치의 기본 원칙은 당연히 유학의 통치 철학에서 구하기 마련이었다. 다시 말하면, 새 왕조의 통치 이념은 유교의 숭상과 불교의 억제에 그 기반을 둘 수밖에 없었다. 이른바 '숭유억불책(崇儒抑佛策)'의 채택이다.

새 왕조는 그들이 장차 시행하고자 하는 올바른 정치의 기본 원칙을 만천하에 서둘러 알릴 필요가 있었다. 이 필요에 따라서 우선 나타난 것이 태조가 등극한 지 사흘 만인 1392년 7월 20일에 사헌부(司憲府)에서 신왕에게 올린 10개 조항의 상소문(上疏文)이다. 그 상소문의 열 가지 조항은 다음과 같다. [1]

(1) 기강을 세워야 한다.
(2) 상벌을 명백하게 해야 한다.
(3) 군자(君子)를 가까이하고 소인(小人)을 멀리해야 한다.
(4) 충간(忠諫)을 받아들여야 한다.
(5) 참소(讒訴)하는 말을 막아야 한다.
(6) 안일과 탐욕을 경계해야 한다.
(7) 절약과 검소를 숭상해야 한다.
(8) 환관을 물리쳐야 한다.
(9) 불교의 승려들을 물리쳐야 한다.
(10) 궁궐의 단속을 엄하게 해야 한다.

여기 열거된 열 가지 조항은 통치의 기본 방침을 명시한 것이며, 엄밀한 의미의 윤리 강령이라고 보기에는 어려운 것도 있다. 그러나 이들 열 가지 조항의 대부분은 유교에 바탕을 둔 정치 이론가들이 전통적으로 주장해 온 것임에는 의심의 여지가 없다. 이 상소문이 유교의 철학에 바탕을 둔 것임은 그 10개 조항을 열거하기에 앞서서 전제한 머리말 부분과 끝으로 추가한 맺는말 부분에서 더욱 명백하게 드러난다. 상소문은 머리말에서 천명을 받고 보

---

1 『太祖實錄』, 卷一, 元年 壬申 七月 己亥條 참조.

위에 오른 인군(人君)은 오로지 '경(敬)'을 위주로 하는 마음가짐과 몸가짐으로 황천상제(皇天上帝)의 뜻에 보답해야 한다고 강조했으며, 그 맺는 말에서는 정치에 있어서 믿음(信)이 중요함을 역설하면서 성인(聖人) 공자께서 정치인에게는 군비나 식량보다도 믿음이 더욱 중요하다는 말씀을 했다고 선언하였다.[2]

이성계는 본래 탁월한 무장(武將)이기는 하나 유학에 조예가 깊은 사상가라고 보기는 어렵다. 따라서 그를 보좌(寶座)로 밀어 올린 사대부들의 견지에서 볼 때 이태조의 통치자로서의 경륜을 무조건 신뢰하기에는 불안한 점이 있었을 것이다. 이기백도 지적하고 있듯이, 이성계가 새 왕조를 건설할 수 있기까지에는 그를 밀어 준 신진 사대부들의 힘이 결정적인 구실을 했으며, 그래서 새 왕조를 성공의 방향으로 이끌어 갈 책임이 그들에게도 있었다. 따라서 그들은 소박하고 건실한 무장 출신인 이태조에 대해서 건설적 진언을 할 필요를 느꼈을 것이고, 이태조로서도 창업 초기에는 개국 공신인 사대부들의 건의를 존중하지 않을 수 없는 처지였을 것이다. 그러므로 저 사헌부의 상소문은 단순히 사헌부만의 견해를 담은 것이라기보다는 그와 같은 배를 탄 사대부들의 생각을 두루 반영한 것이라고 보아야 할 것이다. 그리고 최근덕(崔根德)의 해설이 말하고 있듯이, 이 상소문은 단순히 군왕인 이태조에 대한 건의(建議)의 의미를 가질 뿐 아니라, 조정의 대신들과 국민 일반에 대해서도 정치의 방향을 제시하고 암묵 속에 협력을 당부하는 뜻을 겸했다고 볼 수 있을 것이다.

그러나 이 상소문의 일차적 대상은 군왕을 염두에 둔 것임에 틀림이 없으

---

2 이 사헌부 10개 조항 상소문의 내용과 기본 정신에 관해서는 성균관대 최근덕 교수의 매우 적절한 분석과 해설이 있다. 최근덕, 「조선시대의 윤리 사상」, 유승국 외, 『한국윤리사상사』, pp.140-146 참조.

며, 이태조와 그 후왕(後王)들이 지켜야 할 왕도를 제시함에 상소문을 올린 첫째 목적이 있었다고 보아야 한다. 상소문 10개 조항에 담긴 사상 가운데 특히 우리들의 주목을 끄는 것을 간추려 보기로 하자.

나라의 기강을 세워야 한다는 첫째 조항과 상벌을 명백하게 해야 한다는 둘째 조항은 불가분의 관계를 가졌다. 국가가 건전한 발전을 이룩하기 위해서는 우선 사회의 기강이 확립되어야 하며, 공평하고 엄정한 상벌의 실시는 사회 기강의 확립을 위한 필수 조건이다. 이미 요순시대는 전설 속으로 숨어버렸고, 성선설(性善說)을 단순한 해석으로 믿기에는 오염된 역사를 경험한 지 벌써 오래다. 나라의 기강을 세우기 위해서 윗자리를 차지한 사람들이 바른 행위의 모범을 보이기도 해야 하겠지만, 신상필벌(信賞必罰)의 법질서가 확고해야 한다. 이 두 조항의 이면에는 탁월한 통치자는 높은 덕망과 강한 지도력을 아울러 가져야 한다는 평범한 진리가 숨어 있다.

군자를 가까이하고 소인을 멀리해야 한다는 셋째 조항은 유교적 통치 이론에서는 일찍부터 주장되어 온 기본 상식이며, 10개 항목 가운데서 윤리적 함축이 가장 많은 조항이라고 말해도 과언이 아닐 것이다. '군자(君子)'란 유교적 기준으로 도덕성이 탁월한 인물을 말하는 것으로서, 구체적으로는 식견이 높고, 신념에 충실하며, 이(利)보다도 의(義)를 존중하며, 소아(小我)를 초월하여 대아(大我)에 충실한 그런 사람을 가리킨다. 소인(小人)은 그와는 반대로 도덕 수준이 낮은 사람을 가리키는 말로서, 간사와 아첨, 모략과 농간, 사리(私利)의 추구와 권력의 남용, 비굴과 위선 등을 예사로이 한다. 그러므로 군자는 국가와 사회를 위해서 크게 요구되는 인물일 뿐 아니라 그 본인을 위해서도 바람직한 인품이다. 왕권 가까이에 군자가 많으면 나라는 자연히 흥왕의 길을 걷게 되고, 권력 주변에 소인들이 진을 치면 나라는 자연히 쇠망의 길을 재촉한다.

충간(忠諫)을 받아들이라는 넷째 조항과 참소를 막으라는 다섯째 조항은 표리를 이루는 한 쌍의 충언으로서, 옛날부터 힘과 지위를 가진 사람이 항상 명심해야 할 상식으로 알려져 왔으나, 실제로는 어기는 사례가 많은 평범하고 귀중한 교훈이다. 대체로 말해서, 간쟁(諫諍)을 서슴지 않는 사람과 그것을 받아들이는 사람은 군자에 가깝고, 참소를 일삼거나 참소에 귀가 솔깃한 사람은 소인에 가깝다고 보아도 무방할 것이다.

안일(安逸)과 탐욕을 경계하라는 여섯째 조항과 절약과 검소를 숭상하라는 일곱째 조항도 따로 떼어서 생각하기 어려운 중요한 교훈이다. 특히 권력과 지위에서 높은 자리를 차지한 사람들이 호의호식과 향락을 좋아하고 탐욕의 노예가 되면, 공무를 소홀히 하게 될 뿐 아니라 국고를 낭비하게 되어, 나라의 기틀이 근본부터 흔들린다. 이러한 폐단을 막는 길은 절약과 검소의 덕을 실천하는 일이며, 지배 계층의 생활이 검소하고 질박하면 나라 전체가 그것을 본받아서 건전한 기풍으로 가득 차게 된다.

환관(宦官)을 물리치라는 여덟째 조항과 승니(僧尼)를 도태하라는 아홉째 조항은, 유교에 바탕을 둔 윤리적 규범이라기보다는, 고려시대의 경험을 상기하고 그 전철(前轍)을 경계한 것으로 보아야 할 것이다. 고려시대의 세속화한 불교가 국가의 정치와 경제 그리고 풍습에 미친 좋지 못한 영향에 대해서는 이미 언급한 바 있으며, 실은 환관의 횡포와 폐단도 적지 않았던 것이다.

고려 초기의 환관은 궁중의 잡무를 맡은 미관 말직에 불과했으나, 몽고의 지배를 받게 된 말기에 이르러서는 왕실의 기강이 해이해진 틈을 타서 원나라를 배경으로 권세를 부리는 자들이 생겼다. 봉군(封君)을 받고 고관에 임명된 환관이 생겼을 뿐 아니라, 마침내 환관의 관청인 내시부(內侍府)까지 설치하기에 이르러 그들의 횡포와 폐단이 적지 않았다. 그들 가운데는 많은 토지를 점유하는 자까지 생겨서 정치뿐 아니라 경제의 혼란도 조장하는 결과를 불렀다.

"기강을 세워야 한다."는 첫째 조항에서 "절약과 검소를 숭상해야 한다."

는 일곱째 조항에 이르는 건의도 고려시대의 실패한 경험을 되풀이하지 말자는 자성(自省)의 뜻이 크게 반영된 것으로 보인다. 고려의 왕실과 그 주변에는 소인배들이 대세를 이루고 사치와 낭비, 주색과 사냥으로 소일하며 국고를 축냈다. 그들 사이에서는 아부와 참소 그리고 음모가 난무하였으며, 궁궐에서는 군자들이 물러나고 소인배가 그 자리를 차지했으며, 국가와 사회 전체의 기강은 자연히 문란하게 되었다.

그러므로 조선왕조 건국 초의 사헌부 상소문을 통해서 우리가 알 수 있는 것은, 조선시대의 윤리적 상황이라기보다, 고려시대의 그것이라는 분석도 가능할 것이다. 물론 이 상소문이 조선왕조를 위한 통치의 기본 원칙을 제시한 것임에는 의심의 여지가 없으며, 두고두고 윤리적 준규(準規)의 구실을 했을 것으로 볼 수 있다. 그러나 조선시대의 윤리적 상황을 현실적으로 결정한 것은 어떤 문헌이나 그 문헌 안에 실린 윤리적 언어가 아니라 조선의 역사를 움직인 사람들과 그들의 영향 아래서 생활한 민중의 실천 행위였다.

사헌부에서 상소문을 올린 지 8일 후에 이태조 자신이 교서(敎書)를 내린 바 있다. 새 왕조의 시정 방침을 밝힌 이 교서에도 윤리 규범과 직결되는 조항이 있다. 관혼상제(冠婚喪祭)에 관한 예법을 예조(禮曹)에서 옛 경전을 연구하여 제정함으로써 인륜(人倫)을 존중하고 풍속을 바로잡도록 하라는 넷째 조항이 그것이며, 충신과 효자, 그리고 의부(義夫)와 절부(節婦)를 찬양하고 권장하는 내용의 여섯째 조항이 그것이다.[3]

그 뒤에도 역대 왕명에 의해서 또는 학자들 자신의 연구와 사색을 따라서 많은 윤리 교본이 저술되고 간행되었다. 제4대 왕 세종의 뜻을 따라서 편찬 간행한 『삼강행실도(三綱行實圖)』와 이를 수정 보완하여 정조 때 간행한 『오

---

3 『太祖實錄』, 卷一, 元年 壬申 七月 己未 참조.

륜행실도(五倫行實圖)」, 성종의 대비 한씨(韓氏)가 1475년에 내놓은 『내훈(內訓)』, 조광조(趙光祖)의 『정암집(靜庵集)』, 이이(李珥)의 『격몽요결(擊蒙要訣)』, 정약용(丁若鏞)의 『목민심서(牧民心書)』 등은 그 가운데서도 널리 알려진 것들이다.

　이러한 서적들은 조선시대의 윤리적 상황을 위해서 많은 도움을 주었을 것이다. 그러나 좋은 책과 좋은 말이 윤리적 상황을 위해서 할 수 있는 일에는 넘기 어려운 한계가 있었다.

2. 조선 초기의 교화 정책

　역사가 윤리 교과서의 논리를 따라서 전개되는 경우는 거의 없다. 인륜(人倫)의 도리를 앞세우고 출발한 조선왕조도 그 초기에 왕위(王位) 계승의 문제를 둘러싸고 골육상쟁(骨肉相爭)의 비극을 연출하여 이미 인륜을 배반하는 모순을 저질렀다. 두 차례에 걸친 '왕자의 난'이 바로 그것이다. 첫 번째 왕자의 난은 태조 7년에 일어났고, 두 번째 왕자의 난은 그로부터 2년 뒤에 있었다.

　비극의 씨를 처음 뿌린 것은 계비(繼妃) 신덕왕후(神德王后)를 편애한 태조 자신이었다. 태조에게는 8명의 왕자가 있었거니와, 맏이부터 여섯째까지는 첫째 왕비 한씨(韓氏)의 소생이요, 일곱째와 여덟째는 둘째 왕비 강씨(康氏)의 소생이었다. 태조는 이 가운데서 여덟째인 방석(芳碩)을 세자로 삼았던 것인데, 이 세자 책봉의 결정을 정당화할 만한 명분이나 사리(事理)는 아무 곳에도 없었다. 장자(長子) 우선의 원칙을 따른다면 방우(芳雨)를 세자로 삼았어야 옳았을 것이고, 창업을 도운 공로를 중요시하는 원칙을 따른다면 방원(芳遠)을 책봉했어야 이치에 맞았을 것이다. 방석의 경우는 이것도 저것도 아니며, 오직 강비(康妃)에 대한 편애에 이끌린 결정에 불과하니 현명한 처사라고 보기 어려웠다. 이 처사에 불만과 원한을 느낀 방원 일파가 무력으로 세자와 그의 측근을 제거한 것이 첫 번째 왕자의 난이었다.

제2차 왕자의 난은 넷째 왕자 방간(芳幹)과 방원 사이의 시기와 권세욕에 기인한 비극이었다. 이 두 차례의 왕자의 난을 통하여 우리가 알 수 있는 것은 도덕을 지키면서 정권을 장악하기란 지극히 어렵다는 사실이다. 정권에 대한 욕심이 도덕률을 지키고자 하는 의지보다 강했던 까닭에, 덕치 국가를 건설하겠다는 유교적 이상을 안고 출발한 조선왕조는 그 첫걸음부터 차질을 빚었던 것이다.

비록 왕좌에 오르는 과정에서 골육상쟁의 대사를 치르기는 했으나, 즉위한 뒤의 태종(太宗)은 유능한 군왕으로서의 업적을 남겼다. 그는 대궐 문에 신문고(申聞鼓)를 설치하여 억울한 백성들에게 호소의 기회를 주었으며, 널리 농사일과 누에 치는 일을 장려함으로써 국민 생활의 풍요를 도모하였다. 그는 종래 혹세무민의 폐단이 컸던 요상한 서적을 불살라 금하고 사원을 정리하여 폐지된 절의 토지를 회수하여 공전(公田)으로 만들었다. 또한 금속활자를 만들어 많은 서적의 인쇄를 장려하였다. 그는 유교 윤리를 숭상하여 국가의 기강을 세우고자 노력하였다. 다만 때로는 정도를 지나쳐서 서출(庶出)을 차별 대우하고 과부의 재혼을 죄악시하는 등 불합리한 정책을 펴기도 하였다.

제4대 세종(世宗)은 조선왕조 5백여 년의 사직을 지킨 27명의 군왕 가운데서 가장 위대한 업적을 남긴 통치자로 평가되고 있다. 그는 천성이 어질고 총명하며 국민에 대한 깊은 사랑으로 덕치(德治)의 이념을 몸소 실천에 옮긴 현군(賢君)이다. 세종이 왕위의 자리를 지킨 30여 년 동안은 우리나라 문화 전체가 크게 신장하고 정치도 안정된 시기여서 윤리적 상황 역시 밝은 측면이 확대되었다.

세종은 우리나라의 가족제도가 고려 말기의 사회적 혼란과 기강 문란 속에서 흔들리게 된 것을 안타까이 여겨 가족제도의 확립과 안정을 위하여 힘을 기울였다. 그는 효(孝) 사상의 고양을 위하여 70세가 넘는 부모를 가진 아들에게는 군역을 면제시켜 주어서 어버이를 봉양하도록 하였다. 또한 부부의 인륜을 중요시하여 처(妻)와 첩(妾)의 구별을 엄격히 하고, 한 남자가 두 사람의 처를 갖거나 첩을 처로 삼는 자는 벌을 주도록 명령하였다. 그는 관혼상제(冠婚喪祭)의 예를 중요시하고 주자가례(朱子家禮)의 준수를 촉구하였다. 그는 가까운 친척끼리 재산을 가운데 두고 송사(訟事)를 벌이는 일이 없도록 하라고 지시하였다. 세종은 효자와 충신 그리고 열녀들의 예화를 그림까지 곁들여서 소개한 『삼강행실도』를 편찬 간행하였다. 이것은 문맹 대중까지도 가르치기 위해서 만든 일종의 윤리 교과서다.

세종대왕의 가장 위대한 업적으로 평가되는 한글의 창제에도 윤리적 의의가 적지 않다. 우리나라의 고유한 문자를 만들어야 한다는 생각 바탕에는 문화의 자주성을 존중하는 관념이 깔려 있으며, 한자(漢字)를 모르는 일반 대중도 쉽게 깨우칠 수 있는 글자를 만든 동기에는 백성을 사랑하는 군왕의 어진 뜻이 담겨 있다. 한글의 창제를 계기로 문맹이 크게 줄게 됨으로써 책을 통하여 사람의 도리, 즉 윤리를 가르치는 일이 용이하게 된 것도 매우 뜻깊은 일이다.

왕위의 계승을 둘러싼 골육상쟁의 비극은 제6대 단종(端宗) 때 또다시 일어났다. 제5대 왕 문종(文宗)은 보위에 오른 지 불과 2년 만에 서거하고, 그 뒤를 이은 단종은 겨우 12세였다. 이런 상황에서 집현전(集賢殿) 학자들의 목소리가 높아졌고, 정치의 실권이 그들에 의하여 좌우되는 추세였다. 이러한 추세에 대하여 불만을 느낀 왕숙(王叔)들 가운데서 특히 영특하고 강인한 기질을 가진 수양대군(首陽大君)이 단종을 물리치고 왕위에 올랐다. 그리고 이 왕위 찬탈의 과정에서 많은 인명을 살해하였다. 이유야 무엇이든 간에 이 비극은 조선왕조 5백 년사의 커다란 오점임에 틀림이 없으며, 수양의 거사를 윤리적으로 정당화하기에는 어려운 점이 적지 않다.

조선왕조 건국 초기에 있었던 두 차례의 왕자의 난과 단종의 비극이 우리에게 일깨워 주는 것은 '정권'이라는 것과 '윤리'라는 것 사이에 양립하기 어려운 갈등이 있다는 사실이다. 바꾸어 말하면, 정권을 세우고 유지하는 과정에서 수미일관하여 윤리의 대도(大道)를 벗어나지 않기가 매우 어렵다는 사실을 우리는 저 정치적 비극을 통하여 알게 된다.

세조(世祖)는 비록 그 집권 과정에 하자가 있기는 했으나, 재위 14년 동안에 그가 쌓은 업적에는 높이 평가할 만한 것이 적지 않았다. 세조의 박학과 다재다능은 부왕 세종에 버금갔으며, 그는 유불(儒佛)의 경전은 물론이요, 역사와 지리, 법률과 경제, 천문과 수학 등 여러 분야에 정통하였다. 세조는 근로의 정신을 강조하여 농업과 잠업을 권장했으며 평시에도 군사 훈련을 게을리하지 않았다. 그는 건국 이래의 여러 법령과 조례를 정리하여 『경국대전(經國大典)』을 편찬했으며, 홍문관(弘文館)과 호당(湖堂)을 활용하여 학문 연구와 저술을 권장하였다.

제9대 성종(成宗)도 학문을 좋아하고 숭상한 군주로서, 그가 왕위를 지켰던 25년(1469-1494) 동안에 많은 학자와 문인들이 배출되었고 『동국통감(東國通鑑)』과 『동문선(東文選)』 등 여러 서적들이 편찬 출간되었다. 세종과 세조 그리고 성종 등 여러 군왕이 숭상한 학문이 주로 유학에 관한 것이었으므로, 그들의 영향 아래 이룩된 학문의 발달과 서적의 간행은 결과적으로 유교적 윤리의 숭상으로 이어지는 결과를 가져왔다.

조선왕조 시대에 숭상된 유교 윤리의 덕목 가운데서 가장 역점이 주어진 것은 충(忠)과 효(孝)와 열(烈)이었다. 역대 군왕은 이들 덕목을 권장하고 덕목을 실천함에 있어 모범을 보인 사람들을 표창하였다. 그 표창의 방법으로는 물품의 하사, 작위 수여, 정문(旌門)의 건립 등이 있었다. 충과 효와 열 다음으로 역점이 주어진 덕목은 형제간의 우애(友愛)와 친구 사이의 신의(信義)였다.

앞에서 정조 때 『오륜행실도』라는 책이 어명을 따라서 간행되었음을 언급한 바 있거니와, 그 책을 간행한 취지가 위의 다섯 가지 덕목을 권장하고 심어 주자는 데 있었음은 책의 이름만으로도 짐작할 수 있다. 먼저 어떤 예화(例話)에 대한 그림이 나오고 그 다음에 한문과 한글로 그 그림의 사연을 설명하는 순서로 꾸며진 이 책을 읽어 보면, 그 시대에 숭상된 다섯 가지 덕목의 구체적 내용을 대략 짐작할 수 있다. 참고삼아 그 일부를 간추려서 소개하기로 한다. 먼저 공자의 제자 가운데 한 사람인 민손(閔損)의 효도 이야기부터 인용한다.

민손은 어려서 어머니를 여의고 계모 밑에서 자랐다. 계모는 손(損)을 미워하여 자기가 낳은 두 아들에게만 솜옷을 입히고 전실 자식에게는 홑옷을 입혔다. 어느 겨울의 추운 날, 아버지는 민손에게 수레를 몰게 했는데 추위 때문에 말고삐를 놓치고 말았다. 이를 계기로 계모가 학대한 사실을 알게 된 아버지는 후처를 내쫓고자 하였다. 이에 손은 아버지께 이렇게 여쭈었다. "어머님이 계시면 저 하나만이 춥게 지내지만, 어머님께서 가시면 세 자식이 외롭습니다."

아버지는 이 말을 착하게 여겨 후처를 내쫓지 않았고, 계모 또한 감동하여 자애로운 어머니가 되었다.[4]

송(宋)나라의 소녀 양향(楊香)은 아버지를 따라 산골짜기 밭에 가서 곡식을 거두고 있었다. 갑자기 큰 범이 나타나 아버지에게로 달려가려 했다. 이 순간에 14세 소녀 양향은 범에게 달려가 목을 졸랐다. 소녀는 범의 밥이 되었으

<hr />

4 『오륜행실도(五倫行實圖)』, 을유문화사, 1972, p.33 및 영인본 卷一, 一面-二面 참조.

나, 그 틈에 아버지는 달아나서 목숨을 건졌다. 이 소문을 들은 그 고을 태수(太守)는 조정에 이 사실을 아뢰었고, 조정에서는 재물과 곡식을 하사했을 뿐 아니라 소녀의 효성을 기리는 정문(旌門)을 세웠다.[5]

위에 소개한 두 가지 예화 가운데 민손의 경우는, 단순한 효성에 그치는 것이 아니라 동기간의 우애도 남달랐다는 점에서 현재의 관점에서도 찬양할 만한 이야기다. 그러나 양향의 경우는 딸의 희생을 보고도 제 목숨을 건지고자 달아난 아버지에게 문제가 있다. 그럼에도 불구하고 태수나 조정이 그 비겁한 아버지를 벌주지 않고 도리어 재물을 하사했다는 사실이 주목을 끈다. 부자간의 윤리에 대한 옛날 사람들의 생각이 오늘날 우리의 경우와 다르다는 점이 여실히 나타나 있다.

효자에 관한 예화는 모두 33편이 실려 있다. 그 가운데 중국 사람들의 이야기가 29편으로 대부분을 차지한다. 우리나라 사람들의 이야기는 아버지의 병을 고치기 위하여 손가락을 잘라서 먹인 조선시대 때 유석진(俞石珍)의 효행을 포함해서 4편에 불과하다. 그것도 맨 뒤로 돌려서 편찬하고 있으니, 중국에 대한 사대주의가 반영된 것으로 보인다.

충신에 관한 예화는 모두 35편이다. 그 가운데 우리나라의 충신 이야기는 5편뿐이다. 그 5편 중에는 이성계의 역성혁명에 반대하다가 희생당한 정몽주의 충성과 불사이군(不事二君)을 고집하고 끝내 조선왕조의 벼슬을 거부한 길재의 충성도 들어 있다. 조선의 왕실에 협조하지 않은 사람들임에도 불구하고 조선의 왕실이 편찬한 윤리 교과서에서 그들을 충신으로서 찬양하고 있다는 사실이 주목을 끈다.

---

5 같은 책, p.58 및 영인본 卷一, 三十一面−三十二面 참조.

『오륜행실도』에 수록된 30명의 중국 충신들 가운데서 왕촉(王蠋)의 경우를 다음에 소개하기로 한다. 왕촉은 제(齊)나라 사람으로서 고관의 자리에 있었다. 그가 섬긴 임금이 정치를 잘못해서 충간(忠諫)했으나 듣지 않으므로, 그는 조정에서 물러나와 산속에서 농사를 짓고 살았다. 이웃의 연(燕)나라가 제나라를 정복하고 왕을 죽였다. 연나라의 장수 악의(樂毅)는 왕촉이 어진 인물이라는 소문을 듣고 그를 연나라 조정을 위하여 등용하고자 하였다. 악의는 왕촉이 사는 획읍(畫邑)을 군대로 포위하고 사람을 보내어 그를 자기의 군막으로 오도록 청했다. 초청에 응하면 획읍을 파괴하지 않을 것이며, 응하지 않으면 획읍을 쑥밭이 되게 할 것이라고 위협하면서, 연나라 조정의 일꾼이 되어 달라고 설득하였다. 그러나 왕촉은 끝까지 굽히지 않고 나뭇가지에 목을 매어 자결하고 말았다.[6]

다른 예화의 경우도 그렇지만, 이 왕촉의 예화를 통하여 우리는 삼강과 오륜에서 말하는 '충'이 군왕에 대한 끈끈한 정에 바탕을 둔 대인관계의 덕임을 명백하게 알 수 있다. 유교는 대체로 합리주의적 사고를 바탕으로 삼고 있지만, 충과 효와 열의 덕의 경우는 주정주의(主情主義)의 색채가 농후하다. 왕촉이 그의 고향 고을인 획읍을 살리고자 하는 합리주의적 계산을 했다면, 그는 일단 연나라의 장수 악의의 군막에는 나갔을 것이다. 더욱이 왕촉이 섬긴 제나라 임금은 충간을 물리친 사람으로서 현군(賢君)으로부터는 먼 거리에 있었다. 그러나 왕촉은 과거에 군왕으로부터 받은 은총에 대한 끈끈한 정을 끊을 수 없어서 당장에 자결의 길을 택한 것이다.

『오륜행실도』제3권에는 35명의 열녀(烈女) 이야기가 실려 있다. 그 가운데 6명이 우리나라 사람이고 29명이 중국 사람이거니와, 다음에 조선시대의

---

6 같은 책, pp.98-99 및 영인본 卷二, 七面-八面 참조.

열녀 임씨(林氏)의 경우와 명(明)나라 열녀 영씨(甯氏)의 경우를 소개한다.

　　임씨는 완산부(完山府)에 사는 임거(林拒)의 딸로, 낙안(樂安) 군수 최극부(崔克孚)의 아내가 되었다. 왜구가 완산부에 침입했을 때, 임씨는 그들에게 붙잡혔다. 왜적은 임씨를 욕보이려 했으나, 그는 굳게 항거하였다. 왜적은 임씨의 팔 하나와 다리 하나를 잘라 버렸다. 그래도 그는 굴하지 않고 적을 꾸짖다가 결국 살해되고 말았다.[7]

　　명나라 영씨는 유진아(劉眞兒)라는 젊은이와 약혼을 했으나, 혼례를 올리기 전에 유진아가 죽었다. 그때 나이가 16세에 불과했던 영씨는 이미 폐백까지 받은 뒤이므로 결혼한 것이나 다를 바 없다고 주장하며 유진아의 아내로서 자처하였다. 처음에는 반대하던 부모도 그의 고집을 꺾지 못했으며, 영씨는 마침내 유씨가의 며느리가 되어 늙은 시부모를 정성껏 받들어 섬겼다. 그렇게 하기를 52년 동안 계속하였고, 그 일이 조정에 알려져서 그 집 앞에 정문(旌門)이 세워지게 되었다.[8]

『오륜행실도』제4권에는 우애(友愛)가 돈독한 형제들의 미담이 24편 실려 있다. 우리나라의 이야기는 보이지 않으며, 모두 중국 이야기로 채워지고 있다. 예컨대, 집안의 재산 문서를 서로 양보한 당(唐)나라 이광진(李光進)과 광안(光顔) 형제의 이야기, 그리고 원으로 부임한 촉군(蜀郡)에서 얻어 온 귀한 비단을 모두 마루 위에 내놓고 형제를 불러 마음대로 가져가라고 한 송(宋)나

7　같은 책, p.219 및 영인본 卷三, 六十八面－六十九面 참조.
8　같은 책, pp.212－213 및 영인본 卷三, 五十九面－六十面 참조.

라 장존(張存)의 이야기 등이 실려 있다. 이 장존이 "형제는 마치 손발과 같고 아내는 남의 집 사람이다. 어찌 남의 집 사람을 먼저 하고 나의 손발을 뒤로 하겠는가."라고 입버릇처럼 말했다는 것도 칭찬의 뜻을 담아서 기록하고 있다. 유교적 봉건사회에서 핏줄(血統)에 대한 관념이 얼마나 강했는가를 단적으로 말해 주는 대목이다.[9]

『오륜행실도』 제4권에는 친족(親族)의 사랑과 상부상조에 관한 이야기가 7편 부록처럼 추가되고 있다. 모두 중국 사람들의 이야기이나 우리나라에서도 본받아야 할 미담으로서 수록하고 있음은 말할 나위도 없다.

제4권 끝머리에 실린 일곱 가문의 이야기를 종합하면 옛날의 모범적 대가족의 모습을 어느 정도 추측할 수 있다. 우선 13대를 내려오면서 한집에서 지내니 식구가 4백 명에 달했다는 송나라 진씨(陣氏)네 이야기, 또는 8대가 한집에 살아 식구가 백여 명에 달했다는 원(元)나라 장윤(張潤)의 집안 이야기를 통하여 행세하는 가문일수록 가족의 규모가 컸다는 것을 짐작할 수 있다. 둘째로, 여기에 기록된 여러 가문의 공통점은 식구가 많았음에도 불구하고 그들이 모두 의좋고 화목하게 살았다는 사실이다. 셋째로, 송나라의 육씨(陸氏) 가문 또는 원나라의 정씨(鄭氏) 가문 이야기에 나타나 있듯이, 대가족에는 권위가 대단한 가장이 있었고 가장의 명령에는 모든 식구가 복종함으로써 질서가 유지되었다. 모범적인 집안의 가장은 한편으로는 매우 엄격하면서 다른 한편으로는 대단히 은애(恩愛)로웠다. 넷째로, 재산은 가문의 공동 소유였으며 같은 집안 안에서는 네것 내것의 구별이 거의 없었다.

『오륜행실도』 제5권에는 친구들의 우정에 관한 미담이 11편 실려 있고, 다음에 부록으로서 사제(師弟)에 관한 이야기가 5편 기록되어 있다. 옛적부터

---

9 같은 책, pp.253-254 및 영인본 卷四, 三十五面-三十六面 참조.

군사부일체(君師父一體)라고 말해 왔으나, 저『오륜행실도』를 편찬한 사람들은 사제의 관계를 오히려 붕우(朋友)의 관계에 가깝다고 본 것으로 생각된다.

친구들의 우정에 관한 11편의 미담 가운데서 인상적인 것 두 편을 가려 내어 다음에 그 요지를 간추려 본다. 하나는 한(漢)나라의 범식(范式)과 장소(張劭)의 신의(信義)에 관한 이야기요, 또 하나는 당나라 사람 서회(徐晦)의 참된 우정에 관한 이야기다.

범식과 장소는 객지에서 동문 수학한 친구 사이였다. 함께 공부를 마치고 각각 고향으로 돌아가게 되었을 때, 범식이 장소에게 "2년 뒤에 내가 형의 자당께 문안을 드리러 찾아가겠소." 하였다. 2년의 세월이 흐르고 약속의 그날이 왔을 때, 장소가 그 어머니에게 음식을 장만해 줄 것을 청하였다. 어머니는 "작별한 지가 2년이 되었고 또 천 리 먼 곳에서 맺은 언약을 어찌 믿을 수 있느냐."며 마음이 내키지 않는다고 하였다. 그러나 장소는 범식이 결코 약속을 어길 사람이 아니라고 강조하였으므로, 결국 술을 담그고 음식 장만을 하였다. 그날이 왔을 때, 범식은 어김없이 천 리 길을 달려와서 약속을 지켰다.[10]

서회는 젊을 때부터 양빙(陽憑)과 절친한 사이였다. 두 사람이 모두 상당한 벼슬자리에 올랐으나, 양빙은 죄를 지어 그 벼슬이 낮은 자리로 떨어지게 되었다. 이것을 보고 친척과 친구들은 죄에 연루될 것을 두려워하여 아무도 그를 찾아가 보지 않았다. 유독 서회 한 사람만이 양빙을 찾아가서 술자리를 마

10 같은 책, pp.276-277 및 영인본 卷五, 三面-四面 참조.

련하여 위로하고 전송까지 하였다. 이때 재상 권덕여(權德輿)가 죄를 짓고 낙향하는 사람을 그토록 후하게 대하다가 연루되기라도 하면 어찌하겠느냐고 염려하였다. 그러나 서회는 간사한 무리의 참소로 죄를 얻어서 낙향하는 옛 친구를 이제 어찌 버릴 수 있겠느냐 하며 개의치 않았다.[11]

『오륜행실도』 제5권 말미에 실린 5편의 사제간 미담 가운데서 여기 운창(云敞)의 의리에 관한 이야기 하나만을 소개하고자 한다.

　　운창은 한나라 평릉(平陵) 사람으로 같은 고을의 오장(五章)을 스승으로 삼고 공부하였다. 오장은 평제(平帝) 밑에서 박사의 벼슬에 있었으나, 왕망(王莽)이 평제를 독살하고 스스로 황제를 사칭하였다. 이 정변(政變)의 와중에서 오장은 왕망의 노여움을 사서 극형을 받았다. 왕망은 오장의 제자들까지도 악당으로 몰아 벼슬을 못하도록 하였다. 이에 천여 명이나 되는 오장의 제자들은 모두 다른 스승의 제자라고 하며 화를 면하기에 급급하였다. 이때 대사도(大司徒)의 벼슬자리에 있었던 운창만은 자기가 오장의 제자라고 하며 나서서 스승의 시신을 거두어 돌아와 장례를 지냈다.[12]

고려의 왕조가 불교를 국교(國敎)로 삼았음과는 달리 조선의 왕조는 유교를 앞세우고 출발했다. 이태조를 지지하여 새 왕조를 창건함에 주로 공을 세운 사람들이 유학, 특히 주자학을 공부한 신진 사대부 계층이었고, 그들은 유교적 덕치(德治)의 이상을 실현하고자 하는 의욕에 부풀어 있었다. 이와 같은

11　같은 책, pp.283-285 및 영인본 卷五, 十三面-十四面 참조.
12　같은 책, pp.291-292 및 영인본 卷五, 二十二面-二十三面 참조.

건국의 이념은 태조를 비롯한 역대 군왕들에 의하여 수용되었고, 유교는 불교를 대신하여 국교의 자리를 차지하는 동시에 조선시대 문화 전반에 결정적 영향을 끼쳤다.

세종과 성종을 위시하여 역대 왕실이 학문을 장려하고 서적의 편찬과 간행을 장려한 것도 유교에 기초한 도덕적 국가를 실현하기 위한 교화 정책의 일환으로서 기울인 노력이었다. 성균관(成均館)을 최고 학부로 삼는 학제의 정비와 경서(經書) 및 문장을 중요시하는 과거제도의 수립 역시 유교에 바탕을 둔 치국(治國)의 이념을 실현하기 위한 장치의 일환이었다.

우리 관심의 초점은 역대의 왕실 또는 그 주변의 정치가들이 어떠한 교화 정책을 실시했는가에 있는 것이 아니라, 그들의 교화 정책이 실제로 어떠한 결과를 가져왔느냐에 있다. 한 시대나 한 사회의 윤리적 상황을 진단함에 있어서 가장 중요한 것은 그 시대나 사회에 어떠한 언어의 성찬(盛饌)이 있었고 또 어떠한 제도의 시행이 있었는가가 아니라, 그 시대 그 사회에 산 사람들이 어떠한 마음과 행동으로 세상을 살았는가에 있기 때문이다.

3. 대가족제도의 질서와 양반들의 세력 싸움

조선시대의 일반 국민이 어떠한 마음가짐과 어떠한 행동으로 세상을 살았는지 소상하게 알 수 있는 길은 없을 것이다. 그 시대에도 여러 가지 부류의 사람들이 살고 있었으며, 여러 부류의 사람들은 각각 다른 방식으로 세상을 살았을 것이며, 그 여러 가지 경우에 대한 기록이 충분히 남아 있다고 보기는 어렵다. 이제 우리가 말할 수 있는 것은 매우 개괄적인 경향에 불과하며, 그것도 많은 경우에 추측의 힘을 빌려야 할 것이다.

조선시대 전반에 걸쳐서 효성과 충성, 정렬(貞烈)과 우애, 그리고 신의(信義)의 다섯 가지 덕목의 도덕률은 대체로 잘 지켜진 편이라고 생각된다. 바꾸어 말하면, 조선왕조와 그 측근이 시도한 유교적 교화의 노력은 어느 정도 가시적 실효를 거두었다고 생각된다. 조선 초기의 군왕들 가운데는 백성을 사랑하여 선정을 베푼 현군(賢君)도 있었고, 그들은 농경과 잠업 등 생업을 장려하여 민생 문제 해결에 역점을 두었다. 그 결과로서 농업 기술이 과거보다 발달하였고, 따라서 농업 생산고도 크게 향상하였다. 조선왕조의 개국 당시에는 사병제(私兵制)가 남아 있었으나 태종이 이를 혁파하여 병권의 집중을 이루었고, 세조에 이르러 국가의 군사력은 더욱 증진되었다. 이 증진된 병력으로 북방을 개척하여 그곳 야인(野人)들을 순화하고 대마도를 정벌하여 왜구의 침입도 미리 방지하였다.

태조에서부터 명종(明宗) 말에 이르는 13대 동안을 사가(史家)들은 조선 초기로 보거니와, 조선 초기에는 대체로 평화와 질서가 유지되고 민생 문제도 그런대로 해결되었다. 그리고 조선의 사회는 국민의 대부분이 농업에 종사하여 대가족 단위로 자급자족하는 농경 사회였다. 자급자족하는 농경 사회는 사람들의 기질이 온순하고 민심이 순박하기 마련이다. 온순하고 순박한 사람들은 의식주 문제가 해결되고 평화와 질서만 유지되면 별다른 불평 없이 살아간다. 정치와 교화에 어려움이 적은 사회인 것이다. 인륜(人倫)을 어기면 천벌을 받을 것이며, 상례(喪禮)와 제례(祭禮)를 다하여 조상에게 효도하면 조상의 영혼이 돌보아 줄 것이라는 종교적 믿음까지 겹쳐서 윤리적 교화를 더욱 용이하게 하였다.

유교는 본래 대가족제도의 농경 사회를 배경으로 삼은 윤리 사상이요, 종교 사상이다. 그러므로 우리나라의 전통 사회는 유교 사상이 받아들여지고 뿌리를 내리기에 아주 적합한 토양이었다. 군왕이 대과 없이 정치를 하면 국민은 충성심을 갖기 마련이었고, 왕실이 앞장을 선 윤리 교화 정책이 국민 일반에게 잘 받아들여질 수 있는 여건이었다. 삼강과 오륜의 가르침이 일반적으로 실천에 옮겨진 까닭이다.

그러나 모든 일이 잘된 것은 아니었다. 각기 대가족 내부의 단결과 질서는 큰 탈 없이 유지되었으나, 대가족을 넘어선 더 큰 범위의 단결과 질서에 이르러서는 문제가 달랐다. 알기 쉽게 말하면, 가문(家門)이 다르고 파벌이 다른 집단과 집단 사이에서는 약육강식의 치열한 경쟁이 일어났고, 강자와 약자의 위치가 바뀔 때마다 무자비한 싸움이 벌어지고, 때로는 유혈(流血)의 비극까지 일어났다.

삶의 고지(高地)를 차지하고자 하는 집단간의 투쟁은 지배계급인 양반들 내부에서 일어났다. 피지배계급인 상민(常民)과 천민(賤民)들은 양반에게 맞서기에는 너무나 힘이 약했던 까닭에 감히 도전의 용기를 갖지 못하고 그들의 불리한 신분을 숙명으로 알고 받아들이는 경향이 있었다. 농민들 가운데 간혹 기골이 강한 인물이 있어도 양반들에게 정면으로 도전할 수 있는 형편은 아니었고, 도적의 무리를 형성하고 양반을 괴롭히는 것이 고작이었다.

아직 화폐의 사용이 일반화되기 이전이어서 경제의 기본이 되는 것은 토지였다. 양반인 관리 또는 공신(功臣)에게 주는 보수도 과전(科田) 또는 공신전(功臣田)이라는 명목이 붙은 토지로써 충당하는 경우가 많았다. 얼마나 많은 토지를 소유하느냐에 따라서 그 사람의 빈부 정도가 결정된다 하여도 과언이 아니었다. 따라서 양반 관리들은 온갖 수단을 동원하여 농장(農莊)을 확대하기에 여념이 없었다. 전국의 농토는 그 총량이 일정했던 까닭에 토지 소유에 대한 욕심은 치열한 경쟁을 불가피하게 했고, 이 경쟁에서 이기기 위해서는 고관과 권세의 자리를 차지할 필요가 있었다.

성종 때 이전에 가장 많은 농장을 소유한 것은 '훈구파(勳舊派)'로 불리는 사람들이었다. 훈구파라 함은 세조가 왕위에 오르는 과정에서 그를 도와 공로를 세웠던 신하와 어용 학자들로서 정인지(鄭麟趾), 신숙주(申叔舟), 최항(崔恒) 등이 그 대표적인 사람들이다. 이들은 세조의 총애를 받고 높은 관직에 등용되었으며, 몇 차례에 걸쳐서 공신전을 받기도 하여 막대한 토지를 소유하기에 이르렀다.

성종 때에 이르러 훈구파를 미워하고 그들과 대립하는 세력이 생겼다. '사림파(士林派)'로 불리는 학자들이다. '사림파'라 함은 고려의 유신(遺臣) 길재의 학통을 계승한 김종직(金宗直)과 그를 따르는 문인 학자들을 일컫는다. 김종직은 학문과 문장이 뛰어난 영남의 학자로서 성종의 비상한 총애를 받았다. 성종은 훈구파의 세력이 지나치게 비대해지는 것을 막기 위하여 김종직과 그 문인들을 벼슬자리에 등용하였고, 이들은 새로운 세력으로 성장하였다.

훈구파와 사림파는 학풍도 다르고 이해관계도 대립하여 서로가 서로를 미워하는 사이가 되었다. 신구 두 세력의 반목이 날로 심해 가고 있을 때 훈구파가 사림파를 제거할 기회를 포착하였다. 사림파의 거두 김종직이 젊었을 때 장난삼아 쓴 풍자적인 글 「조의제문(弔義帝文)」의 존재를 알게 된 훈구파가 이를 문제 삼아 사림파에 속하는 학자 거의 전부를 죄인으로 몰았던 것이다.

「조의제문」은 세조에 의하여 죽임을 당한 단종을 항우(項羽)에게 죽은 의제(義帝), 즉 초(楚) 회왕(懷王)에 비유함으로써 은근히 세조의 불의(不義)를 비난한 글이었다. 김종직의 문인 김일손(金馹孫)이 사관(史官)으로 있었을 때, 그는 이 글을 이극돈(李克墩) 등 훈구파의 비행을 고발하는 문서와 아울러 사초(史草)에 올린 적이 있었다. 연산군(燕山君) 초기에 『성종실록』의 편찬을 위한 사국(史局)이 열렸을 때, 그 당상관(堂上官)에 임명된 이극돈이 이 사초를 발견하고 훈구파의 유자광(柳子光) 등과 꾀하여 이 사실을 연산군에게 고하였다. 평소에 문필가들을 미워해 오던 연산군은 이 고발에 충동을 받고 격분하여 김일손 등 사림파의 생존자는 죽이거나 귀양을 보내고, 김종직과 같이 이미 죽은 사람들은 무덤을 파고 시체의 목을 베는 등 엄벌로 다스렸다. 이 사건이 일어난 것이 연산군 4년 무오년(戊午年)에 해당하며, 그것이

사가(史家)의 문필이 부른 불행인 까닭에 우리는 이 사건을 '무오사화(戊午史禍)'라고 부른다.

사대부(士大夫)가 화를 입은 사건, 즉 사화(士禍)는 한 번으로 그치지 않았다. '무오사화'가 일어난 지 불과 6년째 되던 갑자년(甲子年)에 두 번째 사건이 일어났다. 이른바 이 '갑자사화(甲子士禍)'의 직접적 원인은 연산군의 생모 윤씨가 폐출되어 죽임까지 당한 사건의 내용을 밀고로 알게 된 연산군의 분노에 있었다고 한다. 연산군은 그의 생모가 교만 방자하고 투기가 심하다는 누명을 쓰고 억울하게 죽은 것을 비통히 여겨, 이 사건과 관계가 있다고 생각되는 부왕의 후궁 엄씨와 정씨를 타살하고, 또 이 사건과 직접 또는 간접으로 관련이 있다고 볼 수 있는 여러 조정 신하들과 사림의 잔존 세력을 혹은 죽이고 혹은 귀양을 보냈다고 한다. 그러나 이 '갑자사화'도 그 근본 원인은 사대부들 계파간의 권력 투쟁에 있었다.[13]

연산군은 사치와 방종으로 낭비가 심했고 재정의 부족을 메우기 위하여 공신들의 토지와 노비를 몰수하려 하였다. 조신(朝臣)들은 이에 반대하는 입장을 취하는 동시에 궁중의 용도 절약을 간청하여 연산군의 횡포에 제한을 가하고자 하였다. 이에 연산군은 크게 분개하였고, 궁중과 권신(權臣)들 사이에 알력이 생겼다. 이러한 상황에서 궁중과 결탁하여 부중(府中)의 구세력과 사림(士林)의 잔존 세력을 몰아내고 정권을 잡으려는 사람들이 나타났다. 폐비 윤씨 사건을 밀고하여 연산군을 격분케 한 임사홍(任士洪) 일파가 바로 그들이다.

'갑자사화'가 있은 뒤에 연산군의 사치와 방탕은 더욱 심해졌다. 그는 지방 각지에 사람을 보내어 창기와 미녀와 양마(良馬) 등을 채취하게 하였고, 성균

---

13 이병도, 『한국사대관』, pp.360-361; 이기백, 『한국사신론』, p.237 참조.

관을 연락(宴樂)의 장소로 삼았으며, 선종의 본산인 흥천사(興天寺)를 마굿간으로 삼았다. 연산군은 자신을 비방한 한글 벽보가 나붙은 것을 계기로 한글 사용을 금하고 양반들이 가지고 있던 한글 서적을 모두 불사르도록 명령하였다. 연산군의 횡포는 극에 달했고, 결국 그는 훈구파 대신들에 의하여 왕위에서 쫓겨났으며, 그의 아우가 그 자리에 앉게 되었다. 이른바 '중종반정(中宗反正)'이다.

중종은 연산군의 악정을 개혁하고자 여러 가지로 노력하였다. 그는 성균관을 중수하고 유학을 권장하는 한편, 사림을 위하여 다시 정치 무대에 진출할 수 있는 길을 열어 주었다. 중종의 이러한 유학 존중의 기류를 타고 정치 무대에 등장한 소장 학자들 가운데 한 사람이 조광조(趙光祖)였다. 김종직의 제자인 김굉필(金宏弼)에게 사사하기도 하고 '갑자사화' 때 귀양 갔던 유숭조(柳崇祖)의 사상적 영향을 받기도 한 조광조는 중종의 끔찍한 사랑을 받았다. 조광조 등 신진 학자들의 벼슬자리는 점차 높아졌고, 벼슬이 높아질수록 그들은 자신들이 이론으로 배운 유학의 이상적 정치를 대담하게 실천에 옮겨 보려는 포부를 갖게 되었다.

조광조 일파가 이상으로 삼은 바는 성리학에 바탕을 둔 엄격한 도덕 사회의 건설이었다. 그들은 유교적 미풍양속에 어긋나는 미신 타파에 힘썼고, 권선징악과 상호부조를 기본 정신으로 삼는 향약(鄕約)의 실시를 역설하였다. 그들은 일반 국민에게 유교적 교양을 보급하기 위하여 여러 가지 서적을 번역 간행하였고, 과거제도에 현량과(賢良科)를 추가하여 유능한 인재의 등용문을 넓히도록 하였다. 그러나 더러는 그들의 주장이 너무 이상에 치우치기도 하고 그 방법이 지나치게 급진적이었을 뿐 아니라, 자기들과 견해를 달리하는 기성 문사(文士)들을 '소인(小人)'으로 지목함으로써 알력과 반목을 자초하기도 하였다.

과거제도에 현량과가 설치된 것을 계기로 조광조 일파가 다수 등용되었고,

그들의 세력이 커지자 훈구파의 미움과 시기를 부르게 되었다. 이러한 상황에서 훈구파의 증오심을 더욱 자극한 것은 중종 14년에 있었던 '위훈(僞勳) 삭제 사건'이었다. '중종반정' 때 공신(功臣)으로 표창된 사람들 가운데 76명은 무자격자라 하여 공신 명단에서 삭제하도록 강청한 이 사건은 조광조 일파가 훈구파의 세력에 직접적인 도전을 감행한 사건이거니와, 홍경주(洪景舟)와 심정(沈貞) 등 훈구파의 음모와 계략에 걸려, 도리어 조광조 일파가 억울한 죽음을 당하는 결과를 초래하였다. 기묘년에 일어난 이 사건을 '기묘사화(己卯士禍)'라고 부른다.

사화의 비극은 3막으로 끝나지 않았다. '기묘사화'가 있은 뒤에는 남곤(南袞)과 심정 등이 정치를 좌우하고, 이어서 김안로(金安老)가 권세를 휘두르게 되어 정계가 자못 어수선했다. 이러한 상황 속에서 왕실의 외척(外戚) 사이에 권력 다툼이 일어났고, 드디어 또 하나의 비극이 탄생했던 것이다. 이 외척의 반목과 갈등이 시작된 것은 중종 말기부터였고, 또 하나의 태풍이 몰아쳐서 다수의 사대부가 처형 또는 유배를 당하는 신세가 된 것은 명종이 즉위하던 을사년(乙巳年, 1545)이었다. 이 네 번째 사화를 '을사사화(乙巳士禍)'라고 부른다.

중종은 첫째 계비(繼妃) 장경왕후(章敬王后) 윤씨와의 사이에서 인종(仁宗)을 얻었고, 둘째 계비 문정왕후(文定王后) 윤씨와의 사이에서 명종(明宗)을 얻었다. 장경왕후의 아우로 윤임(尹任)이 있었고, 문정왕후의 아우로 윤원형(尹元衡)이 있었다. 두 사람은 모두 파평(坡平)이 본관이었으나, 서로 세력을 펴고자 하는 야심에 불타서 '대윤(大尹)'과 '소윤(小尹)'으로 불리는 두 파벌을 형성하고 대립 반목하였다. 중종의 뒤를 이어서 윤임의 생질인 인종이 보위에 올랐으나, 재위 8개월 만에 세상을 떠났다. 인종에게 세자가 없었으므로 그 뒤를 이어서 제13대 왕위에는 윤원형의 생질인 명종이 올랐다. 그때 명종의 나이 불과 12세였으므로, 그의 생모인 문정왕후가 수렴청정을 하게 되었다. 이에 문정왕후의 아우인 원형은 그의 추종자들과 합세하여 윤임을 위시한 대윤 일파를 반역음모죄로 몰아서 많은 사람들을 죽이거나 귀양 보냈다. 이 을사사화가 있은 뒤에도 왕실의 외척들 사이에는 세력 싸움이 그치지 않았다.

위에서 말한 네 차례의 '사화'는 모두 권세를 둘러싼 투쟁이었다는 공통점을 가지고 있다. 그것은 이념의 대립에 연유하는 투쟁도 아니고, 계급과 계급 사이의 투쟁도 아니었다. 오로지 세도를 위한 싸움이었던 까닭에 영원한 승리자는 있을 수 없었다. 하나의 파벌이 세력을 얻으면 이에 반대하는 새로운 파벌이 생겨서 또 한 번의 풍파를 일으키는 불행이 되풀이되었다. 다만 어떤 파벌도 왕권 자체를 넘보지는 않았으며, 모두가 국왕에 대한 충성을 앞세우고 세력 싸움에 열중하였다. 삼강과 오륜을 기본 원칙으로 삼는 유교 사상의 영향이 컸음을 의미하는 동시에, 조선의 왕실이 5백여 년 동안 사직(社稷)을 지킬 수 있었던 까닭을 말해 준다.

거듭되는 사화로 인하여 권세(權勢)의 무상함을 깨달은 학자들의 수가 늘어나게 되었다. 특히 조광조 일파에게 불행을 안겨 준 '기묘사화'가 있은 뒤에는, 학자들 사이에 정계에 대한 미련을 버리고 산림과 전원으로 돌아가서 오로지 학문에만 열중하는 경향이 현저하게 나타났다. 탁월한 학자들이 고향으로 돌아가서 그곳에 새로 서원(書院)을 세우기도 하고, 기존의 서원을 활용하기도 하며 학문 연구와 제자 양성에 주력하였다. 선현(先賢)을 봉사하는 사묘(祠廟)를 겸한 각지의 서원에 많은 학도들이 모여들어 성황을 이루었다. 출세와 입신의 관문인 향교(鄕校)와 태학(太學, 成均館)이 쇠미해지는 반면에, 사학(私學)인 서원이 학문과 수양의 중심지로 활기를 띠는 변화가 일어났다.

권세와 명리를 외면하고 향리로 돌아간 학자들이 주로 연구한 것은 현실적 정치술에 가까운 원시 유학이 아니라 사색적이요 이론적인 성리학(性理學),

특히 주자학(朱子學)이었다. 서경덕(徐敬德), 이언적(李彦迪), 이황(李滉), 조식(曺植), 기대승(奇大升), 이이(李珥) 같은 성리학의 대가들이 나타난 것은 대체로 이 무렵이었다. 그 가운데서도 영남학파의 태두인 퇴계(退溪) 이황과 기호학파의 거목인 율곡(栗谷) 이이는 우리나라가 자랑하는 동방의 석학이다.

성리학 연구의 중심이 된 서원 가운데는 본래 농장을 기초로 삼고 세워진 것도 있고, '사액서원(賜額書院)'이라고 해서 국가로부터 토지와 서적과 노비 등을 지원받은 것도 있었다. 경제적 기반이 든든한 이들 서원은 각각 그 나름의 세력을 이루고 성장할 소지를 가지고 있었다. 거듭된 '사화'로 된서리를 맞고 움츠렸던 문인 학자들이 서원을 중심으로 몸을 일으킬 날이 오는 것은 시간문제였다.

하나의 서원에 모여드는 젊은 학도들은 대개 혈연(血緣) 또는 지연(地緣)이 같은 젊은이들이었다. 같은 가문 또는 같은 고향에서 태어나고 자란 젊은이들이 다시 같은 서원에서 동문 수학을 하게 되면, 혈연과 지연과 학연(學緣)이 함께 어우러진 셈이니 매우 끈끈한 인간관계가 그곳에 형성되는 것은 당연한 추세였다. 같은 서원에 속한다는 것은 같은 가문에 속한다는 것과 마찬가지로 동일한 공동체에 소속된 성원임을 의미하였다.

끈끈한 인간관계로 결속된 집단이었던 까닭에 서원에는 엄밀한 의미의 학문의 자유는 있을 수 없었다. 임금과 스승과 아버지는 근본이 같다고 하였다. 자식이 아버지의 뜻을 어길 수 없듯이 제자는 스승의 학문에 반기를 들 수가 없었다. 스승이 영남학파면 제자도 당연히 영남학파일 수밖에 없고, 스승이 주리론자(主理論者)면 제자도 당연히 주리론자가 되어야 했다. 스승이 기호학파면 제자도 당연히 기호학파일 수밖에 없고, 스승이 주기론자(主氣論者)면 제자도 당연히 주기론자가 되어야 했다. 그들은 같은 배를 타고 같은 곳으로 가는 공동체의 일원이었다.

스승의 길을 그대로 따라가야 하고 스승에 대한 비판을 허락하지 않는 서원의 풍토는 학문의 발달을 위해서는 부정적으로 작용하기가 쉽다. 실제로 조선시대의 우리나라의 학문은 주자학 일색이었고, 명나라에서 성행했던 양명학(陽明學)은 이단으로 몰리는 편협함을 보였다. 주자학만이 옳은 학문이라는 편협한 태도는 후일에 서양의 학문과 사상을 받아들이는 과정에서도 많은 지장을 초래하였다. 그러나 끈끈한 인간관계로 한 덩어리가 된다는 것은 그 집단이 세력의 주체가 되기에는 유리한 조건이다. 실제로 탁월한 스승을 중심으로 삼고 많은 유생들을 배출한 서원은 은연중 세력 형성의 본거지가 되었고, 세력을 회복한 유림은 장차 다시 정계로 진출하게 된다.

혈연과 지연과 학연을 매개로 삼은 끈끈한 정의(情誼)로 뭉치는 단결에는 뭉치는 범위에 한계가 있었다. 혈연과 지연과 학연을 같이하는 사람들끼리만 뭉치기 마련이었으므로, 그들의 단결은 배타적 단결이 될 수밖에 없었고, 자연히 붕당(朋黨)의 성격을 띠기 마련이었다. 붕당의 성격을 띤 사람들이 정계에 진출하면 그들 사이에 세력 다툼이 생기는 것은 피하기 어려운 현상이다. 서원의 발달이 사학(私學) 교육기관으로서의 긍정적 구실도 하였지만, 장차 당쟁(黨爭)을 일으킬 준비를 했다는 부정적 구실도 하게 된 까닭이다.

4. 전란과 당쟁의 세월

이병도(李丙燾)는 태조 초부터 명종 말에 이르는 170여 년 동안을 조선 전기로 보고 선조(宣祖) 초부터 경종(景宗)까지의 160여 년 동안을 조선 중기로 분류하였다. 만약 역사의 어떤 시기도 평가의 대상으로 볼 수 있다면, 조선시대 5백여 년 가운데서 가장 좋았던 시기는 조선 전기라고 볼 수 있을 것이다. 전기 가운데서 성종 말 이전이 가장 자랑스러운 시기였다. 이 시기에 역대 왕실과 그 측근은 새로운 포부를 안고 유교 정신에 입각하여 국태민안(國泰民

安)한 나라를 세우려고 노력하였다. 그 노력의 결과로서 이씨(李氏)의 왕권은 확립되고, 국민도 비교적 안정된 생활을 영위할 수 있었다. 제10대 연산군이 왕위에 오르자 군주 자신이 사치와 방종을 일삼아서 나라를 어지럽혔고, 조정 신하들은 당파를 가르고 세력 싸움을 일삼다가 '무오사화'라는 불행을 자초하였다. 왕실과 조정 신하들은 이 '사화'의 역사적 교훈을 살리지 못했을 뿐 아니라, 여전히 감정의 대립과 세력 싸움에만 열중하여 다시 세 차례의 '사화'를 더 초래하는 어리석음을 범하였다. 국가가 중병을 앓기 시작한 것이다. 나라의 기강과 질서도 따라서 흔들리기 시작한 것은 당연한 일이다.

만약 한 나라의 역사가 그 나라의 내부 사정만으로 결정되는 것이라면, 우리 조상들은 악정(惡政)과 세력 싸움, 그 밖의 어리석은 행위에 대한 반성을 조만간 하게 되었을 것이고, 실패를 거울로 삼아 새로운 역사를 창조하는 길로 들어섰을 것이다. 그러나 한 나라의 역사는 그 나라 단독의 사정만으로 전개되는 것이 아니라 이웃 나라와의 국제적 관계 여하에 따라서도 그 진로가 큰 영향을 받는다. 특히 우리 한반도는 중국과 일본이라는 만만치 않은 두 세력 사이에 끼여 있어서, 우리나라가 내부적 분열로 국력이 약화되면 조만간 그들의 침공을 받기 쉬운 취약점을 가졌다. 나라의 기강이 해이해지고 상하의 인심이 고식(姑息)을 즐기면 외적의 침입을 부를 염려가 많은 것이 우리나라의 지정학적 조건이다.

중종 5년에 왜인들이 삼포(三浦)에 침입하여 군민을 살해하고 가옥을 불태운 변란이 있었고, 중종 36년에도 웅천(熊川)에서 대마도인과 우리 관병(官兵) 사이에 충돌 사건이 있었으나 소규모의 사건에 지나지 않았다. 명종 10년에도 왜구가 호남에 침입하여 영암과 진도 근해에서 난동을 부린 적이 있었다. 그러나 조정에서는 그러한 사건을 심각하게 받아들이지 않았으며, 일반 국민도 피해 당사자들을 제외하고는 대체로 태평(太平)의 분위기 속에서 큰 걱정 없이 살 수 있었다. 적어도 외견상으로 볼 때는 명종 말까지의 일반 국민 생활은 대체로 안온한 편이었다.

지배계급이 세력 싸움에만 열중하고 국방과 군비를 소홀히 하면 왜인 또는 호인(胡人)이 침공할 염려가 있다고 내다본 사람들이 있었다. 퇴계 이황도 그러한 주장을 했고, 특히 율곡 이이는 십만 대군의 양성이 필요함을 건의하기도 하였다. 그러나 당시의 국왕과 조정 신하들은 그 건의를 혹은 묵살하고 혹은 반대하였다. 그런 일이 있은 지 여러 해 뒤인 선조 23년에 일본의 권력자 풍신수길(豊臣秀吉)의 태도를 염탐하기 위하여 황윤길(黃允吉)과 김성일(金誠一)을 일본에 보낸 일이 있었으나, 그들은 돌아와서 상반되는 보고를 하였고, 조정에서는 별로 염려할 바 없다는 김성일의 낙관론을 받아들였다.

이율곡이 일찍이 염려했고 황윤길이 일본을 시찰하고 걱정했던 일이 실제로 일어난 것은 선조 25년(1592)의 일이었다. 아무런 방비도 없이 일방적으로 당한 침공이었다. 당파간의 세력 다툼으로 국가의 기강이 해이하고 민심이 정부에 등을 돌린 지 오래된 상태에서 일어난 전쟁이었다. 부산에 상륙한 적의 대군은 빠른 속도로 서울을 향하여 북진하였고, 신립(申砬)이 지키던 충주가 함락되자 선조는 서울을 버리고 개성과 평양을 거쳐서 의주(義州)로 피난하였다.

선조와 그 측근들이 서울을 버리고 피난길에 올랐을 때 민심(民心)의 소재가 여실히 나타났다. 선조 일행이 서울을 비웠을 때, 난민들은 공사(公私) 노비의 문서를 불살라 버리고 여러 궁궐에도 불을 질렀다. 선조가 개성에 도달했을 때 통곡하는 군중도 있었고, 임금과 그 측근에 대하여 비난의 욕설을 퍼붓는 자도 있었다. 왕은 두 왕자를 강원도와 함경도로 보내어 근왕병(勤王兵)을 모집했으나 응하는 자가 별로 없었다.

대세가 이토록 불리한 가운데서도 국난을 구하기 위하여 용감하게 일어서서 목숨을 걸고 싸운 사람들이 있었다. 거북선을 앞세우고 적의 수군(水軍)을 전멸시킨 이순신(李舜臣), 행주산성에서 적의 대군을 맞아 끝내 패퇴시킨 권율(權慄), 소수의 군사를 거느리고 진주성을 고수한 김시민(金時敏) 등 여러 용장(勇將)들의 애국은 우리나라 역사의 큰 자랑이고 귀중한 교훈이다.

여기서 우리가 더욱 자랑스럽게 생각해야 할 일은, 본래는 군인이 아니던 사람들이 사방에서 무기를 들고 나서서 의병(義兵) 부대를 조직했다는 사실이다. 정부에서 주도한 모병에는 소극적 태도를 보였던 국민들이 향토의 방위를 위하여 용감하게 일어서서 목숨을 걸고 싸웠다는 것은 우리 민족성의 희망적 측면을 보여준 사실로서 크게 주목을 끈다. 평소에는 학문에 종사하던 유학자들이 의병장이 되고 그 주위에 양반과 농민, 그리고 노예 등이 하나로 뭉쳐서 국난 극복에 목숨을 걸었다는 것은, 우리 민족의 어떤 가능성을 말해 주는 매우 중요한 의미를 가진 장거(壯擧)라 하여도 과언이 아닐 것이다.

서산대사(西山大師)와 사명당(泗溟堂) 같은 스님들이 승병을 거느리고 왜병과 항쟁한 사실도 같은 맥락에서 높이 평가된다. 고려시대와는 달리 조선의 정부는 대체로 불교를 억제하는 정책을 썼음에도 불구하고, 승려들이 나라를 구하기 위하여 무기를 들고 일어섰다는 것은 특기할 만한 역사적 사실이다. 그것은 정부에 대한 사랑이 없이도 국가에 대한 사랑은 있을 수 있다는 사실을 밝혀 준다는 점에서도 특기할 만한 사실이고, 우리나라가 일본과 대륙의 거듭된 침공을 받고도 단일민족으로서 유구한 역사를 지켜 온 것이 결코 우연이 아님을 증명한다는 점에서도 자랑스러운 사실이다.

이순신이 이끄는 수군과 우리 의병들의 용감한 항전으로 왜군은 일단 후퇴하였으나, 그들은 선조 30년(1597)에 다시 침공해 왔다. 이번에는 우리 군대도 어느 정도 방위 태세를 갖추었고 명나라 원군의 적절한 출동도 있어서, 왜군의 진격이 5년 전과 같이 용이하지는 않았다. 한때는 그들의 형세가 유리한 듯하기도 했으나, 다시 기용된 이순신의 선전으로 왜군의 전세는 불리하게 되었다. 그때 마침 일본의 통치권자 풍신수길이 죽었고, 그것을 계기로 왜군은 철수하게 되었다.

비록 왜군이 침공의 야욕을 채우지 못하고 물러갔으나 7년 동안의 전쟁을 치른 우리나라의 피해는 막심하였다. 왜군의 살육과 약탈로 인구가 감소하고 농촌이 황폐화하였다. 기근이 들고 질병이 유행하였을 뿐 아니라 도처에 도적이 횡행하였다. 토지대장과 호적이 없어져서 조세와 부역(賦役)의 행정이 마비되었다. 정부는 재정의 곤란을 해결하기 위한 궁여지책으로 곡식을 받고 벼슬을 파는 일을 공공연하게 시행하였다. 이러한 무질서 속에서 이몽학(李夢鶴)의 난과 같은 민란(民亂)이 일어나기도 하였다.

외세의 침입은 일본만으로 그치지 않았다. 중국 대륙에서는 우리나라와 우호의 관계를 가졌던 명나라가 붕괴하고 우리가 오랑캐 나라로 멸시했던 후금(後金)이 득세하는 추세를 보였다. 광해군(光海君)이 물러나고 그 뒤를 이은 인조(仁祖)는 명나라를 가까이하고 후금을 물리치는 정책을 썼거니와, '인조반정(仁祖反正)'의 논공행상에 불만을 품고 반란을 일으킨 이괄(李适)이 관군에 패하고 후금으로 도망하여 광해군 폐위의 부당성을 주장하였다. 후금은 광해군을 위하여 보복한다는 명분을 내세우고 인조 5년(1628)에 우리나라를 침공하였다. 왜국과의 전란이 수습된 지 31년 만에 일어난 불행이었다. '정묘호란(丁卯胡亂)'으로 불리는 이 전란의 근본 원인은 우리나라가 약하다는 사실에 있었고 그 가까운 원인은 조국을 배반한 반정공신(反正功臣) 이괄의 부도덕에 있었다.

'정묘호란'은 '형제지국(兄弟之國)'의 맹약이라는 수모를 대가로 치르고 일단 수습을 보게 되었다. 그러나 그로부터 9년 뒤인 1637년에 그들은 다시 침입해 왔다. 이른바 '병자호란(丙子胡亂)'이다. 이번에는 후금의 태종(太宗)이 황제(皇帝)를 칭하고 국호를 '청(淸)'으로 고친 뒤에 우리나라에 대하여 자기 나라를 상국(上國)으로 받들기를 강요하는 등 무리한 요구가 많았으므로, 인조는 청나라 사신을 인견하지 않고 국서도 받지 않았거니와, 청 태종은 이를 트집잡아 대군을 거느리고 침공했던 것이다. 역시 약하다는 이유 때문에

당한 국난이었다.

청나라의 침입은 왜군의 경우에 비하여 그 기간이 짧았으므로 왜란 때보다는 인명과 재산의 피해가 적은 편이었으나, 그들의 군마에 밟힌 서북 지방은 약탈과 살육으로 황폐화하였다. 그뿐만 아니라 세자(世子)와 백관을 이끌고 남한산성으로 피신하여 항쟁을 시도하던 인조는 필경 성문을 열고 삼전도(三田渡)에 나아가서 청 태종 앞에 항복하는 치욕을 감수하고 말았다.

일본과 중국의 침공으로 인하여 국난(國難)에 처했을 때마다 우리 조야(朝野)는 힘을 합해 이에 대처하여, 우여곡절 끝에 망국(亡國)의 파탄에는 이르지 않았다. 우리 민족의 끈질긴 생명력과 불굴의 용기를 어느 정도 발휘한 결과라고 생각된다. 그러나 우리나라의 왕실과 관리 그리고 국민 전체가 진정 하나로 뭉쳐서 최선을 다했다고 보기는 어렵다. 지배 계층으로서의 책임이 막중한 사대부들은 당연히 당쟁의 고질을 고쳤어야 마땅했는데, 사실은 그렇게 되지 않았다.

조선 중기 이후의 역사를 얼룩지게 한 당쟁(黨爭)은 네 차례 '사화'의 원인이었던 유림의 세력 싸움의 연장선상에서 일어났다. 관리의 임명을 좌우하는 권한을 가진 요직이요, 장차 재상의 자리로 올라갈 등용문이기도 한 전랑(銓郞)의 자리를 둘러싼 심의겸(沈義謙)과 김효원(金孝元)의 대립과 반목을 계기로 서인(西人)과 동인(東人)의 두 붕당(朋黨)이 처음 생긴 것은 선조 초년의 일이었다. 이 두 붕당은 결국 치열한 권력 투쟁으로 맞서게 되거니와, 이 붕당 사이의 권력 투쟁은 복잡한 양상을 띠고 장기간 계속되었으며, 조선 중기 이후의 정치 풍토와 윤리적 상황에 막대한 영향을 끼쳤다.

조선시대의 당쟁은 정권에 대한 투쟁이기는 했으나 왕권(王權)에 대한 투쟁은 아니었다. 바꾸어 말하면, 그것은 왕의 자리를 노리는 혁명의 투쟁이 아니라 왕을 등에 업고 '어명(御命)'의 명분을 빌려서 상대편을 타도하는 정치적 권력 투쟁이었다. 그러므로 승패의 관건은 어느 편이 먼저 왕을 업고 '어명'을 따내느냐에 달려 있었다. 어명을 받아 내는 방법은 붓대와 혀끝을 놀리는 음해와 모략에 있었으며, 어느 누구도 무력은 사용하지 않았다.

무력을 사용하는 혁명 투쟁은 한판 싸움으로 승패가 결정되며 그것으로 상황은 종결된다. 그러나 혀끝과 붓대로 어명을 쟁탈함으로써 승패가 판가름 나는 정권 투쟁의 경우는 형세를 뒤집을 수 있는 가능성의 여지가 항상 남게 된다. 그러므로 그 싸움은 엎치락뒤치락하며 끝없이 계속되는 양상을 나타냈다.

싸움이라는 것은 패자가 패배를 승복할 때 끝이 난다. 그러나 조선시대의 당쟁의 경우는 일단 패배하여도 그 패배를 승복하기가 어려웠다. 상대편이 정정당당하게 싸워서 이쪽이 진 것이 아니라 음해와 모략으로 왕을 움직이는 방법을 사용한 까닭에 그 패배를 인정할 수 없었다. 비유한다면, 운동경기에서 심판을 매수함으로써 부당한 판정을 유도했을 때 진 편은 그 판정에 승복할 수 없는 것과 같은 논리라 하겠다.

끈끈한 가족주의적 인간관계와 집단 이기주의도 투쟁의 종결을 어렵게 하였다. 조상의 원수는 반드시 갚는 것이 자손의 도리라고 믿은 것이 우리 전통 사회의 윤리 의식이었고, 억울하게 처형을 당하거나 유배지에서 죽은 조상 또는 스승의 원한을 풀어 드려야 한다는 것이 그 당시 젊은 세대의 정서였다. 그러므로 당쟁의 승부는 한 세대만으로 끝나지 않고 다음 세대로 계승되는 양상으로 악순환을 거듭하였다.

당쟁이 시작되던 선조 초기에는 동인과 서인 두 당파가 대결했으나, 오랜 세월을 두고 당쟁이 계속되는 가운데 동인은 다시 남인(南人)과 북인(北人)으로 분열하였고, 서인은 청서(淸西)와 훈서(勳西)로 분열하였다. 효종(孝宗)과 현종(顯宗) 때에 이르러 동인은 남인을 중심으로 하나가 되고, 청서와 훈서 또는 소서(少西)와 노서(老西)로 분열했던 서인들은 송시열(宋時烈)을 중심으로 하나가 되었다. 그러나 숙종 때에 이르러서 남인은 다시 청남(淸南)과

탁남(濁南)으로 나누어지고, 서인은 다시 노론(老論)과 소론(少論)으로 분열하였다. 일반적으로 말해서, 어느 당파든 세력이 없을 때는 하나가 되고 세력을 얻게 되면 분열하는 경향을 보였다.

조선시대에 당쟁이 치열한 양상을 보인 원인의 일부를 우리는 유학 수용의 경직성(硬直性)에서 찾아볼 수 있을 것이다. 원시 유학의 비조(鼻祖)인 공자(孔子)는 중용(中庸)을 매우 중요시했고, 유교의 근본정신에는 상황에 따라서 융통성을 발휘할 수 있는 너그러움이 있었다. 그러나 시대의 경과에 따라서 유학은 교조화(敎條化) 경향을 보였고, 조선의 사상가들이 주자학을 절대적 진리의 체계로서 받아들임에 이르러 저 교조화의 색채가 더욱 선명하게 되었다. 이 교조화된 유학 사상이 조선시대의 당쟁에 악용되었던 것이다. 유학의 근본 사상에 충실하다면 당쟁은 일어나지 않아야 옳을 것이다. 그러나 그 유학이 도리어 당쟁을 부추긴 결과가 되었으니, 이론과 실천의 차이에서 오는 역설적 현상의 하나라 하겠다.

공자가 마음속에 그린 이상적 인간상을 압축해서 표현한 것이 '군자(君子)'라는 말이다. 그리고 '군자'와 대조되는 말이 '소인(小人)'이다. 군자는 존경하는 마음으로 우러러보며 모방의 대상으로 삼아야 할 이상적 인간의 모범이고, 소인은 그 반대의 인간 모형으로서 우리가 경계해야 할 대상이다. 군자와 소인을 양극으로 삼고 그 중간에 여러 수준의 사람들이 살고 있는 것이 인간 사회의 현실이며, '나' 자신도 그 어느 지점 하나를 점유한다고 보아야 할 것이다. 바꾸어 말하면, 현실 사회에서는 절대적 군자나 절대적 소인을 찾아보기는 어려우며, 대부분의 사람들은 다소간의 군자적 소질과 소인적 소질을 아울러 가지고 있는 것으로 보아야 한다.

그러나 '군자'와 '소인'의 구별을 경직된 자세로 받아들일 경우에는 흑백논리에 빠짐으로써 현실의 인간을 '군자 아니면 소인'으로 분류하는 오류를 범하기 쉽다. 바로 이러한 오류를 당쟁의 와중에서 사투를 벌인 유림이 범한 것이다. 당쟁의 당사자가 된 붕당의 대표들은 각각 자신들을 '군자'로 평가하고 상대편을 '소인'으로 평가하기 쉬웠으며, 일단 '소인'으로 평가된 상대편은 도태당해야 마땅한 무리로서 낙인을 찍히게 되었다. 마치 종교의 교리를 중간에 두고 싸우는 광신도들이 일종의 사명감을 가지고 상대편에게 가혹한 공격을 가하듯이, 당쟁의 당사자들도 그렇게 치열하게 싸웠던 것으로 보인다.

조선시대의 사림이 유학을 매우 경직된 자세로 받아들였다는 것은 예론(禮論)에 대한 그들의 태도에도 여실히 나타나고 있다. 예(禮)의 근본정신은, 인간을 포함한 천지 만물을 지배하는 규범과 질서가 있다는 것을 전제로 삼고, 그 규범과 질서를 존중해야 한다는 가르침에 있다. 이 근본정신에 순응하는 방법으로서 유가에서는 여러 가지 경우에 지켜야 할 외형적 예법(禮法)을 제시하였다. 예컨대, 관혼상제의 의식 또는 일상생활에서의 예의범절이 그것이다. 요컨대, 예에는 내용과 형식 두 측면이 있다는 말이 되며, 이 두 측면 가운데서 근본적인 것은 내용이라고 보아야 옳을 것이다. 그런데 조선의 유학자들은 예의 형식적 측면을 절대시하는 경직된 태도를 취했던 것이다.

널리 알려진 바와 같이, 유교는 중국의 봉건사회를 배경으로 삼고 형성된 사상이다. 봉건사회에서는 상하(上下)의 수직적 질서가 중요시되었으므로 유교는 예의 형식적 측면에 역점을 둠으로써 그 질서 확립에 도움을 주고자 하였고, 봉건사회의 지배 계층은 유교의 그러한 예론을 크게 환영하였다. 이 점에 있어서는 유교를 국교로서 숭상한 조선시대 지배층의 경우도 다를 바가 없다.

유교가 모든 예법을 중요시하는 가운데서 왕실의 법도는 더욱더 중요한 것으로 숭상되었다. 왕실의 법도는 모든 것이 추호의 어긋남도 없이 엄수해야 할 규범이었으며, 그 가운데서도 왕이 서거했을 때의 복상(服喪)의 문제는 매우 까다로운 것이었다. 가령 대비(大妃)의 경우는 복상의 기간을 얼마 동안으로 해야 옳으냐 하는 것은 지극히 중요한 문제이며, 서거한 왕과 대비의 관계 여하에 따라서 그 기간이 달라야 한다는 것이 당시의 예론자(禮論者)들의 철칙이었다. 그런데 이 복상의 문제가 인조의 계비(繼妃) 조대비(趙大妃)의 경우에 큰 문제가 된 것이다.

인조의 뒤를 이어서 왕위에 오른 효종은 재위 10년째 되던 1659년에 서거하였다. 이때 효종의 계모후(繼母后)에 해당하는 조대비의 복상 기간을 기년설(朞年說)에 따라서 만 1년으로 하느냐 또는 삼년설(三年說)에 따라서 만 2년으로 하느냐가 문젯거리로서 등장하였다. 당시의 집권 세력이었던 서인 측에서는 효종이 인조의 제2왕자이므로 인조의 계비인 조대비는 기년설을 따라야 한다고 주장했으며, 눌려 지내며 기회를 노리던 남인 측에서는 효종이 왕위에 올랐으므로 삼년설을 따라야 한다고 하여 맹렬하게 반대하였다. 이때는 서인들의 주장이 일단 승리를 거두고 남인들은 물러앉았으나, 현종 말년에 효종비 인선후(仁宣后)가 죽었을 때 조대비의 복상 문제가 다시 대두하여, 이번에는 대공설(大功說, 9개월)을 주장하는 서인에게 기년설로 맞선 남인들이 승리하였다.

이 두 번째 조대비 복상 문제의 승패는 대단히 큰 결과를 초래하였다. 패자가 된 서인들은 남인에게 정권을 내주어야 했으며, 서인의 거두 송시열은 극형을 당하는 위기를 맞기까지 하였다. 기년설을 주장하여 승리자가 된 남인들은, 오래간만에 정권을 차지한 것을 계기로, 송시열 처벌에 대한 의견의 대립이 화가 되어 청남과 탁남 두 파로 갈라지게 되었다. 조선시대의 지배계급이 유학, 특히 예론을 얼마나 경직된 태도로 받아들였나를 단적으로 말해 주는 동시에, 유림이 그들이 숭상한다는 유학을 당쟁의 도구로 이용했음을 밝혀 주는 사건이다.

조선시대의 당쟁은 명분이 없는 정치 싸움이었다. 정치 논쟁이 명분을 갖기 위해서는 그 쟁점이 민생 문제나 사회적 개혁 또는 외교나 국방 문제 등 국가와 사회의 문제에 관한 것이라야 함에도 불구하고, 조선시대의 당쟁은 복상의 기간 또는 세자 책립 따위의 왕실 내부의 문제를 앞세우고 계략과 음모를 일삼은 것이 그 실상이었다. 그뿐만 아니라, 그것은 정치에 직접 관여하는 사람들만의 싸움이 아니었다. 적어도 양반에 속하는 사람들은 누구를 막론하고 당쟁에 가담하지 않을 수가 없었다. 어느 양반 가문에 태어나느냐에 따라서 그 사람의 당파는 이미 결정되기 마련이고, 파가 다르면 모두가 서로 원수였다. 원수인 까닭에 파가 다른 집안끼리는 혼인을 할 수 없음은 물론이요, 서로 왕래도 하지 않았다. 이러한 반목과 대립은 우리나라가 일본에게 주권을 빼앗긴 뒤에까지도, 비록 정도는 약해졌으나 계속 남아 있었다.

당쟁의 시대에 살던 양반들은 적과 동지를 식별할 필요가 있었다. 처음 낯선 사람과 만났을 때도 상대가 적인지 동지인지 구별할 수 있어야 했다. 이러한 필요에 따라서 생긴 것이 족보에 대한 존중이요, 보학(譜學)의 발달이었다. 처음 낯선 사람과 만나게 되었을 때, 그가 어느 파에 속하는 사람인지 알기 위해서 필요하고 충분한 조건은 그가 어느 가문의 자손인가를 확인하는 일이었다. 또 내가 어느 파에 속한다는 것을 상대편에게 알림으로써 착오를 미연에 방지하기 위해서는 '나' 자신이 어느 가문, 어느 파의 몇 대 손인가를 알 필요가 있었다. 이러한 사회적 여건 속에서 족보가 중요시된 것은 당연한 일이고, 족보에 대한 지식, 즉 보학에 어두우면 행세하기가 어려운 것 또한 당연한 이치였다.

숙종(肅宗) 말기 이후에는 서인 가운데 노론이 주로 세도를 잡게 되었고, 남인을 비롯한 그 밖의 사람들은 정치적 낙오자로서 별 볼일 없는 처지가 되었다. 노론의 세력이 워낙 확고했던 까닭에 정세를 뒤집을 전망이 보이지 않았으므로, 정치 싸움에서 패배한 사람들은 한편으로 청빈낙도(淸貧樂道)의 길을 걷기도 하고, 한편으로는 국가의 현실을 부정적 시각으로 보기도 하였다. 당시의 불평객들 사이에서 『정감록(鄭鑑錄)』이 유행하고 남인들 가운데서 천주교를 몰래 믿는 사람들이 많이 생기게 된 것은 결코 우연한 일이 아니다.

당파 싸움의 되풀이는 국가와 사회 전체를 위하여 좋지 않은 영향을 가져왔고, 한 당파가 권세를 장악하는 것은 왕권의 권위를 위해서 걱정스러운 일이었다. 이러한 상황을 정확하게 진단한 군주는 제21대 영조(英祖)와 제22대 정조(正祖)였다. 영조는 당쟁의 피해가 심각함을 절실하게 느끼고, 우선 그 직책을 갖지 않은 선비들이 정치의 시비를 논하는 상소문을 함부로 올리지 못하도록 막았다. 그리고 노론과 소론을 아울러 등용함으로써 당파간의 조화를 꾀하였다. 이른바 영조의 탕평책(蕩平策)이다. 영조의 손자인 정조도 선왕의 뜻을 이어받아 사색(四色)을 고루 등용함으로써 당쟁의 고질을 치유하고자 하였다.

영조와 정조의 노력으로 당쟁의 폐단이 다소 완화되기는 하였으나 그 뿌리는 뽑히지 않았다. 참혹한 죽음을 당한 영조의 둘째 왕자 장헌세자(莊獻世子)를 억울하다고 주장하는 시파(時派)와 세자를 더욱 공격하여 그에 대한 무고를 정당화하고자 꾀한 벽파(僻派) 사이의 대립이 격화되어, 이것이 남인과 노론의 반목에 다시 부채질을 하였다. 그리고 제23대 순조(純祖) 초기부터는 외척(外戚)들이 정권 획득에 열을 올리게 되어, 당파 싸움은 왕이 바뀔 때마다 '세도(勢道)'도 바뀌는 새로운 양상으로 이어졌다.

5. 조선 말기의 내우외환

영조는 조선의 역대 군왕 가운데서 그 업적이 높이 평가되는 영주(英主)의 한 사람이다. 앞에서 언급한 탕평책을 쓴 것도 그의 영단의 소치라 하겠거니와, 탕평책 이외에도 영조에게는 몇 가지 탁월한 업적이 있었다. 그는 국민을 사랑하는 마음에서 민생 문제를 중요시하였고, 농경과 잠업(蠶業)을 장려했으며, 사치를 금하고 균역법(均役法)을 시행함으로써 서민층의 부담을 덜어 주고자 시도하였다. 영조는 또 『속대전(續大典)』을 비롯하여 『속오례의(續五禮儀)』, 『국조악장(國朝樂章)』, 『문헌비고(文獻備考)』 등 여러 서적을 편찬케 하였다.

영조의 뒤를 이은 정조도 훌륭한 군주였다. 그도 영조의 정신을 계승하여 탕평 정치를 시도하였고, 농정(農政)에도 많은 관심을 보였다. 정조는 특히 학문을 좋아한 군주로서 왕실의 도서관 겸 연구 기관인 규장각(奎章閣)을 설치하여 여러 학자들로 하여금 학문 연구와 도서 출판에 힘쓰게 하였다. 정조의 뜻을 따라서 편찬 간행된 여러 서적 가운데 널리 알려진 것으로서는 『대전통편(大典通編)』, 『무예도보통지(武藝圖譜通誌)』, 『오륜행실도(五倫行實圖)』 등이 있다.

영조와 정조가 선정(善政)을 베푼 동안 조선의 왕실과 정계는 안정된 상태를 유지하게 되었다. 그러나 정조 뒤에 왕위를 계승한 순조 때에 이르러 왕실은 다시 흔들리기 시작했다. 순조가 즉위했을 당시 그의 나이는 겨우 11세였으므로 대왕대비 정순왕후(貞純王后)가 후견(後見) 정치를 하게 되었다. 대왕대비는 세자 때부터 순조의 교육을 담당했던 문신 김조순(金祖淳)을 신임하여 왕을 보필하게 하였는데, 김조순의 딸이 순조의 왕비가 됨을 계기로 정치의 실권이 그에게로 돌아갔다. 이리하여 안동 김씨의 세도정치가 시작되었고, 왕실과 정계가 다시 혼란에 빠지게 되었다.

조선에서 이른바 '세도정치'를 처음 시작한 것은 정조 때의 홍국영(洪國榮)이었다. 정조가 세손(世孫)으로 있었을 때, 권세를 부리려 한 그의 외종조 되는 홍인한(洪麟漢)의 미움을 받고 위험에 처하게 되었다. 이러한 상황에서 세손을 보호하여 무사히 왕위에 오르게 한 사람이 홍국영이었다. 정조는 홍국영을 크게 신임하여 그를 도승지(都承旨)로 삼고 정권을 일임하였다. 이로써 홍국영이 세도를 부리게 되었거니와, 그는 오래지 않아 반대파의 미움을 받고 쫓겨났다. 그러나 김조순이 세도를 잡은 뒤에는 그의 일족이 정부의 요직을 대부분 맡게 되었고, 이로부터 본격적인 세도정치의 길이 열린 셈이다.

안동 김씨의 세도는 제24대 헌종(憲宗) 초기까지 지속되었다. 김조순의 딸인 순원왕후(純元王后)가 나이 어린 헌종을 대신하여 후견 정치를 했던 헌종 6년까지 중앙의 요직을 안동 김씨가 독점했던 것이다. 그러나 순원왕후의 수렴(垂簾)이 걷힌 뒤에는 풍양 조씨가 강력한 경쟁자로 떠올랐다. 풍양 조씨 조만영(趙萬永)의 딸이 익종(翼宗)의 왕비가 됨을 계기로 조씨 가문이 세력을 얻게 되었고, 특히 조만영의 아우 인영(寅永)이 우의정이 되고 이어서 영의정이 됨에 이르러 조씨 가문의 세도가 김씨 가문의 그것을 능가하게 되었다. 그러나 조씨 가문의 세도는 오래 지속되지 않았다. 조씨 가문 내부에 세력 다툼으로 자중지란(自中之亂)이 생겼고, 이조판서와 병조판서를 역임한 조병현(趙秉鉉)이 지나치게 권력을 남용하여 조신(朝臣)들의 배척을 받고 결국 제주도로 귀양갔다가 그곳에서 사약을 받기에 이르러, 조씨 가문의 세도는 종국으로 치달은 것이다.

헌종이 재위 15년에 돌아가고 후사(後嗣)가 없었으므로, 대왕대비 김씨(순원왕후)의 지명으로 강화도에서 살던 덕완군(德完君)이 제25대 왕위에 올랐다. 이가 곧 철종(哲宗)이며, 대왕대비는 다시 후견 정치를 행하는 한편 대비의 가까운 친척 김문근(金汶根)의 딸로 왕비를 삼았다. 이리하여 세도는 다시 안동 김씨의 손으로 돌아가게 되었다.

철종 당시의 안동 김씨의 세도는 순조 때의 그것을 능가할 정도였다. 영의정의 자리를 비롯하여 이조판서, 병조판서, 훈련대장, 대제학(大提學) 등의 요직을 모두 그들이 독차지하였다. 비록 왕족이라 하더라도 그들과 맞서면 화를 면하기 어려웠다. 예컨대, 왕족인 이하전(李夏銓)이 과거 시험장에서 김씨의 자제와 싸우다가 패하고 뒤에 죽임을 당한 일이 있었으니, 안동 김씨의 세도가 어느 정도였는가를 짐작할 수 있을 것이다.

외척의 세도정치의 폐단은 사색당쟁의 그것 못지않게 심각하였다. 세도를 차지하기 위해서나 그것을 유지하는 길은 정정당당한 실력 대결의 길이 아니라 중상과 모략 등의 술책(術策)에 의존하는 길이었으므로, 세도정치는 필연적으로 부정과 부패를 수반하였다. 중앙의 정치 사회가 부정부패로 혼란을 거듭하니, 지방으로 파견되는 관리들 역시 청렴결백한 경우가 적었으며, 백성을 착취함으로써 사욕을 채우는 탐관오리가 판을 쳤다. 백성들은 도탄에 빠지고 민심은 흉흉해지는 추세를 보였다.

이와 같은 민심의 동요를 반영하여 조정을 비방하고 인심을 선동하는 벽서(壁書), 즉 대자보가 서울과 지방에 나붙곤 하였다. 순조 4년에는 황해도 안악(安岳) 사람 이달우(李達宇) 등이 해괴한 가사(歌詞)로써 정부를 비난한 사건이 있었고, 또 같은 해에 상민 재영(載榮), 성서(性西) 등이 '관서비기(關西秘記)'라는 것을 서울 사대문에 써 붙인 사건이 있었다. 그리고 이와 비슷한 사건은 그 밖에도 여기저기서 일어났다.[14]

순조 11년(1811)에 일어난 '홍경래(洪景來)의 난'은 당시 민심의 동요를 가장 적극적으로 표현한 사건이라고 볼 수 있을 것이다. 홍경래는 평안도 용강(龍岡) 사람으로서, 평안도 사람들에 대한 조정의 차별 대우에 불평을 품어오던 차에, 김씨 가문의 세도를 업은 관리들의 심한 노략질과 거듭된 흉년으로 민생이 도탄에 빠지고 인심이 흉흉한 기회를 잡아서 무력 반란을 일으켰다. 홍경래의 반란군은 결국 관군에 의하여 진압되기는 했으나, 무수한 민중의 호응을 얻고 한때 여러 고을을 장악했다는 점으로 보아, 당시의 세도정치로부터 민심이 이탈했음을 증명하는 사건이라고 하겠다.

민란은 홍경래의 난 한 번만으로 그치지 않았다. 규모는 작았지만 유사한

---

14 이병도, 『한국사대관』, p.461 참조.

사건이 순조 17년에 전주에서 있었고, 19년에는 전라도 남평(南平)에서 관노(官奴)들의 반항 사건이 있었으며, 26년에는 청주에서도 정부를 저주하는 불온한 백서가 나붙은 사건이 있었다. 이러한 사실로 미루어 볼 때, 이 일련의 민란 사건들은 어느 특수한 지방 사람들의 불평을 반영했다기보다는 전국의 어지러운 민심을 반영한 것이라고 이해해야 할 것으로 생각된다.[15]

조선 말기에 민심이 동요한 가장 근본적인 이유는 경제생활의 어려움에 있었다. 조선시대의 우리 조상들은 대부분이 농업 생산에 의존하여 생계를 꾸려 나갔거니와, 실제로 농경에 종사한 것은 상민(常民)과 노비(奴婢)뿐이었으며 양반과 아전은 근육노동을 요하는 농사는 짓지 않았다. 바꾸어 말하면, 상민과 노비들이 애써 생산한 농산물을 양반과 아전들이 나누어 먹는 그러한 사회제도였다. 양반과 아전들은 생산은 하지 않고 남이 생산한 것을 그저 나누어 먹는 것만으로 만족한 것이 아니라 농민보다도 더 많은 몫을 차지하였다. 쉽게 말해서 착취를 한 것이다.

조선의 토지제도는 전 국토가 왕의 것이라는 왕토사상(王土思想)에 입각하였으나, 이런저런 명목으로 결국은 사유지(私有地)가 되고 만 것이 많았다. 그 사유지의 주인은 지배계급인 양반들이었으므로, 농민들은 그들이 수확한 농산품의 절반을 병작제(並作制)에 의하여 양반들에게 바쳐야 했다. 토지의 소유주에게 바치는 도조 이외에 또 여러 가지 명목의 국세를 내야 했으므로 서민들의 생계는 몹시 어려울 수밖에 없었다.

농민을 위시한 서민들을 더욱 괴롭힌 것은 지방 관리들의 가혹한 착취였다. 조선의 지방 관청 실무를 담당한 아전들에게는 국가로부터의 녹봉(祿俸)이 주어지지 않았다. 상민들의 것을 빼앗거나 국고로 갈 것을 횡령하지 않으

---

15 같은 책, pp.461-463 참조.

면 살아갈 수 없도록 제도를 마련했던 것이다. 세도정치로 왕권이 쇠퇴하고 국가의 질서가 문란해진 틈을 타서 지방 관리들의 부정과 부패는 극에 달했고, 서민들에 대한 그들의 행악은 막을 길이 없었다.

이러한 상태에서 민중이 동요하고 분노하는 것은 당연한 현상이다. 앞에서 말했던 '홍경래의 난'에 대한 민중의 호응과 벽보 사건 등은 모두 저 민심을 반영한 현상으로 이해되거니와, 민중의 쌓이고 쌓인 분노가 크게 폭발한 것은 세도정치의 폐단이 극에 달했던 철종 때의 일이다. 철종 13년(1862)에 진주(晋州)에서 일어난 민란은 경상과 충청 그리고 전라 전역으로 확산되었다. 이어서 함흥과 제주도에서도 민란이 일어났고, 양반 사회 전체에 대한 민중의 불만이 심상치 아니함을 조정에서도 알게 되었다. 이에 조정에서는 몇 가지 개혁책을 시도하기도 했으나 근본적 대책을 세우기에는 이르지 못하였다.

농민 사회를 기반으로 삼고 동학(東學)이 일어난 것도 철종 때의 일이었다. 최제우(崔濟愚)가 제창하기 시작한 동학운동은 농민들의 불만이 단순한 폭동으로 나타나지 않고 현실의 개혁을 목표로 삼는 종교 운동의 형태로 나타났다는 점에 특기할 만한 중요성이 있다. 최제우는 우리나라의 전통 사상 바탕에 깔려 있는 유불선(儒佛仙) 3교의 장점을 취하고 고래의 무속 신앙도 일부 받아들여서, 우리나라를 이끌어 갈 종교 내지 철학의 원리로 삼을 것을 제창하였다. '동학'이라는 이름을 붙인 것은 '서학(西學)'으로서의 천주교에 대항하는 뜻을 담은 것으로 이해되나, 동학 사상 가운데는 천주교의 자극과 영향을 받은 것으로 보이는 흔적도 없지 않다.

동학은 단순한 종교 운동에 그치는 것은 아니었다. 그것은 혼란스러운 사회 현실을 개혁하여 백성들의 불만을 해소하고 국가를 바로잡으려는 실천적 사회운동으로서의 성격을 띠고 있었다. 이에 조정에서는 동학의 확산을 위험시하게 되었고, 철종 14년(1853)에 최제우를 혹세무민하는 자라 하여 체포하여 다음 해에 사형에 처하였다. 교주의 죽음을 계기로 동학의 기세는 일단 수그러졌으나, 동학의 온상 구실을 한 농민의 불만과 불안은 해소되지 않았으므로 그 교세는 후일에 다시 고개를 들었다.

선조와 광해군 이전의 우리 조상들이 알고 있던 세계는 매우 좁았다. 우리나라와 중국 그리고 인도 이외에 다른 문명국이 존재한다는 사실에 대하여 아는 바가 거의 없었다. 선조 말엽에 북경에 갔던 사신이 유럽의 지도를 가지고 온 것과, 이어서 선교사 마테오 리치(Matteo Ricci)가 쓴 『천주실의(天主實義)』라는 책이 중국을 거쳐서 전래되어 일부 지식인들의 관심을 끈 것이 우리나라가 서양 문화와 접촉하게 된 시초였다.

인조 6년(1628)에 네덜란드의 상인 벨테브레(Weltevree)가 표착하여 이름을 박연(朴淵)이라고 고치고 일생을 우리나라에서 살았다. 그는 대포를 만드는 기술자였으므로 우리나라 훈련도감(訓鍊都監)에 속하여 그 방면에 공헌하였다. 인조 9년에는 명나라에 사신으로 갔던 정두원(鄭斗源)이 화포, 천리경, 자명종, 천문서, 천주교 서적 등을 가지고 온 적이 있었고, 인조 23년에는 소현세자(昭顯世子)가 청나라에 인질로 갔다가 오는 길에 과학 서적과 천주교 서적을 들여온 일이 있었다.

서양 문물이 전래되면서 동시에 천주교도 들어왔다. 우리나라가 처음 서양의 문물과 접하게 된 것은 명나라를 통해서였고, 명나라에 서양의 문화를 소개한 것은 주로 천주교의 선교사들이었기 때문이다. 천주교에 관한 서적이 처음 들어왔을 때는 학문적 호기심에서 그것을 읽은 데 불과했으나, 정조 때부터는 남인 학자들을 위시해서 중인과 상민 그리고 부녀자들 가운데 천주교를 종교로서 신봉하는 사람들이 생기기 시작했다. 정권에서 밀려나 현실에 불만이 많은 남인들에게는 내세의 복음을 전하는 천주교 교리에 매력적인 요인이 있었을 것이다. 그리고 사회적으로 차별 대우를 받은 상민 계층이나 부녀자들에게도 만인은 천주의 자녀라는 점에서 평등하다고 가르치는 천주교가 고맙게 받아들여질 요인을 가지고 있었을 것이다. 어쨌든 천주교 신자는 점차 늘어나는 추세를 보였다.

천주교가 확산된다는 것은 주자학을 절대시하는 조선의 견지에서 볼 때는 묵과하기 어려운 도전이었다. 천주교 신자 가운데는 신주 모시기를 거부하고 조상에 대한 제사를 반대하는 사례가 생겼으며, 이는 상제(喪祭)의 예식을 존중하는 유교의 견지에서 볼 때는 용납할 수 없는 일이었다. 이에 조정은 천주교를 사교(邪敎)로 규정하는 동시에 천주교에 관한 서적의 수입을 엄금하였으며, 정조 15년에는 신주를 불살라 버린 윤지충(尹持忠)과 권상연(權尙然)을 사형에 처하기까지 하였다. 순조가 왕위에 오르고 안동 김씨인 대왕대비 정순왕후가 후견 정치를 하게 되었을 때, 노론인 안동 김씨 측은 더욱 가혹한 천주교 탄압에 나섰다. 이승훈(李承薰)을 비롯한 다수의 신진들이 사형을 당했으며, 정약용을 위시한 여러 인사들이 유형(流刑)에 처해졌다.

그러나 신앙을 탄압으로 막을 수는 없는 일이어서 그 뒤에도 천주교의 교세는 꺾이지 않았다. 헌종 2년(1836)에 세 사람의 서양인 신부가 서울에 잠입하여 포교 활동에 임하는 등 새로운 양상을 보이면서 천주교는 계속 퍼져 갔다. 한편 조정에서도 탄압의 고삐를 늦추지 않았으며, 풍양 조씨의 벽파(辟派)가 세도를 잡으면서 탄압은 더욱 가혹하게 되었다. 헌종 5년에는 세 사람의 서양인 신부와 30여 명의 교도들이 죽임을 당하는 박해가 있었다. 최초의 조선인 신부 김대건(金大建)이 7인의 신도와 함께 순교한 것은 헌종 12년의 일이었다. 그러나 숨어서 믿는 교도들의 뿌리를 뽑을 수는 없었으며, 철종이 즉위하면서 세도를 잡은 안동 김씨가 탄압의 강도를 누그러뜨린 틈을 타서 교세는 다시 고개를 들었다. 철종 10년에는 신도의 수가 1만 6천 7백 명에 달했다고 한다.[16]

천주교의 전래는 이른바 '서세동점(西勢東漸)'의 일환이었다. 과학과 기술에서 앞서고 무력과 재력에서 앞선 서양의 선진국들이 중국과 일본 그리고 조선 등 동양의 여러 나라로 세력을 뻗치는 거센 파도를 타고 천주교의 종교 사상도 함께 밀려온 것이다. 서양의 모든 문물은 은자(隱者)의 나라 조선 사람들에게 큰 충격이고 놀라움일 수밖에 없었거니와, 그 가운데서도 가장 놀랍고 충격적이었던 것은 서양 선함(船艦)의 연해안 출몰이었다.

서양의 선박이 우리 근해에 나타나기 시작한 것은 18세기 중엽쯤이었을 것으로 짐작되나, 그들이 빈번하게 모습을 나타낸 것은 19세기 초엽부터였다. 순조 원년(1801)에 국적을 알 수 없는 양선(洋船) 한 척이 제주도에 도착한 적이 있었고, 그 뒤에 영국과 프랑스 또는 미국의 선함들이 우리나라의 서해와 남해와 동해 여러 곳에 출몰하였다. 서양 선함의 이상한 모습을 본 당시의 우리 조상들이 그것을 '이양선(異樣船)' 또는 '황당선(荒唐船)'이라고 부른 것만 보더라도, 그들의 도래가 매우 충격적인 사건이었음을 알 수 있다.

서양 열강의 선함이 우리나라를 찾아온 것은 통상(通商)을 요구하기 위해서였다. 약소국인 우리나라로서는 대등한 위치에서 교역을 할 수 있다고 낙관할 수 없는 처지에서 개국을 일단 거절했지만, 저들은 집요하게 통상을 요구해 왔다. 강대국을 대하는 약소국의 공포와 불안이 있었고, 또 천주교라는 이국 종교에 대한 의구심까지 겹쳐서, 우리 조정은 국가의 문호를 굳게 닫았던 것이나, 문제의 상황은 결코 단순하지 않았다.

우리 조상들의 불안과 공포를 더욱 심각하게 만든 것은 동양의 대국인 중국이 영국과 프랑스 등 서양의 나라들과 충돌하여 결국 굴복하고 말았다는 놀랍고도 엄연한 역사적 사실이었다. 중국 대륙에서는 1844년에 청국이 아편 전쟁에 져서 영국에게 홍콩을 내주고 배상금을 지불해야 했으며, 그 뒤에 다시 '애로우호 사건'으로 영국과 프랑스 군대에게 짓밟히고 굴욕적인 천진

---

16 같은 책, p.457 참조.

조약(天津條約)을 맺은 바 있었다. 천하의 막강한 대국으로 믿었던 청국조차 그렇게 당했으니, 조선과 같은 약소국의 조야(朝野)가 공포에 떤 것은 당연한 일이었다. 우리나라는 대원군(大院君)이 앞장서서 쇄국을 강행했으나, 빗장만 걸어 잠근다고 해결될 문제 상황이 아니었다.

6. 조선시대 윤리적 상황의 밝은 측면

이상에서 우리는 조선시대 윤리적 상황의 '윗물', 즉 상류(上流) 부분의 큰 줄거리를 대충 살펴보았다. 여기서 '윗물'이라 함은 왕실과 그 측근의 지배 계층을 지칭하는 것이며, 이제까지 우리가 살펴본 '윤리적 상황'은 왕실과 그 측근 인사들의 개인적 도덕 생활에 초점을 두기보다는 그들의 정치적 행적에 중점을 두는 시각에서 바라본 모습에 가까웠다. 바꾸어 말하면, 이제까지 우리가 주로 살펴본 것은 조선시대 사람들 개개인의 생활 태도가 아니라 조선시대의 지배 계층이 빚어낸 정치 풍토와 사회 전체의 구조적 기본 특색이었다. 한 나라 한 시대의 윤리적 상황의 기본을 결정하는 것은 그 나라 그 시대의 정치가 얼마나 도덕적이며 그 나라 그 시대의 사회구조가 얼마나 건전한가에 따라서 결정된다고 보았던 까닭에, 우리는 그러한 시각에서 조선시대 역사의 흐름을 거시적 관점에서 훑어보았던 것이다.

정치 풍토에 초점을 두고 거시적 관점에서 조선의 윤리적 상황을 바라보았을 때, 우리가 발견한 것은 어둡고 아름답지 못한 일들이 주류를 이루었다. 태조의 건국으로부터 제9대 성종 말엽까지의 조선은 위대한 군주들의 현명한 지도에 힘입어 대체로 건전한 모습을 보였다. 그러나 연산군 때부터는 나라 전체의 정신 풍토가 점차 타락의 방향으로 기울기 시작했다. 방종과 사치를 일삼은 연산군은 왕실의 기강을 어지럽게 하였고, 조정 신하들과 유림 인사들은 권력 다툼과 감정 대립으로 여념이 없었다. 그들은 상대편을 타도하기 위하여 음해와 계략을 서슴지 않았고, 그 결과로서 여러 차례의 사화(士禍)를 초래하였다. 그러한 상황 속에서도 나라 전체를 크게 흔들 정도의 동란에는 이르지 않았고, 적어도 표면상의 평온은 유지했으나, 선조가 즉위한 뒤부터는 치열한 당파 싸움이 일어났고, 지배층의 사분오열이 초래한 국내의 혼란은 일본과 청국의 침략으로 이어졌다. 임진과 정유의 왜란과 정묘와 병자 두 차례에 걸친 호란이 그것이다.

왜란과 호란은 우리나라의 존립을 위협하는 크나큰 국난이었다. 그러나 다행히 이순신, 김시민, 권율, 임경업과 같은 명장(名將)의 선전이 있었고, 조헌(趙憲), 휴정(休靜), 유정(惟政) 등이 이끄는 의병들의 분투가 있어서 국가 멸망의 위기는 극복할 수 있었다. 우리 민족에게 잠재돼 있던 저력과 도덕적 역량을 입증한 자랑스러움이라 하겠다.

그러나 왜란과 호란으로 인하여 우리나라가 입은 피해는 막대한 것이었다. 물질적 손실은 말할 것도 없거니와, 왜란의 와중에서 도움을 받았다는 이유로 명나라에 대한 숭상과 사대 사상이 상식화된 정신 풍토의 피해 또한 막심한 것이었다. 식량 부족으로 인한 국가 재정의 곤란을 구하기 위한 미봉책으로 매관과 매작(賣爵)을 감행한 폐단은 사회의 질서와 국가의 기강을 뿌리째 파괴했고, 도처에서 횡행한 도적들은 민심을 크게 흔들었다. 이러한 어려움 속에서도 지배 계층의 각성은 나라를 위하여 대동 단결하는 획기적 결단에까지는 이르지 못했고, 당파 싸움은 도리어 더욱 심한 지경으로 전락하였다.

영조와 정조는 나라와 백성을 사랑한 명군(名君)이었다. 이 두 군주가 집권했던 70여 년 동안은 조선의 중흥기에 해당하는 밝고 활기찬 시대였다. 고질적인 당파 싸움이 다소 소강 상태로 전환한 것도 이 시기에 있었던 일이다. 그러나 정조의 뒤를 이어서 제23대 순조가 즉위한 이후에는 대왕대비를 앞세운 외척(外戚)들의 정권 개입이 심해지면서 '세도정치'를 꾀하는 새로운 유형의 당파 싸움이 전개되었다. 정치 풍토는 또다시 혼탁하게 되었고, 지방 관리들의 부패와 가렴주구(苛斂誅求)가 공공연한 상식이 되었다.

조선의 정치 풍토를 거시적으로 바라본 이상의 서술이 사실에서 크게 벗어난 것이 아니라면, 우리는 조선시대의 윤리적 상황을 긍정적으로 평가하기에 어려움이 많다는 결론을 피하기가 어려울 것으로 보인다. 그러나 우리들의 일반적 통념은 이와는 정반대다. 조선의 전통 사회를 도덕적 모범으로 보는 것이 우리들의 상식인 것이다. "우리의 도덕성을 회복해야 한다." 또는 "우리의 전통 윤리를 오늘에 되살려야 한다."고 외칠 때, 우리는 알게 모르게 조선시대에 대한 향수를 수반하는 것이 보통이다. 도대체 이러한 모순을 어떻게 설명해야 할 것인가?

문제의 핵심은 윤리적 상황의 어떤 측면에 초점을 맞추고 바라보았느냐에 있다. 거시적 관점에서 왕실과 그 주변의 정치 풍토 및 정치 풍토가 빚어낸 사회의 구조적 현실에 초점을 맞추고 바라볼 때는 조선의 윤리 상황을 부정적으로 평가하는 편이 타당성을 가질 것이다. 그러나 우리가 만약 미시적 관점에서 조선 사람들의 사생활에 나타난 생활 태도에 초점을 맞추고 바라본다면, 조선의 윤리 상황을 높이 평가하는 상식적 견해에 상당한 근거가 있다고 보아야 할 것이다. 바꾸어 말하면, 조선의 지배층이 공인(公人)으로서 살아간 생활 태도에는 부도덕한 측면이 현저했음에도 불구하고, 조선시대의 우리 조상들이 가정 또는 마을과 같은 작은 집단 안에서 사사로운 생활인으로서 보여준 삶의 자세에는, 그 시대의 기준으로 평가했을 때 '도덕적'이라고 말할 수 있는 측면이 적지 않았다.

조선시대 윤리 규범은 유교에 의거했거니와, 유교의 여러 덕목(德目) 가운데서 일상생활인을 위하여 가장 현실적인 의의를 가진 것은 오륜(五倫)이 강조하는 덕목이었다. 인(仁)과 의(義) 또는 서(恕)와 성(誠) 같은 덕목이 더욱 근본적이라고 볼 수도 있으나, 그것들은 매우 추상적인 개념이어서 구체적으로 행동 지침을 밝혀 주기에는 어려움이 있다. 윤리 교육은 어린 시절부터 시작하여 습성(習性)을 기름에 그 요체가 있으므로 어린이들도 따를 수 있는 구체적 행동 지침을 밝혀 줄 필요가 있으며, 그 구체적 행동 지침을 밝혀 줄 원칙으로서 강조된 것이 오륜이었다. 정조 때 『오륜행실도』를 편찬 발간하여 널리 읽히도록 한 연유도 여기에 있다.

'오륜'이 가르치는 행동 지침을 어느 정도 지키느냐에 따라서 그 시대의 도덕성을 평가한다면, 조선시대의 우리 조상들은 대체로 도덕성의 높은 수준에 도달했다고 볼 수 있을 것이다. '오륜'의 첫째 규범인 '부자유친(父子有親)'부터 차례로 살펴보기로 하자.

'부자유친'이란 "부모와 자녀는 항상 친애(親愛)의 감정으로 서로를 대해야 한다."는 뜻의 가르침이다. 조선시대의 부모와 자녀들은 대개 이 가르침을 실천하며 살았다고 생각된다. 그 당시 사람들의 의식구조와 가족제도로 미루어 볼 때 그렇게 생각되는 것이다. 조선 사람들의 자아(自我)는 '나'이기보다도 '우리'였다. 그들은 개인인 '나'를 위해서 살기보다는 가족인 '우리'를 위해서 살았다 하여도 과언이 아닐 정도로 강한 '우리' 의식을 가지고 있다. 그들의 의식에 따르면, 개개인이 각각 독립성을 가진 존재가 아니라 개인은 가족에 속해 있는 부분과도 같은 것이었다. 같은 피(血), 즉 씨(種)를 나누어 가진 조상과 자손은 동일한 뿌리에서 파생된 여러 개의 가지와도 같은 것이어서, 생물학적으로 보더라도 결코 남남이 아니었다. 부모와 자녀의 거리는 혈연(血緣)으로 따져서 가장 가까우므로 그들은 더욱 남남일 수가 없었다. 남남이 아닌 부모와 자녀가 친애의 정으로 서로를 대하는 것은 당연하고도 자연스러운 이치였을 것이다. 그러므로 조선시대의 부모와 자녀들은, 밖으로부터의 타율이 가세하지 않더라도 서로를 친애의 정으로써 대하기에 큰 어려움이 없었을 것으로 생각된다.

당시의 대가족제도와 경제구조도 가족적 자아의식을 굳게 만드는 데 크게 기여했을 것이다. 대부분이 농경을 생업으로 삼았던 당시의 경제구조 속에서 개인이 단독의 힘으로 살아간다는 것은 매우 힘든 일이었다. 농지와 소작권은 개인의 것이 아니라 가족의 공동소유였고, 농업은 가족 단위의 협동 노동을 요구했던 까닭에, 가족은 하나의 운명 공동체가 아닐 수 없었다. 이러한 여건 속에서 가족에 대하여 강한 '우리' 의식을 갖는 것은 당연한 일이며, 그 '우리'를 위하는 길이 바로 '나'를 위하는 길이 아닐 수 없었을 것이다.

　오륜의 둘째 규범은 '군신유의(君臣有義)'이거니와, 이 규범은 "군주와 신하의 도리는 의리를 존중함에 있다."는 뜻의 가르침이다. 조선의 역대 군왕과 그 신하들은 대체로 이 둘째 규범을 크게 벗어남이 없이 군주와 신하 노릇을 했다고 볼 수 있을 것이다. 군주가 어떤 신하를 발탁하여 등용했을 때는 이미 군주로서의 은혜를 베푼 것이니, 그 신하가 배은망덕만 하지 않는다면 군주 측에서 마음을 바꿀 까닭은 별로 없었을 것이다. 또 신하 측에서 보더라도 군주에 대한 의리를 망각함으로써 더 큰 것을 얻을 가능성은 거의 없었을 것이다. 군왕이라는 것은 본래 종신직(終身職)이므로 죽기 전에는 그 권력을 유지하기 마련이었고, 따라서 신하 된 몸으로 그를 배반할 동기는 좀처럼 생기지 않았을 것이다.

　유교에서는 전통적으로 부자의 윤리에서 아들의 의무인 '효(孝)'를 강조했듯이, 군신의 윤리에서는 신하의 의무인 '충(忠)'을 강조하였다. 그런데 조선의 신하들은 대체로 '충성'의 의무를 크게 배반하지 않았다고 생각된다. 정권을 둘러싼 싸움이 빈번하게 일어났지만 이씨 왕조 자체의 타도를 꾀한 반역은 한 번도 없었으며, 모두가 '어명'을 앞세워서 상대편을 타도하고자 하는 계략을 썼다는 사실만 보더라도 조선의 조신(朝臣)들의 가슴속에 '왕권 불가침'의 관념이 있었음을 알 수 있다. 그리고 왜란과 호란의 국난을 당했을 때 무수한 장군들과 군민이 충성을 다하여 결사적으로 분투한 사실이며, 세종과 단종에 대한 충절을 지키기 위해 여러 신하들이 목숨을 던졌다는 사실 등은 조선 사람들의 충의(忠義)를 입증하는 더욱 적극적인 근거라고 할 수 있다.

셋째 원칙인 '부부유별(夫婦有別)'에는 "부부가 각각 해야 할 일이 서로 다르다."는 뜻과 "부부는 서로 존경하고 서로 아껴야 한다."는 뜻이 담겨 있다. "부부가 각각 해야 할 일이 다르다."는 주장의 구체적 내용은, 남편은 바깥 일을 맡아 안방 일에는 간섭하지 말아야 하며, 아내는 집안 살림을 전담하되 남편이 밖에서 하는 일에 대해서 간섭하지 말아야 한다는 것이 그 요점이다. "부부가 서로 존경하고 서로 아껴야 한다."는 주장 가운데는 부부 사이에서도 예절을 지켜야 한다는 뜻이 포함되어 있다.

조선시대의 부부들은 대체로 이 셋째 원칙도 잘 지킨 것으로 생각된다. 특히 사대부의 가정에서는 남편과 아내의 역할 분담이 잘 이루어졌으며, 집안 살림에 관해서는 주부의 권한이 상당히 강했던 것으로 전해지고 있다. 그리고 부부간에도 깍듯이 예절을 지키라는 가르침도 양반 가문에서는 일반적으로 실천된 것으로 알고 있다. '남존여비'의 관념이 강했던 것은 부인하기 어려우나 남편이 아내에게 말을 마구 놓는 버릇은 없었다.

시각을 달리하여 바라볼 때 많은 아내들이 부당한 대우를 받은 사례가 있었던 것도 사실이다. 특히 어린 나이에 남의 집에 시집가서 며느리 노릇하는 과정에서는 비인간적 대접을 받은 경우가 많았다. 다만 이것은 남편의 부도덕에 기인하는 폐단이기보다도 시댁 전체가 며느리를 타인시(他人視)하는 그릇된 관념에 연유하는 폐단이었다. 며느리가 받는 푸대접은 그가 시어머니가 되고 광의 열쇠를 맡게 되는 날 해소되는 것이 상례였으나, 그도 또 며느리에게 '시집살이'를 시키는 경우가 많아서 같은 현상이 되풀이되곤 하였다.

'남존여비'의 관념을 배경으로 삼은 남편 자신의 이기심으로 인하여 아내가 피해를 입는 사례도 흔히 있었다. 아내에게는 완벽한 순결을 요구하면서 남편은 소실도 두고 외도도 할 뿐 아니라, 남편의 그러한 소행에 불평을 하면 '칠거지악(七去之惡)'을 들먹여 도리어 반격한 따위는 그 대표적인 것이다. 그러나 문제는 여자에게 불리했던 그 당시의 일반적 도덕관념에 있었던 것이며, 남편이 '부부유별'의 규범을 어김으로써 심각한 문제를 일으킨 것이라고 보기는 어려울 것이다.

넷째 원칙인 '장유유서(長幼有序)'는 "나이 많은 사람과 나이 적은 사람 사이에는 차례와 질서가 있어야 한다."는 가르침이다. 이 가르침에는 노인을 우대하라는 경로사상도 포함되어 있지만 형제간의 우애와 질서를 강조하는 뜻이 큰 비중을 차지한다. 앞에서 소개한 바 있는 『오륜행실도』의 '장유유서' 장에 수록된 예화(例話)의 대부분이 형제간의 우애라는 사실만 보더라도, 오륜의 하나인 '장유유서'가 형제의 윤리에 역점을 둔 원칙임을 알 수 있다. 먼저 형과 아우 사이에 우애와 질서의 덕을 쌓게 되면, 그 마음씨가 연장됨으로써 한 가족이 아닌 어른과 아이들 사이에도 자연히 사랑과 질서의 미덕이 생긴다는 논리가 바탕에 깔려 있다고 보면 이해가 빠를 것이다.

이 '장유유서'의 규범도 조선 사람들은 대체로 잘 이행했다고 말할 수 있을 것이다. 조선시대의 가족은 강한 '우리' 의식으로 뭉친 공동체였으므로 형제간의 우애는 자연히 생기기 마련이었고, 일반적으로 수직적 인간관계가 지배적이었던 까닭에 형은 아우에게 어른스럽게 대하고, 아우는 형을 공경하는 기풍이 조성되기 마련이었다. 그리고 농경 사회는 자급자족하는 경제구조를 가지고 있었으며, 권력과 관직에 대한 야심을 가진 일부 유림을 제외하고는 타인끼리도 치열한 경쟁관계에 있지 않았으므로, 집안 윗사람을 대하는 공손한 태도는 쉽게 남의 집 어른들에게로 옮겨 갈 수 있었다. 그뿐만 아니라 옛날 우리 조상들은 대개 혈연 또는 지연을 가진 사람들끼리 오래 같은 지역에 살았으므로 서로 다정한 사이였고, 따라서 남의 집 어른 또는 아이들을 내 집의 어른 또는 아이들을 대할 때와 비슷한 태도로 대하기가 비교적 수월하였다.

끝으로 '붕우유신(朋友有信)'은 "친구의 도리는 신의(信義)를 지킴에 있다."는 뜻의 규범이다. 친구 사이의 신의에 관해서는 조선시대의 사람들의 경우에도 개인차가 많았을 것으로 보인다. 다만 현대인과 비교한다면 대체로 조선 사람들이 친구에 대한 신의가 두터웠을 것으로 생각된다. 조선시대의 생활양식과 그 시대의 대인관계의 단순성, 그리고 그 시대 사람들의 일반적 성격으로 미루어서 그렇게 생각되는 것이다.

조선시대의 사람들은 대개가 농경에 종사하였고, 따라서 평생을 같은 지역에서 사는 경우가 많았다. 같은 지역에만 살았던 까닭에 그들의 사교 범위는 좁을 수밖에 없었고, 친구의 수도 따라서 적을 수밖에 없었으며, 일단 친구가 되면 그 관계는 평생 지속될 가능성이 높았다. 짧게 말해서, 조선시대 사람들은 적은 숫자의 친구들과 깊게 사귀는 교우 생활을 했을 것이다. 이러한 상황에서는 대체로 친구간의 의리를 지키는 기풍이 조성되기 쉽다.

사람이 친구에 대한 신의를 저버릴 때는 그 배신으로 인하여 어떤 이득을 볼 수 있으리라는 기대가 배후에 있다. 그런데 조선의 사회적 여건 속에서 친구를 배신함으로써 어떤 이득을 본다는 것은 대체로 기대하기 어려웠을 것이다. 첫째로, 농경 사회에서의 '친구'라는 것은 어떤 이해관계로 알게 된 그런 사람이 아니라 집이 이웃이든지 같은 서당에서 공부를 하든지 하는 인연으로 정이 든 사람이므로, 전통 사회의 순박한 인심으로서는 친구를 배반한다는 것은 마음에 큰 부담을 주었을 것이다. 바꾸어 말하면, 양심의 가책 따위의 큰 대가를 치르지 않고는 친구를 배반하기가 어려웠을 것이다.

둘째로, 친구에 대한 배반 행위는 조만간 드러나기 마련인데, 농경 사회에서는 배반당한 친구가 보지 않는 곳으로 이사를 간다는 것이 지극히 어려운 일이었다. 농토가 있는 고향을 떠나서는 살기가 어려운 것이 농경 사회였으며, 친구를 배반한 자라는 낙인이 찍힌 상태로 고향에 눌러 산다는 것도 매우 힘든 일이었다. 친구를 배반한 사람으로 알려지면 배반을 당한 피해자뿐만 아니라 마을 사람들이 그 행위를 용서하지 않았기 때문이다.

일반 사생활에서 오륜의 규범이 대체로 잘 지켜졌다는 사실 이외에도 조선시대의 도덕성을 긍정적으로 평가할 근거는 또 있다. 왕실을 중심으로 중앙 정부가 전국을 도덕적 사회로 만드는 일에는 실패했으나, 조선시대의 조상 들은 향촌(鄕村) 단위로 소규모의 조직 활동을 전개함으로써 자신들의 고장 의 도덕성을 높이는 일에는 상당한 성공을 거두었다. 향촌 단위의 작은 도덕 적 공동체를 형성함에 크게 기여한 것으로서 향약(鄕約)과 계(契)가 있었다.

향약은 본래 유교의 정신을 따라서 중국 송대(宋代)에 시작되었던 것이며, 주자(朱子)에 의하여 다시 보완된 형태로 정비된 것이 『주자대전(朱子大典)』 에 실려서 우리나라에 소개되었다. 조광조, 이황, 이이 등이 향약을 중요시했 고 이를 우리나라 실정에 맞도록 수정하여 실시하도록 함으로써 우리나라 향 촌의 미풍양속을 형성함에 이바지하였다. 향약의 기본 정신은 권선(勸善)과 징악(懲惡), 덕업상권(德業相勸)과 상부상조(相扶相助) 등의 미덕을 실천함 에 있었으며, 숙종 이후 영조와 정조 치하에서 널리 보급되었다. 다만 향약을 운영하는 소임을 맡은 도약정(都約正, 회장), 부약정(副約正, 부회장), 직월 (直月, 간사) 등이 직권을 남용하여 약자를 농락하는 폐단도 없지 않았다.

'계'는 공통된 이해관계나 공통된 취미 또는 공동 목표를 가진 사람들의 상 호 협동을 위한 조직으로서 조선시대 이전에도 오래 전부터 있던 것이나, 조 선 중기 이후에는 특히 여러 가지 형태의 계가 널리 보급되었다. 여러 종류의 계 가운데서도 상호 부조를 위한 혼상계(婚喪契), 보안계(保安契) 등과 생활 개선을 목적으로 삼는 금주계(禁酒契), 단연계(斷煙契) 등, 그리고 사은 보답 을 목적으로 삼는 문인계(門人契) 등은 우리나라의 미풍양속을 진작함에 상 당한 도움이 되었다.

향약 또는 계와 같은 조직과 명문화된 규정을 갖춘 것이 아니더라도 오랜 관행에 의해서 실천된 촌락 단위의 미풍양속도 있었다. 예컨대, 농사를 지을 만한 노동력이 없는 환자나 장애인 또는 과부의 가정을 위해서는 마을 사람 들이 힘을 모아 무보수로 농사를 대신 지어 주는, 이른바 '공굴'이라는 관행이 있었다. 또 돼지를 잡은 집에서는 그 내장을 마을 노인들에게 고루 분배하는 불문율을 이행하는 곳도 있었다.

보릿고개를 당한 빈민층의 부식을 도와주는 방안으로서 '된장 서리' 또는 '간장 서리' 등의 풍습도 있었다. 춘궁기를 당하여 식량이 떨어진 농가에서는 산나물이라도 먹고 연명을 해야 했거니와, 산나물을 먹는데도 약간의 된장이나 간장은 있어야 했다. 그 된장 또는 간장을 구하는 방법이 '서리'라는 것이었다. 부식마저 떨어진 가난한 집 아낙네는 광주리 가득하게 산나물을 뜯어서 이고 부잣집을 찾아간다. 그 부잣집이 산나물을 원하든 말든 그것을 그 집에 쏟아 놓고 그 대가로서 적당한 분량의 된장이나 간장을 퍼 가면 된다. 부잣집 측에서는 아무 제재 없이 그것을 용납해야 하는 것이 불문율로 되어 있었다.

빈민을 도와주는 불문율로서 '마당 쓸이'라는 습속도 있었다. 양식이 떨어진 가난한 사람이 마을에서 잘사는 집 마당을 새벽에 해가 뜨기 전에 쓸어 준다. 그것이 절량(絶糧)을 알리는 신호임을 아는 그 마당 주인은 하인으로 하여금 마당 쓸이를 한 사람이 누구인가를 조사하도록 한 다음에, 그 가난한 집 식구들을 위하여 수일 분의 양식을 보내 주는 것이 관행으로 되어 있었다.[17]

'된장 서리'나 '마당 쓸이' 같은 풍습이 과연 바람직한 것이냐 하는 물음을 제기할 수도 있을 것이다. 빈부의 차이를 좁히도록 적극적 노력을 해야 마땅할 터인데, 빈부의 차이를 크도록 만드는 사회의 구조적 모순은 그대로 두고 가난한 사람을 더욱 비참하게 만드는 미봉책이 과연 도덕적으로 칭찬받을 수 있는 일이냐고 이의를 제기할 사람이 있을 수도 있을 것이다.

_____

17 조선시대의 '복지 관행'에 대한 여러 가지 사례에 관해서는 아산사회복지사업재단, 『한국의 사회복지』(1979)에 실린 이규태의 발표문 「한국사에 있어서의 복지관(福祉觀)」 참조.

이것은 차원을 달리하는 시각에서 제기할 수 있는 문제다. 된장 서리나 마당 쓸이가 가난 문제를 해결하는 근본 대책이 될 수 없으며 빈부의 격차를 줄이는 제도적 개혁을 꾀해야 한다는 지적은, 현대의 복지국가의 이념으로 볼 때 당연한 비판이다. 그러나 사회구조의 제도적 개혁의 문제는 촌락(村落) 차원에서 처리할 수 있는 문제가 아니므로, 이 비판은 중앙정권을 상대로 해야 마땅할 것이다. 봉건사회를 전제로 삼고 발달한 유교를 절대적 진리로서 신봉했던 조선의 경우는, 비록 중앙정권이 나선다 하더라도 경제적 분배와 사회복지의 문제를 제대로 다루기에는 뚜렷한 한계가 있었을 것이다.

유교 사상의 봉건적 성격에 연유하는 폐단은 여러 가지로 불합리한 결과를 초래하였다. 앞에서 오륜(五倫)의 규범이 널리 준수됨으로써 가족 윤리가 확고하게 정립되었음을 말한 바 있으나, 비판적 각도에서 본다면 가족생활에도 불합리한 측면이 적지 않았다. 남존여비와 혈연 존중의 관념이 너무 지나쳐서 같은 가족 안에서도 여자들은 공연한 천대를 받았으며, 특히 시집살이하는 며느리들이 인간 이하의 대접을 받은 경우가 많았다.

중국의 봉건사회를 배경으로 삼고 발달한 유교 사상에는 본래 '평등'의 관념이 크게 부족하였다. 세상에는 귀한 신분을 가진 사람과 천한 신분을 가진 사람이 있기 마련이라는 생각과 그 신분의 귀천(貴賤)은 날 때부터 미리 결정된다는 생각을 유교의 지도자들은 별다른 비판 없이 받아들인 것으로 보인다. 인간의 귀천에는 선천적 근거가 있다고 믿었던 까닭에 조선 사회에는 양반과 중인과 상민과 천민의 구별이 엄격했으며, 신분에 따르는 차별 대우를 당연한 것으로 받아들였다. 같은 양반의 피를 나누었다 하더라도 서출(庶出)의 자손과 재혼녀(再婚女)의 자손에게는 관리로서 등용될 수 있는 자격을 주지 않았다. 이와 같은 인간 차별의 배후에는 권세를 장악한 소수가 그 특권을 놓치지 않으려는 이기심이 있음을 부인하기 어려우니, 그것은 매우 부도덕한 처사임이 명백하다.

5장
구한말과 일제시대의 윤리적 상황

1. 일본 제국주의의 침략과 민족의 수난

2. '개화'에 대한 염원과 현실의 어려운 여건

3. 일제시대의 정신 풍토 개관

4. 민족주의와 가족주의

5. 개화 속의 남존여비

6. 농민과 도시인

5장 구한말과 일제시대의 윤리적 상황

1. 일본 제국주의의 침략과 민족의 수난

천주교의 전파와 열강(列强)의 개항 압력은 조선에 대한 크나큰 도전이요 위협이었다. 유교를 국교(國教)로 받들고 주자학을 절대 진리로 추대하면서 노장(老莊)과 육왕(陸王)까지도 이단으로 몰았던 조선의 견지에서 볼 때, 조상의 제례(祭禮)에도 반대하는 천주학은 도저히 용납할 수 없는 사교(邪教)일 수밖에 없었다. 그 천주교의 신도들이 잔혹한 탄압에도 불구하고 날로 늘어났다는 것은 조선의 사상적 기초에 대한 도전이요 위협이었다.

천주교의 전파는 단순히 종교적 의의만을 가진 것이 아니었다. 그것은 서세동점(西勢東漸)의 신호탄이었고, 그 뒤를 이어서 서양의 문물이 밀려왔다. 그리고 마침내 서양의 열강은 군함까지 몰고 와서 개항과 통상을 강요하기에 이르렀다. 프랑스 선교사 살해에 대한 항의를 앞세우기도 하고 미국 상선 제너럴 셔먼호의 소각을 빌미로 삼기도 했으나, 열강의 주된 목적은 우리나라와의 통상에 있었다.

대원군의 완강한 저항에 부딪쳐 군사적 시위(示威)만으로 조선을 굴복시키려 했던 열강의 의도는 일단 좌절하였다. 프랑스는 안남(安南)을 경영하는 일이 급했고, 미국은 남북전쟁 뒤에 서부를 개척하는 일이 급선무였다. 영국은 인도의 내란을 수습하기에 여념이 없었고, 러시아는 연해주(沿海州) 개척에 우선순위를 두어야 했다. 이들은 본격적으로 무력을 동원하여 우리나라를 굴복시킬 형편이 못 되었던 것이다.

그러나 일본은 서양 여러 나라들과 사정이 달랐다. 일본도 19세기 중엽까지는 쇄국정책을 고집한 후진국이었으나, 1854년에 미국과 화친 조약을 체결하고, 그 뒤에 영국, 프랑스, 러시아와도 통상 조약을 맺음으로써 개국 정책으로 전환하였다. 1867년에 일본의 왕정파(王政派)는 도쿠가와 정권을 타도하고 왕정을 복고하여 이른바 메이지유신(明治維新)을 성취하였다. 일본의 새 정부는 개화 정책을 앞세우고 서양 문명을 적극적으로 수용함으로써 한 걸음 먼저 근대화의 길로 들어섰다. 그들은 서양의 신무기를 도입하여 근대식 군대를 갖게 되었고, 갑자기 강병(強兵)의 나라로 성장하기 시작했다. 그들은 강한 군사력을 동원하여 이웃 나라 조선을 침공할 수 있는 능력을 갖추게 된 것이다.

여러 나라들의 관심의 대상이 되고 있는 조선을 일본이 아무런 사유도 없이 함부로 무력 침공할 수는 없었다. 침략의 명분을 만들 필요가 있었던 것이다. 고종(高宗) 10년에 강경한 쇄국주의자 대원군이 권좌에서 물러나고 조선에도 해외 통상을 주장하는 세력이 대두하는 기미를 보였을 때, 조선을 공략할 수 있는 구실을 조작하였다. 고종 12년(1875)에 있었던 운양호(雲揚號) 사건이 그것이다. 일본은 그들의 군함 운양호를 강화도 앞바다에 접근시켜 우리 수비대가 발포하도록 유도했던 것이다.

일본은 운양호 사건을 구실로 삼고 많은 군함과 군대를 이끌고 와서 위협을 가함으로써 '병자수호조약'이라는 이름의 불평등 조약을 체결하였다 (1876). 이 수호조약에 따라서 우리나라는 부산과 인천과 원산을 개항하게 되었고, 개항장에는 일본인의 전관(專管) 거류지(居留地)를 만들어 일본인으로 하여금 치외법권을 누리도록 하였다. 조선에 대한 침략을 위한 일본의 거점이 마련된 것이다.

병자수호조약은 우리나라와 일본과의 통상의 길을 튼 불평등 조약이었으나, 이를 계기로 서양의 다른 나라들과도 점차 통상을 시작하게 되었고, 우리나라가 국제 무대에 등장하는 동시에 서양의 신문명을 크게 받아들이는 결과를 초래하였다. 만약 우리나라가 세계의 여러 나라들과 동등한 입장에서 통상을 할 수 있는 처지였다면, 아마 조선의 순조로운 근대화를 기대할 수 있었을 것이다. 그러나 당시의 우리 정부는 완전한 자주적 입장에서 외국과 통상할 수 있는 처지가 아니었다. 한편으로는 오래 전부터 종주국의 행세를 해온 청국의 간섭을 받아야 했고, 다른 한편으로는 병자수호조약을 통하여 침략의 교두보를 새롭게 설치한 일본의 간섭을 받아야 하는 형편에 놓여 있었다. 우리나라의 정치인들은 하나로 뭉쳐서 이 난국에 대처하지 못하고 청국에 의존하려는 사대당(事大黨)과 일본의 힘을 빌리고자 한 개화당(開化黨)으로 나누어지는 판국을 연출하였다.

자국(自國)의 이익을 추구하는 제국주의적 야욕을 가지고 조선에 진출하기를 꾀한 것은 청국과 일본에만 국한되지 않았다. 러시아와 영국 등 서양의 열강도 조선에 대한 세력 확장의 기회를 노렸다. 결국 우리나라는 자주 독립국으로서의 면모를 잃고 약육(弱肉)을 노리는 강자들의 각축장이 되고 만 것이다. 다만 그 강자들 가운데서 모종의 선취득권을 쟁취한 나라가 청국과 일본이었다.

조선이라는 하나의 대상을 놓고 청국과 일본이 침략의 마수를 뻗치는 각축전에서 처음에 우세한 위치를 차지한 것은 청국이었다. 청국은 본래 동양 최대의 강국으로서 군림해 왔고 전통적으로 조선에 대하여 종주국 행세를 했다는 사실로 인하여 일본보다 유리한 처지에 놓였던 것이다. 그러나 1894년 일어난 청일전쟁에서 일본이 일방적 승리를 거둠으로써 사태는 역전되었다. 동학전쟁을 해결한다는 명목으로 청국과 일본이 함께 출병하여 충돌함으로써 청일전쟁이 일어났던 것인데, 결과는 예상과는 달리 일본의 압승으로 끝났던 것이다.

조선에서 일본의 세력이 너무 강해지는 것을 원하지 않은 나라들이 있었다. 그 가운데서도 일본 견제에 가장 적극적으로 나선 것은 러시아였다. 일본으로서는 다시 러시아와 전쟁을 치를 형편이 아니었으므로 일단 후퇴하지 않을 수 없었다. 이러한 상황에서 조선 정부 안에는 친로파(親露派)가 대두하게 되었고, 민비(閔妃)와 그 일족이 배일 친로의 정책을 뒤에서 밀었다. 이러한 상황에서 러시아 세력에게 밀리는 것이 싫었던 일본은 '명성황후(明成皇后) 살해 사건'이라는 극악무도한 범죄를 저질렀다.

한반도와 만주에서의 러시아와 일본의 세력 싸움은 점점 심각한 상태로 빠져들었고, 두 나라는 여러 차례의 협상을 통하여 그 갈등을 해결하고자 꾀하였다. 그러나 두 나라의 제국주의적 야욕은 끝내 평화적 타협점을 발견하지 못하였다. 결국 성미가 급한 일본은 무력으로써 문제를 해결하기로 결정하고 여순(旅順)에 주둔한 러시아군을 기습 공격하였다. 1904년 2월에 시작된 이 러일전쟁은 다음 해 10월에 일본의 승리로 끝났다.

러시아가 패배하자 한반도는 일본의 독무대가 되고 말았다. 러일전쟁 강화의 중재 역할을 맡은 미국 대통령 루즈벨트는 미국의 필리핀 지배를 승인받는 대가로 한국에 대한 일본의 지배를 인정하였고, 영국도 이에 동조하였던 것이다. 일본은 1905년 을사조약(乙巳條約)을 불법적으로 체결하여 대한제국을 그 '보호국'으로 삼았고, 1910년에 드디어 무력으로 합방(合邦)을 강요하여 우리나라를 완전히 지배하게 되었다.

수천 년의 역사를 가진 나라가 총 한 방 쏘아 보지 못하고 주권을 강탈당한다는 것은 보통 일이 아니다. 우리나라가 일본의 식민지로 전락하는 과정에서 우리 조상들이 팔짱을 끼고 방관만 했던 것은 물론 아니다. 국왕과 대신들도 그들 나름으로 나라를 지키고자 노력을 하였다. 그러나 그들은 외세(外勢)에 의존하여 외세를 막으려는 고식적 방도를 취함으로써 도리어 상황을 더욱 복잡하게 만들었다.

외세의 제국주의에 맞서서 용감하게 싸운 것은 정부가 아니라 민간인이었다. 그 가운데서도 특기할 만한 것은 서재필(徐載弼), 이상재(李商在), 윤치호(尹致昊) 등이 중심을 이룬 독립협회(獨立協會)의 활동과 경향 각지에서 용감한 무력 항쟁을 계속한 의병(義兵)들의 활동이다. 그러나 국권을 수호하기에는 대세가 이미 기울어 있었다.

앞에서 말한 바와 같이, 천주학이라는 서양 사상의 전파와 개항을 요구하는 열강의 압력은 조선에 대한 크나큰 도전이요 위협이었다. 이 위기를 극복하기 위해서는 정도(正道)를 명시하는 통일된 국론(國論)이 있어야 했는데, 조선 말기의 경우에는 그것이 없었다. 천주교에 대해서도 이를 맹목적으로 믿는 세력과 무조건 탄압하는 세력이 대립하였고, 개항 문제에 대해서도 완고한 쇄국론자들과 무분별한 개화론자들이 두 진영으로 분열하였다. 조정의 태도조차도 하나의 길에서 단결하지 못하고 대원군의 세력과 민비의 세력이 정면으로 충돌하였다.

정부의 요직을 맡은 사람들 가운데 외국에 매수되어 국익에 위배되는 행위를 감행한 배반자도 있었다. 1896년에 우리 국왕을 러시아 공사관으로 데려감으로써 러시아를 도운 이범진(李範晉)의 경우도 그것이고, 1904년에 일진회(一進會)라는 친일 단체를 만들어서 일본인의 앞잡이 노릇을 한 송병준(宋秉畯)과 이용구(李容九)의 경우도 그것이다. 1905년에 한국을 일본의 지배 아래 두게 한 결정적인 문서인 을사조약을 체결할 때 일본과 결탁한 박제순(朴齊純), 이완용(李完用) 등 이른바 '을사오적(乙巳五賊)'의 경우는 두말할 필요조차 없다.

개인의 경우도 그렇지만, 국가가 존속하고 발전하기 위해서는 시대적 변화에 슬기롭게 대처해야 하고, 시대적 변화에 슬기롭게 대처하기 위해서는 그 변화에 관한 정보에 밝아야 한다. 돌이켜 보건대, 조선시대의 우리 조상들은 '은자의 나라'를 자랑하면서 서양 세계의 변화에 대하여 눈과 귀를 가리고 살았다. 외부 세계의 변화에 대한 정보에 어두웠던 까닭에 그 변화의 거센 바람이 불어닥쳤을 때 새로운 상황에 슬기롭게 적응하지 못했고, 따라서 국가의 주권을 강탈당하는 수모를 당하는 결과가 되었다.

현대는 더욱 급격하게 변화하는 시대이며, 우리 한반도는 또다시 그 변화의 태풍 한가운데 놓여 있는 형국이다. 역사의 교훈을 거울로 삼고 다시는 같은 실패를 되풀이하지 말아야 할 것이다.

일본이라는 제국주의 국가의 식민지가 되었다는 사실은 그 시대를 한반도에서 살았던 사람들에게는 크나큰 변화요 시련이었다. 독립국의 국민으로서 사는 것과 식민지의 주민으로서 사는 것은 전혀 상황이 다르다. 식민지의 주민은 지배국의 억압 속에서 자유를 송두리째 상실해야 했고, 재산과 이권의 대부분을 착취당한 가난 속에서 어려운 생존을 계속해야 했다. 특히 일본의 식민지 정책은 유례 없이 잔인하여 그 억압과 착취의 수법이 현대인으로서는 상상하기 어려울 정도로 악랄하였다.

나라를 상실한 상황에서 당시의 조선인들이 취할 수 있었던 길은 크게 네 갈래로 나누어졌다. 첫째로, 국권과 독립을 되찾기 위하여 목숨을 걸고 일본에 항쟁하는 길이 있었다. 둘째로, 역사적 사실을 체념으로써 받아들이고 언젠가 좋은 날이 다시 오기를 막연히 기다리며 구차한 인생을 소극적으로 영위하는 길이 있었다. 셋째로, 아예 일본인의 앞잡이가 되어 동포를 괴롭히며 치사스러운 이익을 추구하는 친일파의 길이 있었다. 넷째로, 겉으로는 일본 식민지 정책에 순응함을 가장하고 속으로는 '왜놈'과 '쪽발이'를 욕하는 표리부동(表裏不同)의 길이 있었다.

일본의 지배를 받게 된 직후에는 백방으로 투쟁하여 국권을 회복하자는 지사(志士)들의 용감한 태도가 상당한 기세를 올렸다. 을사조약을 강제로 체결했을 때 국민의 대다수가 맹렬하게 격분한 가운데, 도처에서 의병들이 일어나서 무력 항쟁을 감행했던 분위기가 이어졌던 것이다. 1909년에 안중근(安重根) 의사가 이토 히로부미(伊藤博文)을 암살한 것은 국민 대다수의 뜻을 대신한 것이었고, 다음 해에 안명근(安明根)이 테라우치(寺內) 총독의 암살을 시도한 것도 같은 맥락에서 일어났던 사건이다.

그러나 국내에서 공공연하게 독립운동을 전개한다는 것이 사실상 지극히 어렵다는 현실을 무시할 수 없었고, 따라서 많은 독립운동가들이 해외로 망명하는 길을 택하였다. 망명 인사 가운데는 무력 항쟁으로써 독립의 쟁취를 꾀한 사람들도 있었고, 외교적 수단을 통하여 독립을 쟁취하고자 시도한 사람들도 있었다. 그리고 국내에 머물러 있으면서 저들 망명 인사들과 내통한 사람들도 있었다. 그들 가운데는 비밀 결사로 조직적 활동을 한 사람들도 있고 개인적으로 망명 인사들을 후원한 사람들도 있었다.

비밀리에 진행되던 한국의 독립운동은 제1차 세계대전의 종식을 계기로 공공연하게 표면화하였다. 전후 문제의 처리를 논의하는 과정에서 미국 대통령 윌슨은 민족자결(民族自決)의 원칙을 제시했고, 이 원칙이 일부 반영되어서 오스트리아 제국의 식민지였던 체코슬로바키아, 유고슬라비아, 루마니아 등이 독립하게 되었고, 러시아의 지배 아래 있던 폴란드, 핀란드, 에스토니아 등도 독립국이 되었다. 이러한 국제 정세의 변화는 일본의 억압 아래서 신음하던 우리 민족에게 큰 용기를 주었다. '민족자결'의 원칙을 따라서 우리 한국도 독립할 수 있다는 희망을 갖게 되었고, 그때까지 숨어서 비밀리에 진행하던 독립운동을 표면화하기에 이른 것이다. 그 이전에도 1917년에 스톡홀름에서 열린 '만국 사회당 대회'에 중국에서 활동하던 독립운동가들이 대표를 파견하여 한국의 독립을 요청한 적이 있었고, 1919년 2월에 열린 '파리 평화회의'에 상해에 모인 민족운동가들이 김규식(金奎植)을 대표로 파견하여 독립을 주장한 일이 있었다. 그러나 이번에는 한국과 일본 안에서 공공연하게 독립운동을 전개하기에 이른 것이다.

우선 1919년 2월 8일에 동경 유학생들이 독립운동의 봉화를 들었다. 최팔용(崔八鏞) 등을 중심으로 한 6백여 명의 유학생들이 그곳 기독교 청년 회관에 모여서 한국의 독립을 요구하는 선언서의 결의문을 발표하였다. 이 사건은 국내에서 독립운동을 은밀히 모색하던 지사들에게 크나큰 자극을 주었고, 마침내 '3·1운동'이라는 전국적 독립운동이 공개적으로 전개되는 쾌거를 보게 된 것이다.

탑골 공원에 모여든 학생과 시민들이 '독립선언서'를 낭독한 뒤에 '대한 독립 만세!'를 외치며 행진하는 군중 시위가 있었다. 이 시위 운동은 전국 방방곡곡으로 퍼져 갔고, 전국 218개 군(郡) 가운데서 211개 군이 이 운동에 가담하였다. 이 운동에 직접 참가한 인원만도 2백만 명이 넘었다고 한다.[1] 통신시설 또는 대중매체가 불모지에 가까웠던 시대임을 감안한다면 실로 놀라운 호응이라고 보아야 할 것이다.

그러나 일본의 극심한 무력 탄압으로 3·1운동이 당장에 한국의 독립으로 연결되지는 않았다. 헌병과 경찰은 물론이요, 육군과 해군까지 동원하여 일본은 한국인의 평화적 시위 운동을 탄압하였고, 그들의 총칼에 의하여 피살된 사람들은 7,509명이었고 부상자는 1만 5,961명에 달하였다.[2] 그러나 세계의 여러 나라는 이 같은 일본의 비인도적 탄압을 그저 바라보기만 하였다. 결국 한국의 독립은 다음 기회를 기다릴 수밖에 없었다.

---

1 이기백, 『한국사신론』, pp.368-369 참조.
2 같은 책, p.369 참조.

3·1운동이 있은 다음에 일본 관헌의 감시는 더욱 철저하게 되었고 그들의 통치 수단은 더욱 교활하게 되었다. 그뿐 아니라 제1차 세계대전에서 연합군 진영에 가담하여 전승국 대열에 서게 된 일본의 국제적 지위는 서양의 열강과 어깨를 겨눌 정도로 상승하였다. 이러한 상황에서 의식 있는 사람들의 독립에 대한 소박한 의지는 한풀 꺾이게 되었고, 소수의 친일파들만이 의기양양할 뿐 한국인 전체의 사기는 저하되는 경향으로 기울었다.

일제시대에 민족을 배반한 친일파의 수가 얼마나 되는지 상세한 통계는 모르나, 인구 전체에 비하면 일부에 불과했을 것으로 생각된다. 그러나 헌병 보조원 또는 경찰의 끄나풀 노릇을 한 무식한 사람들은 논외로 한다 하더라도, 이른바 신학문(新學問)을 공부한 지식인들 가운데 친일을 일삼은 사람들이 있었다는 것은 그 숫자의 다소를 떠나서 매우 유감된 일이 아닐 수 없다.

일제시대에도 소수의 지주를 제외하면 농촌 사람들은 가난하게 살았다. 농사를 짓는 것보다는 월급쟁이 노릇을 하는 편이 물질적으로는 유리한 것이 일반적 사정이었다. 월급쟁이를 고용하는 기관은 거의 대부분을 일본이 장악하고 있었으므로, 봉급 생활을 한다는 것은 일본인을 상전으로 모시는 것이 될 경우가 많았다. 이러한 상황에서, 경제적 이유로 일본인이 상사의 자리를 차지한 관공서나 회사에 취직한 한국인도 상당수 있었다. 그런 사람들 가운데서는 속마음까지 일본인에게 내주고 그들의 심복이 된 사람들도 일부 있었으나, 더욱 많은 사람들은 면종복배(面從腹背)하는 갈등 속에서 산 것으로 알고 있다.

여러 사람들이 여러 가지 자세로 일제시대를 살았지만, 이 시대에 한국인의 민족의식이 크게 강화된 것은 부인할 수 없는 사실이다. 약소민족이 갖기 쉬운 심리로서 한국인끼리 경쟁하고 반목한 경우도 없지 않으나, 전체로 볼 때 민족 공동체에 대한 의식이 일제의 탄압 아래서 강화되었다고 생각된다. 일제시대에 대부분의 한국인이 가졌던 공통의 염원은 한국이 민족국가로서 주권을 회복하는 일이었으며, 이 염원 바탕에는 우리 민족에 대한 사랑이 깔려 있었다.

2. '개화'에 대한 염원과 현실의 어려운 여건

서양 문화와의 접촉은 개화(開化)의 바람을 몰고 왔다. 대원군이 아무리 쇄국주의를 고집한다 하더라도 서세동점(西勢東漸)의 큰 물결을 막을 수는 없는 일이었고, 서양의 문화를 받아들인다는 것은 곧 '개화'의 길을 밟는다는 것을 의미하였다. 물론 구한말의 한국인 모두가 서양 문화의 수용에 찬동한 것은 아니다. 처음에는 오히려 대부분의 사람들은 옛것을 묵수하려는 경향을 보였고, 오직 소수만이 개화의 길이 살길이라는 판단을 내렸다. 개화 세력은 처음에는 비록 소수에 불과했으나 시일이 갈수록 그들의 세력이 증대하였다. 역사의 대세를 거역할 수 없었기 때문일 것이다.

당시의 원로 정치인들 가운데도 김홍집(金弘集), 김윤식(金允植), 어윤중(魚允中) 등과 같이 점진적 개화를 주장한 사람들이 있었으나, 급진적인 개화 정책을 역설한 것은 젊은 지식인들이었다. 김옥균(金玉均), 박영효(朴泳孝), 서재필(徐載弼) 등을 대표로 볼 수 있는 이들은 '개화당'으로서 자처했고, 1884년에 있었던 갑신정변(甲申政變)을 주도하기도 하였다. 갑신정변은 실패로 끝나고 그 주동자들은 외국으로 망명하는 결말을 보게 되었으나, '개화'의 당위성을 주장한 사람들은 그 뒤에도 계속 나타났다.

갑신정변 이후에 개화 내지 개혁의 의지를 정치에 반영한 것으로서는 1894년에 단행한 갑오경장(甲午更張)을 들 수 있을 것이다. 갑신정변이 그랬듯이, 갑오경장도 우리나라가 자주적으로 시행한 제도 개혁이 아니라 침략의 야욕에 불타고 있던 일본의 배후 조종을 받고 이루어진 것이었다. 따라서 그 개혁은 제대로 정착하지 못하고 말았다. 그러나 비록 일본의 배후 조종이 있었다 하더라도 우리나라 선각자들이 적극적 의지 없이 수동적으로 따라가기만 한 것은 아니다. 그것은 일종의 동상이몽(同床異夢)의 사건이었다고 보아야 할 것이다.

해방 후에도 일본의 정치인 또는 언론인 가운데는 일본의 한국 통치가 한국의 근대화를 위하여 크게 기여했다고 주장한 사람들이 있었다. 일본의 침략이 아니었다면 한국은 조선 말기의 모습을 그대로 유지했을 것이라는 투의 주장이다. 이러한 주장 이면에는 개화 내지 근대화에 대한 의지도 능력도 우리 한국인에게는 없었다는 전제가 깔려 있다. 이것이 지극히 부당한 전제라는 것은 이미 19세기 말엽부터 우리나라에도 개화 내지 근대화에 대한 의식과 의지를 가진 사람들이 상당수 있었다는 사실에 의하여 명백하게 증명된다. 만약에 일본의 제국주의로 인하여 간섭과 방해를 받지 않았다면 우리나라의 역사는 훨씬 더 순조로운 근대화의 길을 밟았을 것이다. 거시적 관점에서 볼 때 일본의 침략은 한국의 근대화를 지연시켰다고 필자는 믿고 있다.

그러나 19세기 말에서 20세기 초의 실정으로 볼 때, 우리나라의 근대화가 순조로운 출발을 하기에는 너무나 어려움이 많았다. 역사적 변화의 물결이 갑자기 닥쳐왔던 까닭에 그 변화에 슬기롭게 대처할 준비가 전혀 없었다. 그뿐만 아니라 19세기 말에서 20세기 초로 넘어갈 무렵의 우리나라의 기강과 질서가 크게 문란했던 까닭에, 새로운 문화의 형성을 위하여 힘찬 발걸음을 내딛기가 어려운 형편이었다. 근대화의 순조로운 출발을 어렵게 만든 조건들을 구체적으로 살펴보기로 하자.

첫째로, 근대화를 적극적으로 지지한 사람들은 소수에 지나지 않았으며 대부분의 국민은 전통문화를 묵수하고자 하는 보수성이 강했다. 고종 32년(1895)에 단발령이 내려졌을 때, 고종이 먼저 모범을 보였음에도 불구하고, 머리는 잘라도 머리털은 자를 수 없다며 맹렬하게 반대한 사람들이 많았다. 그리고 한일합방을 전후하여 많은 학교가 설립되었을 때 신교육을 받겠다고 나선 사람들은 일부에 지나지 않았다. 1920년대 초까지도 지방에서는 학교 입학을 권유하기 위하여 교사들이 학용품을 들고 호별 방문을 했으며, 특히 여자의 신학문 수학에 대한 노년층의 반대는 각별할 정도였다.

둘째로, 개화 내지 근대화의 선구자를 자처하고 나선 사람들의 나이가 너무 어리고 그들의 사상이 극히 미숙하였다. 이인직(李人稙)의 『설중매(雪中梅)』에 소개된 독립회관 연설회에 모인 사람들은 주로 젊은 세대였고, 등단하여 '새 길'을 역설한 연사들도 대개 20대의 젊은이들이었다. 요즈음은 주로 대학생들이 진보의 기수임을 자처하는 경향이 있지만, 그 당시에는 중학생만 되어도 선각자의 자부심을 가지고 앞장을 서는 젊은이가 많았다.

나이가 어리면 생각이 미숙하기 쉽고, 미숙한 주제에 의욕이 앞서면 과대망상에 사로잡히기 쉽다. 김동인(金東仁)의 「김연실전(金姸實傳)」에 나오는 '동경 유학 여학생 친목회' 회장의 연설은 약간 풍자적이기는 하나 그 당시 젊은이들이 얼마나 기고만장했는가를 짐작하게 한다.

> 우리는 선각자외다. 조선 이천만 백성 중에 절반을 차지하는 일천만 여자가 모두 잠자고 현재의 노예 생활에 만족해 있을 때에, 눈을 먼저 뜬 우리들은 그들을 깨쳐 주고 그들을 노예 생활에서 건져 주기 위해서 고향과 친지를 등지고 여기까지 와서 고생하는 것이외다.[3]

이광수(李光洙)의 초기 작품 『무정(無情)』의 주인공 이형식은 20대의 중등 교사였지만, 그는 자신이 한국에서 단연 최고 수준의 지식인이라고 자부하였다. 그리고 자기를 제대로 이해하는 사람은 장안 전체에 열 사람 정도밖에

---

3 김동인, 「김연실전」, 『정수한국문학전집(精選韓國文學全集)』, 문호사, 1967, 제2권, p.137.

안 된다고 개탄했으며, 그 열 사람 가운데 반수는 자기의 제자인 중학생들이라고 생각했을 정도였다. 이와 같이 소설 속의 젊은이에게 선각자로서 자부심을 가지게 할 수 있었던 것은, 그 당시에 청소년들이 사실상 그렇게 처신했기 때문일 것이다. 김옥균, 서재필, 김구, 최남선, 안창호, 김성수, 이광수 등이 나라와 겨레를 걱정하며 국내외에서 활약하기 시작한 것은 대개 20세 이전 때부터였다. 최남선이 황성신문(皇城新聞) 필화 사건으로 1개월 구류 처분을 당한 것은 그가 15세 되던 1905년이었고, 이광수가 그의 단편 「사랑인가」를 『백금학보』에 발표한 것은 그가 17세 되던 1909년이었다.[4] 이토록 나이 어린 사람들이 선각자로서 활약할 수 있었다는 것은, 기성세대에 새 시대를 이끌어 갈 인물이 없었다는 뜻으로 해석할 수 있으며, 개화 내지 근대화를 위한 준비가 되지 않았음을 의미한다.

셋째로, 개화 내지 근대화의 원리로서 작용할 수 있는 철학의 준비가 없었다. 내면적 성장의 필연적 결과로서 추구된 개화 내지 근대화가 아니라, 밖으로부터 온 갑작스러운 자극에 의하여 시작된 개화의 발걸음이었던 까닭에, 개화 내지 근대화를 피상적으로 이해했을 뿐 그 핵심에 대한 이해가 없었다. 전통적인 것에 대한 경솔한 배척과 남의 것에 대한 외형적 모방의 심리가 앞섰고, '개화'의 개념을 정신 내면의 혁신으로 이해하기보다는 물질적 외형의 변화로 이해했던 것이다.[5]

이광수는 『무정』에서 다음과 같은 말로 '도회의 소리'를 찬양하고 있다.

'도회의 소리?' 그러나 그것이 '문명의 소리'다. 그 소리가 요란할수록 그

---

4 김태길, 「소설에 나타난 한국인의 가치관」, I, 문음사, 1986, pp.183-184 참조.
5 같은 책, p.188 참조.

나라가 잘된다. 수레바퀴 소리, 증기와 전기 기관차 소리, 쇠마차 소리… 이런 모든 소리가 합하여 비로소 찬란한 문명을 낳는다.

실로 현대의 문명은 소리의 문명이다. 서울도 아직 그 소리가 부족하다. 종로나 남대문통에 서서 서로 말소리가 아니 들릴 만큼 문명의 소리가 요란하여야 할 것이다. 그러나 불쌍하다. 서울 장안에 사는 삼십만 흰 옷 입은 사람들은 이 소리의 뜻을 모른다. … 그네는 이 소리를 들을 줄을 알고 … 마침내 제 손으로 이 소리를 내도록 되어야 한다.[6]

비록 25세의 젊은 나이에 쓴 글이라고는 하나 신문명의 기수로 자처한 춘원(春園)의 글이다. 새 문명의 핵심이 마치 '도시의 소리'에 있는 양 도시의 소음을 찬양한 것은 매우 소박한 견해가 아닐 수 없다. '문명'이라는 말의 뜻을 '물질문명'에 국한하고 '도시의 소리'는 새 시대 물질문명의 상징이라는 정도의 주장이라고 좋게 해석해야 한다고 믿는 사람도 있을지 모른다. 그러나 춘원의 생각은 단순히 그런 것만은 아닌 것으로 보인다. 그것은 춘원이 『무정』의 주인공을 통하여 그려 본 가정생활의 꿈이 얼마나 유치한가를 보더라도 알 수 있다.

『무정』의 주인공 이형식은 최고의 지성인으로 자처한 지사급의 청년이지만, 그가 장차 이룩하고자 하는 가정생활의 꿈에는 저녁에 일을 마치고 돌아왔을 때 아내와 함께 "서양 풍속으로 서로 쓸어안고 입을 맞추리라." 하는 것을 중요한 조건처럼 생각했다. 그 당시의 서양 문화에 대한 일반 대중의 이해가 매우 피상적이었다는 것은 20세기 초에 '개화경(開化鏡)'이니 '개화장(開化杖)'이니 하는 말이 생겼다는 사실을 통해서도 알 수 있다. 우리나라의 옛

---

6 이광수, 『무정』, 경진사, 1954, 후편, pp.146–147.

예절로 말하면, 안경을 쓰거나 지팡이로 짚는 것은 노인들의 특권 비슷한 것이어서 젊은이에게는 그것들이 허용되지 않았다. 그러나 서양인의 경우에는 젊은이들도 안경을 쓰거나 단장을 짚는 것을 볼 수 있었다. 그래서 우리나라 사람들 가운데서는 안경과 단장을 개화의 상징으로 알고 멋을 부리기 위하여 그것들을 사용하는 유행이 생겼다. 그리고 그 안경을 '개화경'이라 부르고 단장을 '개화장'이라고 일컬었던 것이다.[7]

넷째로, '서세동점'의 과도기를 맞이했을 때의 우리나라의 기강과 질서가 너무 문란했다. 무릇 국가가 과도기 또는 그 밖의 어떤 위기 상황에 처했을 때, 그 위기를 잘 극복하기 위해서는 국민의 도덕성 내지 가치관이 건전해야 한다. 그런데 우리나라 구한말의 경우는 그 반대였던 것이다. 고종 31년(1894)에 '동학란'으로 불린 농민전쟁이 일어난 직접적 원인은 고부(古阜) 군수 조병갑(趙秉甲)의 농민 착취였다. 그러나 조병갑의 가렴주구(苛斂誅求)는 빙산의 일각에 불과했으며, 당시의 관료 사회는 전체가 부패해 있었다. 매관매직(賣官賣職)은 예사로운 일이었고, 관직을 얻은 다음에 백성을 수탈하여 상납하지 않으면 그 자리를 오래 유지하기가 어려웠다. 관공리 사회의 기강이 문란하면, 그 영향은 사회 전체에 부정적으로 작용하기 마련이다. 이광수는 그의 『무정』에 등장하는 대성학교(大成學校)의 한(韓) 교장을 통하여 당시의 정신 풍토가 일반적으로 타락했음을 다음과 같이 꾸짖고 있다.

> 여러분! 여러분의 조상은 결코 여러분과 같이 마음이 썩지 아니하였고, 여러분과 같이 게으르고 기운 없지 아니하였소. 평양성을 쌓은 우리 조상의 기상은 웅대하였고, 울밀대와 부벽루를 지은 우리 조상의 뜻은 컸소이다.[8]

---

7 이병기·백철, 『국문학전사(國文學全史)』, 신주문화사, 1965, p.220 참조.

역사적 사실에 충실하기를 꾀한 노작으로 보이는 유주현(柳周鉉)의 『조선총독부』에도 김성수(金性洙)의 입을 통한 다음과 같은 말이 있다.

> 요즈음 국내의 풍조가 이상하게 돌아가서 그걸 걱정하는 것이야. 요즈음의 조선 사회는 구심점이 없이 갈가리 찢겨져 있는 형편이라, 그것이 딱하단 말이야.[9]

이렇듯 질서가 문란하고 민심이 해이했던 까닭에 새로운 질서, 새로운 가치관의 정립에 대한 요청은 더욱 절실하였다. 그리고 이 요청을 민감하게 느꼈던 일부의 젊은 지식층은 그 새로운 질서와 가치관의 모범을 서양 문명에서 찾으려 하였다. '개화'라는 것은 서양의 모범을 따라서 새로운 질서와 가치관을 수립하는 일을 가리키는 이름이었다고 볼 수 있을 것이다. 그러나 앞에서 열거한 바와 같은 여러 가지 사유로 말미암아 그 일의 달성은 기나긴 세월을 요하는 어려운 과제일 수밖에 없었다.

근세 이후에 급속도로 발달한 과학 기술에 힘입어 놀라운 물질문명을 이룩한 서양의 강대국들이 문호의 개방을 요구하며 우리나라에 접근해 왔을 때, 그것은 우리나라 국제 환경에 중대한 변화가 생겼음을 의미한다. 우리나라가 살아남기 위해서는 이 외부의 변화에 적응해야 했고, 외부의 변화에 적응하기 위해서는 우리나라가 안으로부터 변화할 필요가 있었다. 그 필요한 변화에 붙여진 이름이 '개화' 또는 '근대화'에 지나지 않는다. 19세기 말 또는

---

8 이광수, 『무정』, 전편, p.134.
9 유주현, 『조선총독부』, 신태양사, 1967, 제2권, p.165. 이것은 제1차 세계대전 전후의 우리나라의 인심 동향을 걱정한 말이다. 대화의 상대는 송진우(宋鎭禹)였다.

20세기 초의 우리 조상들에게 가장 중요했던 것은, 그 이름이야 무엇이든 간에 새로운 국제 환경 변화에 적응하여 우리나라가 살아남을 수 있도록 '내부의 변화'를 이룩하는 일이었다. 그 '내부의 변화'라는 것은 지극히 어려운 과제여서, 이 과제를 수행하는 일이 시행착오로 우왕좌왕하는 사이에 일본 제국주의의 침략이 깊이 밀고 들어왔던 것이다. 일단 국가의 주권을 일본에 강탈당한 뒤에는 '개화'라는 이름의 그 '내부의 변화'를 이룩하는 일이 근본적으로 어렵게 되었다고 보아야 한다. 그 당시의 우리나라가 성취해야 했던 시급한 과제의 첫째는 근대국가에 적합한 행정과 사법 등 제도를 수립하는 일이요, 그 둘째는 과학 기술의 발달을 통하여 경제적 발전을 이룩하는 일이며, 그 셋째는 새 시대에 맞는 교육제도를 수립하여 국민 의식을 향상시키는 일이었다. 그러나 매우 잔인한 일본 제국주의의 침략을 받고 주권을 상실한 상태에서는 이 세 가지 일이 모두 거의 불가능한 소망일 수밖에 없었다.

그러나 그러한 어려움 속에서도 극동 한 구석에서 깊이 잠들어 있던 우리나라가 서서히 깨어나고 변모하기 시작하여, 그 윤리적 상황도 조금씩 달라진 것은 부인할 수 없는 사실이다. 일제 식민지 시대의 달라진 윤리적 상황의 이모저모를 살펴보기로 하자.

3. 일제시대의 정신 풍토 개관

개화론자가 역점을 두고 주장한 것의 하나는 신분 사회를 타파하는 일이었다. 양반의 지위가 세습되고 그 밑에서 일단 노비의 신분을 얻게 되면 그 자손까지도 노비의 신세를 면할 수 없는 조선의 신분제도는, 개화론자의 견지에서 볼 때 도저히 용납할 수 없는 모순이었다. 이에 개화론자들은 신분제도의 타파를 역설하였고, 지식인들의 상당수가, 특히 상민(常民) 출신으로서 신학문을 공부한 젊은이들이 이에 호응하였다.

이러한 움직임은 당시에 쓰인 소설에도 반영되어, 1908년에 출판된 『설중
매』의 주인공은 문벌을 따라서 사람 대접을 달리하는 신분 사회의 악습을 맹
렬하게 비판하였고, 모든 사람들은 재산이나 지식의 차이에 구애됨이 없이
정치에 참여할 권리가 있다고 주장하였다.[10] 그리고 채만식(蔡萬植)이 1934
년에 발표한 단편 「레디메이드 인생」 가운데도 다음과 같은 구절이 보인다.

갑신정변에 싹이 트기 시작하여가지고 한일합방의 급격한 역사적 변천을
거치어, 자유주의의 사조는 기미년에 비로소 확실한 걸음을 내디디었다.
자유주의의 새로운 깃발을 내어걸은 시민의 기세는 등등하였다. "양반?
흥! 누구는 발이 하나길래 너희만 양발(반)이라는 거냐? 법률의 앞에서는 만
인이 평등이다."[11]

갑오경장 이후에 반상(班常)의 구별과 노복(奴僕)의 제도가 공식적으로는
일단 타파되었다고 말할 수 있다. 그러나 사람들의 의식구조 속에서 그러한
신분의 관념이 자취를 감추기는 매우 어려운 일이어서, 현실적으로는 양반
과 상민의 구별이 여전히 남아 있었고 천민에 대한 관념도 진하게 남아 있었
다. 특히 혼인의 상대를 물색할 경우에는 반상 또는 문벌에 대한 고려가 크게
작용하였다. 필자가 결혼할 무렵까지도 반상의 구별뿐 아니라 사색당파까지
도 거론하는 사람들이 많았다.

신분 사회의 잔재는 일제시대에 쓰인 소설에도 도처에 반영되어 있다. 김
이석(金利錫)의 「실비명(失碑銘)」은 1920년대 초기를 무대로 삼고, 인력거꾼

---

10 이인직, 『설중매』, 『정수한국문학전집』, 제3권, p.81, p.89 참조.
11 채만식, 「레디메이드 인생」, 『한국단편문학대계』, 삼성출판사, 제3권, p.12.

238 • 한국 윤리의 재정립

이 인간 이하의 대접을 받은 이야기를 주제로 삼고 있다. 인력거꾼 덕구는 모든 희망을 오로지 딸 도화에게 걸고 가난한 가운데서도 딸을 여학교에 보내나, 도화는 인력거꾼의 딸이라는 이유로 학우들로부터 온갖 수모를 당한다. 마음이 상한 도화는 교칙을 어기게 되고, 학교 당국은 '퇴학'이라는 가혹한 처분을 내린다. 덕구는 담임 교사를 찾아가 용서를 빌었으나, 담임 선생으로부터 얻은 것은 "이 영감 미쳤나, 어서 가서 인력거나 끌 생각 않고…" 하는 따위의 욕설뿐이다.[12]

황순원(黃順元)의 「황노인(黃老人)」에서도 신분 사회의 잔재를 찾아볼 수 있다. 황노인과 차손이는 본래 죽마고우로서 같은 마을에서 자라다가 열두 살 때 헤어진 동갑네다. 어릴 때부터 피리를 잘 불던 차손이는 결국 재니(광대)가 되었고, 아직도 농사에 종사하던 옛 친구 황노인을 그의 환갑 날 우연히 만나게 된다. 황노인은 차손이를 친구로 대접하나, 차손이는 '재니'라는 낮은 신분을 의식하고 황노인 앞에 무릎을 꿇고 앉는다. 황노인이 "자아, 들게." 하며 술잔을 권했을 때, 차손이는 한참 머뭇거리다가 겨우 두 손으로 공손히 잔을 받는다.[13]

경상도와 충청도가 대표하는 보수적인 지방에서는 해방 직전까지도 신분 사회의 잔재가 현저하게 남아 있었다. 필자가 자란 지방에서는 존대어와 하대어(下待語)의 사용에서 그것을 찾아볼 수 있었다. 필자가 자란 고향 마을에서는 양반집 어린이들이 상민 어른들에게 반말을 하였고, 상민 어른들은 양반집 아이들을 '도련님' 또는 '아기씨' 등의 호칭으로 불렀다. 읍(邑)에서도 푸줏간에 가서 고기를 사는 사람들은 대개 "여기, 등심 좋은 걸로 두 근만 주

---

12 김이석, 「실비명」, 『한국단편문학대계』, 제6권, p.185, p.189 참조.
13 황순원, 「황노인」, 『한국단편문학대계』, 제5권, pp.190-197 참조.

게." 하고 반말을 하는 것을 당연시하였다. 간혹 "두 근만 주시오." 하고 존대어를 쓰는 사람들도 있었으며, 그런 고객에게는 저울을 후하게 달아 주는 경우가 많다는 소문도 들었다.

양반의 혈통은 선천적으로 고귀하고 상민 내지 천민의 혈통은 본래부터 비천하다는 믿음에 기초를 두고 유지되었던 반상 차별의 신분제도가 불합리하다는 것을 이론적으로 부정하는 사람들은 거의 없어졌다. 그러나 실생활에서 경험하는 감정이나 행동에는 그러한 이론적 이해와는 달리 옛 신분 사회의 여운이 여전히 강하게 남아 있었다. 직업의 경우도 마찬가지였다. 모든 직업은 귀중하며 천한 직업이란 있을 수 없다는 당위 의식이 많은 지식인들의 머릿속에 있었으나, 현실적 생활감정은 여전히 존귀한 직업과 비천한 직업의 구별을 초월할 수가 없었다. 가치관에 있어서 이론과 실천, 당위와 현실 사이에 갈등이 생긴 것이다.[14]

이론과 실천, 당위와 현실 사이의 갈등은 문벌에 관해서보다도 직업에 관련해서 더욱 심했던 것으로 보인다. 주권을 일본에게 빼앗긴 뒤에는 관직에 올라서 조국에 봉사할 수 있는 길은 두절된 상태에 있었다. 그에 대신하여 열린 관직으로의 길이 있다면, 그것은 일본 제국주의에 협력하면서 총독부의 녹을 얻어먹는 길뿐이었다. 이 길이 결코 떳떳한 길이 못 된다는 것은, 명분을 존중하는 관점에서 보는 한, 누구에게나 명백한 상식이었다. 그것은 민족을 배반하는 짓이라고 비난을 당해도 별로 할 말이 없는 길이었다. 그러나 그러한 당위 의식에도 불구하고 사람들의 현실적 선택은 그와는 정반대의 길로 가게 되는 경우가 많았다.[15]

---

14 김태길, 『소설에 나타난 한국인의 가치관』, I, p.197 참조.
15 같은 책, pp.197-198 참조.

소수의 지주 계급과 같이 경제적 지반이 튼튼한 사람들은 일제의 녹을 먹는 일의 시비를 가릴 만한 마음의 여유를 가질 수 있었다. 그러나 대부분의 서민들에게는 식생활의 해결이 큰 문제였던 까닭에, 직업에서 청탁을 가릴 만한 여유가 없었다. 면서기(面書記) 정도의 최하급 공무원의 자리라도 얻으면 최저 생활은 보장되었고 근육노동의 고역도 면할 수 있었으므로, 비록 굴욕의 자리이기는 하나 그 매력과 유혹을 뿌리치기 어려웠다. 여기 명분과 실리 사이의 갈등이 생기지 않을 수 없었고, 대부분이 실리 쪽을 선택하는 경향으로 흘렀다. 세월이 흐른 뒤에는 일제의 심부름꾼 노릇을 떳떳하지 못하다고 생각하는 의식조차 없어지고, 도리어 자랑스럽게 여기기에 이르렀다.

실천이 당위를 따르지 못한 것은 일제에 협력하는 문제에 국한된 것이 아니었다. 개화 또는 개혁을 주장한 사람들은 한결같이 인간의 평등, 남녀의 동등, 조혼(早婚)과 축첩 등 악습의 배제, 미신의 타파 등을 거듭 역설하였다. 그러나 그러한 주장을 한 사람들도 실생활에 있어서는 자신들의 주장을 배반하는 경우가 많았다. 이러한 모순은 그 당시에 쓰인 소설의 등장인물에서도 흔히 찾아볼 수 있다. 예컨대, 『은세계(銀世界)』의 주인공 복선과 옥남은 미국 유학까지 한 사람으로서 조국의 개화를 위하여 선구자로서의 소임을 다할 결심을 하고 귀국하지만, 귀국하자마자 먼저 한 일은 모친을 위하여 절에 가서 불공을 드리는 일이었다.[16] 또 채만식의 단편 「치숙(痴叔)」의 주인공인 '아저씨'는 연상의 여인과 조혼을 하고 동경 유학생이 되거니와, 동경에서 만난 학생 출신 신여성을 첩으로 삼았다. 고국에 남겨 둔 구식 마누라가 싫었던 것이다. 이러한 사례는 그 당시에 흔히 있는 일이었지만, 문제는 그 '아저씨'가 사회주의자로서 자처했다는 사실에 있다. '사회주의'라면 인간의 평등

---

16 이인직, 『은세계』, 『정수한국문학전집』, 제3권, p.83 참조.

과 남녀의 동등을 앞세우는 사상임을 생각할 때, '아저씨'의 관념과 실천 사이에 현격한 차이가 있음을 간과하기 어렵다.[17]

물론 어느 나라 어느 시대에서나 당위와 현실 사이에 상당한 거리가 있는 것이 보통이다. 그러나 개화 초기의 우리나라의 경우는 그 차이가 유독 심했던 것으로 보인다. 새로운 사조가 내부로부터 자연발생적으로 서서히 일어난 것이 아니라 외부로부터 갑자기 밀어닥친 상황에서, 관념적으로 수용한 새로운 사상을 오랜 습성에 젖은 실천이 따라가기 어려웠던 것이다. 서양으로부터 전해 온 새로운 것을 관념적으로 수용한 것도 일부의 젊은 지식층뿐이었으므로 새것을 지향하는 사람들과 옛것에 애착하는 사람들의 갈등도 적지 않았다.

일반적으로 말해서, 우세한 외래문화가 밀려왔을 때 그곳에 과도기적 혼란이 생기는 것은 흔히 경험하는 사실이다. 19세기 말부터 20세기 초에 걸쳐서 서양의 새로운 문화가 우리나라에 밀어닥쳤을 경우에는, 그 혼란이 더욱 컸다. 첫째로 새로 들어온 서양 문화의 본질과 그것이 우리 한국에 대하여 갖는 의의 등에 대한 깊은 이해가 국민 일반에게 준비되어 있지 않았으며, 둘째로 일본의 식민지 정책이 새로운 외래문화에 대한 올바른 수용을 방해하였다.[18] 이 같은 복잡한 사정으로 인하여 당위와 현실 사이의 갈등이라는 형태로 나타난 가치관의 혼란에 대하여 위에서 약간 언급했거니와, 그 밖의 다른 형태로 나타난 가치관의 혼란도 적지 않았다. 예컨대, 전통적 가치관에 애착하는

---

17 채만식, 「치숙」, 『한국단편문학대계』, 제3권, pp.32-33 참조.
18 일본의 식민지 정책에 대한 반발이 서양 문화의 올바른 수용을 어렵게 한 경우도 있다. 예컨대 양력(陽曆)을 '왜놈의 설'이라 하여 물리쳤고, 벼농사에 있어서 합리적인 정조식(正條植) 모내기 방법이 장려되었을 때 처음에는 그것이 '왜놈들의 농사법'이란 이유로 거부한 사람들이 있었다.

늙은 세대와 새로운 학교교육을 받은 젊은 세대의 갈등도 있었고, 신학문을 공부한 남편과 구식으로 자란 아내 사이의 갈등도 있었다. 또 같은 사람의 마음 내부에서 두 가지 서로 다른 가치 의식이 충돌함으로 인하여 고민하는 지식인들의 내적 갈등도 심상치 않았다.

우리 조상들은 조선시대에도 대체로 가난하게 살았다. 일제의 식민지가 된 뒤에는 그 가난의 정도가 더욱 심할 수밖에 없었다. 제국주의가 공공연하게 용납되던 그 시절에 통치권을 장악한 일본인들이 조선인의 재산을 빼앗는 일은 식은 죽 먹기처럼 쉬운 일이었다. 조선총독부는 '토지조사사업'이라는 명목으로 한국의 토지를 강점하기 시작하여, 1930년경에는 우리나라 전 국토의 40퍼센트에 해당하는 토지를 일본인의 소유로 만들었다. 종전에 개인 소유였던 농토까지 그런 지경이었으므로 광업, 상업, 운수업 등 다른 분야의 이권은 더 말할 여지도 없었다. 본래 가난하던 백성들이 이토록 심한 경제적 수탈을 당하게 되니, 민생 문제의 어려움은 극도에 달할 수밖에 없었다.

옛말에도 항산(恒産)이 없으면 항심(恒心)을 갖기가 어렵다고 하였다. 살림이 극도로 어려우면 인심도 자연히 각박하기 마련이다. 우리나라는 전통적으로 미풍양속을 자랑해 온 순후한 나라였지만, 일제 지배하의 어려운 상황 속에서 인심은 점차로 악화의 경향으로 흘렀다. 김정한(金廷漢)이 1936년에 발표한 『사하촌(寺下村)』은 사찰의 세속화와 중들의 행패에 시달리는 어느 사하촌을 소재로 삼은 작품이거니와, 그 작품에 등장하는 농민들도 매우 이기적인 것으로 그려지고 있다. 보광사 아래 마을 농민들은 "자손 대대로 복 많이 받고 또 극락 가리라는 중의 꾐에 속아서" 쓸 만한 논을 모두 절에 시주하고 그 소작인으로 전락했다. 가난에 쪼들린 농민들은 자기들끼리도 서로 도와 가며 살 마음의 여유를 잃었다. 농촌 인심이 가장 험악한 것은 가뭄으로 인하여 논물이 부족할 때였다. 저수지의 물을 터놓자마자 농민들은 서로 제 논에만 물을 잡아 넣으려고 아우성을 치고, 급기야는 난투극까지 벌였다.

인심이 야박한 것은 보광사 아래 마을 농민들에게만 국한된 현상이 아니었다. 이광수는 "먹고 입고 계집 희롱하는 것밖에 아무것도 없는 … 죽은 사람들이" 득실거리는 당시의 사회를 개탄하고 '참 사람', '참 시인'의 출현을 힘주어 외쳤다. 기생 월화(月花)를 통하여 그것을 외치고, 학생들의 노래를 통하여 그것을 부르짖었다.[19] 우리는 이광수가 도학자의 기질이 강한 이상주의자였다는 사실도 감안해야 할 것이다. 그가 이상주의자였던 까닭에 그의 눈에는 한반도 전체가 악한 사회로 보였다는 해석도 가능할 것이다. 그러나 이광수의 평가를 단순히 주관적이라고 물리치기는 어렵다. 사실 일제하의 한국인들이 취했던 정신 자세를 부정적으로 본 것은 이광수만이 아니다. 날카로운 사실주의자(寫實主義者)로 알려진 현진건(玄鎭健)의 「술 권하는 사회」에서 한 구절을 인용해 보기로 하자.

저 우리 조선 사람으로 성립된 이 사회란 것이 내게 술을 아니 못 먹게 한단 말이오. … 여기 회를 하나 꾸민다 합시다. 거기 모이는 사람놈 치고 처음은 민족을 위하느니 사회를 위하느니 그러는데, 제 목숨 바쳐도 아깝지 않느니 아니하는 놈이 하나도 없어. 하다가 단 이틀도 못 되어, 단 이틀이 못 되어….

되지 못한 명예 싸움, 쓸데없는 지위 다툼질, 내가 옳으니 네가 그르니… 밤낮으로 서로 찢고 뜯고 하지. 그러니 무슨 일이 되겠소. 회(會)뿐이 아니라 회사이고 조합이고… 우리 조선놈들이 조직한 사회는 다 그 조각이지… 그저 이 사회에서 할 것은 주정꾼 노릇밖에 없어….[20]

---

19 이광수, 「무정」, 전편, pp.124-128 참조.
20 현진건, 「술 권하는 사회」, 「한국단편문학대계」, 제1권, p. 266.

이광수, 김정한, 현진건 이외에도 이효석과 장덕조 등 여러 소설가들이 일제시대 한국인의 정신 자세를 부정적으로 평가했고, 『조선 민족 갱생(更生)의 도(道)』를 저술한 최현배(崔鉉培)도 일제시대 한국인의 의식구조에 많은 결함이 있음을 지적하였다. 그러나 이들의 부정적 견해가 일제시대 한국인의 정신 자세의 전모를 밝히는 것이라고 속단해서는 안 될 것이다. 우리는 일생을 나라와 민족에 바친 여러 애국자들의 이름을 알고 있으며, 세상에 크게 알려지지 않은 사람들 가운데 진실로 민족을 사랑하는 일념으로 산 인물들이 무수하다는 사실을 잊을 수 없다. 그리고 그 당시의 인심이 대체로 각박했다는 주장을 부인할 수 없다 하더라도, 그것이 오늘의 한국의 경우보다도 더욱 심했다고 보기는 어려울 것이다. 필자가 어렸을 때의 경험을 돌이켜 보건대, 오늘에 비하면 그때의 인심이 오히려 더 순박하고 선량한 편이었던 것으로 기억된다. 다만 민족의 수난기에 처한 사람들이 마땅히 취해야 할 마음의 자세가 무엇이냐 하는 물음을 염두에 두고 평가할 때, 우리들의 조상과 선배들에게 반성해야 할 여지가 많았다는 것은 부인하기 어려운 사실일 것이다.

일제시대 한국인의 의식구조는 일본의 압정(壓政)에 의해서 지대한 영향을 받았다. 외세의 침략은 민족의식을 자극했으며, 반일 감정과 독립에 대한 염원은 거의 누구나 가졌던 것으로서 당시 한국인 의식구조의 바탕을 이루고 있었다. 이러한 사실을 잘 알고 있던 일본 정부는 온갖 수법을 동원하여 한국인의 정신 상태에 수술을 가하였다. 앞에서 말한 바와 같이, 악랄한 경제정책에 의하여 생활고에 시달리게 함으로써 마음의 여유를 갖지 못하게 한 다음, 사상적 탄압과 식민지 교육 및 회유책을 적절하게 구사함으로써 우리의 민족 정기를 약화시키는 실효를 거두었다.[21]

---

21 김태길, 『소설에 나타난 한국인의 가치관』, Ⅰ, p.211 참조.

4. 민족주의와 가족주의

일제의 지배 아래서 살았던 한국인들은 민족적 주권의 상실에서 오는 크고 작은 불행을 주야로 뼈저리게 체험해야 했다. 주권을 잃은 민족이 받는 고통과 비애는 모든 사람들에게 직접적이요 일상적이었던 까닭에, 대의와 명분을 떠나서라도 독립과 주권의 회복에 대한 염원은 누구에게나 매우 절실하고 자연스러운 심정이었다. 이러한 염원은 자연히 민족의식으로 발전하기 마련이므로, 일제 치하에 살던 한국 사람들의 의식구조 속에는 누구의 경우에나 민족주의적 요소가 도사리고 있었다 하여도 과언이 아닐 것이다. 다만 민족주권의 회복이라는 것이 너무나 어려운 과제였으며 그 쟁취의 시도는 곧 죽음을 각오한 모험이었던 까닭에, 아무나 함부로 그 심중을 행동으로 나타내지 못했을 뿐이다.

민족의식 내지 애국심의 강도는 개인에 따라서 크게 차이가 있었다. 더러는 해외로 망명하여 임시정부의 요인이 되기도 하고 독립군에 투신함으로써 생명을 걸고 싸운 사람들도 있었고, 더러는 국내에 숨어서 독립운동에 종사하다가 심한 옥고를 치르기도 하였다. 그러나 대부분의 사람들은 소극적이며 음성적인 항일에 그쳤다. 심지어는 일본 사람들의 앞잡이가 되어 친일파의 오명을 남긴 사람들도 있었다. 이들의 민족의식은 양심의 가책 또는 기정사실이나 실리를 강조하는 변명의 형태로 일그러져 나타났다. 그리고 당시 일반 민중의 민족의식이 얼마나 큰 잠재력을 가졌는가는 3·1운동을 통하여 여실히 나타났다.

민족의식이 남달리 강렬했던 사람들 가운데는 민족의 독립을 필생의 목표로 삼은 인사들도 있었다. 이들은 개인의 안락 또는 단란한 가정생활에 대한 욕망을 접어 두고, 오로지 민족 주권의 회복을 위하여 일생을 바쳤다. 김구, 안창호, 안중근 등은 그 대표적인 사람들이다. 국내에 거주하면서 공공연한 항일 투쟁을 계속한다는 것은 사실상 불가능함에 가까웠으므로, 거리낌 없이 일본에 항거하는 길을 택한 이들 민족주의자들은 대개 해외로 망명하게 되었다.

끝까지 국내에 머물러 있으면서 항일을 계속한 민족주의자들도 있었다. 그러나 그들의 항일은 해외로 망명한 애국자들의 그것과 같이 공공연한 것은 아니었다. 그들은 대개 문필가 또는 교육자로서 국민에게 민족의식을 심어 주는 계몽의 방법에 의존하였다. 이광수, 최남선, 김성수, 송진우(宋鎭禹), 김교신(金敎臣) 등이 그 대표적인 사람들이다. 이들은 대개 일본 관헌에게 체포되어 심한 옥고를 치르었으며, 더러는 끝까지 버티지 못하고 훼절(毁節)의 아쉬움을 남기기도 하였다.

민족운동의 목표는 당연히 우리 민족이 주권국으로서 독립하는 일, 다시 말하면 '광복(光復)'이었다. 여기서 한 가지 주목을 끄는 것은, 해외에서 독립운동을 한 사람들이나 국내에서 같은 정신으로 은밀한 활동을 한 사람들 가운데 조선왕조 또는 대한제국(大韓帝國)의 회복을 목표로 삼은 지사는 한 사람도 없었다는 사실이다. 독립운동가들이 목표로 삼은 '광복'은 조선의 왕실을 통치 권력의 핵심으로 받들던 과거의 체제를 다시 회복함을 의미한 것이 아니라, 국민이 주권을 갖는 새로운 독립국으로 거듭남을 의미했던 것이다.

민주주의 국가의 건설을 지향한 것은 독립운동가들이 처음은 아니며, 19세기 말의 개화론자들이 이미 그러한 사상을 품고 있었다. 1896년에 창립된 독립협회의 지도자들은 서구적 민주주의의 기본 개념을 대략 파악하고 있었으며, 그것은 새 시대를 위한 정치의 지표로서 제시되었다. 열강이 우리나라를 식민지화하기 위하여 온갖 획책을 구사했던 시기에 결성된 애국 단체인 독립협회가 당면의 과제로 삼은 것은 자주 독립을 고수하는 일이었고, 자주 독립을 확보한 다음에 조국을 자유 민권의 민주주의 원칙을 따라서 근대화하는 순서를 밟고자 했던 것이다. 그리고 대부분의 독립운동가들도 이 독립협회의 정신을 이어받은 것으로 볼 수 있다.

그러나 모든 독립운동가들이 민주주의의 이념을 신봉한 것은 아니다. 우리나라의 독립을 다시 찾되, 새로 건설될 나라가 기본 원리로 삼아야 할 이념은 서구적 민주주의의 그것이 아니라 사회주의 내지 공산주의의 그것이라고 믿은 사람들이 일부에 있었다. 마르크스주의를 수입한 러시아가 공산주의 혁명에 성공한 것은 1917년이었고, 이 혁명의 성공을 계기로 공산주의 사상은 갑자기 세력을 떨치며 세계 여러 나라로 번져 가기 시작했다. 특히 우리나라는 이 새로운 정치 사상이 침투하기 쉬운 조건을 갖추고 있었으므로, 정치에 관심이 많은 독립운동가들 가운데 이 사상을 신봉한 사람들이 나타난 것은 당연한 현상이라 하겠다.

홍태식(洪泰植)은 20세기 초의 우리나라에 공산주의가 침투하기 쉬웠던 조건으로 다음 네 가지를 들고 있다. 첫째로, 우리나라의 북단은 러시아 영토인 연해주(沿海州)와 국경선을 나누고 있었으며, 빈곤 또는 정치적 압박에 쫓긴 많은 동포들이 만주와 중국 본토 방면으로 이주 또는 망명함으로써 러시아의 공산주의와 접촉할 기회를 가졌다. 둘째로, 일제의 식민지 정책 아래서 대다수의 국민이 극도의 빈곤한 생활에 시달리고 있었다. 셋째로, 1919년의 3·1운동을 치른 국민들은 일종의 허탈감에 빠지게 되었고, 새로운 자극을 민감하게 받아들이기 쉬운 심리 상태에 있었다. 넷째로, 일본에서도 한때 공산주의 운동이 활발했으며, 만약에 일본이 공산화된다면 조선은 자동적으로 일제의 지배를 벗어나게 되리라는 기대감이 상당수의 우리나라 사람들로 하여금 일본의 공산주의자들과 손을 잡게 하였다.[22]

필자의 짐작으로는 홍태식이 지적한 네 가지 사유 중에서 첫째와 넷째가 가

---

22 홍태식, 「한국 공산주의 운동 연구와 비판」, 삼성출판사, 1969, p.360 이하 참조.

248 · 한국 윤리의 재정립

장 중요하다고 생각되거니와, 어쨌든 이러한 여건에 편승하여 러시아 혁명이 일어난 지 3개월 뒤인 1918년 1월에는 벌써 이르쿠즈크에 거주하는 남만춘(南萬春), 김철훈(金哲勳) 등이 고려공산당을 결성하게 되었다. 그리고 그 뒤를 이어서 국내외 여기저기에 서울 청년회, 무산자 동맹, 화요회, 북풍회(北風會) 등 공산주의 단체가 생겼다. 그리고 1925년 4월에는 화요회를 중심으로 삼고 몇 개의 단체가 결합함으로써 조선공산당을 결성하기에 이르렀다.

주권을 회복한 뒤의 우리나라 정치체제를 무엇으로 할 것이냐는 문제를 놓고 민주주의를 선호한 사람들과 공산주의를 선호한 사람들의 의견 대립이 있기는 했으나, 독립운동에 열중하던 그 당시에는 그 대립이 큰 문제가 되지는 않았다. 일본이라는 공동의 적이 앞에 있었고 기어코 독립을 쟁취해야 한다는 공동의 목표가 있었던 까닭에, 두 진영은 이데올로기를 넘어서서 협동할 수 있었기 때문이다. 그러나 저 두 진영의 대립은 언젠가는 충돌하지 않을 수 없는 위험성을 안고 있었으며, 그 위험한 충돌이 현실로 나타난 것은 해방의 날이 밝으면서부터였다.

민족의 주권 회복을 염두에 두고 생활의 중심을 독립 문제에서 찾으며 노심초사한 것은 의식 수준이 높은 일부의 지사(志士)들에 국한된 이야기다. 보통 사람들의 경우는 우선 먹고 사는 것이 가장 절박한 문제였다. 조선시대에도 가난하게 살던 사람들이 일본인에 의하여 수탈까지 당하게 되니 생존 그 자체가 매우 어려운 과제가 아닐 수 없었다. 그 당시 빈민들의 삶이 얼마나 어려웠는가를 단적으로 알려 주는 것으로서는 그 시절의 사회상을 그린 단편들이 있다. 우리나라에는 고래로 여자의 정조를 매우 소중히 여기는 전통이 있었으나, 그 정조를 팔아서 끼니를 이어 가는 이야기는 그 가운데서도 가장 비참하다.

가정주부가 식구들의 끼니를 마련하기 위하여 정조를 파는 이야기로서는 김동인(金東仁)의 「감자」가 널리 알려져 있거니와, 김유정(金裕貞)의 「산골

나그네」와 「소나기」도 비슷한 소재를 다루고 있다. 김동인의 「감자」와 김유정의 두 단편에서 발견되는 주목할 만한 공통점은 아내의 매음을 남편이 눈감아 주었을 뿐 아니라 오히려 대견하게 생각했다는 사실이다. 어떤 남편도 아내의 부정(不貞) 그 자체를 좋게 생각할 리는 만무하다. 다만 굶는 것보다는 그 짓이라도 해서 입에 풀칠을 하는 편이 낫다고 보는 도덕 이전의 원초적 욕구가 앞섰을 뿐이다. 또 한 가지 주목되는 것은 동네 아낙네들도 아무개는 치맛바람으로 팔자 고쳤다고 숙덕거리며 그러한 '관계'를 은근히 부러워했다는 대목이다. 정조를 팔아야 할 정도로 가난한 사람이 작품 속의 주인공뿐이 아님을 말해 준다.[23]

일제의 식민지로 전락한 뒤에도 우리나라는 여전히 농업국이었다. 농업에 종사하면서 생계를 유지하는 사람들에게 가장 소중한 것은 가정 또는 가족이다. 전통적 방식의 농사를 짓는 데 가장 적합한 협동의 집단은 가족이므로, 그 어려운 여건 속에서 살아남기 위해서는 가족 단위의 단결이 절실하게 요구되었다. 바꾸어 말하면, 안정되고 단란한 가정을 꾸미고 그것을 지키는 것이 보통 사람으로서 안전하게 살아가는 가장 바람직한 길이었다. 그러므로 국가와 민족을 우선적으로 생각하는 일부의 지사(志士)를 제외한 보통 사람들이 삶의 목표로 삼는 것은 화목한 가정을 꾸미고 지키는 일이 되기 쉬웠다. 가족주의적 사고방식 내지 가치관은 우리나라에 있어서 오랜 전통을 가진 것이지만, 나라를 빼앗기고 넓은 사회로 진출하는 길이 막히게 된 민족으로서 생활의 중심을 가정에 두는 경향이 더욱 강화되었다고 생각된다.

가정이 생활의 중심이 되고 가족 단위로 삶의 목표를 추구하는 사람들의 경우에는, 도덕 내지 윤리에 있어서도 가정 내지 가족에 관련된 것이 큰 비중

---

23 김유정, 「소나기」, 『한국단편문학대계』, 제4권, pp.17-27 참조.

을 차지하게 되고, 인간관계에 있어서도 혈연 또는 인척을 매개로 한 그것이 비교적 중요한 의미를 갖는다. 이러한 사정으로 말미암아 일제시대에도 우리나라의 가치관은 가족주의적 색채를 계속 짙게 가졌고, 윤리의 중심도 가족 윤리의 범위를 크게 벗어나지 못했다는 인상이 강하다.

아직 '핵가족'이라는 말이 나돌기 이전이었고, 적어도 삼대(三代)는 같이 사는 가족제도가 일반적이던 시대였다. 따라서 가족 윤리에 관한 가장 중요한 인간관계는 부자(父子)의 관계였고, 그 가장 중요한 덕은 역시 효(孝)가 아닐 수 없었다. 그러나 일제시대에 있어서의 부모와 자식의 윤리 및 효의 관념은 조선시대의 그것과는 약간 달라져 가는 추세를 보였다. 개화의 바람이 여기에도 스며들기 시작한 것이다.

이인직의 신소설 『설중매』 가운데 그 주인공 이태순과 그의 친구 정성조가 부자의 윤리에 대하여 토론을 전개하는 대목이 있다. 이 대목에서 정성조는 우리나라의 완고한 부모들이 성장한 자식을 어린아이같이 다루며 이래라저래라 하고 명령하는 것이나 자식의 효도를 받으려 드는 것은 잘못이라고 비난한다. 정성조의 이러한 주장에 대하여 이태순은 상당히 긴 토론으로 응하고 있거니와, 그 요지는 대략 다음과 같은 내용이다.

첫째, 서양의 풍속이라고 모두 아름다운 것은 아니며, 우리나라의 것이라 하여 모두 나쁘다고 보는 것은 잘못이다. 마땅히 그 좋은 것은 취하고 나쁜 것은 버려야 한다. 둘째, 부자(父子)의 윤리는 본래 우리나라의 것이 아름답다. 다만 부모가 자녀를 노예같이 대하여 구속하는 것은 잘못이니 이 점은 고쳐야 하나, 그 폐단을 시정하는 과정에서 너무 서둘러 천륜(天倫)을 상하는 일이 있어서는 안 된다. 셋째, 오랜 전통을 가진 우리 것을 갑자기 버리고 서양의 것을 서둘러 받아들이는 것은 바람직한 일이 아니다. 넷째, 부모가 자녀를 기르는 과정에서 겪는 노고는 이루 말할 수 없을 정도로 크다. 그 은공을 모르는 것은 결코 사람의 도리가 아니다.[24] 아마 이태순의 이와 같은 견해는 작가 이인직 자신의 견해이기도 할 것이다. 여기 나타난 견해는 오늘의 젊은 세대의 관점에서 본다면 매우 보수적인 것으로 생각될 것이나, 부모의 명령을 절대시하던 옛날의 관점에서 본다면 서구 사상이 스며들기 시작한 흔적이 역력하다고 할 것이다.

이인직의 『설중매』가 출판된 지 9년 뒤인 1917년에 연재되기 시작한 이광수의 『무정』에는 아들이 아버지를 대하는 태도가 옛날과 달라져 가는 모습이 더욱 확연하게 나타나고 있다. 『무정』에서도 여주인공들은 옛날 조선시대의 딸들이 했듯이 무조건의 효성을 보여주고 있으나, 남자의 경우는 다르다. 『무정』의 여주인공 영채는 억울하게 옥살이를 하는 아버지와 오빠를 구하고자 돈을 마련하기 위하여 천대받는 기생의 신분을 자원하였다. 또 한 사람의 주인공 선형은, 부모가 정해 준 신랑감 형식에 대하여 애정을 느끼지 못하나, 자기를 희생하더라도 부모의 뜻을 따르는 것이 당연한 도리라고 생각한다. 그러나 영채가 기차 안에서 만난 여학생 병욱의 오빠가 그의 아버지를 대하는 태도는 크게 다르다. 병욱의 오빠는 그의 직업 문제와 병욱의 동경 유학 문제 등에 관해서 아버지와 의견을 달리할 뿐 아니라 아버지에게 맞서서 자기의 생각이 옳다는 것을 서슴지 않고 주장한다.[25] 부모와 의견을 달리하더라도 그것을 안으로 감추고 부모의 뜻을 따르는 것이 자식 된 도리라는 것이 전통적 유교 윤리의 가르침이다. 그러나 개화의 바람이 불면서 바로 이 점에 현저한 변화가 생긴 것이다. 이무영(李無影)이 1939년에 발표한 「제일과 제일장」의 젊은 주인공 수택이 아버지를 대하는 태도는 전통 윤리의 가르침에서 더욱 멀어진다.[26]

---

24 이인직, 『설중매』, 『정수한국문학전집』, 제3권, p.93 참조.
25 이광수, 『무정』, 후편, pp.105–107 참조.
26 이무영, 「제일과 제일장」, 『한국단편문학대계』, 제3권, pp.107–108 참조.

딸들의 경우도 심청(沈淸)의 전통은 조금씩 무너져 가는 조짐을 보였다. 김유정이 1937년 『조광(朝光)』 2월호에 발표한 「따라지」를 통하여 우리는 딸에 대한 아버지의 권위가 무너져 가는 세태의 한 편린을 엿볼 수 있다.[27] 그러나 「따라지」의 부녀와 같은 경우가 더러 있었다는 것을 확대 해석하여 그것을 일제시대의 일반적 현상으로 보아서는 안 될 것이다. 이 점에 관해서는 「제일과 제일장」에 등장하는 수택의 경우도 마찬가지다.

김동인이 1931년에 발표한 「발가락이 닮았다」 안에 다음과 같은 대목이 있다.

> 그 좌석에 있던 스무 살쯤 난 젊은이가,
>
> "외려 일생을 자식 없이 지내면 편치 않아요?"
>
> 이러한 의견을 내는 데 대하여, '젊은이로서는 도저히 이해할 수 없는 혈속의 애정'이라는 문제와, 그 문제를 너무도 무시하는 이즈음의 풍조에 대한 논평으로 말머리를 돌려 버리고 말았습니다.[28]

이것은 방탕한 생활을 일삼다 성병을 심하게 앓은 경력을 가진 32세 노총각 M이 약혼을 했다는 소문을 듣고, 그를 아는 사람들이 그가 생식 능력을 가졌을까 못 가졌을까 하며 잡담을 하는 문맥 가운데 한 토막이다. 소설의 큰

---

27 김유정, 「따라지」, 『한국단편문학대계』, 제4권, p.79 참조. '따라지'는 사직골 꼭대기 쓰러져 가는 초가집에서 셋방살이 하는 가난한 사람들의 구질구질한 생활상을 소재로 한 단편이다. 이 단편의 등장인물 가운데 폐결핵을 앓고 있는 늙은 아버지와 버스 차장 노릇을 하는 딸이 있다. 딸은 여학생으로 보이고 싶어서 도시락을 책보따리처럼 싸가지고 출근한다. 여학생 책보따리같이 보이도록 정성을 다하여 도시락을 싸는 것은 늙은 아버지의 임무였다. 늙은 아버지는 그 책보같이 싼 도시락을 출근길에 오르는 딸에게 두 손으로 바친다.

28 김동인, 「발가락이 닮았다」, 『한국단편문학대계』, 제1권, p.164.

줄거리와는 별로 관계가 없는 대목이지만, 이 말을 통하여 알 수 있는 것은 그 당시의 젊은이들 가운데 '혈속(血屬)의 애정' 또는 혈통의 계승이 중요하다는 것을 모르는 사람들이 있었다는 사실이다. 전통적 가족주의를 떠받들고 있던 혈통 중시의 관념이 흔들리기 시작한 것이다.

우리나라의 전통적 가족제도와 효(孝)의 윤리를 떠받들어 온 것은 핏줄을 중요시하는 혈족의 관념이다. 우리 조상들은 자아(自我)의 한계를 개인으로 긋지 않고 자신이 속한 혈족 집단과 자신을 동일시하였다. 그러나 개화의 바람이 개인주의적 자아의식을 강조함을 계기로 개인을 혈족이라는 집단 속에 묻어 버리던 사고방식이 무너지기 시작한 것이다.

가족 또는 혈통에 대한 의식의 변화가 모든 부류의 사람들에게 일반적으로 온 것은 아니었다. 그러한 변화는 신학문을 공부한 도시의 젊은이들, 특히 젊은 남자들에게 먼저 왔다고 생각된다. 농촌의 늙은 사람들은 여전히 옛 의식구조에 머물렀고, 도시의 젊은이들 가운데서도 여자들의 마음속에는 전통적 관념이 오래 살아 있었던 것으로 보인다.[29] 농촌은 서구 문명으로부터 멀리 떨어져 있었던 까닭에 그랬고, 여자들은 학교교육을 받은 사람이 적었다는 사실과 모성애라는 선천적 심성으로 인해서 그랬던 것으로 볼 수 있을 것이다.

일제시대에는 아직 농촌 인구가 전체 인구의 대부분을 차지했고 여자의 수는 남자의 수와 비등하다는 점으로 미루어 볼 때, 개인주의적 성향을 가졌던 사람들이 숫자적으로 그리 많지는 않았을 것으로 생각된다. 다만 신학문을 공부한 남자들이 새 시대에 가졌던 영향력을 감안할 때, 그들의 변화된 의식

---

29 채만식, 「레디메이드 인생」, 『한국단편문학대계』, 제3권, p.16; 염상섭, 「만세전」, 『한국문학전집』, 문호사, 제4권, p.76 참조.

구조는 그들이 수적으로 열세했음에도 불구하고 상당히 큰 의미를 가졌다고 보아야 할 것이다.[30]

조선시대에 비교하면 혈족 관념이 약화되고 효도의 윤리도 흔들리기 시작했으나, 오늘의 상황과 비교하면 그래도 옛것이 많이 남아 있었다. 대가족제도도 남아 있었고, 효도의 윤리도 살아 있었다. 우리는 현진건이 1922년에 발표한 「타락자」를 통하여 대가족제도에 묶여서 한 젊은이가 학업을 중단하고 타락하는 이야기를 읽을 수 있으며, 그의 1923년 작품 「할머니의 죽음」을 통하여 조모에 대한 손자의 애정과 효성 이야기를 읽을 수 있다.

아직도 남아 있던 대가족제도의 문제를 본격적으로 다룬 작품으로서는 염상섭(廉想涉)의 『삼대(三代)』를 들 수 있을 것이다. 『삼대』는 1930년을 전후해서 서울 수하동(水下洞)에 살았던 부호 조씨 일가를 모델로 삼은 작품이거니와, 사실주의의 거장으로 알려진 횡보(橫步)의 이 대표작을 통하여 우리는 그 당시 대가족제도의 변천해 가는 모습을 이모저모 어느 정도 소상하게 읽을 수 있다.[31]

시대가 변하고 사회의 모습이 달라짐에 따라서 대가족제도의 불편한 점 또는 폐단이 드러나게 되었다. 대가족제도는 본래 농토를 매개로 삼고 한 가문의 대소가(大小家)가 같은 고장에 모여 삶으로써 생긴 제도였다. 그러나 이제는 집안에 변호사, 은행원, 방직 회사 사원 등 바쁜 직업을 가지고 전근을 해야 하는 사람도 생기고, 또 멀리 유학길을 떠나야 하는 젊은이도 생겼다. 이러한 상황에서는, 집안에 관혼상제 등 중대한 일이 있을 때 또는 환자가 생겼

---

30 김태길, 『소설에 나타난 한국인의 가치관』, I, pp.253-254 참조.
31 염상섭, 『삼대』, 『정수한국문학전집』, 제4권, 특히 pp.11-15, p.25, pp.41-49 참조. 이 작품의 모델에 관해서는 김용성, 『한국현대문학사탐방(韓國現代文學史探訪)』, 국민서관, 1973, p.68 참조.

을 때, 옛날과 같이 대가족이 모여서 함께 행사에 참석하고 병석을 지키는 따위의 일이 현실적으로 어렵게 된다. 이러한 상황의 구체적인 예를 우리는 현진건의 「할머니의 죽음」에서 찾아볼 수 있다.

할머니가 위독하다는 기별을 듣고 원근에서 여러 자손들이 모여들었다. 할머니의 병세는 위독한 상태로 여러 날 끌게 되었고, 모인 사람들 가운데는 바쁜 직업을 가진 자손도 있어서 무한정 머물러 있을 처지가 못 되지만, 그러나 훌쩍 떠날 수도 없어서 난처해 한다.[32] 진심으로 할머니의 임종을 지켜보고자 하는 애정보다도 해묵은 관습에 묶이고 남의 이목을 두려워하는 마음에서 여러 사람이 환자의 곁을 떠나지 못했다는 상황은, 당시의 대가족제도가 안고 있던 문제의 일단을 상징적으로 말해 준다고 볼 수 있을 것이다.

대가족제도의 더욱 큰 폐단은 친척에 대한 의뢰심과 친척의 재물을 탐내는 부당한 욕심으로 인하여 일어났다. 대가족제도의 좋은 점은 개인적 이기심을 초월하여 집안끼리 서로 돕고 사는 데 있었다. 그러나 자기가 일가와 친척을 도와야 한다는 의무 의식보다도 집안으로부터 도움을 받을 권리가 있다는 생각이 앞설 경우에는 도리어 의뢰심과 탐욕을 조장하는 결과가 되어 많은 폐단을 수반한다.

앞에서도 언급했듯이, 일제시대의 우리 국민경제는 매우 궁핍한 상태에 있었고 최저 생활조차 어려운 사람들이 인구의 대부분을 차지하였다. 이러한 상황에서 생계가 어려운 사람들은 좀 낫게 사는 친척에 대하여 의뢰심을 품게 되는 것이 대가족제도 아래서 생활한 사람들의 일반적 심리였다. 그 중에는 자신이 가난한 이유를 자기의 무능이나 나태에서 찾지 않고 친척의 인색에서 찾는 사람들이 있었다. 이러한 경우에는 잘사는 사람 측에서도 못사는

---

32 현진건, 「할머니의 죽음」, 『한국단편문학대계』, 제1권, p.322 참조.

친척을 멀리하게 되기 쉽고, 집안끼리 상부상조하던 미풍양속은 안으로부터 무너진다. '상부상조'의 미풍은 글자 그대로 서로 도울 수 있을 경우에 건전한 발전을 가질 수 있으며, 원조가 일방적일 경우에는 그것이 오래 지속되기 어려운 것이 인심의 상례다. 도움을 주고자 하는 친척보다도 그것을 받으려고 하는 친척이 적극적 자세를 취할 때, 친척의 의리는 상하기 쉽고 친척 사이가 도리어 남보다도 못한 관계로 전락하기도 한다.[33]

위에서 언급한 바와 같은 폐단은 대가족제도의 매력을 감소시켰고, 그 밖의 근대의 사회적 여건들이 대가족제도의 존속을 어렵게 하는 방향으로 작용하였다. 특히 신학문을 배운 젊은이들 가운데는 부모 또는 조부모의 슬하를 떠나서 독립하기를 희망하는 사람들이 많았고, 지차(之次)인 경우에는 분가하는 것이 일반적 관례가 되었다. 따라서 그 옛날 그랬듯이 4대나 5대가 한지붕 밑에 사는 대가족은 특수한 경우가 아니면 보기 어렵게 되었다. 그러나 장자만은 부모를 모시고 살아야 한다는 것이 일반적 통념이었고, 특히 부모 된 사람들이 그것을 기대하였다. 젊은이들 가운데는 장자인 경우에도 부모의 곁을 떠나고 싶어 하는 사람들이 있었으니, 여기에 변동하는 시대 풍조 속에서 신구 두 세대의 소망이 갈등을 일으키는 계기의 하나가 있었다.[34]

5. 개화 속의 남존여비

개화의 물결이 우리나라 여성을 전통적 관습의 구속으로부터 다소간 풀어

---

33 김태길, 『소설에 나타난 한국인의 가치관』, I, pp.256-257 참조. 이광수는 그의 『무정』 가운데서 친척에 대한 의뢰심을 비교적 소상하게 묘사하고 있다.
34 같은 책, p.259 참조. 이무영, 「제일과 제일장」, 『한국단편문학대계』, 제3권, p.110 참조.

준 것은 사실이다. 그러나 오늘의 한국과 비교한다면 일제시대의 여성은 여전히 봉건의 풍습 속에서 살았다고 하여도 과언이 아닐 것이다. 조선시대에 이어서 '예절'을 숭상하는 기풍이 대체로 지속되는 가운데, 여성에 대하여 요구되는 예절은 지나칠 정도로 까다로웠다.

양반 사회에는 '내외(內外)의 예절'이라는 것이 여전히 남아 있었다. 일가 친척과 같은 특수한 관계가 없는 한 남자와 여자가 한자리에 앉거나 말을 나누는 것은 부당한 행동으로서 비난을 받았다. 양반이 일가 아닌 양반의 집을 방문했을 때는 "이리 오너라!" 하고 하인을 부르는 것이 행세하는 사람의 예절이었다. 하인이 없는 가난한 양반의 집을 방문했을 때도 그렇게 했으며, 집에 안주인밖에 없을 경우에는 "거기 문밖에 누가 오셨는가 여쭈어라." 했다. 하인이 있는 것으로 가장하고 하인을 통하여 물어보는 시늉을 한 것이다. 이에 대하여 방문객은 "이댁 주인의 죽마고우 김 아무개가 왔다고 여쭈어라." 했고, 안주인은 "이댁 바깥양반은 출타 중이라고 여쭈어라." 하였다. 이를테면 간접 대화의 형식을 취한 것이며, 남녀가 마주보는 것은 예절에 어긋나는 일이었으므로 얼굴을 옆으로 돌리고 간접적으로 말을 주고받았다.

세월의 흐름을 따라서 '내외의 예절'은 조금씩 완화되는 추세로 기울었다. 그러나 남녀유별(男女有別)의 관념은 1930년대에도 상당히 강하게 남아 있었다. 이광수의 1932년 작품 『흙』 가운데는 다음과 같은 말이 있다. "그동안에 편지라도 자주 드리고 싶은 마음 간절하였사오나 여자가 남자에게 편지하는 것이 옳지 않을까 하와 편지도 못 올렸나이다." 시골 아가씨 유순이 다음 해에 돌아온다는 약속을 남기고 상경한 애인 허숭에게 보낸 편지의 한 구절이다.[35] 주요섭(朱耀燮)의 1936년 작품 「아네모네의 마담」에는, 다방 손님이

---

35 이광수, 『흙』, 제1장 말미 참조.

마담에게 슈베르트의 미완성 교향곡을 부탁하면서 직접 말을 하지 않고 쪽지에 적어서 남자 아이를 시켜 전하는 장면이 있다.[36]

지금도 '안사람'이니 '집사람'이니 하는 말이 남아 있지만, 여자의 천직은 어디까지나 가정을 지키는 일이었고 직업 전선에 나서서 돈을 버는 것은 '바깥양반'이 도맡아서 할 일이었다. 농가의 경우에도 부녀자는 안에서 가사를 담당하고 논밭에 나가서 일을 하는 것은 사내들의 몫이었다.

정숙함을 필수의 미덕으로 삼은 여자들은 복장에서도 보수적인 전통을 지켰다. 대부분의 여자들이 한복을 입었고, 양장한 여인은 어쩌다 볼 수 있는 예외자(例外者)에 가까웠다. 귀고리나 목걸이 따위의 장신구를 사용하는 여자는 더욱 보기 힘들었다. 여자가 남의 시선이 닿는 곳에서 팔다리를 노출시키는 것은 비록 창녀의 경우에도 망측한 짓이었다.[37]

'남녀칠세부동석'을 금과옥조로 삼았던 조선시대에 비교한다면, 일제시대 이후에 남녀의 윤리가 개방의 방향으로 크게 변화했다고 보아야 할 것이다. 그러나 이성간의 교제에는 아직도 많은 제약이 따랐다. 일반적으로 자유 연애는 떳떳하지 못한 짓으로 간주되었고, 미혼 남녀의 경우에도 사랑이란 원칙적으로 숨어서 하는 것 또는 어떤 위험을 각오하고 감행하는 모험이었다. 특히 양가(良家)의 규수가 애인을 갖는다는 것은 크게 못마땅한 일로서 비난을 받았다.

남자의 경우에도 연애에 정력을 소모하는 태도는 대체로 권장을 받지 못하였다. 앞으로 할 일이 많은 젊은이가 여색을 탐내는 것은 바람직하지 않다는 유교적 도덕관이 여전히 지배적이었다. 유진오(俞鎭午)가 1935년에 발표한

---

36 주요섭, 「아네모네의 마담」, 『한국단편문학대계』, 제2권, pp.181~182 참조.
37 이석훈, 「질투」, 『한국단편문학대계』, 제3권, p.411 참조.

「김강사와 T교수」 가운데 T교수가 학생들의 인품을 평가하는 대목이 있다. 그 대목에서 여학생에게 편지질하기가 일쑤인 어떤 학생을 비난하는 말이 발견된다.[38]

늙은 세대 가운데 연애라는 것을 부도덕한 비행으로 본 사람들이 많았던 것과는 달리, 젊은이들 사이에서는 그것을 긍정적으로 받아들인 사람들이 적지 않았던 것은 사실이다. 그러나 연애를 긍정한 젊은이들의 생각도 오늘의 젊은이들의 생각에 비하면 매우 보수적이었다. 그 당시의 젊은이들 가운데는 '신성한 사랑', 즉 육체적 교섭을 억제한 마음의 사랑을 높이 평가하는 견해가 지배적이었다. 이광수가 여러 작품을 통해서 예시한 정신적 사랑 또는 심훈(沈薰)의 『상록수』에서 동혁과 영신이 주고받는 헌신적인 사랑을 그 당시의 젊은 세대는 이상적인 것으로 받아들였다.

자연주의의 경향이 강했던 1920년대 또는 1930년대의 작품 가운데는 간통을 소재로 한 소설들이 많다. 예컨대, 김동인의 「감자」, 나도향(羅稻香)의 「뽕」, 김영수(金永壽)의 「소복」 등이 그것이며, 이광수의 『흙』에도 간통 이야기가 나온다. 만약에 현실 사회에 간통 현상이 전혀 없었다면 간통을 소재로 삼은 소설이 그렇게 나오기 어려웠을 것이며, 그러한 관점에서 그 시대의 '풍기문란'을 짐작할 수도 있을 것이다. 그러나 우리는 다른 관점에서 사태를 다르게 파악할 수도 있을 것이다. 역설적으로 말해서, 간통이 소설의 소재로 애용되었다는 사실은 간통이라는 것이 아직은 희소가치를 가지고 있었다는 증거로 볼 수도 있다. 간통의 현장을 소상하게 묘사하지 않고 단순히 그 사실만을 암시적으로 전달하여도 충분한 읽을거리가 되었다는 사실이 이러한 해석을 뒷받침한다.

---

38 유진오, 「김강사와 T교수」, 『정수한국문학전집』, 제4권, p.177 참조.

간통 행위가 알려지면 마을에서 강제로 추방을 당하던 시대의 엄격한 성도덕이 차차 무너져 가는 방향으로 기운 것은 부인하기 어렵다. 그러나 혼전의 정사나 간통을 대수롭지 않게 생각하는 사람들도 있는 오늘의 서구적 성도덕 관념에 비교한다면, 아직도 한국적 전통 도덕이 강하게 남아 있었다고 보아야 할 것이다. 『흙』의 여주인공 정선이 자기가 저지른 간통의 죄과를 죽음으로써 사죄하고자 열차에 투신 자살을 기도하지 않을 수 없게 한 주위 사람들의 냉혹한 시선이 이러한 견해를 뒷받침한다.

1920년대 또는 1930년대에도 결혼은 부모의 뜻을 따라서 정한 경우가 거의 대부분을 차지했을 것으로 보인다. 특히 여자의 경우는 당사자가 자신의 혼인 문제에 관해서 솔직한 의사를 표명한 예는 많지 않았을 것이다. 그 당시에 쓰인 소설의 주인공들은 대부분이 신학문을 공부한 사람들이지만, 『설중매』, 『무정』, 『흙』, 『만세전』, 「레디메이드 인생」 등의 경우가 그렇듯이 그들의 거의 모두가 부모의 일방적 결정을 따라서 결혼을 하고 있다. 개화의 바람이 분 뒤에도 결혼에 관하여 이토록 불합리한 경향이 오래 지속된 것은 조혼의 풍습과 불가분의 관계가 있을 것이다. 대개 15세 전후에 결혼을 시켰던 까닭에 자녀들이 아직 자신들의 주견을 내세울 만한 처지에 있지 못했던 것이다.

농촌에 파묻혀서 농사나 짓는 젊은이들은 부모가 정해 주는 대로 조혼을 하고도 큰 문제 없이 살아가는 경우가 많았다. 그러나 경제적 여유가 있어서 신학문을 배울 수 있었던 사람들의 경우에는 그 폐단이 적지 않았다. 조혼한 사람들은 대개 아내의 나이가 위인 것이 보통이었으며, 학교 공부를 한 것은 주로 남자들이었던 까닭에, 신학문을 공부하고 돌아온 남편들이 늙고 촌스러운 아내에 대하여 불만을 품게 되었기 때문이다. 이 불만은 흔히 가정의 파탄으로 이어지는 경우가 많았다.

늙고 촌스러운 아내에 대해 불만을 품은 남편은 가정에 대한 애착을 잃게 되고, 가정에 대한 애착을 잃은 남편은 흔히 기생집을 찾았다. 기생 오입을 하고 밤늦게 돌아오는 남편을 자지 않고 기다리는 것은 아내의 도리였다. 아내가 보기 싫어서 기생 오입을 하는 것만으로 만족한 사람은 적었다. 그들은 한 걸음 더 나아가 소실을 두거나 이혼을 요청하였다. 칠거지악(七去之惡)이 없는 한 조강지처를 버리지 못한다는 가르침을 따라서 외도와 소실만으로 만족한 사람도 있고, 아예 이혼을 강행하고 신여성(新女性)과 재혼한 사람도 있었다. 여기서 주목을 끄는 것은 외도를 일삼고 소실을 둔 사람들보다도 이혼을 강행하고 일부일처의 원칙을 지킨 사람들이 더 많은 비난을 받는 경향이 있었다는 사실이다. 여성의 처지가 몹시 허약했음을 의미한다.

남편이 아내에게 못할 짓을 하는 비민주적 현상은 지식인 남편과 구식 아내 사이에서만 있었던 것은 아니다. 하류층에서는 하류층대로 또 다른 형태의 학대를 아내들이 감수한 경우가 많았다. 가난하고 무식한 남편들은 여자에 대한 선택의 여지가 거의 없었던 까닭에 첩을 두거나 이혼을 강요하지는 못하였다. 그러나 그들은 완력으로 아내를 학대하는 경우가 적지 않았다. 이런 경우에는 도리어 아내 쪽에서 남편과 헤어지기를 원하게 되었다. 그렇지만 남편이 놓아 주지 않는 까닭에 참고 살거나 도망을 쳐서 달아나거나 하는 것이었다. 가난한 계층의 남편이 아내를 학대하는 이야기를 소재로 삼은 소설로는 이석훈(李石薰)의 「질투」, 김유정의 「금 따는 콩밭」, 「소나기」 등이 있다.

남자는 첩을 두든 재혼을 하든 그것이 큰 흠이 되지는 않았다. 그러나 여자의 경우는 첩살이의 불리함은 말할 것도 없고 재혼도 쉬운 일이 아니었다. 버림받은 이혼녀가 다시 좋은 배필을 얻는다는 것은 매우 어려운 일이었고, 과부가 된 여자의 경우에도 여러 가지 보수적 관념이 재혼을 어렵게 하였다. 김동리의 1934년 작품 「화랑의 후예」에서 우리는 그 당시의 '과부'라는 것이 얼마나 억울한 신분이었는지를 말해 주는 대목을 읽을 수 있다. 그리고 주요섭

의 1935년 작품 「사랑방 손님과 어머니」는, 설령 자기와 결혼하기를 원하는
좋은 신랑감이 있다 하더라도 과부인 까닭에 그것을 받아들이기 어려운 당시
의 분위기를 전해 주고 있다.

'남녀동등(男女同等)'이라는 서구식 관념이 들어오지 않았던 것은 물론 아
니다. 『무정』의 동경 유학생 병욱이 역설하였고 「김연실전」의 주인공도 강조
했듯이, 남녀의 동등을 주장한 사람들이 적지 않았다. 특히 '신여성'으로 불
린 여자들 가운데 그러한 소리가 높았다. 그러나 오랜 전통과 제도 속에 뿌리
를 내린 남녀의 불평등이 말의 힘만으로 깨어지기는 어려운 일이어서, 여성
의 지위 향상은 앞으로의 과제로서 남게 되었다.

민주 사회에서는 지위가 높아지고 권한이 많아질수록 그의 도덕적 의무도
무거워진다. 한편 봉건적인 사회에서는 지위가 낮고 무력할수록 도덕적 부
담이 늘어 간다. 우리 한국의 경우, 여성의 지위가 남성에 의하여 억압당하
고, 아직 사회 전체에 봉건적 색채가 현저하게 남아 있는 동안 그들에게 요청
되는 품성과 행위도 유달리 부담스러운 것이었다. 우리 사회에서 흔히 사용
되는 도덕적 언어 가운데 '부덕(婦德)', '현모양처', '요조숙녀' 등 오로지 여
자들에게만 적용되는 찬사가 많은 것도 사회적으로 불리했던 여자들의 지위
와 무관하지 않은 역설적 현상일 것이다.

조선시대에도 그랬지만, 개화의 바람이 분 뒤에도 우리나라 여성들에게는
끝없는 인내와 순종이 요구되었다. 일본에게 주권을 빼앗긴 나라의 백성으
로서 좌절과 불만 속에 살았던 젊은 지식인들은 그 화풀이를 술과 아내에게
하는 경우가 많았다. 그럴 경우에, 아내는 무조건 인내하고 순종해야 했고 또
그것이 미덕이요, 부덕이었다. 사실은 인내하지 않고 순종하지 않고서는 달
리 살길이 없었다. 여자의 직업이라야 기생이나 작부밖에는 할 일이 없었던
그 시절에, 여자가 남편과 시댁에 반항하고 살아갈 수 있는 길이란 거의 없었
다. '출가외인(出嫁外人)'이라는 관념이 완고했던 까닭에, 살아남기 위해서

는 절대 인내와 절대 순종의 길밖에 없었다. 그것은 이를테면 선택의 여지가 없는 '미덕'이요, '부덕'이었다. 우리는 일제시대에 우리나라의 여성들이 보여준 강요된 부덕의 이야기를 현진건의 「빈처(貧妻)」, 「술 권하는 사회」, 채만식의 「치숙」, 계용묵(桂鎔默)의 「병풍에 그린 닭이」, 정비석(鄭飛石)의 「제신제(諸神祭)」 등에서 읽을 수 있다.

6. 농민과 도시인

개화의 바람을 몰고 온 서구의 문화는 도시 문화로서의 성격이 강했다. 개화의 바람이 우리나라에 불기 시작한 것도 서울 또는 부산과 같은 도시에서부터였다. 바꾸어 말하면, 개화 바람의 영향을 주로 받은 것은 큰 도시였으며, 국토의 대부분을 차지했던 농촌은 옛 모습을 오래도록 간직하였다. 따라서 생활양식이나 사고방식에 있어서 농촌과 도시는 현저한 차이를 보였다.

소수의 지주를 제외하고는 모두가 가난하게 살던 시절이었다. 그래도 대도시는 돈 있는 사람들이 모여 사는 곳이기도 하고 문화 시설도 있어서 다소 나은 편이었고, 농촌은 더욱 구질구질하였다. 이광수의 『흙』에 나오는 산여울 마을이 그랬듯이 농촌은 어디를 가나 된장에 구더기가 우글거리고 밤에는 물 것, 낮에는 파리떼가 사람을 괴롭혔다. 이에 비하면, 전깃불도 들어오고 극장도 있는 도시는 살기가 좋은 편이었다.

도시와 농촌의 차이가 가장 현저하게 나타난 것은 물질생활보다도 사람들의 의식구조에 있어서였다. 이무영의 「제일과 제일장」에 등장하는 수택 아버지의 말을 따르면, 도회지 사람들은 "맑구 정오(경우)가 밝다." 그러나 구수한 인정미가 없다. 한편 농촌 사람들은 경우에는 어두울지 모르나 구수한 인정으로 살아간다. 짧게 말해서, 도회지 사람들은 법과 경우와 이지(理智)로 살아가려는 경향이 있는 데 비하여, 농촌 사람들은 이해관계를 초월한 애정으로 살아가려는 경향이 있었다. 물론 도회지 사람들 가운데도 경우에 밝지 못한 사람들이 있었고, 농촌 사람들 가운데도 마음이 선량하지 않은 사람이 있었을 것이다. 다만 전체적으로 볼 때 어떤 경향의 차이가 있었다는 뜻이다.

농촌의 젊은이들은 도회지에 대하여 동경을 품었다. 서울 구경 한 번 하는 것이 평생의 소원인 사람도 있었고, 조상이 물려준 전답을 팔아서 도회지의 학교교육에 투자한 사람들도 있었다. 그리고 학교교육을 마친 뒤에 도회지에 눌러앉아 사는 것이 소원이고 자랑이었다. 그러나 도회지 생활은 겉모양만 화려했을 뿐 그 내막은 매우 허망하고 불건전하였다. 도시 생활의 퇴폐적 분위기에 환멸을 느낀 젊은 지식인들 가운데는 어린 시절을 보낸 농촌에 대한 향수에 젖은 사람도 있었다. 더러는 인구의 80퍼센트를 차지하는 농촌으로 돌아가 문맹으로 가득 찬 내 고장을 계몽하는 일에 민족적 사명감을 느끼기도 하였다. 이광수의 『흙』, 심훈의 『상록수』, 이무영의 「제일과 제일장」 등은 이러한 시대적 배경을 반영하고 나타난 작품이었다.

물론 그 당시의 도회지라는 것은 오늘의 대도시에 비하면 매우 소규모의 것이었다. 가장 큰 서울의 경우 1913년의 인구가 24만이었고 1945년에는 85만이었다는 사실로 미루어 볼 때, 일제시대의 도시가 현대의 도시와는 양상을 달리했음을 짐작할 수 있을 것이다. 그러나 그 당시 농촌에서는 석유 등잔을 사용하는 가정도 드물었는데 도회지에서는 전등을 사용했다는 한 가지 사실만으로도 농촌과 도시의 상대적 차이는 대단했음을 짐작할 수 있을 것이다.[39]

신분의 벽이 두터웠던 조선시대에는 상민은 글을 배울 기회가 거의 없었고, 설령 배운다 하더라도 활용할 길이 없었다. 그러나 갑신정변을 통해 싹이

39 김태길, 『소설에 나타난 한국인의 가치관』, Ⅰ, pp.284-285 참조.

트기 시작한 평등주의는 서민에게도 교육의 기회를 주었고, 그들도 배우면 옛날의 양반처럼 행세할 수 있는 길이 열렸다. 이에 교육은 대중의 관심사가 되었고 학교교육에 대한 열기가 점차로 확산되었다.

학교교육을 통하여 새로운 지식을 습득한 사람들의 일부는 면서기, 농업 기수, 학교 교사 등의 직업을 얻고 배운 것을 요긴하게 활용하였다. 그러나 모든 지식인에게 순탄한 길이 열린 것은 아니다. 학교만 나오면 누구나 일자리를 얻을 수 있을 정도로 직장이 흔한 것도 아니었고, 비교적 수가 많았던 하급 공무원의 자리는, 일본인의 앞잡이로서의 성질이 강했던 까닭에, 실은 그리 떳떳한 자리가 아니었다.

청운의 꿈을 품고 고등교육을 받은 사람들 가운데는 마땅한 일자리를 얻지 못하고 방황하는 사람들이 적지 않았다. 차라리 글을 배우지 않았더라면 노동자가 되었을 터인데, 섣불리 글공부를 한 까닭에 체력도 달리고 체면에 대한 의식도 있어서 마음을 잡지 못하고 방황하는 젊은이들이 도처에 늘어났던 것이다.

당시의 지식인들을 더욱 괴롭힌 것은 '친일(親日)'과 '항일(抗日)' 사이에서의 갈등이었다. 고등 고시를 통과하고 일본의 관리가 된 경우와 같이, 친일파라는 비난을 받은 사람들도 그들 나름의 민족의식과 고민을 가진 경우가 허다하였다. 항일 투쟁에 투신한 사람들 가운데서도 국내에 머물면서 거듭된 옥고와 협박과 회유를 당한 뒤에 진심으로 또는 거짓으로 일본의 권력과 타협한 사람들이 적지 않았다. 다시 말해서, 당시의 한국 지식인들은 복잡한 의식구조를 갖지 않을 수 없는 현실적 여건 속에 살고 있었다. 유진오는 당시 한국 지식인의 다중인격(多重人格)을 다음과 같이 서술하였다.

지식계급이란 것은 이 사회에서는 이중, 삼중, 사중, 아니 칠중, 구중의 중첩된 인격을 갖도록 강제되는 것이다. 어떤 자는 그 수많은 인격 중에서 자기의 진짜 인격을 명확하게 쥐고 있다. 그러나 어떤 자는 자기 자신의 그 수많은 인격에 현황해 끝끝내는 어떤 것이 정말 자기의 인격인지도 모르게 되는 것이다.[40]

지식인이란 언제나 방황하기 쉬운 부류이지만, 일제의 압박 아래 살았던 한국의 지식인은 더욱더 방황한 것으로 보인다. 그들은 농촌과 도시 사이를 방황하였고 항일과 친일 사이를 방황했으며, 더러는 전통과 신식 사이를 방황하였다. 가면을 쓰고 방황하는 가운데 자신의 참모습을 잃었고, 참모습을 잃고 방황했던 까닭에 앞으로 다가올 결정적 기회에 대비하여 충분한 실력을 준비하지 못하고 세월을 허송하였다. 8·15 해방을 맞았을 때, 당시의 한국 지식층이 그 역사적 사명을 다할 수 있는 식견과 실력을 갖추지 못했다는 사실은 그 뒤에 많은 혼란을 자초하는 원인의 일부로서 작용하였다.

19세기 말과 20세기 초에 우리나라가 경험한 '개화'의 물결과 사회적 변동은 새 시대의 도래를 알리는 신호였으며, 새 시대에 맞는 새로운 가치 체계의 수립이라는 역사적 과제를 온 국민에게 안겨 주었다. 그 '새 시대에 맞는 새로운 가치 체계'라 함은 일제 식민지로서의 조선에 적합한 가치 체계가 아니라, 일제의 지배를 벗어날 장차의 한국을 멀리 내다보는 미래지향의 관점에서 요청되는 새로운 삶의 철학을 의미한다고 보아야 한다. 정치사적 관점에서는 일제의 지배를 받았던 반세기를 하나의 독립된 시기로 볼 수도 있을지 모르나, 문화사적 관점에서 볼 때 그것은 더욱 오랜 세월을 두고 전개될 새로운 시대의 도입부 ─ 고난과 시련의 도입부 ─ 라고 보아야 할 것이다. 현재 우리가 계승하고 있으며 앞으로도 계속될 이 새로운 시대가 새로운 가치 체

---

40 유진오, 「김강사와 T교수」, 『정수한국문학전집』, 제4권, p.175.

계를 요구했던 것이며, 그 새로운 가치 체계를 위한 바르고 튼튼한 기초를 닦는 것이 20세기 전반기를 산 세대의 공동 과제였던 것이다. 1945년의 해방을 계기로 새 시대의 문이 열리고, 따라서 새로운 가치관 형성의 과제가 시작되었다고 보는 것보다는, 이미 19세기 말에 시작된 새 시대와 새 가치관의 문제가 광복을 맞이하여 제2의 단계로 진입했다고 보는 편이 시대와 관련시켜서 윤리 문제를 고찰하는 우리들을 위하여 더욱 적합한 관점이라고 믿는 것이다.

일제시대를 하나의 독립된 시기로 보지 않고 19세기 말에서 오늘에 이르는 문화사적 흐름의 연속성을 중요시하는 관점에서 볼 때, 20세기 전반기에 한국인이 보였던 가치 태도의 동향이 갖는 의의는 더욱 크다. 만약 일제시대를 하나의 독립성을 가진 단절된 시기로 본다면, 그 시대에 있었던 일은 이미 역사적 과거로서 청산하고 광복을 계기로 삼은 새 출발만으로 그 뒤의 문제들을 처리할 수 있었을 것이다. 다시 말하면, 그 이전으로부터의 이월(移越) 또는 부채에 큰 신경을 쓸 필요 없이 아주 백지에서 출발하는 셈으로 새 시대가 당면한 문제들에 대처할 수 있었을 것이다. 그러나 19세기 말에서 오늘에 이르는 역사적 연속성을 중요시한다면, 일제에 있었던 일과 오늘에 있는 일 사이의 인과적 관련성이 더욱 큰 비중을 차지하게 되는 동시에, 일제시대의 잔재가 갖는 의의도 따라서 커지게 될 것이다.[41]

---

41 김태길, 『소설에 나타난 한국인의 가치관』, I , pp.289-300 참조.

6 장
해방 이후: 남한의 상황

1. 도덕적 무정부 상태와 좌우익의 갈등
2. 금전만능과 향락 그리고 이기주의
3. 흔들리는 가족 윤리
4. 남녀관(男女觀)과 성 윤리
5. 전통 의식과 시민 의식
6. 자유민주주의의 허실

6장 해방 이후: 남한의 상황

1. 도덕적 무정부 상태와 좌우익의 갈등

1945년 8월 15일에 일본이 '무조건 항복'의 뜻을 천황의 육성으로 밝혔다는 소식을 접했을 때, 이제 우리 민족의 비극은 끝이 났다고 필자는 단순하게 믿었다. 독립은 자동적으로 성취될 것이고, 바야흐로 자유의 나라가 건설될 것이라고 낙관하였다. 아마 다른 사람들도 대개 그렇게 낙관했을 것으로 생각된다. '독립 만세'의 함성과 환희에 가득 찬 태극기의 물결이 그러한 낙관의 증거였다. 사람들은 '해방(解放)'이라는 말로 이 역사의 전환을 자축하였고, '해방'이라는 단어에는 온갖 기쁨과 희망의 뜻이 담겨 있었다.

그러나 현실은 그토록 단순한 것이 아니라는 사실이 곧 밝혀졌다. 패전을 계기로 일본이 한반도에서 물러나고 우리가 그들의 억압을 벗어나게 된 것은 틀림이 없었으나, 예상하지 못했던 다른 어려움이 우리의 현실을 불만스럽게 만들었던 것이다. 그 어려움의 첫째는 도덕적 무정부 상태에서 오는 사회의 혼란이었다. 그 도덕적 무정부 상태는 '자유'에 대한 그릇된 생각과 깊이 연관되어 있었다.

해방이 되었으니 이제 '자유'의 시대가 왔다고 하였다. 그런데 그 '자유'라는 것을 방종(放縱)과 혼동하는 사람들이 많았다. 무슨 짓을 해도 좋다고 생각하는 사람들이 있었으며 그 생각은 곧 실천으로 옮겨졌다. 비록 소수라도 방종을 일삼는 사람이 있으면 사회의 질서는 무너지기 마련이다. 경찰이라는 것이 있기는 했으나 그들에게는 힘도 권위도 없었다.

일본인들이 쫓겨 갈 때 남기고 간 가옥과 가재도구를 '적산(敵産)'이라고 불렀다. 어떤 원칙을 따라서 적산을 관리하는 제도나 기관이 생길 시간의 여유를 주지 않고 여러 사람들이 일본인의 가옥과 가재도구를 점령하였다. 잽싸고 힘센 사람들이 임자가 된 것이다. 일본 사람들이 물러간 뒤로 많은 공직의 자리가 비게 되자 거짓 이력서를 제출하여 그 자리를 차지하는 사람들도 있었다. 이력서의 진위(眞僞)를 조회할 수 없는 외국의 대학을 졸업했다고 속이는 수법이 통했던 것이다. 일본 학자의 저서를 번역하여 자기의 저술로 출판한 교수들도 있었으나, 아무도 그것을 문제 삼지 않았다. 알고도 모르는 척하는 것이 무질서한 세상을 살아가는 처세술이었다.

이력서나 저술에만 거짓이 있었던 것이 아니라 생활의 모든 국면에서 거짓을 일삼는 사례가 많았다. 공금 또는 남의 돈으로 물건을 살 때는 영수증을 첨부함으로써 그 가격을 증명하도록 되어 있었으나, 그 영수증이라는 것이 도대체 믿을 만한 것이 못 되었다. 물건을 판 사람은 영수증의 금액을 얼마로 적을까를 산 사람에게 묻는 경우가 많았고, 심할 경우에는 백지 영수증을 떼어 주기도 하였다. 대체로 이러한 세태였던 까닭에, 거짓말을 하고 속이는 것이 정상적이고, 참말을 하고 정직하게 사는 것은 도리어 웃음거리로 여기는 경우가 많았다.

이러한 풍조는 양심의 소리나 도덕의 원리를 근본적으로 부정하는 사고방식으로 발전할 수 있다. 해방 이후에 쓰인 소설 가운데서 그 등장인물이 양심 또는 도덕에 대하여 회의적이거나 부정적 태도를 취하는 경우를 우리는 종종 발견한다. 예컨대, 박경리(朴景利)의 1959년 작품 『표류도(漂流島)』에서 '나'로 등장하는 다방 마담은 독백처럼 다음과 같은 말을 하고 있다.

> 민우씨는 시인이고 미남인데 왜 항상 여자 동무도 없이 저렇게 외로운지 모르겠다. 시를 써야 한다는 것이 벌써 비극인 것 같다. 그리고 그는 선량하다. 그 선량함이 하나의 구경거리로 취급되고 있는 현실을 그는 모르는가? 모르기 때문에 그는 시를 써야 하는가?[1]

김송(金松)의 「서울의 하늘」에 등장하는 박인숙과 김관식의 대화 가운데서도 우리는 양심 또는 도덕의 권위를 노골적으로 부정하는 발언을 발견할 수 있다. 법을 무시하고 요인(要人)과 결탁함으로써 대일(對日) 밀수업을 하여 거부가 된 김관식에게 박인숙이 그 불법 축재한 돈으로 빈민을 위한 좋은 일이나 하라고 충고했을 때, 김관식은 "허허, 양심? 고맙소. 하지만 나는 그런 양심 같은 건 개발의 토수같이 가치가 없다고 생각하는데…"라며 냉소적으로 대답하였다.[2]

양심을 비웃고 도덕의 권위를 부정하는 사람은 어느 시대 어느 사회에나 더러 있는 것이 보통이다. 그러므로 양심 또는 도덕에 대하여 냉소적인 사람이 간혹 있다 하더라도 그것이 예외적 현상이라면 별로 문제가 되지 않을 것이다. 그러나 해방 직후부터 1950년대 초기에 걸쳐서 양심과 도덕에 대하여 냉소적 태도를 취한 사람들은 '예외적'이라고 말하기가 어려울 정도로 그 수가 많았다. 정직하고 도덕적인 사람은 손해를 보기 마련이라는 것이 일반의

---

1 박경리, 『표류도』, 『신한국문학전집』, 어문각, 11권, p.28.
2 김송, 「서울의 하늘」, 『신한국문학전집』, 9권, p.69 참조.

생각이었고, 도덕적인 사람이 바보 대접을 받는 것이 다반사였다. 특히 윤리학(倫理學)을 공부한다는 것은 어리석은 짓으로 보였으며, '윤리'니 '도덕'이니 하는 말을 입에 담으면 시대착오적 얼간이로 보일까 염려되어, 그런 말을 써야 할 경우에는 '모럴(moral)'이라는 외국어를 대신 사용하는 사례가 많았다.[3]

그러나 모든 사람들이 양심 또는 도덕에 대하여 부정적 태도를 취한 것은 물론 아니다. 도덕이 타락한 사회에서는 도덕적인 사람이 손해를 볼 경우가 흔히 있는 일이고, 이러한 현실을 목격한 사람들 가운데서는 도덕에 얽매여서 손해를 보는 것보다는 차라리 도덕을 무시하고 이득을 보는 편이 낫다는 생각이 일단 우세한 위치를 차지하기 쉽다. 그러나 모든 사람들이 그 생각에 찬동하는 것은 아니며, 도덕성이 위기에 처할수록 도리어 도덕의 중요성을 절실하게 느끼는 사람들도 있다. 더러는 사회의 혼란이 극도에 달했을 때 비로소 도덕의 중요성을 깨닫는 경우도 있다. 우리는 4·19 혁명의 원동력이 된 것이 바로 도덕의 중요성에 대한 깨달음이었다고 볼 수 있을 것이다.

해방 이후의 우리나라에서는 사회의 혼란 및 도덕의 타락과 불가분의 관계를 가지고 정치의 타락이 진행되었다. 이승만 정권의 잘못은 비단 그 독재적 성격에만 있었던 것이 아니라, 그 정권에 깊이 관여했던 정치적 지도층이 일반 사회악과 결탁하여 또 그것을 조장했다는 사실에도 있었다. 권력은 금력과 결탁했고, 결탁한 권력과 금력은 온갖 부정과 부패의 온상이 되었다.

학생들이 선두에 선 4·19 혁명에 대하여 국민 일반이 그토록 크게 호응한 것은 정치적 자유에 대한 갈망보다도 이승만 정권의 도덕적 타락에 대한 분

---

3 필자가 법학에서 윤리학으로 전공을 바꾸기로 작정했을 때, 왜 그따위 쓸모없는 학문을 하느냐고 만류한 선배들이 있었다. 필자 자신은 윤리학을 전공한다는 말을 공공연하게 하기에 부담을 느꼈고, 누가 물으면 "철학을 공부한다."고 대답하곤 하였다.

노와 증오에 힘입은 바 컸다고 생각된다. 4·19 혁명의 성격을 어떻게 규정할 것이냐 하는 것은 역사 전문가에게 맡겨야 할 문제라고 하겠으나, 필자는 4·19 혁명을 주도한 정신의 바탕은 정치적이기보다도 도덕적이었다고 보는 견해로 기울어진다. 그것은 정권을 탈취하고 또 계승하려는 의도에 의하여 주도된 것이 아니라, 부정과 부패에 항거하는 의지가 주도한 항쟁이었다는 점에서 도덕적 운동으로서의 성격이 강하다. 그리고 4·19 혁명에 조직성이 부족하고 우발적 요소가 강했다는 사실도 그것이 정치적이기보다는 도덕적인 거사였다는 견해를 뒷받침한다.

　4·19 혁명의 주역 노릇을 한 대학생들의 일부는 '새 생활 운동'이라는 이름을 내걸고 일종의 국민 윤리 운동을 전개하였다. 빗자루를 들고 거리를 청소하거나 줄을 서서 차례대로 버스를 타는 따위의 일상적이고 구체적인 일부터 시작하자는 취지로 시작한 이 운동에, 학생들 자신이 솔선하여 실천적으로 앞장서기도 하였다. 만약 대학생들의 새 생활 운동에 정부와 학교 당국 그리고 언론기관 등이 조직적이며 적극적인 후원으로 가담했다면, 그리고 더욱 많은 학생들이 이 운동에 동참했다면, 아마 상당히 큰 성과를 거두었을 것이다. 그러나 모처럼 발족한 새 생활 운동은 광범위한 호응을 얻지 못하고, 일부 학생들의 서클 활동에 가까운 차원에서 머뭇거리다가 흐지부지 시들고 말았다. 결국 범국민 운동으로까지 성공하지는 못했으나, 극도로 타락해 가던 우리나라의 윤리적 상황을 바로잡고자 하는 자각과 의지가 구체적 형태를 띠고 나타난 최초의 실천 운동이었다는 점에서, 4·19 직후에 대학생들이 전개했던 '새 생활 운동'의 의의는 컸다고 생각된다.

　장면(張勉)을 수반으로 한 민주당 정권 때 야당의 젊은 국회의원들이 '청조회(淸潮會)'라는 모임을 조직하고 정신 풍토의 정화를 주장하고 나선 적이 있었다. 청조회의 정체(正體)가 정치적 모임이었는지, 윤리적 성격이 강한 모임이었는지를 굳이 따질 필요는 없을 것이다. 설령 그것이 정치적 저의를 숨긴 모임이었다 하더라도, 국민의 여론이 윤리적 혁신을 갈망하고 있었다는 사실을 반영한 움직임이었음에는 의심의 여지가 없다. 어쨌든 새로운 가치 풍토의 조성을 갈망하는 민심이 1960년대에 들어서면서 고개를 들기 시작했다는 사실이 우리의 주목을 끈다.

5·16의 주체 세력은 정권을 장악하자마자 곧 윤리적 구호를 앞세우기 시작했다. 그들은 '구악(舊惡)을 일소'하겠다고 공약을 하면서 '인간 개조'를 국민의 공동 과제로서 제시하였다. 철학적 이론의 뒷받침이나 방법론적 연구의 준비도 없이 즉흥적으로 내건 구호였던 까닭에, 어떤 현실적 성과를 거둘 수 있는 조직적 운동으로 발전하지는 못했으나, '새 생활 운동'과 '청조회'가 민간 운동으로서 제기한 정신 풍토의 재정립이 민족의 공동 과제라는 것을 정부 차원에서 다시 확인했다는 점에서 이들 구호가 가진 의미를 읽을 수 있을 것이다.

우리의 현실을 불만스러운 것으로 만든 어려움의 또 하나는 38선을 경계선으로 한 남북의 분단이었다. 한반도의 주인인 우리 민족의 의사와는 아무런 관계도 없이 이 땅을 두 조각으로 나누어, 남쪽에는 미군이 진주하고 북쪽에는 소련군이 진주하였다. 미군이 진주한 남한은 미국의 결정적 영향을 받게 되고 소련군이 진주한 북한은 소련의 결정적 영향을 받게 되었으니, 이 국토의 분단은 우리 민족에게 크나큰 고통과 시련을 가져다줄 지극히 부당하고 더없이 불행한 결정이었다.

남한에는 결국 미국의 영향력 아래서 '자유민주주의'를 표방하는 정부가 수립되었으나, 그 과정은 결코 순탄한 것이 아니었다. 미국에 반대하는 공산주의자들의 조직적 활동이 기선을 제압한 반면에, '자유'와 '민주주의'를 외치면서 미국에 추종한 사람들은 수적으로만 우세했을 뿐 사상적 무장에 있어서나 조직력에 있어서나 엉성하기 짝이 없었기 때문이다.

8·15 해방이 되던 그날 즉시에 서울에서는 '조선 건국 준비위원회'라는 단

체가 조직되었다. '건준(建準)'이라고 약칭되기도 한 이 단체는 여운형(呂運亨)을 위원장으로 하고 안재홍(安在鴻), 허헌(許憲) 등이 표면에 나타난 중심 인물이었다. 이 '건준'에는 일부 민족주의자들도 가담했으나, 내면적으로는 공산주의자들의 세력이 깊이 침투하였다. 미군이 진주하기 2일 전인 9월 6일에 '건준'이 개최한 전국 대회의 명칭이 '전국 인민 대표자 대회'였고 그들이 결정한 국호가 '조선인민공화국'이라는 사실만 보더라도, 해방 직후의 정국을 재빨리 장악한 것은 남한에서도 공산주의자 내지 사회주의자들이었음을 알 수 있다.

지방 각지에서도 해방 직후에 '자치위원회'니 '치안대'니 하는 단체가 생겼으며, 이들 단체의 주도권도 공산주의자 내지 사회주의자들이 장악하였다. 이는 일제시대에 수감되었던 사상범을 비롯한 좌익 사상가들이 지하에 숨어 있다가 갑자기 나타나서 조직적 활동을 한 것으로 보인다. 좌익이 수적으로 우세했다고는 생각되지 않는다. 다만 그들의 활동은 조직적이고 투쟁적이었던 까닭에 그 세력이 만만치 않았다. 대학 사회에서도 그들의 활동은 조직적이고 투쟁적이었다.

북한의 경우는 소련군이 지체 없이 진주하였고, 소련 군정 당국은 처음에는 조만식(曺晩植) 등 민족주의자와 독립운동가들을 망라하여 '5도 임시 위원회'라는 것을 만들었다. 그러나 머지않아 김일성(金日成)을 위원장으로 한 '조선 임시 인민위원회'를 조직하고 조만식을 비롯한 민족주의자들을 내쫓았다. 이리하여 북한에서는 이렇다 할 저항을 받지 않고 공산주의 정권의 수립이 일사천리로 진행되었다.

남한에서는 미국이 좌익을 누르고 우익을 지원하는 정책으로 대응했으나, '자유민주주의'를 표방하는 그들로서는 총칼의 힘으로 가차 없이 밀고 나가기는 어려운 형편이었다. 좌익 탄압은 느슨할 수밖에 없었고, 느슨한 틈을 타서 좌익 세력은 은밀한 활동을 계속하였다. 더러는 '여순반란(麗順叛亂)'과 같은 무력 봉기 사건도 있었다. 북한에서 공산주의자들이 일사불란하게 밀고 나간 것과는 달리 남한에서는 민주 진영 내부에도 분열이 있어서 국민 대다수가 믿고 따르는 중심 세력이 없었다.

1948년에 초대 한국 대통령이 된 이승만(李承晚)은 국내 실정에 어두운 사람이었고, 그의 측근 가운데도 별로 탁월한 정치가가 없었다. 1950년 5월에 실시한 제2차 총선거에서 전체 의석 210석 가운데 여당이 차지한 것은 56석에 불과했다는 사실이 이승만 정권에 대한 민심의 동향을 단적으로 말해 준다. 야당의 의석도 26석밖에 되지 않았고 무소속이 128석이나 차지했으니, 국민이 신임할 만한 중심 세력이 없었음을 말해 준다. 6·25 전쟁이 일어난 것은 이러한 상황에서였다. 우리의 진영이 허술한 틈을 타서 저들이 기습 남침을 감행한 것이다.

6·25가 많은 상처를 남기고 끝난 뒤에 남한에서의 공산주의 세력은 크게 약화되었다. 일제시대부터의 우리나라 공산주의자들 가운데는 노동자나 빈농 출신보다도 지주 계급 출신의 지식인들이 많았다. 그들은 억압이나 착취를 당한 한 맺힌 피해자이기보다도 자신들의 선대(先代)에 의하여 소작인들이 착취당하는 모습을 목격하고 인도주의적 동정을 느낀 사람들 또는 책을 통하여 마르크스의 논리 정연한 이론에 접한 사람들인 경우가 많았다. 그러나 그들이 6·25를 겪으면서 체험한 공산주의의 실상은 그들이 머리로 생각하고 책으로 읽은 공산주의와는 크게 다른 것이었다. 적어도 전쟁 때 북한 사회가 보여준 공산주의 또는 북한의 인민군을 통하여 목격한 공산주의는 그들이 생각했던 휴머니즘과는 거리가 먼 것이었다. 그들은 공산주의자들이 일으킨 동족상잔의 전쟁이 얼마나 잔혹한가를 몸소 체험했던 까닭에 공산주의에 대하여 가졌던 막연한 기대와 호감은 저절로 무산되고 말았다.

그러나 6·25의 불행을 체험하지 못했거나 너무 어렸을 때 철모르고 그것을 겪은 젊은 세대 가운데서 공산주의에 대하여 기대와 호감을 느끼는 사람들이 다시 생기기 시작했다. 1970년대 이후의 우리나라 사회가 보여준 구조적 모순을 목격한 대학생들 사이에서 새로운 공산주의가 고개를 들게 된 것이다. 이를테면 우리나라의 사회 풍토에서 자생적으로 공산주의가 싹을 틔운 것이다. 이 자생적 공산주의에 북한의 공산 정권이 공작(工作)의 손을 뻗침으로써 그들의 세력은 무서운 조직력을 가지고 날로 성장하였다.

새 세대 공산주의자들의 주도권을 잡은 것은 자본가나 지주의 자녀들이 아니었다. 경제가 성장하고 대학 교육이 일반화하면서 가난한 가정의 젊은이들 가운데서도 대학에 다니는 학생들이 많아졌고, 이들은 자신들이 모순된 사회구조의 피해자임을 알고 분노하였다. 그리고 이 분노가 새로운 자생적 공산주의의 밑거름이 되었다. 이 새 세대의 공산주의는 자신들이 바로 자본주의적 모순의 희생자라고 보는 피해 의식에 뿌리를 박은 공산주의였던 까닭에, 소작인들에 대한 동정심과 부모나 조부모를 대신한 죄의식에 뿌리를 둔 그것과는 사뭇 성질이 다르다.

한 국가 내부에 정면으로 대항하는 두 가지의 이데올로기가 서로를 적대시할 경우에 그 나라의 윤리적 상황은 매우 어려운 지경에 놓이게 된다. 이데올로기를 달리하는 두 집단이 의존하는 윤리 체계는 서로 다른 내용을 담기 쉽다. 특히 공산주의를 반대하는 체제가 공산주의 이데올로기에 의하여 도전을 받을 경우에는 그 윤리적 상황이 매우 어렵게 된다. 왜냐하면 공산주의 이론에 따르면, 공산주의에 입각하지 않은 모든 윤리적 규범은 지배 계층의 이익을 확보하기 위한 장치에 불과한 것이므로, 공산주의자들은 자신들의 것이 아닌 모든 윤리의 권위를 부정하기 때문이다.

알기 쉽게 말하면, 공산주의자의 견지에서 볼 때 우리가 목표로 삼아야 할 최우선의 과제는 공산주의 혁명을 이룩하는 일이며, 이 목적의 달성을 위해서라면 우리가 보통 '부도덕하다'고 판단하는 행위를 하더라도 그것은 정당화된다. 그러므로 비공산주의자의 견지에서 '옳다'고 인정되는 행위도 그것이 공산주의 혁명에 도움이 되지 않을 경우에는 그릇된 행동으로 평가된다. 따라서 공산주의자들과 비공산주의자들이 같은 나라에서 살 때는 항상 윤리적 갈등과 혼란이 계속될 수밖에 없다.

예컨대, "학생의 본분은 열심히 공부하는 일이다."라는 말은 공산주의자에게는 전혀 타당성이 없는 말이다. 노사간의 쟁의 문제가 생겼을 때, "노사 양측이 모두가 살 수 있는 합리적 분배의 선에서 해결함이 옳다."는 주장도 반동적 발언에 불과하다. 실제로 이러한 논리로 말미암아 그동안 우리나라의 대학과 노동 현장은 수없이 많은 혼란과 파괴를 경험하였다.

2. 금전만능과 향락 그리고 이기주의

박정희(朴正熙) 정권은 경제 발전을 통한 빈곤의 추방을 가장 시급한 국가의 목표로 설정하였다. 그리고 그 경제개발정책은 상당한 성과를 거두었다. 적어도 1970년대 중반까지의 10여 년 동안에 달성한 한국의 경제성장은 세계가 놀랄 정도로 획기적이었다. 새로운 공장 지대가 건설되고 농업의 기계화도 추진되었다. 고속도로가 뚫리고 전국이 일일 생활권으로 좁혀졌다. 농어촌에도 전기가 들어가고 텔레비전과 냉장고 등 가전제품이 널리 보급되었다. 여기저기 벼락부자가 생겼고 벼락부자들의 그늘에서 서민들도 굶주림과 헐벗음을 면하게 되었다.

그러나 물질생활의 향상과 비례하거나 병행하여 정신생활도 풍요롭게 되지는 않았다. 물질생활이 풍요롭게 되었음에도 불구하고 인심은 도리어 악화의 경향으로 기울었다. 몸이 편하게 된 것만큼 마음도 편해지고 삶 전체에 대한 만족도가 높아졌어야 옳을 터인데, 현실은 그렇지 못하였다. 몸은 편하나 마음은 도리어 불편할 경우가 많았다.

물질생활의 풍요 속에서 인심은 도리어 각박해졌다. 옛날에는 가난한 가운데서도 서로 돕고 기쁨과 슬픔을 함께 나누는 사랑이 있었으나, 이제는 물질의 풍요 속에서 서로 맞서고 미워하는 갈등이 많아졌다. 옛날에는 몸은 고단하여도 마음은 느긋한 사람들이 많았으나, 이제는 몸은 비교적 편함에도 불구하고 마음의 불편을 호소하는 사람들이 많은 세상이 되었다. 아무리 문단속을 하여도 불안할 정도로 강도와 살인 사건이 흔해졌고, 빈번한 성폭행으로 많은 여성들이 불안 속에서 살아간다.

물질생활의 풍요 속에서 정신생활은 도리어 각박하다면 어디엔가 잘못이 있다고 보아야 한다. 몸은 옛날보다 편해졌으나 마음은 도리어 불편하다면 역시 어디엔가 근본적 모순이 있다고 보아야 한다. 도대체 그 잘못 또는 모순의 근원은 무엇일까?

근본적인 잘못이 사회구조에 있다고 본 사람들이 있었다. 특히 분배(分配)의 구조에 근본적인 잘못이 있다고 강조하면서 모든 책임을 자본주의로 돌린 사람들이 있었다. 이 사람들 가운데서 급진주의자들은 혁명을 역설했고 점진주의자들은 개혁을 주장하였다. 근본적인 잘못이 우리들의 가치관을 포함한 의식구조에 있다고 본 사람들도 있었다. 특히 의식구조의 핵심을 이루는 가치관에 병이 들어서 우리들의 마음을 불편하게 만드는 여러 가지 현상이 생긴다고 주장하는 사람들이 많았다. 바꾸어 말하면, 국민 일반의 도덕성에 문제가 있다는 지적이다. 도덕을 무용지물로 생각하는 분위기가 지배했던 해방 직후와 비교하면 크나큰 변화라 하겠다.

실은 사회구조에도 잘못이 있고 의식구조에도 잘못이 있다고 보아야 할 것이다. 사회구조와 의식구조는 불가분의 관계를 가지고 있는 것으로, 그 가운데 하나만 병들고 다른 하나는 건전하다는 것은 있을 수 없다. 비리(非理)에 가득 찬 사회구조 속에 태어나서 그 사회에 적응해 가며 오래 살면 자연히 의식구조에 문제가 생기기 쉽고, 의식구조가 불건전한 사람들이 대세(大勢)를 이루고 주도하는 사회는 구조적으로 병들기 쉽다.

사회구조와 의식구조 가운데서 어느 것이 먼저고 어느 것이 나중이냐고 물었을 때 만족스럽고 선명한 대답을 얻기는 어렵다. 어느 것이 더 중요하냐고 물을 경우에도 그 경중(輕重)을 간단하게 말하기는 어려울 것이다. 다만 아득한 옛날에 사회구조가 생기기에 앞서서 사람들의 마음이 있었다는 점으로 보아 의식구조가 다소 앞섰다고 말할 수는 있을 것이다. 그리고 '자유민주주의' 또는 '사회주의' 등 같은 이름의 체제를 가진 나라들 가운데서도 그 나라를 운영하는 사람들의 의식 수준 여하에 따라서 비교적 잘되는 나라도 있고 그렇지 못한 나라도 있다는 점을 고려하여, 의식구조가 더욱 기본적이라는 말을 할 수 있을 것이다.

절대 빈곤 속에 살았던 시절의 우리들은 돈만 많이 벌면 행복은 저절로 다가올 것으로 믿었다. 그렇게 믿었기에 열심히 일을 했고, 열심히 일한 결과로서 어느 정도 경제성장에 성공하였다. 의식주의 기본 생활에 안정을 얻었을 뿐 아니라 유흥으로 여가를 즐길 수 있는 여유를 갖게 된 사람도 많았다. 돈은 쾌락의 보증수표와 같다는 것을 체험을 통하여 느낄 수 있게 되었다. 여기서 돈이 제일이라는 소박한 인생관이 사람들의 마음을 사로잡았다. 돈만 있으면 안 되는 일이 없고 돈이 없으면 아무 일도 안 된다는 생각이 사람들의 마음속으로 침투하였다.

금전만능(金錢萬能)의 풍조는 온갖 사회악의 근원이 되었다. 수단을 가리지 않고 돈을 벌고자 하는 마음이 앞서면 뇌물을 주고받는 일이 예사롭게 되고, 사기와 횡령 등 범법 행위도 불사하기 쉽다. 심지어는 공갈과 협박, 폭력과 인신매매 등 비열한 방법으로 돈벌이에 열중한 사람도 있었다. 금전을 최고의 가치로 착각하는 풍토 속에서는 사리(事理)의 분별이나 공정성(公正性)에 대한 고려가 뒤로 밀리기 마련이므로 분배의 정의를 기대하기는 더욱 어렵다.

박정희 정권은 대기업 육성에 역점을 두었다. 경제의 급속한 성장을 위해서는 대기업을 앞세우는 길이 유리하다고 판단했기 때문일 것이다. 분배의 정의에 대한 관심이 약하고 기업 윤리 일반의 기초가 허약한 상황에서 대기업 육성에만 치중한 정책은 여러 가지 부작용을 수반하였다. 정경(政經) 유착에 의한 부정부패가 만연하였고 '부익부 빈익빈'이라는 유행어가 생길 정도로 빈부의 격차가 벌어졌다. 서민들은 옛날에 비하여 생활 수준이 크게 향상되기는 하였으나 '상대적 빈곤감'에서 오는 불만 때문에 마음은 도리어 불편하였다. 정권과 금권을 장악한 지배 계층으로부터 민심은 등을 돌렸고, 이러한 분위기 속에서 일부 대학생들의 불만은 공부보다도 '학생운동'에서 의의와 보람을 찾는 대학 풍토를 조성하였다. 그리고 대학 사회 일각에 사회주의 또는 공산주의를 유일한 대안(代案)으로 믿는 이데올로기가 만만치 않은 세력으로 대두하는 현상을 초래하였다.

급속도의 경제성장이 이루어지는 과정에서 크게 힘들이지 않고 거액의 돈을 번 사람들, 즉 졸부(猝富)들이 생겼다. 졸부들이 쉽게 번 돈을 쓰는 길 가운데서 가장 빠지기 쉬운 것은 향락과 과소비의 길이다. 전국 각지에 각종 유흥업소가 생겼고, 돈을 쉽게 번 사람들이 그곳을 이용하였다. 외국에서 값비싼 사치품이 수입되었고 사치스러운 가구와 의류 또는 장신구를 소유함으로써 높은 신분을 과시하는 속물근성이 범람하였다.

향락과 과소비의 풍조에 휩쓸린 것은 졸부와 그 가족에 국한되지 않았다. 인허가(認許可) 문제 등으로 기업가를 도울 수도 있고 괴롭힐 수도 있는 공직자와 그들의 가족도 이 풍조에 흡수되었다. 그리고 돈이 별로 많지 않은 사람들도 차츰 향락주의에 물들었다. 졸부들의 향락과 과소비를 욕하고 미워하다가 자기들도 모르는 사이에 그들의 소비생활을 모방하게 된 것이다. 더러는 유흥과 사치에 필요한 돈을 벌기 위하여 끔찍한 범죄를 저지르기도 하였다. 범죄를 저지르면서도 크게 죄의식을 느끼지 않았다. 도둑질한 것을 뺏는 짓은 죄가 될 것이 없다는 논리로써 자신들의 범죄를 변명하였다.

소유 또는 향락 따위의 외면적 가치를 극대화하면 행복이 성립한다는 가치 관은 사람들을 이기적 존재로 만든다. 돈과 권력 그리고 향락 따위의 외면적 가치는 그 총량(總量)을 함부로 증대하기가 어려운 까닭에, 사람들이 서로 그 것들을 많이 차지하려는 태도를 취하게 되면 사람들은 불가분 배타적 경쟁 상황 속에 놓이기 마련이고, 배타적 경쟁은 자연히 이기적 행위를 유발한다.

인간은 누구나 본능적으로 자기 자신의 이익을 추구하는 심리를 가지고 있 다. 그러나 자기 한 사람만의 이익에 집착하지 않고 타인의 이익도 존중히 여 기며 우리가 함께 몸담고 있는 사회 전체의 질서와 번영도 소중히 여기는 심 성을 발휘할 수도 있기에, 인간은 단순한 이기적 존재 이상의 것이 된다. 단 순한 이기성(利己性)을 넘어서서 타인과 공동체도 아울러 위하는 마음이 다 름 아닌 도덕성(道德性)이며, 도덕성을 발휘함으로써 우리는 인간다운 인간 이 된다.

우리가 삶의 최고 목표를 인격, 건강한 삶, 예술과 학문, 사랑과 우정, 자유 와 평화 등 내면적 가치의 달성에 둘 경우에는, 우리는 단순한 이기성을 넘어 서 타인을 생각하고 사회의 질서와 번영을 존중하는 태도를 갖기가 비교적 용이하다. 왜냐하면 내면적 가치는 대체로 말해서 배타적 경쟁성이 약하거 나 없는 까닭에, 내면적 가치의 달성을 위해서는 굳이 남을 밀어낼 필요가 없 기 때문이다. 그뿐만 아니라 한 사회가 갖는 내면적 가치의 총량은 노력을 통 하여 얼마든지 키울 수 있으며, 또 많은 경우에 내면적 가치는 타인과 사회를 위하는 행위를 통하여 실현하기가 쉬우므로, 내면적 가치의 실현을 삶의 최 고 목표로 삼는 가치 풍토 안에서는 타인과 사회에 대한 배려와 사랑을 실천 에 옮기는 일이 비교적 용이하다.

그러나 우리나라의 경우는 배타적 경쟁성이 강한 소유와 향락의 극대화를 삶의 최고 목표로 삼는 사람들이 많았던 까닭에, 타인과 공동체를 위하는 마 음이 이기심에 압도당하는 사회 풍조가 되고 말았다. 타인에 대한 배려의 부족이 가장 잘 나타나는 것은 자동차를 운전하는 사람들의 행동에 있어서다. 신호와 차선을 지키지 않고 서로 앞지르고자 기를 쓰는 광경을 우리는 매일같이 목격한다. 다른 사람들의 불편은 고려하지 않고 아무렇게나 세워 놓은 차량도 도처에 널려 있다.

"타인과 공동체에 대한 배려 없이 이기적으로 행동한다."는 말은 "부도덕하게 행동한다."는 말과 거의 같은 뜻이다. 그러므로 이기적인 사람은 항상 부도덕하게 행동하는 경향이 있다. 따라서 한국인의 가치 풍토에서 이기심이 타인과 공동체에 대한 배려를 압도한다 함은 한국인에게 부도덕하게 행동하는 경향이 강하다는 뜻이 된다. 우리는 금연석에서 담배 피우는 사람을 흔히 볼 수 있다. 등산길에 쓰레기를 버리는 사람도 흔히 볼 수 있으며, 외국산을 국산으로 속이거나 국산을 외국산으로 속여서 파는 상인이 많다는 보도에도 자주 접한다.

금전만능주의와 이기주의로 인한 부도덕한 행동의 사례는 매일같이 대중매체를 통하여 보도되고 있거니와, 우리는 여러 소설을 통해서도 금전만능주의 또는 이기주의가 일으키는 부도덕한 행동의 고발을 읽을 수 있다.

박영준(朴榮濬)은 그의 1968년 작품『가족』안에서, 기차표 암거래가 성행하는 바람에 여러 사람들이 피해를 보는 이야기부터 수단을 가리지 않고 돈을 모아서 졸부가 된 사람들의 이야기에 이르기까지 여러 가지 사례를 고발하였다. 박영준은 주로 뇌물을 통하여 권력과 결탁함으로써 돈을 모은 사람들의 경우를 고발하고 있음에 비하여, 황석영(黃晳暎)의『객지(客地)』, 윤흥길(尹興吉)의「직선과 곡선」, 조세희(趙世熙)의『난장이가 쏘아 올린 작은 공』, 곽학송(郭鶴松)의『두 위도선』, 박용숙(朴容淑)의「검은 연기 밑에서」, 김이석(金利錫)의『아름다운 행렬』등 무수한 작품에서는 기업가들의 윤리적 타락이 고발되고 있다. 윤흥길은「직선과 곡선」에서 악덕 사장이 간교한 계략을 써서 자신을 매우 후덕한 인물로 알려지도록 했다는 위선(僞善)까지

고발하고 있다.

정치인과 관리들의 비리와 부패도 기업가의 경우 못지않게 고발을 당하고 있다. 박연희(朴淵禧)는 그의 「변모(變貌)」에서 이진규 교사의 입을 통하여 국회의원의 부패를 규탄하였다. 그는 "국민의 손으로 선출해 놓으면 협잡이나 해처먹고 정권 유지에만 굶은 이리떼처럼 혈안이" 되어 있다고 말하면서, 자유당이 그짓을 하다가 망했는데 아직도 정신을 못 차린다고 질타하였다.[4] 신석상(辛錫祥)은 그의 「프레스 카드」에서 못된 짓만 골라서 하는 김만복 지사장으로 하여금 교육청 관리과장에게 "그래도 나는 너희들보다는 깨끗하단 말이야!"라고 말하게 함으로써 공무원의 부패가 극도에 달했음을 간접적으로 암시하고 있다.[5]

이호철(李浩哲)은 그의 「공복사회(公僕社會)」에서 공무원 사회의 부패상을 비교적 구체적으로 묘사하고 있다. 구태의연한 타성에 젖어서 국록만 먹고 있는 여러 공무원들 사이에서 유독 성실하고 부지런하게 일하는 이원영 주사가 고군분투하는 모습을 줄거리로 삼는 이 작품을 통하여, 우리는 1960년대 후반의 한국 공무원상의 한 단면을 선명하게 들여다볼 수 있다. 몰지각한 공무원들이 얼마나 국고금을 낭비하고 있는가, 그들이 얼마나 관료주의적이며 무사안일한 태도로 자리를 지키는가, 또 그들이 사리사욕을 위해서 얼마나 간교한 수단을 부리는가를 이호철은 비교적 소상하게 고발하고 있는 것이다. 이원영의 근무 자세가 옳다는 것을 내심으로 인정하면서도 그들은 한 덩어리가 되어서 그를 배척하였고, 결국 이원영 주사가 배겨나지 못하고 물러나는 것으로 이 소설은 끝을 맺었다.[6]

---

4 박연희, 「변모」, 『신한국문학전집』, 28권, p.44 참조.
5 신석상, 「프레스 카드」, 『신한국문학전집』, 34권, p.338 참조.

관공리의 부패는 그 내력이 자못 오래다.[7] 조선시대에도 아전들에게는 국록을 주지 않음으로써 백성 수탈의 길을 열어 준 바 있고, 자유당 시절의 혼란한 틈을 타서 정치인과 공무원 사회의 부패는 고질화하였다. 이 뿌리 깊은 폐습을 고쳐 보려고 박정희 정권은 그 나름의 시도를 했으나, 박 정권 자신이 안고 있는 체질적 약점과 구조적 제약으로 인하여 그 시도는 별로 성과를 올리지 못했다.

윤리적 고발의 대상이 된 것은 기업가와 정치인 그리고 관공리들에게만 국한된 일이 아니다. 유주현(柳周鉉)은 「유전(流轉) 24시」에서 보결 입학을 미끼로 돈거래를 하는 학원을 고발했고, 박영준은 『고속도로』에서 가짜 박사 학위를 돈으로 산 대학교수와 돈만 아는 작가 및 바람기로 비틀거리는 유한부인들을 폭로했다. 신석상은 「프레스 카드」로 언론계 주변의 비리를 거론했고, 김홍신(金洪信)은 『인간시장』에서 관광 지대의 여관업자들을 등쳐먹는 관광회사 운전기사와 담당자, 그리고 그 밖의 여러 계층 사람들의 악덕을 규탄했다. 박완서(朴婉緖)는 「부처님 근처」를 통하여 사찰 주변의 지저분한 세속화를 날카롭게 풍자했으며, 이문열(李文烈)은 『사람의 아들』 안에서 교회도 젊은 영혼의 안식처가 되기 어려움을 암시하였다. 그리고 박경수(朴敬洙)는 술과 여자로 얼룩진 시골의 원색적 풍속도를 그의 『향토기(鄕土記)』에서 소개하였다. 결국 "똥 묻은 개냐, 겨 묻은 개냐" 하는 정도의 차이는 있을지 모르나 어떠한 분야의 어떠한 계층도 큰소리치기는 어려운 지경에 이른 것이다.

각계각층의 정신적 자세가 흐트러지면 여러 가지 사회문제가 생기기 마련

---

6 이호철, 「공복사회」, 『자유만복(自由滿腹)』, 단음출판사, 1968, 참조.
7 김태길, 『소설에 나타난 한국인의 가치관』, Ⅱ, pp.61–65 참조.

이다. 우리나라의 경우 가장 일반적이고 가장 중대한 문제는 사회적 갈등의 문제, 특히 빈부의 격차와 관련된 계층간의 갈등의 문제가 아닐까 한다. 특권층의 지나친 사치와 낭비, 이를 목격하고 느끼는 서민층의 위화감, 또 이와 관련해서 생기는 뒷골목의 사회악 등 여러 가지 문제들이 연쇄적으로 일어났다.

경제생활의 향상에도 불구하고 정신생활은 도리어 혼란과 갈등을 더해 가는 현실을 경험한 박정희 대통령은 도덕성 내지 정신 자세가 중요하다는 것을 직감적으로 깨달은 모양이다. 1968년 연두 기자 회견에서 그가 '제2경제'라는 새로운 낱말을 사용해 가며 국민 생활의 윤리적 측면을 강조한 것은 그러한 깨달음의 소박한 표현이었다. 가장 중요한 것은 역시 통상적 의미의 '경제'이고 그 다음으로 중요한 것은 정신 자세 내지 윤리라고 판단한 박정희는 그 두 번째로 중요한 것에 '제2경제'라는 이름을 붙인 것이다. 윤리의 중요성을 강조하면서도 여전히 경제가 그보다 더 중요하다는 생각을 버리지 못했다는 점에서 박 대통령의 철학의 한계가 보이기도 하나, 어쨌든 경제만이 중요한 것의 전부가 아니라는 것을 대통령 연두 기자회견에서 강조했다는 사실이 독재 정권 시대에 큰 파문을 일으켰다. 대중매체들이 연일 특별 기획으로 보도했으며, 고급 관료들은 대통령의 뜻을 구현하는 방안을 놓고 고심하였다.

박정희는 국민 윤리를 바로세우기 위한 몇 가지 방안을 강구하고 그것을 정책에 반영하였다. 1968년 12월에는 '국민교육헌장'을 제정 선포하였고, 1970년에는 '새마을운동'을 제창하여 전 국민이 이에 호응하도록 지시하였다. 그리고 대학에서도 '국민 윤리'를 교양 필수 과목으로 추가하도록 조치하였다. 국민의 정신교육을 중요시한 제3공화국의 정책은 그 뒤에 탄생한 군사 정권에 의해서도 대체로 계승되었다.

정부가 앞장을 선 국민 윤리 운동은 이렇다 할 실효를 거두지 못하였다. 더러는 국민의 반발에 부딪쳐 도리어 역효과를 부르기도 하였다. '국민 윤리'니

'정신교육'이니 하는 용어 자체가 거부감을 일으키는 경우조차 있었다. 우리나라의 윤리적 상황에 문제가 많다는 것이 사실이라면 그 해결을 위한 노력에 국민 모두가 동참해야 마땅할 것이다. 그러나 현실은 그렇게 단순한 논리를 따르지 않았다.

정부가 앞장을 서서 국민 윤리 운동을 전개했을 때, 은연중 정부가 가르치는 자리에 앉게 되고 국민은 배우는 위치에 서게 된다. 이와 같은 상황에서 도덕교육이 효과를 거두기 위해서는 스승의 자리에 앉게 되는 정부가 국민으로부터 도덕적 존경을 받아야 한다. 도덕적으로 존경받지 못하는 부모가 자녀에게 아무리 그럴듯한 훈계를 하여도 그 훈계가 순조롭게 받아들여지기 어렵듯이, 국민의 존경을 받지 못하는 정부가 전개하는 윤리 운동은 국민으로부터 외면당하기 쉽다.

박정희가 이끈 공화당 정권이 막강한 힘을 가지고 있었으며 경제 발전의 업적을 통하여 국민의 지지를 받은 측면이 있었음은 사실이나. 도덕적 관점에서 국민의 존경을 받는 데는 성공하지 못하였다. 특히 무리하게 '유신헌법'을 제정하여 영구 집권을 꾀한 뒤부터는 대다수의 국민으로부터 도덕적 비난을 받았다. 유신 체제에 대하여 가장 크게 반발한 것은 대학 사회를 비롯한 지식층이었다.

윤리 운동이 성공을 거두기 위해서는 이론적 토대가 확고해야 한다. 그 바탕에 깊은 철학이 깔려 있어야 하는 것이다. 그러나 역대 정권이 앞장을 선 국민 윤리 운동에는 깊고 튼튼한 이론적 기초가 없었다. 윤리의 문제는 일상생활과 밀접한 관계에 있으므로 상식만으로도 해결이 가능할 것 같은 인상을 주기 쉬우나, 사실은 그런 것이 아니다. 그런데 우리나라 관리들은 윤리의 문제를 상식의 문제로 생각하는 경향이 있어서 기초 이론의 탐구에 깊은 관심을 보이지 않았다. 이론 탐구의 필요성을 알고 또 이론 탐구의 능력을 가진 전문적 학자들의 적극적 협조를 받을 수 있을 정도로 학계의 지지를 얻지 못했던 까닭에, 관료들이 주관한 국민 윤리 운동은 끝내 주먹구구의 차원을 벗어나지 못했다.

정부가 주도한 국민 윤리 운동이 성공을 거두지 못한 또 하나의 이유는 정치성이 개입함으로써 윤리 운동의 순수성을 유지하지 못한 점에 있었다. 정권을 장악한 정치인이나 그들과 같은 이해 집단인 관공리들은 정권의 유지를 항상 당면한 과제로 삼는 경향이 있다. 국민 윤리 운동에 임하는 자세도 예외이기는 어려운 일이어서, 윤리 운동의 목표를 국민들로 하여금 정부 지지의 정신 자세를 갖도록 하는 데 두기 쉽다. 윤리 교육을 반공 교육과 혼동하는 경향이 있었던 것도 윤리 교육이 그 순수성을 상실한 데서 온 현상이었다.

3. 흔들리는 가족 윤리

8·15 해방 이후에 우리나라가 겪은 사회변동과 가치관의 변화는 우리나라의 가족제도와 가족 윤리에 대하여 크나큰 충격을 주었다. 국민의 대부분이 농업에 종사하던 우리나라의 전통 사회는 가족주의가 지배하는 사회였고, 가족 윤리는 사회규범 전체 안에서 절대적인 비중을 차지하고 있었다. 그러므로 사회변동과 가치관의 변화로 인하여 가족제도와 가족 윤리가 큰 충격을 받고 동요했다는 사실은 현대 한국의 윤리적 상황에 대하여 결정적이라 해도 과언이 아닐 정도의 중대한 의의를 가졌다.

우리나라의 전통 사회에서는 개인이 독립하여 단독의 힘만으로 산다는 것은 원칙적으로 불가능한 일이었다. 농사는 가족 단위로 짓기 마련이었고, 농산물은 가족 전체의 공동 소유였다. 농토와 가옥도 비록 개인의 명의로 등록되었다 하더라도, 실제로는 가족의 공동소유나 다름이 없었다. 이러한 상황에서 개인이 살 수 있는 길은 어떤 가족의 일원이 됨으로써 공동의 소유인 토지와 농산물의 혜택을 나누어 가질 자격을 확보하는 것밖에 없었다. 생활의 단위는 개인이 아니라 가족이었다. 이러한 상황에서, 가족주의적 인생관이 지배적 세력을 갖는 것은 당연한 일이다.

우리나라 전통 사회의 가족주의에 따르면, 가문(家門) 전체의 이익이 가족 성원 각자의 이익에 우선한다. 개인으로서의 '나'를 생각하기에 앞서서 가문으로서의 '우리'를 먼저 생각하는 것이 전통적 가족주의의 근본정신이다. 가족을 구성하는 성원 각자가 각각 독립된 주체로서 삶의 목표를 추구하기보다는 가문 전체의 공동 목표를 위해서 식구들 모두가 협동해야 한다고 우리 조상들은 믿었다. 한 사람의 입신양명은 그의 가문 전체의 영광이고, 한 사람의 수치는 그의 가문 전체의 치욕이었다.

가문의 전체성이 강조되었던 까닭에 전통적 가족주의 아래서는 현대적 의미의 개인적 자유 또는 개인의 독립성은 많은 제약을 받았다. 가족의 성원들은 가문의 전체 의사를 따라서 가문의 공동 목표에 협조할 의무가 있었으며, '가문의 목표'를 외면하고 개인의 독립된 목표만을 독자적으로 추구하는 자유는 원칙적으로 용납되지 않았다.

8·15 해방 이후에 우리나라가 겪어 온 사회변동은 한국의 전통적 가족제도와 가족 윤리에 심한 동요를 일으켰다. 농업 국가에서 공업 국가로 바뀌게 됨에 따라서 인구의 이동이 빈번하게 되었고, 여러 대(代)가 한지붕 밑에서 대가족을 이루고 살거나 일가와 친척이 조상으로부터 물려받은 땅을 지키며 같은 고장에 모여서 산다는 것이 사실상 어렵게 되었다. 경제적 구조의 변화가 대가족제도의 존속을 어렵게 만든 것이다.

전통적 가족제도와 가족 윤리의 존속을 더욱 어렵게 한 것은 사람들의 의식구조의 변화다. 전통적 가족제도와 가족 윤리를 떠받들어 온 것은 '나'보다도 '우리 집'을 우선적으로 생각하는 가족적 자아의식이었다. 그런데 근래에 수용된 서구의 문화는 한국인으로 하여금 '나'를 우선적으로 생각하는 개인적 자아의식에 눈을 뜨도록 하였다. 그리고 개인적 자아의식의 눈을 뜬 오늘의 한국인은 '나'의 인권과 자유 및 인간의 평등을 당연한 것으로서 주장하게 되었다. 이와 같은 서구적 개인주의의 안목으로 볼 때 한국의 전통적 대가족 제도와 가부장적 가족 윤리에는 불합리한 점이 적지 않다. 따라서 개인적 자아의식이 강한 오늘의 한국인, 특히 젊은 한국인은 전통적 가족제도와 가족 윤리를 있는 그대로 받아들이기가 어려운 것이다.

전통적 가족제도 아래서는 가부장(家父長)의 권위에 눌려서 개인의 자유 의사는 억압을 당했고, 특히 여성의 자유와 인권은 극심한 침해를 받았다. 민주주의의 원칙이 가족 내부에서도 타당성을 갖는다면 비민주적 요소로 가득 찬 전통적 가족제도와 전통적 가족 윤리는 마땅히 시정되어야 할 것이다. 그러나 어떻게 시정되어야 할 것인가?

대안으로서 우선 떠오르는 것이 서구의 핵가족이다. 그리고 실제에 있어서 근래에 한국의 가족은 서구의 핵가족을 날로 닮아 가고 있다. 그러나 서구의 핵가족제도와 핵가족 윤리를 모방하는 것이 우리들의 문제를 해결하는 올바른 길이라고는 생각되지 않는다. 국제연합(UN)에서 1994년을 '가정의 해'로 선포하지 않을 수 없을 정도로 '핵가족'의 논리를 따라간 서양의 가정에 많은 문제가 있다는 것이 이미 밝혀지고 있기 때문이다.

핵가족은 개인주의에 바탕을 두고 있다. 혼자 사는 사람의 경우도 '독신 가족'이라는 이름을 붙여서 가족의 일종으로 보아야 한다는 견해가 가족 문제를 다루는 학계에서 받아들여지고 있다는 사실은, 서구의 핵가족이 철저한 개인주의에 입각하고 있음을 입증한다. 개인주의에 입각한 핵가족의 논리를 극단으로 몰고 가면 그곳에서 '독신 가족'과 만나게 될 것이다. 우리나라의 전통적 대가족의 경우는 가족을 위하여 그에 속하는 개인들이 있고, 서구의 핵가족의 경우는 개인을 위해서 가족 또는 가정이 있다.

'나'의 자유와 권익을 무제한 추구하는 남자와 여자가 각자의 편익을 위해서 결혼을 한다고 가정하자. 그들은 성적(性的) 만족과 경제적 이익에 끌려서 어느 기간 동안 결혼생활을 지속할 수 있을 것이고, 애완의 수단으로서 자녀를 낳아 기를 수도 있을 것이다. 그러나 그들은 조만간 서로에 대하여 권태를 느끼게 될 것이며 두 사람 사이에 의견의 차이가 있다는 사실도 자주 발견하게 될 것이다. '사랑'이 식는 것이다. 사랑이 없는 결혼생활은 무의미하다는 판단이 서게 되고, 그들은 이혼에 합의하게 될 것이다. 그들이 낳은 아이들은 고아에 가까운 처지가 된다. 이것은 극단적인 경우다.

이토록 극단적인 경우는 많지 않을 수도 있을 것이다. 대다수의 부부들은 여러 가지 현실적 여건을 고려하여 결혼생활을 계속하면서 자녀들도 양육할 것이다. 그러나 그들이 어떤 공동 목표를 위해서 함께 노력하며 사는 것이 아니라 동상이몽(同床異夢) 격으로 각각 서로 다른 목표를 마음속에 두고 한지붕 밑에서 사는 것이라면, 그들은 남과 남일 따름이다. 그들의 영향을 받고 자라는 자녀들도 각각 제 자신의 목적을 세우고 빨리 독립할 날을 고대하며 자랄 것이다. 그들도 모두 남남이다. 그러나 그런대로 피차간의 간섭을 자제해 가며 큰 갈등 없이 한지붕 밑에서 살아갈 수는 있을 것이다. 다만 문제는 이것이 진정 사람이 사람답게 사는 가장 바람직한 방식이냐 하는 점에 있다.

문제가 더욱 심각하게 나타나는 것은 부모가 늙어서 조부모가 된 뒤의 일이다. 자기들의 이익만을 추구하도록 철저한 개인주의자로서 교육을 받고 자라난 자녀의 견지에서 볼 때, 늙은 부모는 귀찮은 존재일 수밖에 없다. 며느리나 사위의 입장에서 볼 때 시부모와 장인 장모는 거추장스러운 존재다. 손자나 손녀의 눈에는 조부모가 더욱 반갑지 않은 사람으로 보일 가능성이 높다.

'늙은이'의 씨가 따로 있는 것은 아니다. 오래 살면 누구나 늙은이가 되기 마련이다. 오늘의 아들과 며느리도 머지않아서 부모가 될 것이고, 다시 세월이 흐르면 조부모가 될 것이다. 일단 늙은이가 된 다음에는 그들이 젊었을 때 부모에게 했던 푸대접을 그들의 아들과 며느리로부터 받아야 한다. 인과응

보의 악순환이 되풀이하는 것이다.

늙은이들이 노후의 불행을 줄이기 위해서는 어떤 자구책(自救策)을 강구할 필요가 있다. 그 '자구책'이라는 것이 늙기 전에 돈을 모아 두었다가 자녀에게 주지 않고 유료 양로원에 들어갈 수 있도록 준비하는 것 이외에 별다른 수가 없다. 부모에게 효도하고 싶은 생각이 없는 자녀일수록 부모의 유산을 받을 권리가 당연히 있다고 생각하는 경향이 있어서, 노후를 위하여 돈을 쥐고 있다는 것도 생각처럼 쉬운 일은 아니다. 이 대목에서도 부모와 자식 사이에 갈등이 생기기 마련이고, 다행히 저축에 여력이 있어서 유료 양로원의 보살핌을 받는다 하더라도 인생의 말로는 쓸쓸할 수밖에 없다. 이것은 남의 이야기가 아니라 우리 모두의 이야기다.

가정의 문제는 가정의 문제로서 끝나지 않는다. 가정의 윤리가 무너지면 사회 전체의 윤리가 무너지고, 가정이 황폐하게 되면 사회 전체가 황폐하게 된다. 가정 안에서도 자기밖에 모르는 이기주의자가 가정 밖에 나가서 타인과 사회를 위하여 봉사하기를 바라기는 어려운 일이다. 이것이 바로 우리가 가정의 문제를 매우 중요하게 생각하는 이유다.

전통적 대가족제도와 전통적 가족 윤리를 그대로 묵수하기는 어려울 뿐 아니라 비민주적 요소가 많은 옛것을 그대로 지키는 것은 바람직하지도 않다고 하였다. 그리고 극단적 개인주의에 입각한 서구식 핵가족도 우리를 위해서 바람직한 대안이 될 수 없다고 하였다. 그렇다면 앞으로 우리의 가족제도가 가야 할 길은 무엇이냐 하는 문제와 정면에서 대결해야 할 상황에 우리는 놓여 있는 셈이다. 그러나 가족의 문제는 그것만이 따로 독립된 문제가 아니므로, 뒤에 가서 다시 이 문제를 고찰하기로 한다.

4. 남녀관(男女觀)과 성 윤리

가족 윤리는 다른 여러 분야의 윤리와 맞물려 있거니와, 특히 성(性) 윤리와 불가분의 관계가 있다. 해방 이후의 가족 윤리가 크게 흔들리게 된 것과 때를 같이하여 성 윤리도 크게 흔들렸다. 어느 쪽 윤리의 흔들림이 먼저이고 어느 쪽 윤리의 흔들림이 나중인지 그 인과(因果)의 선후를 말하기는 어려울 것이다. 아마 시대의 변천과 미국 문화의 영향이 한국인의 가치관을 바꿔 놓은 과정에서 가족 윤리와 성 윤리를 모두 흔들었으며, 흔들린 가족 윤리와 성 윤리가 다시 상호작용을 했다고 보는 것이 옳을 것이다.

우리나라의 전통문화를 자랑하는 사람들 가운데는 그 자랑거리의 하나로서 우리나라의 엄격한 성도덕을 손꼽는 경우가 흔히 있다. 그런데 우리나라에서 성도덕이 엄격했던 것은 여성의 경우이며, 남성의 경우는 옛날에 도리어 자유로운 성생활을 즐길 수 있었다. 정조를 지켜 가며 오직 한 남자만을 섬겨야 했던 여성과는 달리 남성에게는 여러 여자들을 공공연하게 거느릴 자유가 있었던 것이다. 돈만 있으면 여러 사람의 소실을 둘 수가 있었으며, 기방 출입을 통해서도 여러 여자에게 접근할 수 있는 길이 열려 있었다. 결국 부녀들의 정조 관념이 매우 강했다는 사실이 자랑하는 성 윤리의 핵심이었으며, 그 정절(貞節)의 미덕은 남자들의 타율에 의하여 형성된 덕목이었다. 한국의 전통 사회에서는 남성이 절대적 우위를 차지하였고, 우위에 있던 남성들은 자신들의 여자가 방탕하기를 원치 않았던 까닭에, 약자인 여성은 남자들이 바라는 대로 행동할 수밖에 없었던 것이다.

우리나라 전통 사회에서의 남존여비의 수직적 질서는 거의 절대적이었다. 가족 내부에서만 남자가 우위에 군림한 것이 아니라 가족 밖에서도 남자는 귀하고 여자는 그만 못하다는 관념이 상식화되어 있었다. 예컨대, 무거운 물동이를 이고 가는 여자와 빈 몸으로 가는 남자의 길이 서로 엇갈렸을 때, 여자 쪽이 멈추어 섰다가 남자가 지나간 뒤에 걸음을 계속하는 것이 옛날의 관습이었다. 그러나 8 · 15 해방을 계기로 '자유'의 바람이 들어오면서 '남녀평등'의 관념도 조금씩 머리를 들었다. 1946년 1월에 경성대학(京城大學)이 문을 열었을 때 남녀공학을 처음 실시한 이래 다른 대학에서도 남녀공학제도를 도입한 것은 성(性)의 벽을 낮춘 제도적 조치의 하나였다. 처음에는 여대생의 수가 매우 적기는 했지만, 남학생들과 책상을 나란히 하여 공부도 하고, 더러는 함께 야외로 소풍을 나가기도 하였다. 그것은 그 당시에는 새 시대를 예고하는 새로운 풍경이었다.

그러나 사고방식이라는 것은 일조일석에 바꿀 수 있는 것이 아니어서 해방 후에도 한동안은 "여자는 남자를 섬기고 살아야 한다."는 생각이 지배적이었다. 여자들 가운데서도 그런 생각을 버리지 못하는 사람이 많았다. 해방 직후의 북한 어느 국민학교 이야기부터 시작되는 박경리의 『시장(市場)과 전장(戰場)』에 보이는 다음 대화는 그 당시 여자들의 의식 수준을 짐작하기에 도움이 된다.

> "여자란 물과 같아서 그릇에 따라 달라지는 거요. 잘난 남자 만나면 절로 현명해지는 거구, 모난 남자 만나면 병신이 되는 거구."
> "이 선생이 어때서 그러세요?…"[8]

이것은 자기의 남편이 변변치 못하다 하여 불만을 가진 여교사 정순과 그의 동료가 주고받은 말이다. 교양이 있는 여자로서 자기 남편을 못났다고 말하는 것은 우리 전통 사회에서는 있을 수 없는 일이었다. 감히 그런 말을 정

---

8 박경리, 『시장과 전장』, 현암사, 1964, p.59. 여기서 말한 '선생'은 대화자 정순의 남편이다.

순이 할 수 있었다는 것은 세상이 많이 달라졌다는 것을 의미한다. 그러나 더욱 주목되는 것은 여자를 물에 비유하고 남자는 그릇에 비유한 점이다. 동료 앞에서 남편을 비판할 수 있을 정도로 전통적 관념을 벗어난 그녀였지만, 여자의 자주성 내지 독립성을 인정하거나 주장하기에는 이르지 못했음을 나타내는 이 비유의 발언을 통하여 우리는 상황의 과도기적 특색을 간취할 수 있다. 세상이 바뀌고 사람들의 의식도 많이 달라졌지만, 그러나 남녀의 동등에 이르기까지에는 아직도 요원한 거리가 남아 있었음을 의미한다.

새 시대의 교육을 받지 못한 시골 부인의 경우는 "여자는 남자를 섬기고 살아야 한다."는 생각이 더욱 완고했다. 유재용(柳在用)의 『비바람 속으로 떠나가다』에 등장하는 농부의 딸 순임이 첫 결혼에 실패하고 다시는 시집을 가지 않겠다고 고집을 부렸을 때, 그의 어머니는 다음과 같이 딸을 나무랐다.

> "지집은 못난 사내건 잘난 사내건 사내 셈기구 살아가두룩 매련됐어. 니가 아직 지 짝을 만나지 못한 것 같애. 찾아서 짝지어 줄 테니, 이번에는 하늘이 증해 준 짝이레니 알구서 살아야 한다. 시집살이래는 게 눈 감구 3년, 귀 막구 3년, 입 막구 3년, 이렇게 아홉 해를 견데 내야 겨우 자리가 잡히는 법이여."[9]

남존여비의 의식을 구체적으로 상징하는 "부엌일은 여자나 하는 일"이라는 고정관념도 6·25 당시에는 그대로 남아 있었다. 6·25 때 대구 피난지에서 젊은 연극인들이 겪은 고난을 소재로 한 김이석의 단편 「동면(冬眠)」의 여

주인공 혜란이 극단 식구들을 위해서 밥을 짓는 장면이 있다. 혜란이 혼자서만 수고하는 것이 미안하기도 하고 여자 가까이서 함께 일하는 즐거움도 맛보기 위하여 남자 단원들이 풍로에 부채질하는 것으로 그녀를 도우려 한다. 그러나 혜란은 그건 남자가 할 일이 아니라며 부채를 빼앗고 남자들을 방으로 쫓아 버린다.[10] 최정희(崔貞熙)의 장편 『인간사(人間史)』 안에도 여자의 직분은 "밥 짓고 자식 잘 기르고 하면 그만이다" 그 이상의 것은 다 소용없는 짓이라는 말을 한 어머니가 있다.[11]

그러나 젊은 여성들의 생각은 그 뒤로 현저한 변화를 보이게 되었다. 요즈음 젊은 여성들 가운데서 남편을 하늘처럼 섬기고 부엌 살림이나 하는 것이 여자의 직분이요 사명이라는 생각을 가진 사람을 찾아보기는 매우 어렵다. "남편을 하늘처럼 섬긴다."든지 "여자는 반드시 지아비의 뜻을 따라야 한다."는 따위의 부덕(婦德)의 개념을 아직도 받아들이는 사람은 거의 없을 것이다. 오늘의 젊은 여성들의 의식 세계에서 부부는 어디까지나 독립된 두 개인의 연합이며, 아내는 남편의 보조자라는 생각은 추호도 없다.

최희숙(崔姬淑)이 1983년에 발표한 단편 「아내는 하늘」을 통해서 우리는 "남편은 하늘이니라." 하는 오랜 가르침의 권위가 완전히 땅에 떨어지는 소리를 듣는다. 이 일인칭 소설의 주인공 '나'의 입을 빌린 마지막 구절은 현대 한국 여성의 변해 가는 의식 세계를 매우 상징적으로 말해 주고 있다. "시어머니에게 있어 '남편은 하늘'이었지만 동서에게 있어선 '아내는 하늘'이었음이 분명했다."[12]

---

10 김이석, 「동면」, 『신한국문학전집』, 27권, pp.250-251 참조.
11 최정희, 「인간사」, 『신한국문학전집』, 24권, p.54 참조.
12 최희숙, 「아내는 하늘」, 『월간문학』, 1983년 5월호, p.67.

남성이 절대적 우월성을 확보했던 전통 사회에서는 정절(貞節)을 부덕(婦
德)의 첫째로 손꼽았다. 남편이 아내의 정절을 강하게 원했음은 자연스러운
심리였으며, 혼전(婚前)의 정조까지도 문제가 되었으므로 부모는 딸을 정숙
한 처녀로 교육할 필요가 있었다. 그러나 '해방'을 계기로 불어 온 자유의 바
람은 여성에 대한 남성의 지배력을 크게 약화시켰고, 그 결과의 하나로서 여
성에게만 강요되었던 정절의 미덕이 그 바탕을 잃게 되었다. 남자들도 정절
의 의무를 함께 지기로 결심하고 이 결심을 실천에 옮겼다면 사정은 달라졌
을 것이다. 그러나 남녀공학, 여성의 직장 진출, 유흥업소의 난립 등으로 남
녀의 만남이 자유로워진 상황에서 남성이 자진해서 정절을 맹세하고 나선다
는 것은 기대하기 어려운 일이었다. 바람기라는 것은 남녀 모두가 가진 생물
학적 현상이므로 개방된 사회 분위기는 결국 엄격했던 전통적 성도덕을 와해
시키는 방향으로 작용하였다.

　앞에서도 언급했던 향락주의 풍조는 '성의 자유'를 더욱 조장하였다. 사
람들의 가장 절실한 관심이 절대 빈곤의 극복, 민족의 해방, 학문 또는 예술
을 통한 자아의 실현, 가문의 번영과 영광 등에 있었을 때는, 사람들에게 남
녀의 사랑 타령을 할 시간과 마음의 여유가 없었다. 그러나 대부분의 사람들
이 의식주에 큰 어려움이 없을 정도의 경제력을 갖게 되자, 다소라도 돈의 여
유가 생기면 앞을 다투어 향락의 길을 찾는 풍조가 일어났다. 이러한 상황에
서 도처에 유흥업소가 범람하게 되었고, 성의 상품화가 건실한 문화를 위협
하기에 이르렀다. 이러한 상황이 '성의 자유'를 조장하는 결과로 이어지는 것
은 당연한 추세였다.

　성도덕을 도덕의 핵심이라고 믿는 사람들은 성의 개방 풍조를 크게 위험시
하고 개탄하는 반면에, 성도덕의 문제는 사생활의 문제에 불과하다고 보는
사람들은 성 자유의 물결을 별로 심각하게 생각하지 않는다. 우리나라의 학
자들 가운데서 '성의 자유'를 정당화하는 체계적 이론을 세운 학자는 별로 알

려진 바 없으나, 외국 철학자 가운데는 성의 자유를 자연에 대한 순응으로서 적극적으로 지지하는 사람들이 있다.[13] 그러나 전체로 볼 때는 성의 자유 풍조를 일종의 타락으로 간주하는 견해를 가진 사람들이 아직도 더 많은 것으로 보인다.

옛날의 유학자들이 생각했듯이 성도덕의 문제를 윤리 문제 가운데서 가장 심각한 것으로 생각할 필요는 없을 것이다. 그러나 성의 문제는 사생활의 문제라는 이유로 성의 완전 자유를 긍정하기도 어려울 것으로 보인다. 비록 사생활이라 하더라도 사회 안에서 하는 행위임에는 다를 바가 없으므로, 성생활도 역시 사회규범의 제약을 받지 않을 수 없다. 바꾸어 말해서, 성도덕이라는 것을 전적으로 부정할 수는 없을 것이다. 옛날 전통 사회의 성 윤리가 그대로 지켜지기를 기대하기 어려운 것이 오늘의 현실이라면, 새 시대에 적합한 새로운 성 윤리를 정립하는 일이 앞으로의 과제로서 주어졌다고 보아야 할 것이다.

5. 전통 의식과 시민 의식

8 · 15 해방을 맞이하기 이전의 우리나라 전통 사회는 가족주의적 농경 사회가 그 주축을 이루었다. 바꾸어 말하면, 친척 또는 인척 관계로 연결된 사람들이 같은 지역에 모여서 농업에 종사하며 대(代)를 이어서 사는 농촌이 우리나라 전통 사회의 기본 단위였다. 혈연(血緣)과 지연(地緣)이라는 두 가지

---

13 러셀(B. Russell)이 『결혼과 도덕(*Marriage and Morals*)』이라는 책을 통하여 성의 자유를 적극적으로 주장한 것은 널리 알려진 사실이다. 엘리스턴(Frederick Elliston)이라는 철학자도 성의 자유를 지지하는 논문을 발표한 바 있다.

유대에 의하여 형성된 전통적 농경 사회의 특색은 ① 인구의 이동과 사회변동이 거의 없다는 사실과, ② 사회의 성원들은 대개 서로 잘 아는 가까운 사람들이라는 사실에 있었다.

농경시대의 전통 사회에서 가장 중요한 것은 가문(家門)이었다. 개인은 가문과 운명을 같이하기 마련이었고, 가문을 떠나서 개인이 독립하여 행복하게 산다는 것은 있을 수 없는 일이었다. 명문 거족의 한 성원으로서의 신분을 보유하는 일은 개인의 행복을 위해서 결정적 조건이었다. 어떠한 가문에도 속하지 않고 개인 단독의 힘만으로는 살기가 어려운 실정이었으므로, 융성한 가문이든 한미한 가문이든, 어떤 가문에 속한다는 것은 매우 중요한 일이었다. 가문은 자유롭게 선택하거나 변경할 수 없는 것이므로, 한 개인이 자신의 행복을 위하여 취할 수 있는 가장 현명한 길은 그가 이미 속해 있는 가문에 충성을 다하는 동시에 가문의 융성을 위해서 힘을 다하여 이바지하는 일이었다. 우리 전통 사회에서는 개인을 독립된 개체로서 파악하기보다는 어떤 가문의 한 성원으로서 파악하는 경향이 있었다. 사람을 평가함에 있어서 가장 중요한 것은 그의 재능이나 체질보다도 그의 가문이었다. 보잘것없는 가문의 똑똑한 자손보다는 혁혁한 가문의 변변치 못한 자손이 더 높은 평가를 받았다. 각 개인도 자신을 독립된 자아로서 의식하기보다는 가족의 한 성원으로서 자아를 의식하는 것이 보통이었다. 이 같은 가족주의적 자아의식은 우리 조상들의 의식구조의 근간을 이루었고, 이러한 의식구조의 바탕 위에서 우리나라의 전통적 윤리 의식이 형성되었다.

전통 사회에서는 인구의 이동이 별로 없었다. 그 사회에서 만나는 사람들은 대개 혈연과 지연으로 연결된 사람들이며, 서로 잘 아는 사이 또는 알 만한 사이의 사람들이었다. 그러므로 전통 사회의 윤리는, 서로 잘 아는 사람들 또는 알 만한 사람들 사이의 원만한 관계와 질서유지를 위하여 요구되는 규범을 주축으로 삼고 형성되기 마련이었다. 윤리는 본래 사람들 사이의 원만한 관계와 질서유지를 위해서 요구되는 규범을 주축으로 삼고 형성되는 삶의 지혜다. 그러므로 전통 사회에서의 대인관계 문제가 서로 잘 아는 사람들 또는 알 만한 사람들 사이에서 일어났다는 사실은, 우리의 전통 윤리를 가족 윤리 중심의 규범 체계로서 형성되게 하였다. 가족 윤리란 매우 가까운 사람들 사이의 행동 규범이거니와, 만나는 사람들 전체가 가족의 연장과도 같은 전통 사회에서, 가족 윤리 중심의 윤리 사상이 형성된 것은 당연한 추세라 하겠다.

가족주의적 윤리의 기본 특색의 하나는 정(情)과 사랑으로써 인간관계를 다스리는 것을 기본 원리로 삼는다는 점에서 찾아볼 수 있다. 가족과 같은 가까운 사이에 갈등이 생겼을 때, 그것을 해결하는 가장 적절한 방법은 그들 사이에 이미 형성되어 있거나 형성되어야 마땅한 혈육(血肉)의 정에 호소하는 그것이다. 권리와 의무를 따지고 경위를 밝히는 따위는 가까운 사이에서 사용하기에 바람직한 방법이 아니다. 전통 사회에서 으뜸으로 숭상하는 덕은 효(孝)와 충(忠)이거니와, 효와 충의 바탕은 이해타산을 초월한 정의(情誼)와 사랑이다.

가족적인 윤리가 가진 또 하나의 기본 특색은 사람들 사이의 수직적 위계질서가 확연하며, 아랫사람은 윗사람의 권위를 당연한 것으로서 받아들인다는 사실이다. 가족에는 가장(家長)이라는 어른이 있으며, 그 어른을 정점으로 삼고 그 안에서 다른 식솔들이 각각 하나씩의 자리를 차지한다. 그리고 그들 자리 사이에는 항렬(行列)과 연령, 적서(嫡庶)와 성별을 따라서 명백한 서열이 있다. 문중에는 문중의 어른이 있고 마을에는 마을의 어른이 있어서 공동체를 다스리되, 어른은 사랑과 권위로써 아랫사람들을 돌볼 책임이 있으며 아랫사람들은 존경과 순종으로써 어른의 뜻을 받들어야 하는 의무를 가졌다.

위에서 요약한 바와 같은 특색을 가진 전통 윤리가 전통 사회의 모든 사람들에 의해서 그대로 실천되었다고 보기는 어렵다. 그러나 하나의 당위 의식으로서 그러한 윤리 의식이 사람들의 마음속에 자리잡고 있었다는 것에는 의심의 여지가 없다. 혈연과 지연을 유대로 삼은 농경 사회라는 역사적 현실이 그러한 윤리 의식을 형성시켰을 뿐 아니라, 가족적 윤리 사상의 훌륭한 본보기인 유교의 가르침을 국교로서 숭상한 조선의 정책은, 삼강(三綱)과 오륜(五倫)으로 요약되는 전통적 윤리 의식을 국민의 마음속에 깊이 심어 주었다. 일단 깊이 심어진 윤리 의식은 그 윤리 의식을 형성시킨 사회의 구조가 바뀐 뒤에도 오래도록 남는 것이 일반적 현상이다. 우리나라의 경우에도 서양의 새로운 문물이 들어오고 근대화가 진행되기 시작한 뒤에도, 즉 혈연 중심의 농경 사회가 아닌 산업사회로의 전환이 이루어진 뒤에도, 전통적 윤리 의식은 어느 정도 계속 남아 있었다. 전통적 윤리 의식이 옛날의 모습 그대로 존속한 것은 아니고, 모든 사람들에게 같은 정도로 남는 것도 아니다. 다소 변형된 모습으로 많은 사람들의 마음속에 살아서 남아 있었고 현재에도 남아 있다.

가정의 질서를 유지함에 가장 자연스러운 원리인 친애(親愛)의 윤리를 국가와 세계에 확대 적용함으로써 덕이 지배하는 세상을 실현함이 공자의 이상이다. 이해타산을 초월한 가족 내부의 사랑을 그대로 옮겨서 이웃과 겨레를 사랑하고 나아가서 전 인류에게까지 미친다면, 온 세상이 평화와 행복을 누리게 될 것이라는 논리다. 이 논리의 배후에는 한 가지 매우 중요한 가정(假定)이 있다. 부모와 자식과 같은 가까운 사이에 싹트는 사랑의 정을 무한히 확산할 수 있다는 성선설적(性善說的) 인간관의 가설이다. 만약 인간의 본성이 착한 것이어서 사람마다 타고난 사랑의 싹을 키우고 키워서 만나는 모든 사람들을 감쌀 수 있도록 폭을 넓힐 수만 있다면, 공자의 이상은 실현될 가능성이 있다고 보아야 할 것이다.

역사 위에 기록된 인물 가운데 그토록 넓고 큰 사랑을 가진 인품이 간혹 나타난 것으로 알려져 있다. 석가모니와 예수 그리스도가 그러한 인품으로 알려져 있으며, 근래에는 슈바이처의 사랑도 끝없이 컸다고 알려져 있다. 그러나 성현으로 불리는 위대한 인물이란 극히 예외적인 존재이며, 보통 사람들은 그 근처에도 이르지 못하는 것이 인간의 현실이다. 특히 현대 산업사회 내지 정보사회의 인간상은 개인주의의 색채가 농후하여 가족 내부에서도 나와 너를 떼어서 생각하는 경향이 있다. 이러한 현실 속에서 친애(親愛)의 원리 하나만으로 거대한 인간 집단이 평화와 질서를 유지하기는 어려운 일이며, 옛날 전통 사회의 윤리 의식으로써 현대사회의 모든 문제를 해결하고자 꾀할 경우에는 무리에서 오는 폐단이 생길 염려가 크다.[14]

전통 사회와 현대사회의 현저한 차이점을 우리는 여러 각도에서 지적할 수 있을 것이나, 윤리학의 견지에서 볼 때 다음 두 가지도 매우 중요한 차이점이라고 생각된다. 첫째로, 전통 사회에서는 개인의 생활과 실질적 연관성이 많은 공동체는 가문 또는 마을과 같은 작은 집단이었으나, 현대사회에서는 국가 또는 국제사회와 같은 큰 집단이 개인의 생활과 밀접한 관계를 가진다. 둘째로, 전통 사회에서는 한 개인의 일상생활에서 접촉을 갖는 것은 가족과 일가친척, 그리고 마을 사람들과 같이 혈연 내지 지연으로 이어진 가까운 사람들이었으나, 현대사회에서는 특별한 관계가 없는 아주 낯선 사람들과 새롭게 접촉할 기회가 빈번하다.

물론 옛날에도 국가가 있었고 모든 사람들은 국가의 성원으로서 존재하였다. 그러나 일부 특권층을 제외한 일반 서민과 국가의 관계는 비교적 소원한 것이어서 국가의 혜택을 서민이 피부로 느낄 기회는 적었다. 이를테면 국가는 일반 서민으로부터는 먼 곳에 있었다. 그러나 현대인은 누구나 국가를 지척에 두고 있으며 국가를 대표하는 정부와 매일같이 만나고 있다.

---

14 김태길, 『소설에 나타난 한국인의 가치관』, Ⅱ, pp.165-168 참조.

옛날 전통 사회에서도 타지역 사람과 만나는 경우가 있었고, 한 번 보고 다시는 만날 기회가 없는 그런 만남도 있었다. 그러나 그런 경우는 드문 일이며 낯모를 사람들끼리의 만남이 어떤 이해관계를 매개로 삼을 경우는 더욱 드물었다. 그러나 현대사회에서는 매일같이 낯모를 사람들과 무수히 만날 뿐 아니라 그 만남에 매매 또는 경쟁 따위의 이해관계가 수반되는 것이 보통이다.

국가와 같은 대규모의 집단과 일반 시민의 거리가 가까워지고 무수한 낯모를 사람들이 이해관계를 매개로 삼고 만나게 되는 현대사회에서는, 가족주의적 윤리만으로는 해결하기 어려운 여러 가지 사회문제가 발생한다. 예컨대, 현대사회에서는 경제에 관련된 윤리 문제에 부딪치는 경우가 많거니와, 그 대부분은 옛날 전통 사회에서는 일어나지 않았던 문제들이며, 따라서 전통적 윤리 의식만으로는 해결하기 어려운 성질의 것이 많다. 구체적으로 말해서, 상품을 과대 선전하는 문제 또는 노사간의 문제 따위는 전통 사회에서는 거의 일어나지 않았다. 또 환경오염에 관한 여러 문제들도 옛날에는 없었던 새로운 문제들이다. 따라서 전통 윤리의 가르침 가운데는 이러한 새로운 문제들에 대처하기에 적합한 지침이 부족하다.

전통 윤리의 가르침 가운데서도 현대사회의 새로운 문제들에 대처할 수 있는 덕목이 전혀 없는 것은 아니다. 유교에서 숭상하는 인(仁), 의(義), 예(禮), 지(智), 신(信), 성(誠) 등의 덕목을 적절히 풀어서 적용하면 어떠한 인간관계의 문제에 대해서도 올바른 해답을 얻을 수 있을 것이다. 그러나 전통 윤리의 경전(經典) 속에 모든 경우를 위한 가르침의 '원리'가 있다고 해서 그것이 바로 실천적 역량으로서의 덕(德)의 함양을 보장하는 것은 아니다. 경전이라는 것은 본래 일반 대중이 쉽게 친숙할 수 있는 상식의 기록이 아닐 뿐 아니라, 실천적 역량으로서의 덕은 책으로 배울 수 있는 것이 아니며 오직 거듭된 실천을 통해서 익혀야 할 습성의 일종이기 때문이다.

우리 한국은 1960년대 이후에 이른바 '근대화'의 길을 서둘렀다. 그 '근대화'의 내용은 주로 공업화 내지 산업화를 의미하는 것이었고 서양의 선진국을 본받자는 것이기도 하였다. 이 '근대화' 추구의 결과로서 우리 한국은 농업국에서 공업국으로 변모하였고 국민의 총생산을 크게 증진시켰다. 이러한 변화는 한국인의 의식구조에도 큰 변화를 초래했으며, 가족주의는 개인주의로 바뀌었고, '청빈낙도(淸貧樂道)'를 자랑하던 정신주의를 대신하여 소유와 향락을 숭상하는 물질주의가 가치관을 지배하였다.

오늘의 격변하는 세계 속에서 살아남기 위해서는 우리도 산업화를 서두르지 않을 수 없었고, 그 산업화에 성공한 것은 우선 잘된 일이었다. 산업화 사회가 되면 가문보다는 개인의 역량이 더 큰 의미를 갖기 마련이므로 가족주의에 대신하여 개인주의가 고개를 든 것도 자연스러운 추세였다. 그리고 자본주의를 앞세워서 산업화를 이룩한 결과로서 물질이 풍요롭게 된 우리 사회에 물질주의가 세력을 떨치게 된 것도 막기 어려운 현상이었다.

그러나 개인주의와 물질주의에는 경계해야 할 문제점이 있다. 개인주의와 물질주의의 가치관 내지 생활 태도를 받아들일 경우에는 그것들이 가진 문제점을 극복할 수 있는 지혜를 길러 가며 신중을 기하는 일이 매우 중요하다. 그러나 우리나라의 경우는 산업화 과정이 급속도로 진행되었고 개인주의와 물질주의를 받아들임에 즈음하여 그 문제점을 경계하고 반성할 만한 마음의 여유를 갖지 못했다. 따라서 지금 우리는 개인주의와 물질주의가 빠지기 쉬운 수렁을 향해서 질주하는 형국이 되었다.

개인주의가 경계해야 할 문제점은 개인의 자유와 권익 추구가 자칫하면 이기주의로 전락하기 쉽다는 위험성에 있다. 개인주의가 이기주의로 전락하지 않기 위해서는 각 개인이 자신의 자유와 권익을 존중하되 그에 못지않게 타인의 자유와 권익도 존중해야 하며, 자신이 속해 있는 공동체에 대해서도 응분의 배려와 사랑을 보내야 한다. 그러나 우리 한국인의 경우는 타인과 공동체에 대한 배려가 크게 부족한 개인주의, 즉 이기주의로 전락한 사람들이 적지 않은 것으로 나타났다.

물질주의가 경계해야 할 문제점은 물질을 진심으로 아끼고 사랑하기보다는 물질의 소비를 지나치게 좋아하여 자원을 낭비하고 자연을 파괴하기 쉽다는 가능성에 있다. 그리고 우리 한국의 경우는 이 가능성이 현실로 드러났다. 지금 우리 한국에서는 사치와 낭비의 풍조가 향락주의와 연결되어 삶의 참된 보람에 대한 생각이 부족한 사람들을 흔히 볼 수 있다.

개인주의와 물질주의의 결합은 그릇된 직업관(職業觀)을 조장하는 결과를 초래하였다. 직업이 갖는 가장 큰 의미는 공동체인 사회에 참여하여 사회 또는 국가의 공동 과제의 일익을 담당함에 있다. 그러나 지나친 개인주의와 물질주의의 결합은 직업이 갖는 사회적 책임을 망각하고, 직장을 오로지 개인을 위한 돈벌이의 수단으로 생각하는 그릇된 관념을 심어 주는 결정적 원인으로 작용하였다. 사회생활을 위하여 땀 흘려 일하는 가운데 그 보수로서 생계에 필요한 돈도 얻게 된다는 생각이 아니라, 오로지 '나'를 위한 돈벌이의 장소로서 직장을 생각하는 사람들이 대다수를 차지하게 된 것이다.

그릇된 직업관은 여러 가지 형태로 모습을 드러냈다. 직업을 선택함에 즈음하여 자신의 소질을 고려하기에 앞서서 벌어들일 수 있는 돈의 액수를 먼저 계산하는 사람들이 많았다. 하나의 직업을 선택하고 그 일에 종사하는 단계에서도, 일을 통하여 사회에 이바지하고 일을 통해 자아의 성장을 기하고자 하는 태도를 취하기보다도 되도록 많은 돈을 벌고자 하는 태도를 취하는 사람들이 많았다. 이러한 그릇된 태도에서 배임 횡령, 부정부패, 고객에 대한 속임수와 불친절, 업무 태만 등 직장 생활의 비리가 일상적 현상으로 나타났다.

6. 자유민주주의의 허실

　미국의 후원을 받고 출범한 남한의 초대 정권은 선택의 여지 없이 '자유민주주의' 체제를 표방하였다. 1948년 5월에 총선거에 의하여 국회의원을 선출하였고, 그 국회가 서방 민주국가의 헌법을 본받아서 우리나라의 헌법을 제정하였다. 그 헌법이 규정한 절차를 따라서 이승만을 대한민국의 초대 대통령으로 선출했으니, 겉모양으로는 한반도 남쪽에 자유민주주의 국가가 새로 탄생했다고 말할 수 있게 되었다. 그러나 이것은 어디까지나 겉모양에 관한 이야기이고, 실질적 내용을 갖춘 민주주의 국가가 하루아침에 탄생할 수 있는 것은 아니었다.

　민주주의 국가가 실질적으로 성립하기 위해서는 민주주의에 적합한 의식을 갖춘 국민이 있어야 하고 그들을 민주주의 방식으로 이끌어 갈 지도자가 있어야 한다. 그러나 해방 직후의 우리나라 민도(民度)는 민주주의와는 아득한 거리에 있었고, 대통령의 자리를 차지한 이승만은 카리스마적 기질이 농후한 인물이었다. 선거에 임한 유권자들 가운데는 그 선거의 의의를 제대로 알지 못하는 사람이 많았고, 막걸리 한 잔 또는 고무신 한 켤레를 받고 그것을 준 사람의 지시를 따라서 주권을 행사한 사례가 비일비재하였다. 이승만은 미국에서 공부도 하고 오래 살기도 한 경력을 가졌으나, 일반 국민에 대한 우월감이 현저했을 뿐 아니라 장관들도 어린아이처럼 다룬 가부장적 기질의 인물이었다.

　이승만은 자신의 정권을 위해서 여러 차례 민주주의의 기본 원칙을 위반하였다. 이승만의 독재적 경향은 유진오(俞鎭午) 등이 중심이 되어 내각책임제로 정한 헌법 초안을 혼자서 고집하여 대통령 중심제로 바꾼 때부터 나타났거니와, 그 뒤에도 누차에 걸쳐서 노골적 독재를 감행하였다. 1952년에 제2차 대통령 선거가 임박했을 때, 이승만은 당초의 헌법을 따라서 국회의 간접

선거로 하면 자신이 재선될 가능성이 희박함을 알고 대통령 직선제로 개헌할 것을 시도하였다. 그러나 국회가 이에 반대하자 공공연하게 국회를 탄압했다. 그는 계엄령을 선포하고 여러 반대파 의원들을 감금하였다(5·26 정치 파동). 결국 기립 표결을 강행하여 대통령 직선제를 포함한 '발췌 개헌안'을 폭력으로 통과시켰다.

1954년 5월 총선거에서 강압적 수단을 동원하여 승리를 거둔 자유당은 이승만의 대통령 3선을 가능하게 하기 위한 개헌안을 제출하였다. 이 개헌안은 투표 결과 한 표가 모자라서 부결되었다. 그러나 이승만 일당은 사사오입(四捨五入)의 수학 이론을 무리하게 적용함으로써 일단 부결을 선포했던 것을 다음 날 '가결'로 다시 선포하는 억지를 감행하였다. 또 1958년 12월 24일에는 무술 경관을 동원하여 야당 의원들을 감금하고 자유당만이 참석한 국회에서 국가보안법과 지방자치법의 개정안을 불법 통과시킨 적이 있다. 이른바 2·4 파동이다.

독재 정권의 횡포는 1960년 3월의 정·부통령 선거에서 극치에 도달하였다. 자유당 정부는 공무원을 동원하여 온갖 불법을 감행함으로써 선거를 조작하였다. 이승만의 자유당은 우선 정부의 특혜 덕택으로 졸부가 된 신흥 재벌들로부터 막대한 선거 자금을 긁어들였다. 그리고 그 자금을 뿌려 가며 사전 투표, 3인조 상호 감시 투표, 표 바꾸기, 야당 선거운동 방해 등 온갖 불법을 감행하였다.

'3·15 부정선거'로 불린 이 횡포에 대하여 국민은 크게 분노하였고, 특히 혈기가 왕성한 학생들은 대대적인 시위로 이에 항거했다. 시위를 진압하기 위하여 경찰은 발포를 감행했고, 인명 살상에 자극을 받은 학생들은 더욱 격렬한 시위를 벌였다. 4월 19일에는 서울 시내의 거의 모든 대학의 학생들이 시위에 가담했고, 경찰은 실탄을 발사하여 많은 사상자를 냈다. 사태는 걷잡을 수 없게 어려워졌고 기성세대도 학생들의 의거에 동참하기에 이르러, 결국 이승만 정권은 무너졌다. 맨주먹으로 독재정권을 타도한 '4월 혁명'이 이루어진 것이다.

이승만 정권이 물러간 뒤에 허정(許政)을 수반으로 하는 임시정부가 잠시 정권을 맡아 보았다. 그리고 이어서 장면(張勉)을 수반으로 한 민주당 정권의 탄생을 보았다. 장면 정부는 독재와 거리가 먼 정권이기는 하였으나, 북한과의 대치를 포함한 난국을 타개하기에는 힘이 부족하였다. 민주주의적 정부를 적극적으로 밀어 주지 못한 국민 일반에게도 부족한 점이 많았다. 민주적이면서도 강력한 정부가 요청되었던 것인데, 이 두 가지 조건을 동시에 만족시킨다는 것은 결코 쉬운 일이 아니었다.

나라의 질서가 흔들리는 듯한 분위기를 포착한 북한 당국은 대대적 평화 공세를 펼쳤다. 이 평화 공세에 적극적으로 호응한 것은 일부 대학생들이었다. 4월 혁명의 공로를 세운 대학생들의 기세가 크게 올라간 상황에서 '민족주의'를 앞세운 일부 대학생들이 북한의 대학생들과 직접 대화를 하겠다고 나섰다. 북한의 대학생들은 공산주의 이념으로 무장하도록 특수교육을 받은 젊은이들이었으나, 남한의 대학생들은 소박한 민족주의자이거나 공산주의에 대하여 막연한 기대를 가진 젊은이들이었다. 그러한 상황에서 남북 대학생들이 만난다는것은 기성세대에게는 불안하기 짝이 없는 시도였다. 이와 같은 사태에 처하여 정부가 신념 있는 태도로써 단호한 결정을 내렸어야 할 터인데 정부 자체도 우유부단을 벗어나지 못하였다.

북한과의 대결 이외에도 민주당 정권은 참담할 정도로 심각한 빈곤 문제를 해결해야 할 과제까지 안고 있었다. 밖으로는 북한으로부터의 도전에 효과적으로 대처하고, 안으로는 열악한 조건을 극복해 가며 국민경제를 일으켜 세울 수 있는 강력하고도 유능한 정권이 요청되는 상황이었다. 그러나 자신들의 실력에 의해서라기보다는 학생들의 힘을 등에 업고 대권을 잡은 민주당 정부에게는 안정된 기반 위에서 발전을 도모하기에 충분한 힘과 지혜가 없었다. 강력한 통솔력이 부족했던 까닭에 국론은 분열되고 휴전선은 날로 불안했으며, 대다수의 국민은 기본 생활마저 위협을 받는 형편이었다. 이토록 불안한 상황을 배경으로 삼고 1961년 5월 16일에 박정희가 주도한 군사정변이 일어나게 되었다.

5 · 16 정변을 주도한 군인들은 자신들이 4 · 19의 정신을 계승했다고 공언하였다. 그러나 4 · 19의 주동 세력을 이룬 대학생 계층은 5 · 16에 대하여 어느 정도의 거부감을 느끼는 경향이 있었다. 대학생에도 여러 부류가 있었으므로 일률적으로 말하기는 어려우나, 적어도 정치나 사회 문제에 대하여 관심이 많은 학생들의 경우는, 5 · 16 군사정권을 부정적 시각에서 바라보는 사람들이 많았다.

5 · 16 군사정권은 '구악(舊惡)의 일소(一掃)' 또는 '인간 개조' 등의 구호를 내걸고 혁신(革新)의 길을 표방하였다. 그러나 일단 집권에 성공한 그들은 현실과 타협해 가며 권력을 유지해야 할 처지에 놓여 있었다. 밖으로는 안보(安保)의 열쇠를 쥐고 있는 미국의 눈치를 보아야 했고, 안으로는 경제적 기반이 강한 보수 세력의 저항을 달래야 했으므로, 그들은 함부로 급진적 변혁을 추구할 형편이 아니었다. 젊은 대학생들의 견지에서 볼 때, 5 · 16 군사정권이 4 · 19 정신을 이어받았다고 인정하기에는 무리가 있었다.

5 · 16 군사정부와 많은 대학생들은 다 같이 '민족주의'를 들고 나왔다. 그러나 그들의 민족주의는 이름만 같았을 뿐 그 내용에는 상당한 차이가 있었다. 본래 해방 이후의 우리나라 민족주의는 일본과 미국에 대한 반감 내지 경계심에서 출발한 것이었다. 현실에 대한 이렇다 할 부담 없이 오로지 자기 감정에 충실할 수 있었던 대학생들의 민족주의는 거리낌 없는 반일(反日)과 반미(反美)를 주장의 줄거리로 삼게 되었고, 그런 뜻에서 '타협 없는 민족주의'라고 부를 수 있는 성질의 것이었다. 그러나 북한의 공산주의자들과 대결해 가며 정권을 유지한다는 부담을 안고 있던 5 · 16 정부는 미국과 일본의 협력

을 필요로 했고, 미국과 일본을 우방으로 삼을 수밖에 없는 그들의 '민족주의'는 현실과의 타협에서 출발할 수밖에 없었다.

반일과 반미의 감정을 바탕에 둔 대학생들의 민족주의는 타협을 싫어하는 젊은이의 기질을 따라서 급진적 색채를 띠는 동시에, 우리 민족의 절실한 염원인 남북통일을 시급한 과제로 생각하는 경향이 강했다. 장면의 민주당 정권 시절에, 대학생들의 일부가 '민족통일연맹'이라는 이름 아래 북한의 대학생들과 만나서 통일의 실마리를 찾겠다고 서두른 것도 그러한 경향의 표현이었으며, 남북문제에 대한 이 같은 태도를 매우 못마땅하게 생각한 것이 바로 남한의 군부 장성들이었고, 그들의 일부가 5·16 정변을 감행한 것이었다.

대학생들은 장면의 민주당 시대에나 박정희 군사정권 시대에나 국가의 현실에 대한 불만이 많았다. 현실에 대한 대학생들의 불만은 시위(示威)라는 방법으로 표현되었다. 대학생들의 시위 행위는 4·19의 여세를 몰고 민주당 정권 시절에는 유행처럼 빈번히 일어났으며, 5·16 이후에도 같은 행태가 계속되었던 것이다. 민주당 정권은 대학생에 대하여 허약했던 까닭에 그들의 시위 행동을 수수방관했으나, 5·16 군사정권은 강한 제압으로 이를 저지하였다. 강한 제압은 다시 강력한 반발을 유발했고, 심한 반발은 또다시 새로운 탄압을 초래하는 악순환이 계속되었다.

대학가의 시위와 이에 대한 정부의 제압은 1964년의 한일회담을 계기로 절정에 달했다. 이른바 '6·3 사태'로 불리는 이 소란은 성급한 '한일 국교 정상화'의 문제가 그 쟁점이었으며, 이때는 대학생뿐 아니라 많은 교수와 언론인도 이 반대 운동에 가세하였다. 한일회담을 반대하는 지식층의 반발이 격렬했던 만큼, 이에 대한 정부 측의 탄압도 혹심했다. 결과적으로, 반년 가까이 대학들이 문을 닫았고 언론과 사상의 자유에 대해서도 심한 제한이 가해졌다.

사태를 더욱 복잡하고 난처하게 만든 것은 운동권 대학생들의 일부가 좌익 사상을 신봉했다는 사실이다. 4·19 당시만 하더라도 자유당 정권에 항쟁한 대학생들이 적대시한 것은 반민주적 독재였다. 6·25 당시에 팽배했던 '반공'의 분위기가 한동안 이어졌던 것이다. 그러나 해가 갈수록 6·25의 참극에 대한 기억이 흐려졌고, 6·25를 잘 모르고 자란 대학생이 많아지면서 대학생들 사이에 좌익 사상이 세력을 갖게 되었다. 좌익 사상을 가진 학생들이 학생운동의 주도권을 장악한 것이 언제부터였는지 정확하게 말하기는 어려우나, 적어도 1970년대 중반부터는 서서히 그 세력이 모습을 나타내기 시작한 것이 아닐까 한다.

이른바 '운동권 학생'이 수적으로 큰 비율을 차지한 것은 아니었다. 비록 그들의 수는 적었으나 그들은 의식이 확고하고 적극적이며 조직적이었던 까닭에, 일반 대학생들에게 미치는 영향력이 컸다. 정치적으로는 보수적 성향을 가진 대학생들까지도 군사정부에 대해서보다는 급진주의적 운동권 학생들에 대하여 친근감을 느끼는 경향이 현저하였다. 이러한 분위기 속에서 대학가는 군사정권에 저항하는 운동으로 조용할 날이 없었고, 군사정권은 국가를 보안(保安)한다는 명분으로 학원 탄압의 강도를 높였다.

군사정권이란 민주적 절차를 무시하고 총과 칼의 힘으로 국민의 주권을 침해함으로써 성립한다. 정통성(正統性)이 없는 군사정권을 지키는 것도 주로 총칼의 힘에 의존하기 마련이므로, 군사정권이 민주주의에 입각한 정치를 실시한다는 것은 본래 어려운 일이다. 그럼에도 불구하고 우리나라의 역대 정권은 항상 '민주주의'를 앞세웠다. 박정희 정권이 그 말기에 도입한 '유신 체제'는 명백한 독재 체제였으나 '한국적 민주주의'라는 궤변의 논리로써 그것을 옹호하도록 어용학자들을 동원하였다. 10·26 사건으로 박정희 대통령이 살해된 뒤에 다시 무력으로 대권을 장악한 전두환(全斗煥) 정권도 역시 '민주주의'를 표방하였다.

역대의 정권이 한결같이 '민주주의'를 표방한 까닭은 '민주주의'에 대한 국민의 갈망이 절실했기 때문이다. 민주주의 사상을 깊이 이해하지 못한 사람들까지도 '민주주의'라는 것을 당연한 목표로 생각하는 경향이 있었다. 심지어 급진적인 대학생들도 한때는 그들의 노선을 '자유'니 '민주주의'니 하는 말로 수식했다는 사실은, '자유민주주의'라는 말이 우리나라 사람들의 마음속에서 차지한 자리가 부동(不動)의 것임을 의미한다.

'자유민주주의'에 대한 국민의 열망이 반영되어 노태우(盧泰愚)의 6·29 선언이 나왔고, 드디어 김영삼(金泳三)이 이끄는 문민정부(文民政府)의 출현을 보게 되었다. '민주주의 정치의 실현'이라는 목표를 향하여 여기까지 오는데 근 50년이 걸린 셈이다. 그러나 참된 민주주의의 실현을 위해서는 아직도 요원한 거리가 남아 있다. 지금까지 우리가 민주주의의 도정(道程)에서 여기까지 올 수 있었던 원동력은 '나의 자유' 또는 '나의 권익'에 대한 권리 의식이었다. 그러나 민주주의의 실현을 위해서 필요 불가결한 또 하나의 심성(心性), 즉 타인의 자유와 타인의 권익에 대한 의무 의식이 우리에게는 아직 부족하다. 명실상부한 민주주의 사회가 실현되기 위해서는 나와 남을 동등하게 대접하는 공정성(公正性)과 공동체가 요구하는 규범을 자율적으로 지키는 준법정신이 준비되어야 하거니와, 우리의 경우는 이 준비가 크게 부실한 것이다.

민주주의의 이념이 제대로 실현되기 위해서는 국민의 대다수가 민주주의에 적합한 의식 수준에 도달해야 한다. 민주주의에 적합한 의식 가운데는 '나'의 자유와 권익에 대한 권리 의식도 포함된다. 그러나 더욱 중요한 것은 '남'과 공동체를 고려하는 이성적 시민 의식이다.

7장

현대를 위한 한국 윤리: 기본과 전략

1. 도덕성 제고의 전제 조건
2. 새 시대를 위한 한국 윤리의 주춧돌

7장 현대를 위한 한국 윤리: 기본과 전략

1. 도덕성 제고의 전제 조건

강도와 살인, 납치와 성폭행, 사기와 횡령, 공직자의 부정과 비리, 음주 운전과 주차 위반 등 질서를 파괴하는 행위가 연일 보도되고 있으며, 일상생활에서 시민들의 비행을 우리가 직접 목격하는 경우도 흔히 있다. 이대로 방치하면 도덕적 무정부 상태에 빠지지 않을까 걱정된다.

시민들의 윤리 의식이 마비되고 부도덕한 행위가 범람하면 정치와 경제, 사회와 교육 등 모든 분야에 혼란이 오고, 개인과 가정의 행복도 위협을 받는다. 외부로부터의 침략에 의하여 국가가 멸망한 경우도 없지 않으나, 지배층과 국민 일반의 도덕적 타락으로 인하여 나라가 망한 경우를 우리는 더욱 많이 알고 있다. 우리는 로마 제국의 멸망이 도덕적 타락에 의하여 촉진되었음을 알고 있으며, 공산주의 소비에트 연방의 붕괴도 주로 도덕적 타락에 의하여 진행되었음을 알고 있다.

한 국가를 위해서 중요하지 않은 시기는 없을 것이나, '초국가(超國家)' 또는 '세계화(世界化)'의 시대로 불리는 오늘은 우리 한국을 위하여 특히 중요한 시기다. '세계화'라는 말의 뜻이 세계의 여러 나라가 그 국경을 무너뜨리고 지구 전체가 하나의 국가처럼 서로 돕는다는 뜻이라면, 우리 한국을 위하여 오늘이 특별히 중요한 시기라고 말할 이유가 없을 것이다. 그러나 요즈음 말하는 '세계화'의 진상은 그런 것이 아니다.

요즈음 말하는 '세계화'의 진상은 정치적 국경은 그대로 두고 경제적 국경만을 철폐함을 의미한다. 정치적 국경은 그대로 두고 경제적 국경만을 없앨 경우에 크게 이득을 보는 것은 강대국이고, 크게 손해를 보는 것은 약소국이다. 이제까지 약소국이 살아남을 수 있는 유력한 방도는 국경선을 무역의 장벽으로 삼고 강대국의 값싼 물건이 마구 들어오는 것을 방지하는 보호무역에 있었다. 그러나 이제 그 보호무역의 벽을 허물자는 것이 '세계화'의 속셈이다. 지금 강대국의 국가 이기주의의 논리에 의하여 '세계화'가 추진되고 있다.

강대국의 논리에 따라서 '세계화'가 이루어졌을 경우에 강대국은 더욱 부강하게 되는 반면에, 약소국은 더욱더 빈약하게 될 것이다. 그러므로 '세계화'의 방향으로 달리는 오늘의 국제사회에서 떳떳이 살아남기 위해서는 우리나라 자체가 강대국의 대열에 들어서야 한다. 그리고 한 나라가 강대국의 대열에 들기 위해서는 그 나라의 정신 풍토가 도덕적으로 건전해야 하는 것이다.

일부 미래학자들은 바야흐로 '아시아 태평양 시대'가 도래하리라고 세계사의 방향을 예측한다. 동방에서 시작된 세계사의 중심이 서방으로 옮겨 가한동안 유럽이 세계를 지배했다가, 그 중심이 대서양을 건너서 아메리카 대륙으로 옮겨 간 지도 이미 오래다. 현재도 아메리카 대륙의 주도국(主導國)인 미국이 세계 최대의 강국으로서 군림하고 있기는 하나, 미국도 이제는 노쇠현상을 보이고 있으며, 앞으로 세계사의 중심은 태평양을 건너서 아시아 지역으로 옮겨질 전망이라는 것이다.

아시아 태평양 시대의 도래에 대한 일부 학자들의 예측이 어느 정도까지 적중할지는 확언하기 어려울 것이다. 그러나 현재의 여러 가지 상황을 감안할 때, 앞으로 태평양과 아시아 대륙에 위치한 여러 나라들이 세계사에서 차지할 비중이 상당히 높아지리라는 것은 거의 확실한 것으로 보인다. 그리고 이 지역에 위치한 나라들의 위상이 올라가면, 우리 한국도 융성의 시기를 맞아하게 될 것이라며 은근히 기대를 거는 사람들도 있다.

　여기서 우리가 깊이 고려하고 명심해야 할 사실이 있다. 지구상의 한 지역이 세계사의 중심으로 부상할 때 세계사를 좌우하는 강대국으로서 약진하는 것은 그 지역에 위치한 나라들의 일부이며, 그 지역의 모든 나라가 아니라는 사실이다. 유럽이 세계사의 중심으로서 군림했을 때 스페인, 영국, 프랑스 등 강대국은 세계를 움직이는 주역으로서의 영화를 누렸으나, 강대국 틈에 끼어 있던 작고 약한 나라들은 도리어 침략의 대상이 되어 곤욕을 치렀다. 아메리카 대륙이 세계사의 중심으로서 각광을 받았을 때도 미국과 캐나다는 강대국으로서의 영화를 누렸으나, 중남미의 약소국가들은 도리어 그 그늘에 눌려서 어려운 세월을 보냈다. 앞으로 '아시아 태평양 시대'가 온다 하더라도 아시아 태평양 지역에 위치한 모든 나라가 세계사의 주역이 되리라고 낙관하기는 어렵다. 이 지역의 약소국 가운데서는 도리어 심한 어려움을 겪는 나라도 생긴다고 보아야 한다.

　장차 세계사의 중심 무대가 아시아 태평양 지역으로 옮겨지는 날, 그 주역이 되어 강대국으로서의 위세를 떨칠 가능성이 가장 높은 것은, 현재의 여러 가지 여건을 감안할 때 중국과 일본이라고 보는 것이 우리들의 상식이다. 중국은 거대한 국토와 막강한 인력을 가지고 있으며, 일본은 경제력과 과학 기술 그리고 국민적 단결력에서 유리한 고지를 점령하고 있다. 그러나 우리 한국은 앞으로 다가올 '아시아 태평양 시대'에 주도국으로 부상할 수도 있고 주변국으로 몰락할 수도 있는 미묘한 처지에 놓여 있다.

지정학적(地政學的)으로 불리한 위치에 놓인 우리 한반도는 과거의 오랜 역사를 통하여 중국과 일본으로부터 무수한 침략과 억압을 받았고 너무나 많은 고초를 겪었다. 임진왜란과 병자호란은 우리나라가 이웃 나라로부터 받은 침공과 박해의 일부에 지나지 않는다. 고려시대에는 몽고의 '부마국(駙馬國)'이라는 오명을 기록하였고, 조선 말기에는 일본에게 주권을 완전히 강탈당하는 굴욕을 감수하였다.

　국제사회에서의 약육강식 현상이 앞으로도 졸연히 없어지리라고 보기는 어렵다. 우리나라가 과거사의 불행을 되풀이하지 않는 유일한 길은, 오직 우리나라 자신이 강대국 내지 선진국 대열에 합류하는 길뿐이다. 앞으로 새로운 세계 질서가 확립될 것이나, 국가와 국가 사이에 약육강식의 현상이 일어나지 않을 것이라고 낙관하기는 아직 이르다. 개인적으로 만나 보면 사리에 밝은 사람들이 많다는 인상을 주는 나라일지라도, 그들이 집단적으로 행동할 때는 부도덕한 면모를 나타내는 경우가 흔히 있다.

　남북통일의 문제도 중요한 민족의 과제로서 우리 앞에 다가와 있다. 남북의 통일을 슬기롭게 달성하기 위해서도 많은 준비가 필요하다. 통일에 필요한 막대한 비용을 충당할 수 있는 경제력도 비축해야 하고, 반세기 동안을 이질화(異質化) 속에서 살아온 남과 북의 사람들이 함께 사이좋게 살 수 있도록 하는 협동과 관용 그리고 희생정신 등의 심덕도 준비해야 한다.

　세계화의 시대, 아시아 태평양 시대, 그리고 민족 통일의 시대에 대비하여 우리는 강대한 국력을 길러야 하고, 강대한 국력을 기를 수 있기 위해서는 우리의 도덕성이 높은 수준에 도달해야 한다. 이러한 관점에서 볼 때, 현재 우리들의 정신적 상태가 도덕적으로 타락해 있다는 것은 크게 불행한 일이다. 오늘의 우리 현실은 우리 한국인의 도덕성이 높이 제고되기를 요청하고 있다.

　착하고 올바른 말을 아무리 많이 하여도 그것만으로 도덕성이 제고되지는 않는다. 착하고 바르게 살아야 한다고 마음속으로 아무리 생각을 한다 해도,

실천 행동이 뒤따르지 않으면 그것만으로는 도덕성이 제고되지 않는다. 사람들이 도덕적으로 행동했을 때, 즉 도덕률을 지켰을 때 비로소 그 사회의 도덕성이 높은 수준으로 올라간다. 중요한 것은 도덕적으로 행동하는 일이며, 사람들로 하여금 행동으로써 도덕률을 지키도록 하기 위해서는 도덕적으로 행동하도록 만드는 힘이 작용해야 한다.

법이 그렇듯이, 윤리니 도덕이니 하는 것도 행동의 자제를 요구하는 구속성을 가졌다. 개인의 견지에서 볼 때 그것은 거북하고 부담스러운 제약이며, 인간 심리의 바탕에는 그 제약으로부터 해방되기를 바라는 무의식이 깔려 있다. 꽃을 바라보고 노래를 부르는 것이 즐겁듯이 도덕적 행위 그 자체가 즐겁기는 일반적으로 어려우며, 도덕적 행위 그 자체가 즐거운 것은 오직 강한 윤리 의식이 형성되어 있는 사람들의 경우에만 가능한 일이다.

도덕으로부터 해방되기를 바라는 무의식의 힘보다 도덕률을 지키고자 하는 또 하나의 힘이 더 강할 때, 사람들은 도덕적으로 행동한다. 그 또 하나의 힘은 행위자의 외부에서 오기도 하고 그의 내부에서 작용하기도 한다. 옛날 전통 사회에서는 타인의 이목(耳目)과 세인의 비평이 사람들을 도덕의 울타리 안으로 몰아넣는 타율(他律)의 힘으로서 작용하였고, 양심의 가책과 천벌에 대한 공포가 행위자 내부로부터 작용하여 사람들을 도덕적으로 행위하도록 유도하였다.

그러나 오늘날 우리 사회에서는 타인의 이목과 비평이 도덕성을 고취하는 외부로부터의 힘으로서 큰 구실을 못하고 있다. 타인의 이목이 두려운 것은 그 타인들이 나에게 수치심을 일으킬 정도로 높은 도덕성을 간직하고 있을 경우인데, 우리의 경우는 타인들도 도덕적 하자가 많은 까닭에 그들의 이목이 크게 두려울 것이 없다. 그리고 오늘날 우리 사회의 풍토는 충고를 꺼리는 경향을 가졌으며, 도덕적 충고를 하기에 적합한 권위 있는 '어른'이 귀한 까닭에 타인의 비평도 도덕성을 고취하는 힘을 발휘하기 어렵다.

우리 사회에서는 양심의 가책과 천벌에 대한 공포도 도덕성 고취를 위한 큰 힘이 되기 어렵다. 양심의 가책은 도덕률을 지켜야 한다는 당위 의식에서 유래하는 것인데, 현대 한국인에게는 그 당위 의식이 미약하므로 양심의 가책의 힘도 자연히 약해지게 되었다. 그리고 죄를 지으면 벼락을 맞는다거나 지옥으로 떨어진다는 것을 믿기에는 과학이 상식화된 시대인 까닭에, 천벌에 대한 공포도 도덕적 행위를 고취하는 자제(自制)의 힘으로서 크게 작용하지 못한다.

도덕성의 회복 또는 그 제고를 위해서는 사람들로 하여금 도덕적으로 행위하도록 만드는 새로운 힘의 준비가 필요하다. 개인주의적 사고가 지배적인 오늘의 상황에서 사람들로 하여금 도덕적으로 행위하도록 만드는 가장 유력한 길은, 도덕적 행위가 '나' 자신의 행복을 위하는 태도라는 신념을 각자가 갖도록 하는 길일 것이다. 사람들은 누구나 자신의 행복을 추구하며 살거니와, 나의 도덕적 행위가 나의 행복을 위해서 필수적이라는 신념이 확고할 때 사람들은 자연히 도덕적으로 행위하게 될 것이다. 여기서 우리가 부딪치게 되는 문제는 "사람들로 하여금 나의 도덕적 행위가 나의 행복을 위해서 필수적이라는 신념을 갖도록 하자면 어떠한 조건들이 충족되어야 하는가?"라는 물음이다.

도덕적 행위가 '나'의 행복을 위하여 필수적이라는 신념을 갖도록 하기 위해서 충족시켜야 할 첫째 조건은 우리 현실에 맞는 '도덕률의 체계(moral code)'를 준비하는 일이다. 우리나라에서 요즈음 '도덕성의 회복'을 역설하는 사람들 가운데는 전통 윤리를 되살려야 한다고 강조하는 경우가 많다. 그런데 전통 윤리의 도덕률 가운데는 오늘의 우리 현실에 적합한 것도 있고 그렇지 못한 것도 있다. 예컨대, "아내는 남편에게 절대 순종해야 한다."는 부덕(婦德)의 개념은 오늘의 실정에 맞지 않으며, "부모의 명령에는 무조건 복종해야 한다."는 도덕률도 현대의 상황에는 적합하지 않다. 또 우리나라의 전통 윤리에 따르면 범죄자를 숨겨 주는 것은 미덕에 속하며, 그를 고발하는 것은 부덕한 짓이다. 그러나 현대사회에서는 강한 고발 정신이 요구될 경우가 허다하다. 전통 윤리 가운데서 현대 생활에 맞지 않는 경우의 가장 뚜렷한 예는 '남녀칠세부동석'이라는 말로 상징되는 내외(內外)의 예절이다.

전통 사회에서는 볼 수 없었던 새로운 문제들이 현대사회에서는 매우 심각한 문제로서 나타나는 경우가 흔히 있다. 예컨대, 공정한 분배의 문제, 국산품과 수입품 가운데서 살 것을 선택하는 문제, 낙태 수술이 허용될 경우와 그렇지 않을 경우를 결정하는 문제, 안락사의 시비(是非)를 가리는 문제 등이 그것이다. 이와 같은 새로운 문제에 부딪쳤을 때 어떻게 행동하는 것이 옳은지에 대한 답을 전통적 '도덕률의 체계'에서 찾기는 어렵다.

인(仁), 의(義), 예(禮), 지(智), 신(信), 성(誠), 자비(慈悲) 등 전통적 윤리의 기본 덕목의 정신을 적절하게 원용하면 현대사회의 새로운 문제들에 대한 행위의 처방도 얻을 수 있다는 주장을 하는 사람이 있을 것이다. 필자도 그러한 주장에 반대할 의사는 없다. 다만 인의예지신 같은 기본 덕목은 그 자체가 구체적 생활을 위한 도덕률로서의 구실을 하기가 어렵다는 사실을 지적하고자한다. 일반인을 위한 도덕률은 일상생활의 현장에서 바로 적용할 수 있도록 구체적이어야 하며, 필자가 앞에서 말한 현실에 맞는 '도덕률의 체계'는 일상생활에서 바로 적용할 수 있는 구체적 행위의 처방을 가리킨 것이다.

사람들이 일상생활에서 부딪치게 되는 문제 상황은 너무나 다양하므로, 그 모든 상황에 즉각적으로 적용할 수 있는 행위의 처방을 일일이 망라하여 준비한다는 것은 불가능한 일이다. 그러나 일반적으로 빈번히 일어나는 상황을 위한 행위의 처방을 마련하는 일은 가능할 것이며, 그 밖의 상황에 대해서는 당사자가 알아서 응용력을 발휘하여 대처하면 될 것이다. 어쨌든 현대 우리 사회에 적합한 '도덕률의 체계'를 어느 정도 구체적 언어로 준비하는 일은 도덕성의 회복 내지 제고를 위해서 선행해야 할 조건의 하나다.

도덕적 행위가 '나'의 행복을 위해서 필수적이라는 신념을 갖도록 하기 위하여 충족시켜야 할 둘째 조건은 도덕률, 즉 윤리 규범의 **보편적** 준수를 기대할 수 있는 사회적 신뢰의 풍토를 조성하는 일이다. 도덕적 행위가 그 행위자의 행복에 이바지하기 위해서는 대부분의 사람들이 다 같이 도덕적으로 행동할 필요가 있다. 윤리 규범의 준수가 그 행위자의 행복을 위하는 길이 되는 것은 대부분의 사람들이 다 같이 윤리 규범을 지켜 줄 경우이며, 나는 도덕적으로 행동하지만 다른 사람들은 도덕률을 무시할 경우에는 나의 도덕적 행위가 나에게 불리한 결과를 초래할 공산이 크다. 예컨대, 같은 부류의 상품을 생산하는 대부분의 기업체가 과대 광고나 속임수 세일 등으로 불공정한 거래를 할 때, 어떤 한 회사에서만 정직한 장사를 하면 그 회사는 적어도 상업상으로는 손해를 볼 공산이 크다. 또 국회의원 선거 때 입후보한 경쟁자들이 모두 비열한 수단을 동원할 경우에, 어떤 한 후보만이 선거법을 지켜 가며 도학자처럼 처신한다면 그 후보는 낙선될 가능성이 높을 것이다.

　다른 사람들이 도덕률을 무시할 경우에 나만 도덕률을 지킨다고 언제나 내가 손해를 보게 되는 것은 물론 아니다. 예컨대 여러 사람들이 휴지를 아무 곳에나 버리고 껌을 씹어서 길에 뱉을 경우에, 나만은 그렇게 하지 않는 것이 나에게 어떤 불이익을 가져올 염려는 거의 없다. 이럴 경우에는 나만이라도 도덕률을 지키는 것이 나와 나의 공동체를 위하는 길이 될 것이다.

　윤리 규범 내지 도덕률 가운데는, 그것을 소수만이 지키고 다수는 지키지 않을 경우에 그것을 지키는 소수가 손해를 보게 되는 것도 있고, 그렇지 않은 것도 있다. 그러므로 도덕적 행위가 그 행위자 자신을 위하는 길이기도 하다는 신념을 갖기 위해서 꼭 필요한 것은, 모든 도덕률에 관해서라기보다는 소수만이 규범을 준수했을 경우에 그 소수가 손해를 보기 쉬운 부류의 윤리 규범에 관해서다. 쉽게 말해서, 윤리 규범 가운데는 모두가 지키지 않으면 사회 질서가 치명적 타격을 받을 염려가 큰 것도 있고, 여러 사람이 그것을 지키지 않으면 사회생활에 불편을 주기는 하나 사회질서에 치명상을 입힐 정도는 아닌 것도 있다.

윤리 규범 내지 도덕률 가운데 그것이 지켜지지 않으면 사회질서가 치명상을 입을 염려가 큰 것에 대해서는 국가가 공권력을 동원하여 그 규범을 위반하는 자들에게 제재를 가한다. 윤리 규범 가운데서 위반하면 공권력이 제재를 가하도록 강제 규정이 수반했을 경우에, 우리는 그러한 윤리 규범 내지 도덕률을 '법(法)'이라고 부른다. 그런 뜻에서 법은 윤리 규범의 핵심부에 해당한다. 법은 '최소한의 윤리'라고도 볼 수 있으며, 법을 지키지 않는 사람에게 윤리의 존중을 기대하기는 어렵다. 그러므로 윤리 규범이 일반적으로 지켜지는 사회가 되기 위해서는 우선 법이 지켜져야 한다.

법이 잘 지켜지기 위해서는 몇 가지 전제 조건이 충족되어야 한다. 첫째로, 불합리한 법률이 많거나 사회구조의 모순이 심한 국가의 법은 일반적으로 지켜지기 어렵다. 둘째로, 법의 적용이 불공정하거나 힘이 강한 계층이 법을 어기는 사례가 많은 나라에서도 법은 일반적으로 지켜지기 어렵다. 셋째로, 정부에 대한 국민의 지지 기반이 약하거나 사회에 불안이 가득할 경우에도 법은 잘 지켜지지 않는다. 법의 준수를 저해하는 이러한 요인들을 제거하는 것은 위정자들의 책임 가운데서 중요한 것이다.

도덕적 행위가 나의 행복을 위해서도 가장 적합한 삶의 방식이라는 신념을 갖도록 하기 위하여 충족시켜야 할 셋째 조건은, 인간 교육의 일환으로서 가치관 교육을 바르게 실시하는 일이다. 소유를 극대화하고 향락을 극대화하는 곳에 행복이 실현된다는 그릇된 가치관에 사로잡힌 사람들은 도덕적 행위를 어리석은 행동이라고 믿을 것이다. 그러한 사람들도 법이 무서워서, 즉 공권력의 제재가 무서워서, 행동을 조심할 것이다. 그러나 법은 도덕적 사회의 건설을 위한 필요조건이기는 하나 충분조건은 아니다. 법이 모든 사람들의 모든 행위를 감시할 수는 없는 일이므로, 그릇된 가치관에 사로잡힌 사람들은 법망을 피해 가며 소유의 극대화와 향락의 극대화를 꾀할 것이다. 만약에 법을 만들고 법을 행사하는 권한을 얻은 사람들이 그릇된 가치관을 가졌을 경우에는, 법은 무력한 휴지의 뭉치가 되고 말 것이다.

가치관 교육은 가정과 학교 그리고 사회를 통하여 평생을 두고 이루어져야 하며, 타인에 의한 교육뿐 아니라 자기 자신에 의한 교육, 즉 자기 성찰과 수양에 의한 교육도 함께 이루어져야 한다. 가치관 교육을 포함한 인간 교육의 문제는 그것만으로도 방대한 규모의 문제이므로, 뒤에 가서 좀 더 상세히 논의하기로 한다.

2. 새 시대를 위한 한국 윤리의 주춧돌

이 책의 이름을 '한국 윤리의 재정립'이라고 달았을 때 필자는 현대 한국인을 위한 윤리 사상이 아직 제대로 형성되지 않았다는 판단에서 출발하였다. 현대의 한국인을 위한 윤리 사상은 현대 한국의 윤리적 상황에 적합해야 한다는 것이 필자의 기본적 견해이며, 현대 한국의 윤리적 상황을 정확하게 이해하는 데 도움이 될 것으로 생각되어, 필자는 우리나라의 윤리적 상황이 변천해 온 과정을 역사적으로 훑어보았다. 이제 어느 정도의 준비가 되었다고 생각되므로 현대 한국이 요구하는 윤리 사상의 문제와 대결해야 할 차례다. 현대 한국이 요구하는 윤리 사상을 체계적으로 탐구하는 일은 매우 방대한 작업이며 여러 학자들의 공동 연구에 적합한 과제다. 이 책에서는 우선 그 주춧돌이라도 바르게 놓을 수 있다면 크게 뜻있는 일이 될 것이다.

근래 한국에는 '도덕성의 회복'을 역설하는 소리가 도처에서 메아리치고 있다. '도덕성의 회복'이라는 말 가운데는 우리 한국이 과거에는 높은 도덕성을 가지고 있었다는 전제가 함축되어 있으며, '도덕성의 회복'을 소리 높여 외치는 사람들의 상당수는 우리나라의 전통 윤리에서 문제 해결의 열쇠를 찾을 수 있다고 믿고 있는 것으로 보인다. 필자는 현재 우리나라의 도덕성을 깊이 우려하는 점에서 '도덕성의 회복'을 역설하는 사람들의 의견에 전적으로 찬동한다. 그러나 과거 우리나라의 도덕성을 자랑스럽게 회고하며 우리나라의 전통 윤리 안에 필요한 모든 것이 들어 있다고 믿는 점에 있어서는 논자들과 견해를 달리한다.

우리나라가 현재보다는 현저하게 높은 도덕성을 유지했던 시기가 과거에 있었다는 사실을 필자도 어느 정도 인정한다. 그리고 우리나라의 전통 윤리 가운데 현대사회를 위해서도 큰 도움이 되는 지혜가 풍부하다는 사실도 부인하지 않는다. 우리나라의 역대 조정이 불교 또는 유교의 가르침을 숭상하고, 윤리 사상으로 가득 찬 경전(經典)에 대한 연학(研學)을 과거(科擧) 지망생의 필수 조건으로 삼았으며, 『동몽선습(童蒙先習)』, 『소학(小學)』 또는 『명심보감(明心寶鑑)』과 같은 수신(修身) 책들이 사대부의 자제들을 가르치는 서당이나 가정에서 기본 교과서로 사용되었다는 것도 움직일 수 없는 사실이다. 그리고 우리나라의 고명한 학자들이 남긴 저술 가운데 윤리와 도덕에 관한 것이 압도적으로 많다는 것도 사실이다.

그러나 이러한 사실만을 근거로 삼고 과거 우리나라의 도덕성을 오로지 높이 평가하는 태도에 대해서는 의문을 제기하는 것이 필자의 생각이다. 한 국가나 사회의 도덕성을 평가하는 마당에서 가장 중요시해야 할 것은 그 국가 또는 사회에 산 사람들이 삶의 문제 상황에서 실제로 어떻게 행동했느냐 하는 문제이며, 그 사람들이 무슨 책을 읽고 어떤 말을 했느냐 하는 것은 그 다음 문제다. 이렇게 믿었던 까닭에, 필자는 '윤리적 상황'이라는 개념을 사용해 가며 여러 시대의 우리 조상들이 삶의 문제 상황에서 어떻게 행동했는가를 여러 모로 살펴보는 일에 많은 시간과 지면을 할애했던 것이다.

유교 사상에 바탕을 둔 우리나라 전통 윤리 가운데 현대인을 위해서도 삶의 지혜로서 손색이 없는 가르침이 적지 않다는 것을 인정한다 하더라도, 전통 윤리의 전부가 오늘의 상황에 적합하다고 보기는 어려우며, 현대사회에서 일어나는 윤리적 문제 가운데는 전통 윤리만으로는 해결하기 어려운 것도 적지 않다는 것을 인정하게 된다. 이러한 이유에서, 앞에서도 전통 윤리가 그대로 현대인을 위한 윤리로서의 기능을 대신할 수 없다는 점을 누누이 말했던 것이다.

젊은 지식인들 가운데는 현대 서구의 이른바 '선진국'의 윤리를 고스란히 빌려오면 된다는 견해를 가진 사람도 있을 법한 일이다. 우리들의 사회구조나 생활양식이 대체로 서구의 그것을 닮아 가고 있다는 사실에 근거를 두고 그러한 견해를 주장할 수도 있을 것이다. 우리가 전통 윤리만으로 오늘의 문제들을 해결할 수 없다면, '현대'를 대표한다고도 볼 수 있는 서구의 윤리 사상으로부터도 많은 것을 받아들여야 마땅할 것이다. 그러나 우리나라는 고유한 전통과 문화를 가지고 있으며, 우리 한국인의 정서에도 특수한 면이 있으므로, 서구의 윤리를 **고스란히** 들여와서 우리의 것으로 삼는 데는 무리가 있을 것이다.

여기서 우리의 전통 윤리와 서구의 현대적 윤리를 절충하자는 타협안을 제시하는 사람들이 나타났다. 전통 윤리와 서구 윤리의 좋은 점만을 살리자는 형식논리적 발상이기는 하나, 상식적 수준에서는 상당히 설득력이 있는 의견이다. 그러나 동양의 전통 윤리와 서양의 현대 윤리를 평면적으로 종합한다는 절충안은 곧 어떤 한계에 부딪칠 것이다. 우리는 새로운 시각에서 우리 문제에 접근하는 편이 바람직할 것으로 보인다.

여기서 우리는 윤리를 '삶의 지혜'라고 본 이 저서의 첫머리를 상기하게 된다. 윤리의 근본이 삶의 지혜라 함은 삶에서 부딪치는 중요한 문제들, 특히 사회생활에서 야기되는 인간적 갈등의 문제를 해결하기에 적합한 행위의 처방을 제시하는 것이 다름 아닌 윤리라는 뜻이다. 그러므로 오늘의 한국을 위하여 필요한 윤리는 오늘의 한국이 당면한 중요한 문제들, 특히 인간적 갈등의 문제들을 해결하기에 적합한 행위의 처방을 제시해 주는 윤리가 아닐 수 없다.

모든 시대의 모든 사회가 그렇듯이, 오늘의 우리 한국은 여러 가지 문제 또는 과제를 안고 있다. 그 문제들 가운데는 이미 인간적 갈등을 크게 포함하는 것도 있고, 문제를 해결해 나가는 과정에서 인간적 갈등이 야기될 것으로 예상되는 것들도 많이 있다. 어쨌든 우리들이 당면한 문제들은 해결을 요구하는 불만스러운 상황이며, 그 문제들을 해결하는 과정에서 인간적 갈등을 최소화하는 것이 바람직하다. 인간적 갈등을 최소화해 가며 문제를 해결하기 위해서는 우리의 행동이 슬기로워야 한다. 그리고 문제 상황에 적합한 슬기로운 행위의 처방을 직접적 또는 간접적으로 제시해 주는 규범이 '삶의 지혜'로서의 윤리에 해당한다.

삶의 과정에서 우리는 여러 문제들과 항상 만나게 되고, 하나의 문제를 해결하기가 바쁘게 다시 새로운 문제가 생긴다. 삶의 과정은, 문제와 만나고 그것을 해결하면 다시 새로운 문제와 만난다는 뜻에서, 문제와 만나고 그것을 해결하고 또 문제와 만나는 일을 되풀이하는 과정이라고 볼 수 있다. 그리고 그 문제들 가운데서 가장 큰 비중을 차지하는 것이 인간적 갈등의 문제다.

삶의 과정에서 끊임없이 만나는 문제들을 원만하게 해결할 때 집단에게는 번영과 평화가 오고, 개인에게는 행복이 온다. 그런 뜻에서 문제의 원만한 해결 여부는 삶의 성패(成敗)를 좌우하는 분수령이 되는 것이며, 문제의 원만한 해결을 위한 슬기로운 처방을 제시해 주는 윤리는 매우 소중한 삶의 지혜라는 주장을 하게 되는 것이다. 문제 해결을 위한 행위의 처방을 제시하는 것이 윤리의 존재 이유라면, 우리 시대가 요구하는 윤리는 **우리 시대**의 문제 해결에 적합한 윤리라고 보는 것이 당연한 논리라 하겠다.

우리 시대의 문제를 해결하기에 적합한 윤리를 정립해야 한다면, 첫째로 우리가 이 시대에 해결해야 할 중대한 문제들이 무엇인가를 살펴보아야 할 것이다. 그리고 둘째로, 그러한 문제들을 해결하기 위해서 요구되는 덕목 또는 행위의 규범이 무엇인가를 고찰해야 할 것이다. 우리가 이미 당면하고 있는 문제들과 앞으로 예상되는 모든 문제들을 망라하기는 어려운 일이므로, 그 가운데서 비교적 중요성이 높다고 생각되는 일반적 문제들만을 우선 추려 보기로 하자. 그리고 그러한 문제들이 해결되기 위해서 어떠한 행위의 규범, 즉 윤리가 요구되는지를 살펴보기로 하자.

우리가 현재 공동으로 당면한 근본 문제의 하나는 마음이 불편한 사람이 대단히 많다는 사실이다. 30년 전 또는 40년 전과 비교할 때, 우리의 물질생활은 월등하게 풍요로워졌고 우리의 몸은 훨씬 더 편안한 나날을 보내고 있다. 우리 국민의 대다수가 아침 밥과 저녁 죽을 먹는 것조차 어려웠고 헌 옷을 누덕누덕 기워서 입던 때가 그리 오래지 않다. 그러나 이제는 도시락을 들고 직장에 나가는 사람은 적으며, 점심에 무엇을 먹을지 몰라서 먹을 거리 많은 것이 도리어 고민스럽다. 요즈음 기운 옷을 입는 사람은 거의 없으며, 옷이 낡아서 못 입는 것이 아니라 유행에 뒤떨어져서 못 입는 옷이 많아서 처치가 곤란하다. 옛날에는 단순한 근육노동으로 밭을 갈고 짐을 옮겼으므로 신역이 몹시 고되었고, 여자들은 원시적 방법으로 가사노동에 종사했던 까닭에 그 고생이 이루 말할 수 없을 정도였다. 그러나 요즈음은 거의 모든 일을 기계가 대신해 줌으로 인하여 옛날과 같은 고역은 대부분 사라졌다.

물질과 육체의 생활이 크게 향상되고 편해졌음에도 불구하고 정신생활은 도리어 가난하고 마음은 끊임없는 불안에 시달린다. 옛날에는 굶주림과 중노동으로 몸은 고달픈 가운데서도 마음은 비교적 평화로웠으나, 지금은 풍요로운 물질생활 속에서 몸은 호강을 하고 있음에도 불구하고 마음은 평화를 잃고 방황할 때가 많다. 이것은 간과할 수 없는 모순이다. 인간 생활에서 육체와 정신이 모두 중요하지만, 군이 경중을 따진다면 정신생활의 비중이 더 크다고 보아야 할 것이다. 몸이 편하고 마음이 불편한 것보다는 차라리 육체가 괴롭더라도 마음이 편한 것이 바람직한 상태가 아닐까 한다. 어쨌든 풍요로운 물질 속에서 마음의 불편에 시달리는 오늘의 상황은 반드시 극복해야 할 문제의 상황이다.

마음이 불편한 사람들이 많다는 문제 상황을 극복하기 위해서는 첫째로 마음의 불편을 느끼는 사람들이 많게 된 원인을 규명하고, 둘째로 그 원인을 제거하는 데 필요한 덕목(德目)이 무엇인가를 탐구해야 할 것이다. 우선 풍요로운 물질생활에도 불구하고 마음의 평화를 얻지 못한 사람들이 특별히 많은 까닭이 무엇인가부터 생각해 보기로 하자. 삶이란 본래 번뇌가 가득 찬 과정이어서, 욕심과 감정을 초월한 높은 경지에 이른 소수를 제외한다면, 어느 사회에나 진정한 의미로 마음이 항상 평화로운 사람은 흔하지 않다. 여기서 오늘의 한국인 중에 '마음의 평화'를 잃은 사람이 많다고 말할 때, 우리는 저 종교적인 높은 경지를 염두에 두고 있는 것은 아니다. 다만 상식적인 의미로 마음의 불안을 느끼는 사람들이 비교적 많다는 사실을 문제 삼을 따름이다.

물질생활이 풍요로움에도 불구하고 마음은 평화롭지 못한 첫 번째 이유로서 우리는 사회적 불안을 지적할 수 있을 것이다. 근래 우리나라의 신문과 방송은 부친 살해와 어린이의 유괴 및 살해와 같은 극악무도한 살인 사건, 한강의 교량 붕괴 또는 열차의 탈선 전복 따위의 대형 사고 또는 공무원의 부정부패와 군대에서의 하극상(下剋上)과 같은 끔찍한 사건들을 잇달아 보도하고 있다. 언제 어디서 또 무슨 사고가 일어날지 모르며, 나와 나의 가족도 그러한 사고의 희생자가 될 가능성은 무시할 수 없을 정도라고 보아야 한다. 한마디로 말해서, 우리는 지금 불안한 사회에 살고 있으며, 이러한 현실은 우리들의 마음의 평화를 위협한다.

물질생활이 풍요로움에도 불구하고 마음은 평화롭지 못한 두 번째 이유로서 우리는 오늘의 고독한 인간관계를 들 수 있을 것이다. 보기에 따라서는 인간이란 본래 고독한 존재라고 말할 수도 있을 것이나, 오늘의 우리 인간상(人

間像)은 과거 어느 때보다도 더욱 고독한 관계 속에 살고 있다. 많은 경우에 남편과 아내 사이에도 칸막이가 있고, 부모와 자녀 사이에도 상당한 거리가 있다. 많은 사람들과 자주 만나고 어울리지만, 대개는 경쟁자로서 상대를 의식하는 경향이 강하며 진정한 의미로 '막역한 사이'는 찾아보기 어렵다. 모두가 누에고치 속의 번데기처럼 외톨이로 살고 있는 형국이다. 인간이 사회적 존재임에는 예나 지금이나 다를 바가 없을 터인데 사람과 사람을 이어 주는 유대는 거미줄보다도 약하다. 사회적 존재임에도 불구하고 각각 외톨이로 사는 까닭에, 우리의 마음은 편안하기보다는 허전하다.

사회를 불안하게 만드는 끔찍한 범죄 사건의 빈번한 발생과 사람들이 각각 외톨이로 사는 고독한 인간관계는 그 근원이 같다고 생각된다. 즉 저것과 이것은 그 뿌리가 같은 것이다. 그 공통의 뿌리는 소유의 극대화와 향락의 극대화를 삶의 궁극적 목적으로 삼는 그릇된 생활 태도 내지 가치관이다. 소유의 극대화와 향락의 극대화를 행복에 도달하는 필요하고 충분한 조건으로 잘못 알고 앞을 다투는 까닭에, 사회는 지나치게 치열한 경쟁의 마당이 되었다. 지나치게 치열한 경쟁의 마당에서는 모두가 모두의 적수(敵手)일 수밖에 없으며, 적수를 사랑한다는 것은 지극히 어려운 일이므로 사람들은 자기만을 생각하는 이기주의의 늪에 빠진다. 이기주의의 늪에 빠진 사람들의 관계는 당연히 고독할 수밖에 없다.

총량(總量)에 한정이 있는 재물과 지위를 앞에 놓고 치열하게 경쟁하는 사회에서는, 결과적으로 사람들은 소수의 승리자와 다수의 패배자로 나누어진다. 다수의 패배자는 패배의 책임이 자신에게 있다고 생각하기보다는 사회의 구조적 모순 때문에 패배자로서의 불행을 면할 길이 없다고 생각한다. 특히 불평과 불만이 심한 것은 대학 입학이라는 사회 경쟁의 첫 관문을 통과할 가망이 없다고 자신의 처지를 비관하는 젊은이들의 경우다.

현대 한국 사회에서는 대학에 입학하느냐 못하느냐에 따라서, 대학 가운데서도 어느 대학에 들어가느냐에 따라서, 그 사람의 일생이 거의 좌우된다고 생각하는 풍조가 지배적이다. 대학 입학이라는 관문 앞에서의 싸움은 인생 경쟁의 본선(本選) 마당에 참여할 수 있는 자격을 결정하는 중대한 예선전이다. 이 예선의 관문을 통과하지 못하면 그 사람의 일생은 앞날이 캄캄하다고 내다보는 것이 상식처럼 되었다. 이러한 상황에서, 대학 진학의 희망을 미리 단념할 수밖에 없는 젊은이들의 심정은 참담할 수밖에 없다. 이 참담한 심정은 자포자기로 이어지고, 자포자기한 젊은이들은 사회에 대한 막연한 증오심에 사로잡혀 끔찍한 범죄 행위까지 저지르는 파국을 부른다.

소유의 극대화와 향락의 극대화를 삶의 가장 높은 목적으로 삼는 사회에서는 치열한 삶의 경쟁이 불가피하게 되고, 사람들은 소수의 승리자와 다수의 패배자로 나누어진다고 하였다. 다수의 패배자들은 거대한 불만 세력이 되어 소수의 승리자들을 음으로 양으로 적대시한다. 적대시에는 증오와 분노의 감정이 따르기 마련이고, 증오와 분노를 느낀다는 것은 그 자체가 마음의 평화와 거리가 먼 심리 상태다. 마음이 불안한 것은 증오하고 분노하는 패배자들만이 아니다. 다수의 불만 세력의 적개심과 도전에 의하여 시달림을 당하는 소수의 승리자들도 마음이 불편하기는 마찬가지다.

모두가 마음의 평화를 얻기 위해서는 소유의 극대화와 향락의 극대화를 삶의 가장 높은 목적으로서 추구하는 가치관을 버려야 한다. 바꾸어 말하면, 재물과 권력 또는 향락 따위의 외면적 가치보다는 인격과 생명, 학문과 예술, 또는 사랑과 믿음과 같은 내면적 가치를 더욱 숭상하는 가치 풍토를 조성해야 한다. 그렇다면 바람직한 가치 풍토를 조성하기 위하여 우리는 무엇을 어떻게 해야 하는 것일까?

첫째로, 정부와 국회는 빈부의 격차를 좁히고 사치와 낭비 그리고 향락의 풍조를 되도록 억제하는 정책을 강구해야 할 것이다. 자본주의 사회에서는 상업주의(商業主義)가 팽배하기 마련이고, 크고 작은 기업에 종사하는 사람들은 과소비를 조장함으로써 이윤의 극대화를 꾀하는 경향이 있다. 그러므로 정부와 국회가 자유방임(自由放任)의 정책에 의존하면 사치와 낭비의 풍조가 점점 심해질 공산이 크다. 사치와 낭비의 풍조는 금전 제일과 향락 위주의 가치관으로 이어지므로, 급기야 외면적 가치가 내면적 가치를 압도하는 가치 체계의 전도(顚倒)가 고질화하게 된다. 따라서 국민 일반의 의식 수준이 높은 경지에 이르러 자율적으로 소유와 향락의 욕구를 억제하게 되기 전에는, 사치와 낭비 그리고 향락을 억제하는 정책을 선택할 필요가 있다.

둘째로, 부유한 계층 또는 사회적으로 높은 계층에 속하는 사람들은 서민층에게 상대적 빈곤감 또는 위화감을 일으킬 행동을 자제할 필요가 있다. 사회적 지위가 높을수록 '품위'를 유지해야 하며, 품위를 유지하기 위해서는 옷차림이나 소지품 또는 승용차가 고급스러워야 한다고 생각하는 사람들이 적지 않다. (한때 정부와 군대에서 고급 관리 또는 고급 장교에게 '품위 유지비'라는 명목으로 일정한 금액을 정기적으로 급여한 적이 있었다.) 사회적 지위가 높을수록 품위를 존중함이 바람직한 것임에는 의심의 여지가 없다. 그러나 사치스러운 옷차림과 값비싼 소지품이 사람의 품위를 높여 준다는 생각은 지극히 잘못되고 어리석은 생각이다. 사람의 품위를 높이는 것은 그 사람됨의 높음이요, 그의 옷차림이나 소지품의 고급스러움은 아니다. 사치스러운 옷차림과 값비싼 소지품은 도리어 사람의 품위를 떨어뜨린다.

서민들 가운데는 부유한 계층 또는 권력을 가진 계층에 대하여 모종의 반감(反感)을 가진 사람들이 적지 않으나, 그들은 그럼에도 불구하고 부유층 또는 권력층의 생활 태도를 모방한다. 시기와 반감을 느끼는 가운데도 속으로는 부러워하는 까닭에 부지불식중에 모방을 하게 된다. 그러므로 모방의 대상이 되는 사회 상류층이 어떠한 생활 태도를 취하느냐에 따라서 그 사회 전체의 생활 태도가 좌우되고 가치 풍토도 결정된다. 사회에서 높은 지위에 놓인 사람일수록 도덕적으로도 책임이 무겁다고 보는 까닭이 여기에 있다.

셋째로, 다음 세대의 주역들을 길러 내기 위하여 어린이 때부터 가치관 교육이 필요하며, 그렇게 하기 위해서는 부모들에게 건전한 가치관을 심어 주는 사회교육이 선행해야 한다. 한 개인의 가치관은 유아기와 유년기에 그 기초가 형성되며, 그 시기에 접촉이 가장 많은 부모의 영향을 크게 받으므로, 우선 부모들의 가치관이 건전해야 한다. 현재 우리나라 기성세대의 가치관에 문제가 있다는 것이 우리들의 거의 일치된 반성이므로, 기성세대에 속하는 부모들의 가치관을 바로잡는 일이 절실하게 요구된다고 보는 것이다.

청소년의 교육에서도 본인의 의지가 중요하지만, 성인 교육의 핵심은 스스로 배우는 자기교육이다. 오늘의 부모들이 지금까지 살아온 생활 태도에 잘못이 있었음을 깨닫고 올바른 가치관을 세워 보고자 하는 의지를 갖는 일이 우선 중요하다. 그 각성과 의지만 확고하다면 자기 교육의 기회를 발견하는 길이 열릴 것이다. 지금 우리나라에는, 아주 충분하다고 말하기는 어려우나 마음의 양식이 될 만한 좋은 책도 상당수 나와 있다. 흥미 위주로 독서 아닌 독서를 즐기는 대신 좋은 책을 선택하여 음미해 가며 읽으면, 많은 것을 얻을 수 있을 것이다. 신문과 방송에서도 인생 공부에 도움이 되는 글과 영상을 허섭스레기 사이에 끼워서 매일같이 내보내고 있다. 흥미 있는 것을 골라서 읽거나 시청하는 대신 뼈대와 의미가 담긴 글이나 영상을 선택하여 함께 생각하는 시간을 갖는다면 뭔가 얻는 바가 있을 것이다.

보기에 따라서는 우리들의 일상생활 속에도 많은 교훈이 담겨 있고, 이웃 사람의 성공한 이야기 또는 실패한 이야기에도 많은 교훈이 담겨 있다. 실은 사회 전체가 거대한 교과서와도 같다. 비록 비리와 부패로 가득 찬 사회라 하더라도 거기에는 도처에 귀중한 교훈이 담겨 있다. 배우고자 하는 뜻이 강한 사람의 눈으로 보면 대부분의 사회현상에는 보고 배울 것이 숨겨져 있다. (가치관 교육이 가정에서만 다룰 문제가 아님은 물론이다. 그것은 각급 학교에서도 계속돼야 하고 사회교육의 차원에서도 계속돼야 한다. 이 문제는 더욱 큰 비중을 두고 고찰해야 할 과제라고 생각되므로, 뒤에 9장에 가서 다시 종합적으로 고찰하기로 한다.)

넷째로, 인간의 견지에서 볼 때, 인간은 매우 귀중한 존재라는 사실을 느끼고 깨달을 수 있도록 하는 데 도움이 되는 모든 방안을 강구해야 할 것이다. 오늘날 우리들의 가치관이 혼란에 빠진 근본적 이유의 하나는 인간이 인간을 소홀히 여기는 소외(疏外) 현상에서 찾아볼 수 있으며, 우리는 오늘의 가치 체계 전도의 진상을 '인간의 비인간화'라는 표현으로 상징할 수 있을 것이다. 인간의 생명 그리고 그 정신 내지 영혼을 귀중하게 여기는 마음이 부족한 까닭에, 오늘날 우리가 경험하는 바와 같은 세기말적(世紀末的) 현상이 자주 일어나는 것이다.

이기적 개인주의가 팽배한 오늘의 인심을 고려할 때, 타인의 인격 또는 타인의 인간성을 소중히 대접하라고 역설한다 해도, 사람들은 아마 별로 공감을 느끼지 못할 것이다. '나 자신에 대한 사랑'에 앞서서 남을 먼저 사랑한다는 것은 보통 사람에게는 어려운 일이며, 내 인간성을 존중히 여기기에 앞서서 남의 인간성부터 존중히 여긴다는 것도 쉽지 않은 일이다. 보통 사람으로서 가장 사랑하기 쉬운 것은 '나' 자신이며 존중히 여기기 쉬운 것도 '나' 자신이다. 그러므로 '인간 존중'의 실천은 '나' 자신을 존중하는 데서부터 출발하는 것이 가장 자연스럽고 현실적이다.

'나'의 인간성을 귀중히 여기지 않는 사람이 남의 인간성을 귀중히 여긴다는 것은 매우 어려운 일이다. '나'를 진정으로 사랑하고 존중히 여기는 사람은 그 마음이 연장되어 타인에 대해서도 사랑과 존중의 심성을 가질 수가 있다. 자기 자신의 사람됨마저도 하찮게 생각하는 사람은 타인의 사람됨은 더욱 하찮게 생각하기 쉬우며, 일단 자포자기하게 되면 타인은 더욱 안중에 없다.

흔히 '이기적'이라는 평판을 받는 사람들은 자기만을 생각하고 타인은 안중에 두지 않는다. 그러나 상식적인 의미로 자기만을 생각하는 사람은 자신을 참되게 사랑하는 길을 모르는 사람이다. 자신의 전 인격과 전 생애를 사랑할 때 그는 자신을 참되게 사랑하는 길로 들어서는 것이며, 순간적 욕망이나 눈앞의 이익에만 집착하는 사람은 자신의 인격과 생애는 도리어 놓치게 된다. 순간적 이익이나 눈앞의 이익에 사로잡히면 타인은 안중에 없게 되며, 결국 인간의 소중함을 망각하는 결과가 되고 만다. 도산(島山)이 애기(愛己)와 아울러 애타(愛他)도 강조한 것은 그가 윤리의 핵심을 정확하게 뚫어본 비범한 소치(所致)였다.

다섯 번째로, 대학 입학시험에서의 성패(成敗)가 일생의 성패를 좌우함에 가까운 결과를 가져오는 오늘의 교육제도에 근본적 개혁이 필요하다. 그 근본적 개혁의 구체적인 내용은 전문적 기구에서 결정할 문제이거니와, 개혁이 성공하기 위해서는 국민 일반이 대학의 '이름'에 대하여 가진 편견을 버리도록 하는 노력이 병행돼야 한다. 지금 우리나라에서는 대학의 '이름'에 지나치게 큰 의미를 부여하는 경향이 있다. 예컨대, '서울대학교' 출신은 무조건 우수하다는 생각을 가진 사람들이 많다. 서울대학교 학생들 가운데 '우수한' 사람이 많다는 생각이 틀렸다고 보는 것은 아니다. 그러나 서울대학교의 학생이나 졸업생이 **모든 면에서** 우수하다고 보는 경향에는 큰 잘못이 있음을 지적하고자 함이다.

사람의 재능에는 여러 가지 측면이 있으며, 모든 측면에 우수한 사람은 극히 드물다. 기억력은 좋으나 말은 잘 못하는 사람이 있기도 하고, 꼼꼼하게 생각하는 일은 잘하나 사람들을 만나서 교섭을 하는 일에는 무능한 사람도 있다. 서울대학교의 학생이나 졸업생이 우수한 것은 대체로 논리적으로 따지는 일 또는 계산을 하는 일에서일 경우가 많으며, 다른 방면에서는 보통보다 못한 사람도 흔히 있다. 그런데 그 '다른 방면'에서의 능력 가운데는 논리적으로 따지는 능력 또는 빈틈없이 계산하는 능력보다도 더욱 중요한 것들이 있다.

후덕한 인품, 인내력, 용기 등 도덕성도 일종의 능력이다. 그리고 도덕성에 속하는 여러 가지 능력은 논리적 사고력이나 치밀한 계산력 또는 탁월한 기억력보다도 훨씬 더 중요한 능력이다. 이 더욱 소중한 능력에서는 서울대학교에 들어가지 못한 사람들이 오히려 우수할 수도 있으며, 또 인간의 능력 가운데서 가장 귀중한 덕성(德性)은 서울대학교 이외에서도 얼마든지 기를 수가 있다. 요약해서 말하자면, 서울대학교와 직접적 인연이 없는 사람들 가운데서도 높은 평가를 받아야 마땅한 인물들이 무수하게 많다는 사실을 명심해야 한다는 뜻이다.

입학한 학교 또는 졸업한 학교의 '이름'을 따라서 사람을 평가하는 풍토의 피해는 매우 심각하다. 이른바 명문(名門)에 입학한 학생들은 그 학교의 '이름'에서 오는 평가에 도취하여 소질의 연마를 게을리하게 되어 실력 양성에 지장을 초래한다. 한편 명문이 아닌 대학에 들어갔거나 아무 대학에도 입학하지 못한 사람은, 그 무명(無名)으로 인한 평가절하를 미리 내다보고 사기가 떨어지는 까닭에, 역시 소질의 연마를 게을리한다. 사람들은 각각 다양한 소질을 타고나기 마련이고, 각자의 특유한 소질을 연마함으로써 개인의 행복과 사회의 번영을 위하여 필요한 인물로 성장하게 되는 것인데, 학교의 이름을 따라서 사람을 평가하는 어리석은 풍토는 사람의 성장을 저해하는 결과를 초래한다.

여섯 번째로, 종교 단체나 학교와 같은 큰 집단이 건전한 가치 풍토의 형성을 위하여 조직적 운동을 전개한다면, 그 운동이 의존하는 이론과 방법이 적절한 경우에는, 상당한 성과를 거둘 수 있을 것이다. 가치 풍토라는 것은 흐름을 타는 경향이 있으므로 개개인의 산발적 노력으로써 그것을 바람직한 방향으로 돌리기는 매우 어렵다. 현재 대다수가 외면적 가치 추구에 몰두하고 있는 풍조(風潮) 속에서는 그 풍조에 순응해 가며 살기는 쉬우나 그 흐름을 거슬러서 반대 방향으로 가기는 매우 어렵다. 현재의 그릇된 풍조에 맞서기 위해서는 뜻을 같이하는 사람들이 힘을 합하여 조직적으로 움직이는 편이 효과적이다.

건전한 가치 풍토의 형성 또는 도덕성의 회복을 위한 운동을 조직적으로 전개하기에 적합한 집단으로서 우선 종교 단체를 생각하게 된다. 종교는 일반적으로 그 가르침의 내용이 도덕적인 것으로 가득 차 있다. 내세(來世)를 중요시하는 종교의 경우도 대개는 현세를 바르게 살라는 가르침을 제시한다. 역사 위에 큰 발자취를 남긴 대표적 종교에 속하는 각종 집단은 도덕적 성격이 강한 집단이기도 하다.

건전한 가치 풍토의 형성 또는 도덕성의 제고(提高)를 위한 운동을 조직적으로 전개하기에 적합한 집단으로서 다음에 떠오르는 것은 각급 학교다. 각급 학교는 이상주의의 성향이 강한 집단이므로, 훌륭한 스승의 지도만 있으면 건전한 가치 풍토의 형성을 위하여 크게 기여할 수 있는 잠재력을 가졌다고 볼 수 있다. 대학생들의 경우는 교수의 특별한 지도가 없더라도 자기들끼리 훌륭한 윤리 운동을 전개할 수 있을 것이다.

종교 단체와 각급 학교 또는 그 밖의 어떤 단체가 도덕성의 제고를 위해서 운동을 전개할 경우에는, 추상적이고 거창한 목표보다도, 예컨대 검소한 생활 또는 자연보호와 같은 구체적 목표를 차례로 추구하는 편이 좋을 것이다. 목소리 높은 구호보다도 몸으로 실천하는 일상적 행위의 연속이 더욱 중요하다.

8 장

현대를 위한 한국 윤리: 가족, 직장, 사회

1. 현대의 가족과 그 윤리
2. 현대사회에서의 직업과 직업윤리
3. 질서 있고 평화로운 사회를 위한 주요 덕목

8장 현대를 위한 한국 윤리: 가족, 직장, 사회

1. 현대의 가족과 그 윤리

국민의 대다수가 농업에 종사했던 전통 사회에서는 가족이 생활의 단위였다. 그리고 가족생활의 경제적 기본은 토지였다. 생존을 위해서는 토지의 혜택에 참여해야 했고, 가족의 공동소유였던 토지의 혜택에 참여하기 위해서는 가족의 일원으로서의 신분을 확보함이 필수적이었다. 정식으로 가족의 성원이 될 자격이 없을 경우에는 머슴 또는 노비의 자격으로라도 토지를 소유한 가족에 속해 있어야 살아갈 수가 있었다. 대체로 말해서, 개인은 그가 속해 있는 가족과 운명을 같이하였다.

꿀벌은 여왕벌을 중심으로 무리를 지어서 산다. 한 마리의 꿀벌이 무리를 떠나서 따로 산다는 것은 불가능한 일이다. 꿀벌이 무리를 떠난다는 것은 곧 죽음을 의미한다. 농경시대의 개인과 가족의 관계를 꿀벌과 그 무리의 관계와 똑같다고 보기는 어려울지 모르나, 저 두 가지 관계 사이에 상당한 유사성이 있음은 의심의 여지가 없다. 한 마리의 일벌이 그 무리를 이탈하여 단독으로 생존하기 어렵듯이, 전통 시대의 농가의 성원이 그가 속해 있던 가족과 인연을 끊고 혼자의 힘으로 산다는 것은 지극히 어려운 일이었다.

그러나 1960년대 이후의 한국은 공업화와 도시화의 방향으로 급격하게 변천하였다. 농토(農土)를 떠나서도 살 수 있을 뿐 아니라 농촌을 떠나는 편이 도리어 유리한 세상이 된 것이다. 농토를 떠나서도 살 수 있다는 것은 농토에 매달렸던 부모 또는 조부모의 집을 떠나더라도 개인이 살아가기에 어려움이 없다는 것을 의미한다. 한마디로 말해서, 한국의 전통적 대가족제도를 불가피한 것으로 만들었던 옛날의 조건들이 사라지고 만 것이다.

이러한 상황 변화의 파도를 타고 서양의 개인주의 사상이 들어왔다. 사람들은 개인적 자아의식에 눈을 뜨게 되었고, 가족이라는 '우리'와 반드시 생사와 고락을 같이할 필요가 없게 되었다. 어느 정도 교육을 받고 성장한 뒤에는 부모로부터 독립하는 편이 도리어 오붓하고 홀가분하게 살 수 있는 경우가 많게 되었다. 가장이 가부장적 권위를 휘두를 수 있는 상황이 아니며, 수직적 질서를 존중하던 전통적 가족 윤리도 흔들리게 되었다.

가족제도 자체가 없어지게 되었다고 보기는 어렵다. 아직도 결혼을 원하는 사람들이 대부분이며, 따라서 '가족'이라는 것은 여전히 성립한다. 그러나 결혼의 의의와 가족의 성격은 옛날 그대로가 아니다. 결혼은 두 가문의 결합이 아니라 두 개인의 결합이라는 관념이 지배하게 되었고, 가정은 그 자체가 생활의 단위가 아니라 생활의 주체인 개인들이 모여서 사는 곳이 되었다. 가족 또는 가문을 위해서 개인들이 있는 것이 아니라, 개인들을 위해서 가정이 존재한다는 생각이 우세하게 되었다. 한국의 가족제도가 전환기를 맞은 것이다.

전환기를 맞은 우리의 가족제도와 가족 윤리를 어떻게 다시 정립하느냐 하는 문제는 우리 사회가 부딪친 중요한 문제의 하나다. 가족관계는 여전히 가장 가까운 인간관계이며, 가장 가까운 사람 사이의 윤리마저 붕괴하면 인간 사회를 지탱할 윤리 전체가 무너질 것이므로, 이 문제는 매우 중요한 문제로서 다가온다. 이 중대한 문제에 우리는 어떻게 대처할 것인가?

　전통적 가족제도와 가족 윤리가 현대의 실정에 맞지 않는다는 이유로, 서구 사회가 물질과 과학의 선진국이라는 이유로, 서구의 그것을 그대로 모방하는 것이 바람직하다고는 생각되지 않는다. 일반적으로 전통이라는 것은 함부로 버려서는 안 될 귀중한 지혜를 간직하고 있다는 평범한 상식에 비추어 보더라도, 전통적 가족제도와 가족 윤리를 송두리째 버릴 수는 없다는 것이 식자들의 공통된 의견이다.

　많은 사람들이 찬동하는 원칙론이 있다. 전통적 가족제도와 가족 윤리를 오늘의 실정과 현대인의 심성에 맞도록 고치되, 옛것의 좋은 점은 되도록 살려야 한다는 원칙론이다. 그러나 무엇을 어떻게 고치고 옛것 가운데서 무엇을 어떻게 살리느냐 하는 구체적인 물음에 대해서는 사람들의 견해가 다각도로 대립하는 양상을 보인다. 구체적인 문제에 이르러서는 늙은 세대와 젊은 세대 사이에 견해의 차이가 있고, 남성과 여성 사이에도 차이가 있다.

　행동 내지 실천의 대립은 관념 내지 의견의 대립보다도 더욱 심하다. 바람직한 가족의 형태나 가족 윤리에 대해서 말로는 같은 의견을 주장하면서 실제 행동의 단계에서는 전혀 다른 태도를 취하는 경우를 흔히 본다. 예컨대, 결혼하기 전에는 "부모를 한집에서 모시는 것이 자식된 도리"라고 말한 청년이 막상 결혼한 뒤에는 따로 사는 편을 택하는 경우가 있고, 말로는 "며느리도 내 자식이니 딸과 마찬가지로 아끼고 사랑하는 것"이 자신의 생활철학이라고 강조한 시어머니가 실제로는 매우 지능적으로 며느리를 괴롭히는 사례도 적지 않다.

　가족제도 또는 가족 윤리에 관한 의견 및 행동의 차이는 심각한 사회문제로 발전할 소지를 가졌다. 세상에 태어난 사람들은 극소수의 예외를 제외하고는 모두 어떤 가족의 한 성원으로서 살고 있으며, 또 앞으로도 계속 그렇게 살 공산이 크다. 그러므로 어떤 가족제도 또는 어떤 가족 윤리 속에서 사느냐

하는 것은 모든 사람들의 이해와 직결되는 현실적 관심사이며, 바람직한 가족제도 또는 바람직한 가족 윤리에 대한 태도의 대립은 대체로 이해관계의 대립을 반영하기 쉽다. 이러한 태도의 대립에서 오는 갈등을 그대로 방치하는 것은 바람직한 일이 아니므로, 그것을 해소할 수 있는 새로운 가족제도와 새로운 가족 윤리를 정립하는 일은 우리 모두가 함께 생각해야 할 중대한 과제다.

무엇을 기준으로 삼고 새로운 가족제도와 가족 윤리를 정립할 것인가? 첫째로, 그것은 우리들이 처해 있는 객관적 상황에 대한 적합성(適合性)을 기준으로 삼아야 할 것이고, 둘째로는 현대 한국인의 정서 내지 의식(意識)과의 조화 여부를 기준으로 삼아야 할 것이다. 다시 말해서, 경제를 비롯한 여러 가지 생활 여건과 우리들의 의식구조에 적합하고, 우리들 모두를 고루 행복하게 만들기에 적합한 가족제도와 가족 윤리가, 우리들이 추구해야 할 이상이라고 할 것이다.

앞에서 우리는 전통 사회의 대가족제도와 가부장적 가족 윤리가 오늘의 현실에 적합하지 않다는 점을 언급하였다. 대가족제도의 토대가 되었던 농경 사회가 무너지고 가부장적 가족 윤리를 지탱했던 집단적 자아의식, 즉 '우리'로서의 가족을 개인보다도 우선적으로 생각하는 자아의식도 사라졌다는 사실을 우리는 살펴보았다. 그렇다면 우리들의 대안은 무엇일까?

우선 머리에 떠오르는 것은 현대 서구 사회의 핵가족제도다. 서구의 핵가족제도는 상공업이 지배적 위치를 차지한 우리들의 경제적 실정에도 적합하고, '우리'보다도 '나'를 더욱 중요시하는 우리들의 개인주의적 자아의식과도 잘 맞아떨어질 것 같다는 생각이 든다. 그러나 여기서 결론을 서두르기 전에 서구적 핵가족제도의 바탕에 깔린 인생관 내지 인간관을 잠시 살펴보는 것이 좋을 듯하다.

한국인의 일상용어에는 '우리 아버지' 또는 '우리 어머니'라는 말은 있으나 '내 아버지' 또는 '내 어머니'라는 말은 거의 쓰지 않는다. 그러나 영어의 경우는 그와 정반대다. 일반적으로 말해서, 서양 사람들은 가족 안에서도 내것과 네것의 구별을 분명히 한다. 서양 사람도 어머니의 품에 안겨서 젖을 빠는 어린 아기의 경우는 다르겠지만, 성인들은 누구나 각각 독립된 자유인으로서 각자의 삶을 산다. 각자는 누구의 아들이거나 딸이기에 앞서서 '나' 자신이며, 누구의 남편이거나 부인이기에 앞서서 '나' 자신이다. 내가 가정을 위해서 있는 것이 아니라 가정이 나를 위해서 있다고 보는 것이 서양 사람들의 시각일 것이다. 철저한 개인주의에 입각한 그들의 가정에서는 남편과 아내 사이에도 칸막이가 있고 부모와 자식 사이에도 칸막이가 있다. 각각 나는 나고 너는 너로서 따로따로 살고 있다.

그러나 이것은 결코 가장 바람직한 삶의 모습이 아니다. 이것은 슬기롭기보다는 어리석은 모습이며, 아름답기보다는 살벌한 모습이다. 이것은 외로움과 불행을 자초하는 어리석은 길이며, 욕망은 있으나 사랑은 없으니 아름답지 못한 모습이다. 서구적 핵가족의 바탕에 깔린 철학에 문제가 있는 것이다. 서구 사람들 자신도 자기들의 핵가족과 그 윤리에 문제가 있음을 반성하는 추세다. 우리나라의 전통적 가족제도와 그 윤리에 대한 대안으로서 서구의 핵가족과 그 윤리를 모방하자고 말하기 어려운 까닭이다.

한국의 전통적 가족제도의 가장 큰 결함은 그 비민주주의적 특성에 있다. 한국의 전통적 가족제도 아래서는 여성의 권익이 부당한 침해를 받았고, 젊은이들의 자유가 지나친 억압을 당했다. 인간은 인간이라는 점에서 근본이 같다고 보는 현대인의 관점에 설 때, 한국의 전통적 가족제도와 그 윤리에 포함된 비민주주의적 요소는 제거되어야 마땅할 것이다.

그러나 한국의 전통적 가족제도에는 크게 좋은 점도 있었다. 전통적 가족제도 아래서 사람들의 자아가 개인의 테두리를 벗어나 가족 전체에까지 미쳤다는 사실은 높이 평가할 만하다. '나' 하나만을 지키기에 급급한 인간상(人

間像)보다는 '우리'를 위하여 작은 '나'를 잊을 수도 있는 인간상이 한 단계 높은 자리에 위치한다고 필자는 믿는다. 개인과 개인 사이의 칸막이를 허물고 여러 사람들이 하나의 '우리'로서 고락을 함께하는 심성이 인간의 삶을 더욱 값진 것으로 만들 것임에 틀림이 없다.

개인주의의 색채가 강한 현대 서구의 가정에는 성원들이 다른 사람의 억압을 받지 않고 자신의 뜻에 따라서 자유롭게 살아갈 수 있다는 장점이 있다. 그러나 여러 식구들이 각자의 작은 '나'를 넘어서서 더욱 큰 자아인 '우리'로 융화되는 높은 차원의 심성이 결여된다는 점에서, 현재의 서구적 핵가족은 우리의 전통적 가족을 따르지 못한다고 보아야 한다.

만약 그렇게 할 수만 있다면, 한국의 전통적 가족의 좋은 점과 서구의 현대적 가족의 좋은 점을 모두 살리는 새로운 유형의 가족상(家族像)을 형성하는 것이 가장 바람직할 것이다. 가족이라는 '우리'의 번영 속에 더욱 큰 자아의 성장을 발견한 전통적 가족 의식과 개인인 '나'의 독립성과 자주성(自主性)을 양도할 수 없는 기본권으로 만든 현대적 자아의식을 모두 살릴 수 있는 가족상의 실현이 가능하기만 하다면, 그것보다 더 바람직한 것이 없을 듯하다. 문제는 과연 그것이 가능한 일이냐에 있다.

가족에 대한 공동체 의식과 강한 개인적 자아의식을 아울러 갖는 일은 가능하다고 생각한다. 강한 개인적 자아의식을 가진 사람이 자신의 가족에 대하여 뜨거운 공동체 의식을 갖는다는 것은 논리적으로 모순된 일이 아니며, 심리적으로도 크게 무리가 없는 일이다. 강한 개인적 자아의식을 살리기 위해서 우리가 반드시 이기주의자가 될 필요는 없으며, 가족에 대하여 뜨거운 공동체 의식을 갖기 위해서 반드시 집단주의자가 될 필요는 없기 때문이다.

개인으로서의 '나'를 살리기 위해서 양보할 수 없는 것은 나의 자주성이며, 나의 이기심(利己心)은 아니다. 공동체로서의 '우리'를 위해서 필요한 것은 공동체에 대한 사랑과 협동심이며, 개인의 자주성의 부정은 아니다. 공동체인 '우리'를 살리기 위해서 작은 '나'의 작은 이익을 부정할 필요는 더러 있을 것이다. 그러나 그 작은 이익의 부정이 한 개인의 독립성이나 자주성의 부정을 의미하는 것은 아니다. '나'의 작은 것을 부정하고 큰 '우리'를 위하여 협동할 때, 개인의 자아는 도리어 더욱 크게 실현된다. 옛날 전통적 가족에서의 집단적 자아의식의 경우는 여러 성원들의 '나'가 가족이라는 '우리' 속에 용해되었다. 이를테면 '우리'가 여러 '나'를 삼켜 버린 셈이다. 그러나 우리가 장차 실현하기를 꾀하는 개인과 공동체를 조화시킨 개인적 자아의식의 경우에는 공동체가 주체적 자아로서의 '나'의 범위 안으로 포섭된다. 이를테면 '나'가 '우리'를 그 가슴 안에 품는 것이다.

여기서 말하는 '우리', 즉 공동체로서는 가족 이외에도 직장, 사회단체, 국가 등 여러 가지 집단을 생각할 수 있다. 그러므로 위에서 전개한 '나'와 '우리'의 조화에 관한 견해는 가족 윤리뿐 아니라 사회윤리 전반에 확대하여 적용할 수 있는 주장이다. 다만 여러 가지 공동체 가운데서 가족은 그 규모가 가장 작고 또 '나'와의 관계가 가장 밀접하므로, '나'의 가슴 안에 품기가 비교적 용이한 공동체라는 이점을 가지고 있을 따름이다. 그러므로 자아의 범위를 우선 가족으로 확대하고, 그렇게 함으로써 얻은 '우리 의식'을 다시 더 큰 공동체에까지 넓혀 간다면, 가족 윤리의 정립이 전반적 사회윤리의 정립을 위한 발판의 구실을 하는 결과가 될 것이다.

개인적 자아의식과 가족적 공동체 의식의 종합 내지 조화에 성공한다면, 그 밖의 남는 문제들은 그 종합의 바탕 위에서 해결책을 찾을 수 있는 지엽적 문제가 될 것이다. 예컨대, 노후의 부모와 함께 사는 것이 옳으냐, 따로 사는 것이 옳으냐 하는 따위의 문제는, 나의 작은 이익에 애착하는 옹졸한 자아의식만 극복되면, 그 높은 차원의 자아의식을 바탕으로 삼고 해결할 수 있을 것이다. 지엽적 문제들에 대해서 일률적인 해답을 내려야 할 이유는 없을 것이다. '가족의 모든 성원을 위해서'라는 원칙에 모두가 충실하고자 하는 태도만 확고하다면 구체적 상황에 맞는 여러 가지 해결 방안의 모색이 가능하게 될 것이다. 노부모를 모시는 문제로 갈등을 겪는 사람들 가운데는 함께 모시고 사는 편이 옳은 해결책이 될 경우도 있을 것이고, 따로 떨어져서 사는 편이 옳은 해결책이 될 경우도 있을 것이다. 원칙이 같더라도 구체적 여건이 다르면 그 해결책은 다를 수가 있다. 맞벌이가 바람직하냐 또는 주부는 가사에 전념하는 것이 바람직하냐 하는 문제에 부딪쳤을 경우에, 문제를 푸는 방식도 역시 마찬가지가 될 것이다. '우리'에 포함되는 가족 성원들 모두의 행복을 고루 존중한다는 원칙을 고수하면서 그 가정이 처해 있는 여러 가지 구체적 여건을 충분히 고려한다면, 그 가정의 경우에 적합한 해결책을 찾아낼 수 있을 것이다.

앞으로 우리가 목표로 삼아야 할 이상적 가족은 ① 가족 성원들의 개인적 자유와 자주성이 존중될 뿐 아니라, ② 가족 성원들의 자유롭고 자주적인 협동을 통하여 각 개인의 '나'보다도 가족 공동체로서의 '우리'가 우위(優位)를 차지하는 그러한 모습의 가족이라고 하였다. 이것은 멀고 먼 장래를 위한 하나의 이상을 말하는 것이며, 지금 당장 또는 가까운 장래에 그러한 가족상의 실현이 가능하다고 주장하는 것은 아니다. 어떠한 경우에 있어서나 이상이란 접근하고자 하는 노력을 위한 방향을 제시하는 것이며, 그 목표에 접근하기 위해서는 오랜 세월에 걸친 단계적 노력이 필요하다.

위에서 말한 이상적 가족상을 향한 단계적 노력의 과정에서 우선적으로 해야 할 일은, 개인의 자유와 자주성이 침해를 당하는 전통적 가족제도의 비민주적 요소를 제거하는 일이다. 그리고 그와 동시에 '나'만에 집착하는 소아적(小我的) 인간상에서 탈피하도록 하는 노력을 병행해야 할 것이다. 전통적 가족제도의 비민주적 요소를 제거하는 과정에는 특히 여성에게 불리한 현재 한국의 가족법과 가족 관행을 시정하는 노력이 포함되어야 한다.

한국의 가족제도에는 아직도 남성 위주의 전통을 묵수하는 경향이 현저하게 남아 있다. 전통적 가족제도에서 '남존여비'의 관념을 확고부동하게 만든 것은 남자를 통해서만 가계(家系)의 계승이 가능하도록 규정한 가족법이었다. 그리고 남성의 자손을 통해서만 가계의 계승이 가능하도록 만든 규정은 두 가지의 근거를 가지고 있었던 것으로 보인다. 첫째로, 많은 근육노동을 요구하는 전통적 농경 사회에서는 가족 공동체에 대한 공헌도에 있어서 힘센 남성이 연약한 여성보다 우위를 차지하기 마련이었고, 공헌도에서 앞서는 남성이 가족 공동체 안에서 주도권을 갖게 된 것은 당연한 추세였을 것이다. 둘째로, 인간의 '씨'를 가진 것은 남성뿐이며 가계를 이을 수 있는 자손을 생산함에 있어서 더욱 큰 구실을 하는 것은 남성이라는 믿음이 일반적으로 수용되었고, 이러한 믿음도 남성의 우위를 위한 확고한 근거로서 작용하였을 것이다.

그러나 현대의 관점에서 볼 때, 저 두 가지 사항은 가족 내에서 남성이 우위를 차지해야 할 이유로서 별로 타당성을 갖지 못하고 있다. 첫째로, 첨단 과학에 입각한 기술과 기계의 힘이 경제 행위의 능률을 좌우하는 현대사회에 있어서는 근육에 의존하는 단순 노동력의 강약(强弱)은 별로 큰 의미를 가지고 있지 않다. 둘째로, 사람의 '씨'는 남성만이 가지고 있으며 여성은 자손의 생산을 위한 보조자의 구실밖에 못한다는 주장은 전혀 과학적 근거가 없는 거짓에 지나지 않는다. 따라서 가정 안에서나 밖에서나 여성보다 남성을 우대해야 할 선천적 근거는 없다고 보아야 마땅할 것이다.

남성과 여성이 동등한 대우를 받아야 한다 함은 남녀의 역할 분담까지도 부정하는 것은 물론 아니다. 남자가 할 일 따로 있고 여자가 할 일 따로 있다는 고정관념은 타파해야 마땅할 것이나, 각자의 능력에 가장 적합한 일을 분담하는 것은 사리에 맞는 일이다. 다만 주로 남자들이 하는 일은 높이 평가하고 주로 여자들이 하는 일은 낮게 평가하는 종래의 평가 기준은 근본적으로 시정되어야 할 것이다.

가족을 구성하는 성원들의 개인적 자유와 자주성이 존중되는 것만으로 바람직한 가족상의 목표에 도달했다고 보기는 어렵다. 가족을 구성하는 성원들 각자가 개인적 자아와 권익을 지켜 가면서 한지붕 밑에 사는 것만으로는 훌륭한 가정이 실현되었다고 보기 어렵다. 양도할 수 없는 자주성을 가진 개인들이 각각 작은 '나'의 껍질을 벗어 던지고 더욱 큰 자아로서의 '우리' 속에 융화되었을 때, 즉 개인들의 단순한 집합 이상인 통일된 가족 공동체로서의 융합이 이루어질 때, 비로소 바람직한 가족상이 실현된다고 보아야 할 것이다.

　하나로 융화된 가족 공동체의 실현이 바람직하다 함은 단순히 전통적 가족상으로의 복고가 바람직하다고 주장하는 것과는 크게 다르다. 전통 사회에서의 하나로 융화된 가족 공동체는, 가부장적 권위주의의 압력 밑에서, 개인적 자아가 '나'를 자각하기 이전에 개인의 자유와 자주성이 억압된 가운데 이루어진 것이었다. 그러나 우리가 장차 실현하기를 원하는 것은 개인적 자아의 충분한 자각을 거쳐서, 개인적 주체의 자율적 선택을 통하여 이루어지는 가족 공동체다.

　우리가 장차 실현되기를 바라는 가족 공동체가 가능하기 위해서는 자유의지를 통하여 작은 '나'를 넘어설 수 있는 대아적(大我的) 자유인의 양성이 앞서야 한다. 이 대아적 자유인을 대량으로 양성하는 일은 여러 단계의 인간 교육이 수행해야 할 공동의 과제다. 인간 교육의 문제는 다음 장(章)에서 따로 고찰하기로 한다.

　위에서 우리는 내일의 한국 가족이 추구해야 할 이상적 가족상과 우리가 지향해야 할 기본 방향에 대하여 살펴보았다. 이제 우리는 가족 성원들이 어떠한 마음가짐으로 서로를 대해야 할 것이냐 하는 구체적인 문제에 대해서 생각해 보고자 한다. 부모와 자녀, 형제와 자매, 남편과 아내, 시부모와 며느리 등의 관계는 지극히 가까운 사이이며, 사이가 가까운 까닭에 도리어 갈등이 생기기 쉬운 관계이기도 하다. 가족 내부의 갈등을 극복하고 화목(和睦)을 유지하는 것은 지극히 중요한 일이므로 이제 가족의 화목을 위해서 요구되는 마음가짐을 구체적으로 생각해 보고자 하는 것이다.

자녀에 대한 부모의 사랑은 거의 본능적이다. 다른 동물의 경우는 새끼가 어린 동안에만 본능적 사랑을 주고 성장한 뒤에는 냉담하게 대하나, 인간은 자녀가 성장한 뒤에도 여전히 뜨거운 사랑을 아끼지 않는다. 특히 우리나라의 부모들은 자녀에 대한 사랑이 유별나게 뜨거운 전통을 세워 왔다.

과거의 전통 사회에서는 자녀들이 효도로써 부모를 섬기는 기풍이 강했고, 부모가 늙으면 자녀들이 그 여생을 편안하게 모시는 것을 당연하게 생각하는 전통이 있었다. 그러므로 전통 사회에서의 부모와 자녀의 관계는 대체로 원만한 편이었다. 그러나 근래에 이르러서 부모와 자식 사이의 관계가 옛날처럼 원만하지 못한 경우가 적지 않다. 부모들의 사랑이 자녀들에게는 도리어 간섭으로 받아들여지는 경우도 있고, 부모들이 자식을 사랑하고 보살피는 것은 당연하다고 생각하면서 부모의 은혜에 보답해야 한다고는 생각하지 않는 자녀들도 있어서, 부모와 자녀의 관계가 옛날처럼 원만하지 못한 사례가 적지 않다. 부모와 자녀가 함께 반성해야 할 문제가 아닐까 한다.

부모로서 자식을 사랑하는 것은 당연한 일이나 그 사랑이 맹목적인 것이 되어서는 안 될 것이다. 맹목적 사랑보다는 분별이 있는 사랑이 자녀의 사람됨을 위하여 도움이 된다. 자식이 효성스러워서 부모의 사랑을 사랑으로써 보답한다면 크게 다행한 일이다. 그러나 부모의 사랑에 대하여 자식이 사랑으로써 보답하기를 기대하지는 않는 편이 현명할 것이다. 자식에 대한 사랑이 일방통행으로 끝난다 하더라도 그러려니 하는 마음의 여유를 준비함이 바람직하다. 부모의 사랑은 주는 것으로 일단 끝이 난 것으로 보는 편이 지혜로운 마음가짐이다.

부모가 자식에게 효도를 기대하는 것은 어리석은 짓이나, 자식은 부모에게 효도로써 보답하도록 노력해야 마땅하다. 한국의 자녀들 가운데는 부모로부터 받아야 할 것이 많다고 생각하면서 부모에게 해드릴 것은 별로 생각하지 않는 사람들이 적지 않다. 부모로부터 받을 권리는 많으나 부모에게 줄 의무는 거의 없다고 생각하는 자녀들이 많은 것이다. 그렇게 생각하도록 길을 들인 것은 부모의 책임일 것이나, 그 생각 자체를 옳다고 보기는 어렵다.

자녀의 견지에서 볼 때 부모는 남이거나 나 자신의 일부이거나 둘 가운데 하나라고 보아야 한다. 만약 부모가 남이라면 나에게 그토록 많은 것을 베풀어 준 남의 은혜를 저버린다는 것은 사람으로서의 도리가 아니다. 만약 부모가 나의 일부 또는 나의 뿌리라면 자애(自愛)의 정으로 부모를 사랑해야 마땅할 것이다. 부모에게는 자식이 그의 자아의 일부이나 자식에게는 부모가 남이라는 논리는 성립하기 어렵다. 부모는 자식을 자아의 일부로서 의식하나 자식은 부모를 오로지 타아(他我)로서 의식한다는 것은 있을 수 있고, 실제로도 그런 사례는 흔히 있다. 그러나 이것은 일종의 짝사랑에 유사한 관계라 하겠으며 별로 아름다운 인간관계는 아니다.

형제와 자매는 같은 핏줄로 이어진 사람들이다. 한 핏줄로 이어진 사이인 까닭에 자연히 우애가 생기기 마련이라는 주장도 있으나, 그보다는 한지붕 밑에서 함께 산 경험이 그들 사이에 사랑을 싹트게 하는 경우가 많다. 한지붕과 같은 부모 밑에서 자라는 가운데 부모의 한결같은 사랑의 영향을 받고 형제와 자매들은 서로 사랑하게 된다. 만약 자녀들에 대한 부모의 차별 대우가 심할 경우에는 형제와 자매들 사이에 불화와 알력이 생기기도 한다. 형제 또는 자매 사이에 우애(友愛)가 있고 없고는 부모의 가정교육에 의하여 크게 좌우된다고 말할 수 있다.

다른 인간관계가 모두 그렇듯이 형제 또는 자매의 관계에도 두 측면이 있다. 하나는 친애(親愛)와 협동의 측면이요, 또 하나는 경쟁과 대립의 측면이다. 다른 인간관계의 경우에도 대체로 그렇지만, 특히 형제 또는 자매들 사이에 친애와 협동의 측면이 우세하고 경쟁과 대립의 측면이 극소화(極少化)할 때, 그 가정은 평화롭고 형제 또는 자매 모두가 좋은 성격의 소유자로서 성장한다.

옛날에는 부부의 관계를 '일심동체(一心同體)'라고 표현하기도 하고 '부창부수(夫唱婦隨)'라는 말로 상징하기도 하였다. 그리고 이러한 표현의 배후에는 아내가 남편에 대한 종속적 관계를 감수했다는 사실이 깔려 있었다. 그러나 오늘의 부부는 각기 개성과 독립성을 앞세우는 경향이 현저하므로 원만한 부부관계를 유지하기가 옛날보다 어렵게 되었다. 바꾸어 말하면, 옛날의 전통 사회에서는 아내의 인종(忍從)에 의하여 부부가 평온한 관계를 유지할 수 있었으나, 오늘날에는 원만한 부부의 관계를 위해서 남편과 아내 모두가 각별한 노력을 해야 한다.

자신의 개성과 자유를 앞세우는 경향이 현저한 두 남녀가 '결혼'이라는 인연을 맺음으로써 부부가 된다. 같은 방을 함께 쓰는 하숙방 친구와 마음이 맞기도 어려운 일인데, 한평생 살을 맞대 가며 살기를 약속하는 것이 결혼이다. 하숙방 친구의 경우는 언제 헤어져도 큰 지장이 없으나, 부부의 경우는 문제가 간단하지 않다. 잘 모르는 사람과 "괴로울 때나 즐거울 때나 항상 남편과 아내의 도리를 다하겠다."고 맹세하는 결혼은 실로 엄청난 모험이요, 도박이다.

모험이요 위험 부담을 안은 결혼을 군이 할 필요가 있느냐 하는 의문을 제기할 수도 있고, 상당한 수의 독신주의자도 있는 것으로 알려져 있다. 그러나 결혼이 가진 순기능(順機能)이 막대함을 고려할 때 결혼제도 자체를 부정하기는 어렵다. 결혼에 수반될 수 있는 어려움을 최소화할 수 있도록 노력을 하며 행복한 결혼생활이 실현되도록 함이 가장 바람직한 선택이라고 보는 것이 우리들의 상식이다.

행복한 결혼생활을 위하여 가장 중요한 것은 부부의 성격이 조화를 이루는 일이다. 성격의 조화를 위해서는 피차의 성격을 잘 알아야 하거니와, 인간의 성격이란 지극히 복잡하고 미묘한 구조를 가진 것이어서 그 진상을 파악하는 일은 매우 어려운 과제다. 우리는 결혼에 앞서서 두 사람의 성격이 잘 조화될 수 있을 것인가를 충분히 고려해야 하겠지만, 결국은 마음의 깊은 곳을 잘 모르는 상태에서 백년가약을 맺는 경우가 많다.

요행히 성격의 조화가 잘되는 부부도 있을 것이나, 그렇지 못할 경우가 더욱 많을 것이다. 성격의 조화가 저절로 이루어지기를 기다리기보다는 그렇게 되도록 노력함이 중요하다. 상대편을 나에게 맞추도록 힘쓰기에 앞서서 나의 성격을 상대편의 그것에 맞추도록 힘쓰는 편이 부부라는 큰 인연을 맺은 사람들에게 적합한 태도일 것이다. 옛날에는 아내의 끝없는 인종(忍從)으로 원만한 부부관계가 유지되었으나, 현대의 원만한 부부관계를 위해서는 서로 자리를 바꾸어서 생각하는 아량 있는 노력이 요구된다.

원만한 부부관계를 위해서 또 하나 중요한 것은 공동의 목표를 확실하게 갖는 일이다. 서로 다른 인생 목표를 가진 남자와 여자가 한지붕 밑에 살면서 잠자리를 나누는 것만으로는 진실로 좋은 부부가 되기 어렵다. 함께 추구하는 뚜렷한 공동의 목표가 있어야 한다. 같은 종류의 취미 생활을 즐기는 것도 공동의 목표를 갖는 하나의 예가 될 수 있을 것이다. 그러나 더욱 중요한 공동의 목표로서 자녀를 훌륭한 인물로 교육시키는 일, 또는 사랑스럽고 즐거운 가정을 꾸미는 일 등을 생각할 수 있을 것이다.

예나 지금이나 가족 내에서 가장 어려운 인간관계는 시어머니와 며느리의 관계다. 시어머니와 며느리 사이에는 부모와 자녀의 경우와 같은 혈연(血緣)의 유대도 없고 남편과 아내의 경우와 같은 성적 흡인력도 없다. 그뿐 아니라 내 품 안에서 키운 아들을 며느리에게 빼앗긴다는 심리가 시어머니에게 작용할 수도 있어서, 아들에 대한 모성애가 각별히 유난스러운 우리나라에서는 고부(姑婦)의 관계가 전통적으로 미묘하고 어려운 관계로 알려져 왔다.

엣날에는 시어머니의 일방적인 우세 속에서 며느리는 '시집살이'라는 고난의 과정을 숙명적인 것으로 받아들였다. 다만 며느리는 아들만 낳으면 장차 시어머니가 될 것이고, 시어머니가 되면 새로운 며느리에게 '시집살이'를 시켜 가며 기를 펴고 살 수 있다는 희망 속에서 위안을 찾아 가며 젊은 날을 보냈다. 그러나 오늘의 한국 가족에서는 시어머니가 젊은 동안에는 며느리에게 '시집살이'를 시키고, 시어머니가 늙으면 도리어 며느리로부터 구박을 받는 사례가 많다. 아들과 며느리의 경제력이 일찌감치 부모의 그것을 능가할 경우에는 시어머니의 구차스러운 삶이 빨리 오기도 한다. 노후(老後)가 불안하다는 점에서 옛날보다도 더욱 불행한 사태가 아닐까 한다.

남의 집 귀한 딸을 며느리로 맞아서 자기네 가풍(家風)에 맞도록 길들이겠다는 전통적 사고방식에 문제의 발단이 있었다. 기성세대의 귀중한 경험을 사랑이 실린 대화를 통하여 젊은 세대에게 나누어 주는 것은 매우 중요한 일이나, 일방적 압력으로 자신의 것을 남에게 강요하는 것은 슬기로운 태도가 아니다. 결혼을 하게 되면 며느리나 아들도 이미 성인(成人)으로 대접함이 마땅하며, 그들의 의사를 충분히 존중함이 어른에게 어울리는 어른스러운 태도라 하겠다.

며느리의 처지에서는 시부모의 경험을 존중하는 뜻에서 배우는 자세로 임하는 겸허함이 바람직하다. 그리고 자신도 장차 시어머니의 입장에서 노년을 맞이할 가능성이 매우 높다는 사실을 깊이 고려해야 할 것이다. 자신이 늙은 시어머니가 되었을 때 며느리로부터 어떠한 대우를 받고자 하는가를 생각해 가며 오늘의 며느리로서 슬기롭게 처신함은, 남편의 뿌리인 시댁을 위하는 길일 뿐 아니라 자기 자신을 위하는 길이기도 하다.

2. 현대사회에서의 직업과 직업윤리

　사람들이 처음 만나서 인사를 할 때 옛날에는 자신의 가문을 밝히는 것이 당연한 상식이었다. 조상이나 부친의 이름을 대고, 누구의 4대 손이니 누구의 둘째 아들이니 하며 자신을 소개하였다. 그러나 요즈음 사람들은 자기를 소개할 때 족보를 대는 대신 직장을 말하는 것이 보통이다. 이쪽에서도 상대편의 가문을 묻지 않고 직장을 묻는다. 이는 현대사회에서 직업이 차지하는 의의가 매우 크다는 것을 단적으로 말해 주는 현상이라고 볼 수 있다.

　현대사회에서의 사회생활은 주로 직업을 매개로 삼고 이루어진다. 옛날에는 어떤 가문(家門) 안에서 한자리를 차지하는 일이 개인의 삶을 보장하는 필수 요건이었다. 따라서 사람들은 족보를 중요시하였고, 족보에 올리느니 족보에서 빼느니 하는 문제가 사활(死活)이 걸린 심각한 문제로서 인식되었다. 그러나 현대사회에서는 직업 전선에서 한 자리를 차지하는 것이 보람된 사회생활을 위한 필수 조건이 되고 있다. 남편의 수입만으로도 경제생활에 불편이 없을 정도로 부유한 가정의 주부들까지도 자신의 일자리를 갖고자 하는 이유가 바로 여기에 있다.

　국가나 사회는 집단적으로 해결해야 할 공동의 과제를 갖기 마련이다. 우리나라의 경우는 남북의 평화적 통일, 국제 경쟁력의 강화, 건전한 민족문화의 발달, 위기에 처한 농촌 문제의 해결, 새 시대에 적합한 인간 교육 등 이루 헤아리기 어려울 정도로 많은 과제를 안고 있다. 이들 과제가 시간의 흐름에 따라서 저절로 해결되리라고 기대하기는 어렵다. 공동의 과제를 순조롭게 해결하기 위해서는 일할 능력을 가진 사람들이 각각 자신의 능력과 적성에 맞는 일을 분담함으로써 일의 능률을 높여야 한다. 이러한 취지에서, 공동 과업의 일부를 나누어 맡은 것이 다름 아닌 직업이다. 여기서 우리는 직업의 본질 가운데서 분업(分業)으로서의 측면이 큰 비중을 차지하고 있음을 알게

된다.[1]

'직업'과 혼동되기 쉬운 말에 '생업(生業)'이라는 것이 있다. 식량을 자급자족하기 위하여 화전(火田)을 일구고 비바람을 막기 위해서 초가삼간을 짓는 따위의 노동은 생업의 예가 된다. 그러므로 국가와 사회로부터 맡은 일로서의 '직업'과 단순히 나와 내 가족을 위해서 하는 일로서의 '생업' 사이에는 현저한 차이가 있다고 보아야 한다.

'직업'이라는 개념은 '국가와 사회를 위해서 하는 일'이라는 뜻을 함축하고 있다. 바꾸어 말하면, '직업'에는 '사회에 참여하여 사회에 이바지한다'는 의미가 깔려 있다. 그러나 자원봉사대가 하는 것과 같은 무보수의 봉사 활동은 직업의 범주에 들어가지 않는다. 나와 내 가족을 위한 돈벌이도 겸해야 비로소 '직업'이라고 볼 수 있다.

사회를 위하여 이바지하는 측면이 '내가 사회에 주는 것'이라면, 돈벌이는 '사회로부터 내가 받는 것'에 해당한다. 사회를 위하여 이바지한 대가로서 돈을 얻는 것 이외에 직업인이 얻을 수 있는 것이 또 한 가지 있다. 그것은 '자아의 성장'이다. 직업인이 '자아의 성장'을 반드시 의식적으로 계산하고 기대하지 않더라도, 직장 생활을 성실하게 오래 지속하면 자연히 '자아의 성장'이라는 또 하나의 성과를 얻게 된다.

위에서 고찰한 바를 요약하면, 우리가 직업을 통하여 얻을 수 있는 것에 적어도 세 가지가 있다는 말이 된다. 첫째로, 우리는 직업을 통하여 사회에 참여하고 사회에 이바지한다. 둘째로, 우리는 직업에 종사함으로써 돈을 번다. 셋째로, 성실한 직장 생활은 우리들의 인간적 성장에 큰 도움을 준다. 그렇다

---

1 '직업'이라는 말이 '맡을 직(職)' 자와 '일 업(業)' 자의 결합으로 이루어진 한자어라는 사실도 직업의 본질에 분업(分業)으로서의 측면이 강하다는 것을 암시한다.

면 직업이 갖는 이 세 가지 목적을 모두 충분히 달성할 때, 우리는 가장 바람 직한 직장 생활에 종사하고 있다고 말할 수 있을 것이다.

현대사회에는 이루 헤아릴 수 없을 정도로 많은 종류의 직업이 있다. 그 가운데서 어떤 종류의 직업이 저 세 가지 목적을 달성하는 데 가장 유리할까 하고 생각해 보아도 '이것이다' 하고 하나를 내세우기가 어렵다. 사회에 크게 이바지할 수 있는 직업 가운데는 돈벌이에 어려움이 따르는 것이 많고, 돈벌이에 유리한 직업에는 자아의 성장에 어려움이 따르는 경우가 많다. 예컨대, 교사는 사명감만 있으면 국가와 사회에 이바지할 기회와 자아의 성장을 기할 수 있는 기회는 많으나, 돈벌이는 크게 기대하기 어렵다. 한편 술집의 여종업원은 돈벌이라는 점에서는 비교적 유리한 편이나 국가와 사회에 대한 기여나 자아의 성장을 위해서는 불리한 직업으로 보는 것이 일반적 상식이다. 물론 여러 가지 측면에서 두루 유리한 직업도 있고, 어느 모로 보나 불리한 점이 많은 직업도 있다는 것을 부인하기는 어렵다. 그러나 그 이해(利害)와 득실(得失)이 절대적인 것은 아니다.

옛날의 봉건적 전통 사회에서는 직업의 종류는 바로 신분의 고하를 결정할 정도로 매우 중요한 뜻을 가졌다. 그러나 현대사회에 있어서 가장 중요한 것은 그 종류가 아니라 그것을 대하는 사람들의 태도다. 같은 종류의 직업에 종사한다 하더라도 그 직업에 대하는 사람들의 태도 여하에 따라서 그들이 받는 사회적 대우를 포함한 전체적 결과가 크게 다른 양상을 보이게 된다. 예컨대, '교사'라는 직업에 종사하는 사람들 가운데는 스승다운 스승이 되어 사회에 크게 기여함으로써 존경의 대상이 되는 사람도 있고, 전혀 그렇지 못한 사람도 있다. '의사'라는 직업을 가진 사람들 가운데는 많은 환자들의 고통을 덜어 주는 인술자(仁術者)가 되어 세인의 칭송을 받는 사람이 있는 반면에, 한갓 악덕 상인과 다를 바 없다는 평가를 받는 사람도 있다.

직업을 대하는 사람들의 태도는 직업의 종류를 선택하는 과정에서부터 나타나고, 특정 직업에 대한 선호도(選好度)는 대학의 지망학과를 선정하는 단계에서 이미 드러난다. 우리는 한국의 젊은이들이 어느 대학의 어느 학과에 입학하기 원하는가를 주시함으로써 그들이 직업을 대하는 태도의 큰 줄기를 짐작할 수 있다.

이른바 명문 대학을 선호하는 것은 세계적 추세라고 볼 수 있으며, 한때 한국의 대학 지망생들 가운데는 '이류 대학'의 취직이 잘되는 실용적 학과보다도 '일류 대학'의 취직이 어려운 학과를 선호하는 사람들이 많은 경향을 보이기도 하였다. '돈'보다도 '이름'을 더욱 존중하는 가치관의 반영이었다고 볼 수 있을 것이다. 그러나 근래에는 학교의 이름보다도 돈벌이의 가능성을 더욱 중요시하는 방향으로 태도가 변해 가고 있다. 예컨대, 한의학과라면 어느 대학을 막론하고 고득점자들이 많이 지망하는 요즈음의 통계는 그러한 변화의 한 단면이다.

우리나라에서는 그전부터 명문 대학의 법학과와 여러 의과대학의 지망률이 높았다. 근래에 각광을 받고 있는 학과 가운데는 경영학과, 전자공학과, 연극영화학과 등이 손꼽힌다. 이러한 학과들은 졸업한 뒤에 취직의 문이 넓고 보수도 좋다는 공통점을 가지고 있다. 예나 지금이나 별로 인기가 없는 학과로는 철학과, 사학과, 언어학과 등을 들 수 있고, 사범대학과 교육대학 그리고 가정대학의 경우는 모든 학과가 그늘진 처지를 벗어나지 못하고 있다. 이들 인기가 없는 학과 내지 학교들의 공통점은 그것들이 돈벌이와 거리가 먼 직업과 직결되고 있다는 사실일 것이다.

종사하고 있는 직업을 대하는 한국인의 태도에는 여러 가지 경우가 있으므로 일률적으로 말하기는 어려우나, 대체로 직업을 대하는 한국인의 태도를 높이 평가하기는 어려울 것으로 보인다. 앞에서 말한 바 있는 직업이 가진 세 가지 기능을 모두 충족하도록 노력하는 것이 직업을 대하는 바람직한 태도라고 할 것이나, 한국인의 많은 직업인들은 주로 돈벌이만을 염두에 두고 국가와 사회에 대한 책임과 자아의 성장에 대한 배려는 소홀히 여긴다.

한국의 상인들은 속임수를 쓰는 것을 예사롭게 생각한다. 고급 백화점에서도 속임수 세일을 하고 수입산을 우리나라 농산물로 속여서 판다. 택시 운전사는 손님을 가려서 태우고 어수룩한 승객에 대해서는 과다한 요금을 청구하기도 한다. 한강의 성수대교(聖水大橋)가 무너진 것은 건설업자의 부실 공사와 사후 관리를 맡은 공무원들의 태만이 빚은 부끄러운 사건이었다. 지하에 묻은 가스관이 폭발하는 사건 또는 빈번히 일어나는 지하철 사고 등도 역시 직업인들의 그릇된 정신 자세에서 초래된 불행이었다. 세금 징수를 맡은 세무 관리가 세금을 횡령한 비리가 각지에서 일어났다는 사실 하나만으로도 직업을 대하는 한국인의 태도에 문제가 있다는 것이 여실히 드러났다고 말할 수 있을 것이다.

직업을 대하는 태도로서 좋지 못한 사례들은 대개 돈벌이에만 치중하는 가치관에서 유래한다. 여기서 우리는 돈벌이에만 열중하는 직업인의 태도가 왜 나쁘냐는 반문을 예상할 수 있다. 그것은 부도덕한 태도이므로 부당하다고 일단 대답할 수도 있을 것이나, '부도덕함'이 왜 나쁘냐에 대한 납득할 만한 설명이 없으면 저 대답은 충분한 것이 될 수 없다. 도대체 '부도덕(不道德)'이란 무엇이며, 부도덕한 행동을 해서는 안 되는 이유는 무엇일까?

우리가 일상생활에서 '부도덕한 사람'이라고 말할 때는 주로 남에게 피해를 입히는 사람 또는 제 생각에만 골몰하여 공동체에 대한 배려가 부족한 사람을 가리킨다. 그렇다면 남에게 피해를 입히거나 공동체에 대한 배려가 부족한 사람이 되어서는 안 된다는 것을 논리적으로 설명할 필요가 있다. 남에게 피해를 입히기를 서슴지 않거나 공동체에 대한 배려가 부족한 것은 사람의 도리가 아님이 명백하므로, 별다른 설명이 따로 필요하지 않다는 주장도 있을 수 있다. 그러나 그러한 주장은 엄밀히 말해서 논리적이 아니라는 약점을 가지고 있다.

내가 남에게 피해 입히기를 서슴지 않거나 공동체에 대한 배려를 게을리해도 좋다면, 다른 사람들의 경우에도 남에게 피해를 입히고 공동체를 해치는 행동이 나쁠 것이 없다고 인정해야 할 것이다. 내가 해도 좋은 행동이라면 다른 사람들의 경우에도 같은 행동을 허용해야 논리의 모순이 없게 된다. 그런데 세상 사람들이 모두 타인에 대하여 피해를 입히고 공동체를 해치는 행동을 한다면 사회는 큰 혼란에 빠질 것이고, '나' 자신도 불행하게 될 것이다.

직업에 임하는 사람들이 속임수를 쓰기도 하고 더러는 직권을 남용하기도 하는 것은 결국 그들 자신의 이익을 얻기 위해서 하는 짓이다. 그런데 자신의 이익을 얻기 위해서 한 짓이, 긴 안목으로 볼 때 자신에게도 좋지 않은 결과를 가져온다면, 그것은 자기모순이므로 어리석은 처신임에 틀림이 없다. 일반적으로 이기적 행위는, 양심의 가책을 일으켜 '나'의 마음을 괴롭히고 타인에게도 피해를 준다는 사실은 접어 둔다 하더라도, '나' 자신에게까지도 길게 보면 결국 불이익을 가져올 공산이 크다. 이기주의를 어리석은 처세의 길이라고 말하는 까닭이 바로 여기에 있다.

인간도 생물의 일종인 까닭에 '나'를 보호하고자 하는 본능적 욕망을 가지고 있다. 따라서 인간의 경우에도 자신을 위하여 사는 것은 오히려 당연한 일이며, 그것을 부도덕하다거나 이기주의적이라는 이유로 비난할 까닭은 없다. 다만 이성적(理性的) 존재인 인간의 경우에 '나'라는 것이 도대체 무엇인가를 깊이 생각할 필요는 있다. '나'를 너무 좁은 의미로 이해하거나 '나'를 위해서 하는 행위가 결과적으로 자신을 불행하게 만드는 사람에 대하여 우리는 '이기주의자' 또는 '어리석은 사람'이라는 평가를 내린다.

우리는 '나'라는 존재가 무엇인지 익히 알고 있는 것으로 믿으며 살아가는 경우가 많다. 우리는 흔히 내 머리 끝에서 발 끝까지를 '나'라고 생각한다. 그러나 이 생각이 잘못이라는 것은 다음과 같은 사실을 통하여 곧 알 수 있다. 예술가는 자기의 작품이 받는 평가에 대하여 지대한 관심을 갖거니와, 이는 예술가에게는 그의 작품도 그 자신의 일부가 된다는 것을 의미한다. 떳떳하지 못한 과거를 가진 사람은 그것을 숨기는 경향이 있고, 화려한 과거를 가진 사람은 그것을 자랑하는 경향이 있다. 이는 과거의 이력도 그 사람의 일부임을 의미한다. 합격자 명단에 아들 또는 딸의 이름이 들어 있는 것을 발견하고 기뻐하는 순간의 부모에게는 자녀가 그들의 '나' 안에 포함되며, 때 묻고 땀내 나는 내의를 며느리 앞에 내놓기 싫어하는 시아버지에게는 빨랫감도 그의 '나'의 일부다.

'나'의 범위를 결정하는 것은 육체가 아니라 의식(意識)이다. 바꾸어 말하면, '나'로서 의식되는 것이 '나'의 범위를 결정한다. 그런 의미에서 '나'는 의식의 체계다. 의식의 체계인 까닭에 '나'의 범위는 의식의 흐름을 따라서 나선형 모양으로 늘었다 줄었다 한다. 예컨대, 형제의 관계에 있는 두 어린이가 한 봉지의 과자를 놓고 서로 더 많이 먹으려고 다투는 순간에 그 어린이들의 '나'의 범위는 매우 좁게 줄어든다. 그 어린이들이 과자 봉지를 비운 다음에 함께 밖으로 나가서 이웃집 아이들과 편싸움을 벌인다면, 그 순간의 두 형제는 하나의 '우리'를 형성하는 동시에 그들의 자아, 즉 '나'는 한 봉지의 과자를 놓고 다투던 순간보다 커지게 된다. 만약 다음 날 그 두 형제와 이웃 아이들이 한편이 되어 다른 마을 아이들과 농구 경기를 한다면, 그때 그 어린이들의 자아는 더욱 범위가 넓어질 것이다.

의식의 체계인 까닭에 동일한 개인의 자아는 심리 상태의 변화를 따라서 그 범위가 늘었다 줄었다 한다고 하였다. 비록 그렇기는 하나, 평상시에 자아의 범위가 넓은 사람도 있고, 반대로 그것이 좁은 사람도 있다. 일제시대의 애국지사 가운데는 일신의 고락을 개의치 않고 항상 민족의 광복만을 염두에 두었던 사람들이 있었다. 김구 선생, 안창호 선생, 안중근 의사 같은 분의 자아는 평상시에도 우리 민족 전체를 그 안에 포함하고 있었다고 볼 수 있다. 슈바이처 박사와 같이 전 인류를 사랑했을 뿐 아니라 모든 생명에 대하여 경외(敬畏)를 느끼며 살았던 위인의 경우는, 그 자아의 범위가 한 민족 전체보다도 더욱 컸다고 볼 수 있을 것이다. 이와는 반대로, 평상시에 자기 한 사람만을 생각하는 좁은 마음 안에 갇혀서 사는 사람들도 있다. 이는 자아의 범위가 매우 좁은 사람들이며, 우리가 흔히 '이기주의자'라고 부르는 사람들이 이 부류에 속한다.

역사의 기록에 남은 사람들 가운데서 진실로 '위대하다'고 평가되는 사람들의 가장 큰 공통점이 무엇인가를 생각해 볼 일이다. 그것은 그들이 평소에 큰 자아 속에서 살았다는 사실이라고 필자는 생각한다. 진실로 위대한 사람들은 모두 그들의 '나'가 넓은 범위를 가졌다는 공통점을 가지고 있다. 굳이 역사적 인물까지 거론하지 않더라도, 우리 주변에서 훌륭한 인물이라고 존경받는 사람들은 대개 그들이 사랑하는 자아의 범위가 보통 사람들보다 월등하게 넓다.

우리가 아는 사람들 가운데서 '부도덕하다'는 비난과 지탄을 받는 이들의 가장 큰 공통점이 무엇인가도 생각해 볼 일이다. 그들의 공통점은 '작은 나', 즉 소아(小我)의 테두리 속에서만 살고 있다는 사실이다. 그들은 평소에 좁은 범위의 자아 속에 갇혀서 그 소아의 이익을 추구하기에 골몰한 사람들이다. '큰 자아'인 '우리'를 외면하고 '작은 나'에게만 집착할 때, 우리는 부도덕한 사람들의 진영에 가담한다.

직업을 대하는 한국인의 태도가 대체로 바람직하지 못하다고 평가되는 근본 이유는 대부분의 한국인들이 '작은 나', 즉 소아의 껍질 속에 갇혀서 산다는 사실에 있다. 바꾸어 말하면, 현대의 한국인은 대체로 인생을 좁게 살고 있으며, 삶에 대한 좁은 태도가 직장 생활에 반영될 때 바람직하지 못한 직업인으로서의 모습을 나타내게 된다. 모두들 자기를 열심히 사랑하며 아등바등 살고 있는 것인데, 실은 별로 뜻있는 삶을 얻지 못하고 허송세월하는 경우가 많다. 자신을 위해서 열심히 뛰고 있으나 얻는 것보다 잃는 것이 많은 모순에 빠지는 결과를 부르곤 한다.

우리가 모두 '나'를 사랑하는 것은 당연한 일이다. 다만 그 '나에 대한 사랑'이 나에게 불행을 가져다준다면 그 '나에 대한 사랑' 어디엔가 잘못이 있다고 보아야 할 것이다. 자식에 대한 맹목적인 사랑이 자식을 도리어 불행하게 만드는 경우가 흔히 있듯이, 나에 대한 그릇된 사랑이 나를 도리어 불행으로 안내하는 경우도 흔히 있다. 삶에 대한 지혜가 부족하기 때문이라고 말할 수도 있고, 눈에 보이는 것만을 계산에 넣을 뿐 보이지 않는 것은 계산에 넣지 않는 단견(短見) 때문이라고도 말할 수 있다.

개인주의적 의식구조를 가지고 사는 현대인은 대개 자신의 이익을 극대화하기에 힘쓰며 살아간다. 이익의 극대화를 위해서는 자연히 알게 모르게 계산을 하게 되거니와, 많은 경우에 우리의 계산은 오산을 범한다. 계산을 잘못하게 되는 이유는 당장 눈앞에 보이는 외면적 가치만을 근시안적으로 계산하기 때문이다. 우리는 먼 후일까지를 염두에 두고 살아야 하며 눈에 보이지 않는 내면적 가치에도 큰 비중을 두어야 하는데, 이 당연한 원칙을 어기는 경우가 너무 많다. 직업을 대하는 우리들의 태도가 낮은 수준을 벗어나지 못하는 것도 이 원칙을 배반하기 때문이다.

직업을 대하는 한국인의 태도에 바람직하지 못한 경우가 많다는 사실을 지적하였다. 이제 우리는 "직업을 대하는 바람직한 태도란 어떠한 것인가?" 하는 물음에 대답해야 할 차례에 이르렀다. 도대체 무엇을 기준으로 삼고 직업을 대하는 태도가 바람직하니 바람직하지 못하니 하고 평가하는 것일까? 태도에 대한 평가는 그것을 바라보는 시각에 따라서 달라질 수 있는 것이 아닐까?

직업을 대하는 태도를 평가할 때 우리는 흔히 국가와 사회를 위하는 시각을 취한다. 앞에서 필자가 직업을 대하는 한국인의 태도를 낮게 평가했을 때도, 국가와 사회를 위해서 바람직하냐 바람직하지 못하냐 하는 시각을 암암리에 취했던 것이다. 그러나 근로자 개인으로서는 자신을 위해서 바람직한 태도가 무엇이냐고 물을 수도 있을 것이고, 회사를 경영하는 사람은 회사를 위하는 시각에서 같은 문제를 바라볼 수도 있을 것이다.

우리가 소아(小我)의 견지에서 근시안적으로 계산할 경우에는 국가 또는 사회를 위하는 태도가 나 자신을 위해서는 불리한 결과를 가져온다는 갈등이 생길 여지가 많을 것이다. 그러나 우리가 소아의 좁은 의식을 넘어서서 좀 더 큰 자아의 견지를 취하고 원대한 안목으로 이해득실을 계산할 경우에는, 국가와 사회를 위하는 길이 결국은 '나'를 위하는 길도 된다는 것을 깨달을 것이다. 가장 중요한 것은 우리가 어떤 관점에서 인생의 문제를 바라보느냐 하는 결정이다.

개인으로서의 '나' 자신을 위하는 길과 국가 또는 사회를 위하는 길이 궁극에 가서는 함께 만난다는 논리는 우리의 의식 수준이 대아(大我)의 경지에 도달했을 경우에만 설득력을 갖는다. 그러나 우리네 보통 사람들의 의식 수준은 대개 소아(小我)의 경지에 머물러 있는 것이 오늘의 실정이다. 그러므로 이 자리에서는 "국가와 사회를 위해서 어떠한 태도로 임할 것인가?"라는 거창한 문제는 접어 두고, 직장인 자신을 위해서 바람직한 태도가 무엇인가만을 살펴보기로 한다.

'직장인을 위해서 바람직하다' 함은 직장인이 추구하는 삶의 목적을 달성하기에 가장 적합하다는 뜻으로 풀이할 수 있을 것이다. 더욱 알기 쉽게 말하면, 직장인 자신의 행복을 위해서 가장 적합한 태도가 여기서 문제 삼는 '바람직한 태도'에 해당할 것이다. 아리스토텔레스도 말한 바와 같이, 사람은 누구나 결국은 자신의 행복을 추구하며 살기 마련이기 때문이다.

우리는 삶의 현장에서 이렇게 할 것인가, 또는 저렇게 할 것인가 하는 문제를 앞에 놓고 망설일 때가 흔히 있다. 그러한 망설임은 직장 생활에서도 흔히 경험하게 되며, 직장인이 흔히 경험하는 심리적 갈등에는 몇 가지 유형이 있다. 그 유형의 하나는 일을 성실하고 정직하게 할 것인가, 또는 요령껏 적당히 할 것인가 하는 망설임이다. 이러한 망설임은 반드시 직업과 관련해서만 생기는 것은 물론 아니나, 특히 상업성이 강한 직업에 종사하는 사람들이 흔히 겪기 쉽다.

어떠한 종류의 직업에 종사하는 경우든 정직하고 성실한 태도로 일하는 사람들이 국가와 사회에 이바지하는 바가 크다. 그리고 직장 생활을 통하여 얻을 수 있는 또 하나의 소득인 '자아의 성장'으로 말하더라도 정직하고 성실한 태도가 좋은 결과를 가져올 확률이 높다. 그럼에도 불구하고 우리나라의 직업인들 가운데 부정직하고 불성실한 사람이 많은 것은 돈벌이의 목적을 위해서는 정직과 성실성이 오히려 불리한 결과를 가져온다는 계산 때문이다.

비록 돈벌이에서 손해를 보더라도, 국가와 사회에 이바지하는 바가 크고 자아의 성장을 위해서도 바람직한 정직과 성실의 길을 택해야 한다는 것이 교과서적 견지에서 본 옳은 주장임에 틀림이 없다. 교과서적으로 옳다는 것을 인정하면서도 실제로는 그 길을 택하지 않는 사람들이 많은 것은, 돈에서 손해를 보는 길은 현대인의 가슴을 파고드는 매력이 약하기 때문일 것이다. 현대 생활에서 돈이 차지하는 비중이 너무 큰 까닭에 보통 사람들은 돈에서 손해를 보는 길은 회피하기 쉽다.

현대 생활에서 돈이 매우 중요함에는 틀림이 없다. 이러한 사실을 무시하고 돈에 대한 애착을 함부로 비난하면 위선으로 빠질 염려가 있다. 그러므로 이 자리에서는 돈이 필요하다는 것을 일단 인정하는 시각에서 문제에 접근하는 편이 현실에 적합할 것이다. 이에 필자는 한 걸음 물러서서 문제를 이렇게 제기하고자 한다. "정직하고 성실한 태도로는 과연 돈을 벌 수 없는 것일까?"

우리가 만약 단시일 안에 갑자기 큰돈을 벌고자 한다면 정직하고 성실한 태도로써 목적을 달성하기는 대체로 어려울 것이다. 그러나 단시일 안에 왕창 떼돈을 벌자는 것이 아니고 장기간에 걸쳐서 기본 생활에 필요한 정도의 돈을 벌고자 한다면, 정직하고 성실한 태도가 도리어 안전하다고 필자는 믿는다. 부당한 방법으로 큰돈을 벌고자 할 경우에는 법망에 걸리는 등 패가망신의 위험부담도 있다는 사실까지 염두에 두어야 할 것이다.

현대 한국에는 많은 돈을 빨리 벌어야 한다고 성급하게 생각하는 사람들이 많다. 바로 이 성급한 생각에 잘못이 있는 것이다. 우리에게 꼭 필요한 것은 거액의 재산이 아니며, 기본 생활의 안정에 필요한 돈을 서서히 벌어도 늦을 것이 없다. 사회사업 또는 문화 사업 같은 좋은 일을 하기 위해서 많은 돈을 필요로 하는 사람들이 더러 있다. 그러나 그 같은 좋은 일은 정당한 방법으로 번 돈을 가지고 해야 하며, 좋은 일을 하기 위하여 부당한 방법으로 돈을 번다는 것은 그 발상 자체에 모순이 있다.

돈은 그것이 무엇을 위하여 사용되느냐에 따라서 그 가치에 큰 차이가 생긴다. 가족들의 기본 생활을 보장하기 위하여 쌀이나 연탄을 사는 데 쓰이는 돈은 가치가 매우 큰 돈이다. 어린이들의 학용품을 사거나 필요한 병원 치료를 받기 위하여 쓰이는 돈도 매우 귀중한 돈이다. 그러나 유흥에 사용되는 돈 또는 값비싼 옷이나 가구를 구입하는 데 사용되는 돈은 상대적으로 가치가 작은 돈이다.

정직하고 성실한 태도를 가지고는 기본 생활에 필요한 정도의 많지 않은 돈을 버는 일조차도 매우 어려운 사람들이 있다. 직장을 얻지 못했거나 집에 중환자가 있거나 그 밖에 어떤 불행한 처지에 놓인 사람의 경우는 정직과 성실의 덕만으로는 문제가 해결되지 않을 것이다. 그러나 이러한 경우에도 법을 어기거나 그 밖의 어떤 부당한 방법으로 문제를 해결하려 하는 것은 옳은 일이 아니다. 이처럼 특수한 경우에 관한 문제는 사회제도의 개선 또는 정책적 배려를 요청하는 문제이며, 지금 우리가 고찰하고 있는 직업을 대하는 올바른 태도의 문제와는 범주가 다르다. 지금 우리가 다루고 있는 것은 직장을 가지고 있는 정상적인 사람들에 관한 문제다.

직장 생활에서 우리가 경험하기 쉬운 또 하나의 심리적 갈림길은, 능동적이며 적극적인 태도로 일을 많이 할 것인가, 또는 수동적이며 소극적인 태도로 일을 적게 할 것인가 하는 문제 앞에서 느끼는 망설임이다. 일반적으로 말해서, 우리가 일정한 봉급을 받고 일할 경우에 한편으로는 일을 적게 함으로써 쉬고 싶은 욕망을 느끼고, 다른 한편으로는 일을 열심히 해야 한다는 '양심의 소리'를 듣는 듯하여, 마음의 갈등을 느끼는 일이 흔히 있다.

현대의 근로자들은 노동도 일종의 상품이라고 보는 동시에, 자신의 노동을 가급적 비싸게 팔아야 한다는 생각을 가지고 있다. 나의 노동을 비싼 값에 파는 방법으로서 두 가지 길을 생각할 수 있을 것이다. 하나는 되도록 돈을 많이 주는 일자리를 찾는 길이요, 다른 하나는 이미 보수가 정해져 있는 상태에서 되도록 일을 적게 해주는 길이다. 돈을 많이 주는 일자리를 찾는 것은 쉽지 않은 일이므로, 비교적 실천하기 쉬운 것은 둘째 길이다. 보수가 일정한 경우에는 일을 적게 해줄수록 단위 노동에 대한 값을 많이 받는다는 계산이 성립할 것이다.

그러나 필자는, 설령 보수가 늘거나 진급이 빨라진다는 보장이 없을 경우에도, 어차피 일을 할 바에는 능동적이요 적극적인 자세로 임하는 편이 근로자 자신을 위해서도 바람직하다고 믿는다. 그렇게 믿는 근거는 우리가 마지못해서 일을 할 때와 자진해서 일을 할 때의 심리 상태가 크게 다르다는 사실에 있다. 일반적으로 말해서, 자진해서 일을 할 때는 일하는 사람의 마음이 즐겁고, 마지못해서 억지로 할 때는 그 일이 더욱 부담스럽게 느껴진다.

등산객에게는 산에 가는 것이 즐거운 일이고, 나무꾼에게는 산에 가는 것이 괴로운 일이다. 경치 좋기도 같고 공기 맑기도 같은 산에 갈 경우에도, 등산객에게는 그것이 즐겁고 나무꾼에게는 괴롭다. 도대체 이러한 차이가 생기는 까닭이 무엇일까? 나무꾼은 산에 가서 나뭇가지나 관목을 베는 등 힘든 일을 해야 하고 또 무거운 짐을 지고 내려오는 고역을 치러야 하나, 등산객에게는 그런 부담이 없다는 사실을 그 이유로 지적하는 사람이 있을 것이다.

그러나 이것은 등산객의 산행이 즐겁고 나무꾼의 산행은 괴로운 이유에 대한 만족스러운 대답이 될 수 없다. 왜냐하면 줄을 타고 암벽을 오르는 등반이나 혹한과 눈보라를 무릅쓰고 세계의 고산(高山)에 도전하는 산악인의 수고는 나무꾼의 수고보다도 몇 갑절 힘들고 어렵지만, 산악인에게는 그 어려움이 곧 즐거움으로 이어지기 때문이다. 요컨대, 등산객의 산행이 즐거운 가장 근본적인 이유는 그것이 자진해서 하는 행위라는 사실에 있고, 나무꾼의 산행이 괴로운 가장 근본적인 이유는 그것이 강요당한 노동이라는 사실에 있다.

즐거운 시간을 보낸다는 것은 그 자체로서도 뜻있는 일이다. 그러나 더욱 중요한 것은 시간을 즐겁게 보낼 때 우리의 건강이 증진되고 괴로운 시간은 건강을 해친다는 사실이다. 건강이 모든 일의 근본이라는 사실을 감안할 때, 능동적 자세로 일함으로써 즐거운 직장 생활을 하도록 노력함이 현명한 태도임은 더욱 명백하다.

일반적으로 말해서, 직장에서 하는 일에 대해서는 수동적이요 소극적인 태도를 취하는 사람들이 많다. 그 까닭은 직장에서 하는 일을 돈벌이를 위하여 강요당하는 일이라고 생각하는 관념이 강하다는 사실에 있을 것이다. 돈을 써 가며 하는 취미 활동에 대해서 적극성을 보이는 것과 대조적인 심리 작용이다. 그러나 돈벌이는 직장에서 하는 일이 갖는 의의의 일부에 지나지 않는다. 직장에서 수행하는 일의 더욱 큰 의의는 국가와 사회에 이바지하고 또 나의 자아 성장을 가져온다는 사실에 있다. 이 더욱 큰 의의를 명심한다면, 돈을 받아 가며 직장에서 하는 일에 대해서도 능동적이요 적극적인 자세로 임해야 할 이유가 충분히 있다는 것을 피부로 느낄 것이다. 내가 속해 있는 공동체에 이바지하고 나 자신의 자아를 성장시키는 것은 인간의 행복을 위하여 필수 조건이기 때문이다.

직장 생활에 임하는 바람직한 태도로서 세 번째로 강조해야 할 것은 원만한 대인관계를 도모하는 일이다. 원만한 대인관계는 삶의 모든 현장에서 매우 바람직한 일이거니와, 특히 직장에서의 인화(人和)는 더더욱 중요한 의미를 가진다. 앞에서 강조한 바 있는 직장 근무의 즐거운 종사를 위해서도 인화는 큰 도움이 된다. 직장에서의 대인관계가 원만하면 그 직장 생활은 그렇지 않을 경우보다 당연히 즐거움이 많기 마련이다. 그리고 현대의 직장을 위해서 매우 중요한 생산성의 향상을 위해서도 인화는 크게 도움이 된다. 현대사회의 대부분의 직장은 심한 경쟁 상황에 놓여 있고, 경쟁에서 이기기 위해서는 직장 내부의 긴밀한 협동이 요구된다. 그리고 긴밀한 협동을 위해서는 우선 인화가 전제되어야 한다.

사회생활에서 인화가 중요하다는 것은 논의의 여지가 없는 상식이다. 문제는 대인관계를 원만하게 한다는 것이 뜻대로 되기 어렵다는 사실에 있다. 성실하고 정직한 태도로써 직장 생활에 임하는 것은 본인 한 사람의 결심만 확고하면 가능하다. 능동적이고 적극적인 자세로 일하는 것도 본인 한 사람의 의지만으로 가능하다. 그러나 인화는 내 마음 하나만으로는 도달하기 어려운 목표다.

원만한 대인관계가 나 한 사람의 결심만으로는 실현되기 어려운 목표이기는 하나, 그것도 역시 노력의 대상이다. 인화를 위해서 항상 유의하고 노력하는 사람들은 대인관계가 비교적 원만하나, 그 노력을 게을리하는 사람들은 대체로 많은 갈등 속에 산다는 것은, 우리가 도처에서 경험하거나 목격하는 현상이다. 인화를 위하여 어떠한 노력이 필요한가는 상대편이 누구냐에 따라서 차이가 있을 것이나, 일반적으로 유효한 몇 가지 원칙을 생각할 수는 있다.

첫째로, 대인관계로 감정이 상했을 때 무던히 참도록 노력해야 한다. 감정이 상하면 흥분하게 되며, 흥분한 상태에서 말을 함부로 하면 폭언이 되고,

행동을 마구 하면 폭행이 된다. 그리고 폭언과 폭행은 대인관계에 치명적 악영향을 미친다. 하고 싶은 말과 행동을 참지 않고 함으로써 감정을 발산하는 편이 오히려 낫다는 견해도 있다. 그러나 길게 보면 역시 참는 편이 정신적 압박을 줄이는 결과를 가져온다.

말과 행동을 겉으로 억제하는 것만으로 원만한 대인관계가 형성되고 유지되는 것은 물론 아니다. 더욱 중요한 것은 상대편의 입장에 서서 상대를 이해하고자 하는 적극적 노력이다. 가장 중요한 것은 넓은 아량으로 사람을 용서하고 따뜻한 가슴으로 남을 사랑하는 마음씨다.

둘째로 유의해야 할 점은 겸손한 태도로 사람을 대하되, 자기의 잘났음을 앞세우지 아니함이다. 교만하고 잘난 척하는 사람을 세상은 좋아하지 않는다. 그런 뜻에서, 잘났다는 것은 크게 축복받은 일이나, 잘났음을 앞세우는 것은 복을 쫓는 짓이다. 진정 잘난 사람은 본인이 굳이 그것을 내세우지 않아도 상대편이 저절로 알게 될 것이다. 별로 잘나지도 못한 사람이 잘난 척하면 남들은 그를 못난 사람으로 분류할 것이다.

셋째로 유의할 점은 욕심을 부리지 아니함이다. 여기서 '욕심을 부린다' 함은 일정한 대상을 두 사람 이상이 나누어야 할 상황에서 부당하게 많은 몫을 차지하려 드는 태도를 가리킨다. 그러므로 누가 욕심을 부리면 그 주위의 다른 사람들은 손해를 보게 된다. 세상에 욕심쟁이를 좋아하는 사람은 적으며 욕심을 부리면 남의 미움을 사기 마련이므로, 원만한 대인관계를 위해서 욕심이 금물임은 당연한 상식이다.

당연한 상식임에도 불구하고 세상의 많은 사람들은 이 상식을 외면하고 욕심을 부린다. 욕심을 부리면 결과적으로 이득을 보게 되고 양보하면 손해를 보게 된다는 생각 때문일 것이다. 눈앞에 보이는 이익만을 두고 생각한다면 그러한 계산이 성립할 것이다. 그러나 원대한 안목으로 눈에 보이지 않는 가치까지 고려한다면 전혀 다른 결론에 도달할 것이다.

욕심을 부리는 사람은 눈앞에 보이는 작은 이익을 얻는 대가로 보이지 않는 먼 곳에 있는 이익을 놓친다. 욕심을 자제하고 양보하는 사람은 눈앞의 작은 이익을 잃는 대신 눈에 보이지 않는 큰 가치를 얻는다. '눈에 보이지 않는 큰 가치' 가운데는 우정도 포함될 수 있고 마음의 평화도 포함될 수 있다. 일반적으로 말해서, 내면적 가치 또는 정신적 가치의 세계는 눈에 잘 보이지 않는다.

인화를 위해서 넷째로 유의해야 할 점은 자질구레한 일을 가지고 꼬치꼬치 따지지 않는 일이다. 대의(大義)에 관계되는 크고 원칙적인 문제는 분명히 짚고 넘어가는 것이 바람직하다. 그러나 사소한 이해관계나 대수롭지 않은 감정의 문제 따위는 덮어 두는 아량으로 처리함이 지혜로울 경우가 많다. 특히 우리 한국 사람들은 전통적으로 따지는 태도를 좋아하지 않는 경향이 있다.

인화를 위하여 다섯 번째로 유의해야 할 점은 예절을 존중히 여기는 일이다. 예절은 삶의 모든 현장에서 두루 중요한 구실을 하거니와, 성공적인 직장 생활을 위해서도 매우 중요한 의미를 갖는다.

예절의 중요한 본래의 근거는 그 형식에 담긴 내용에 있으며 형식 자체가 중요한 것은 아니다. 이러한 견지에서, 예절 무용론(無用論)을 주장하는 사람도 있다. 형식보다는 내용이 중요하며, 지나치게 예절을 강조하면 인간관계가 오히려 소원해진다고 그들은 주장한다. 이 견해에도 일리가 있다. 그러나 내용물을 오래 안전하게 간직하기 위해서는 적당한 그릇, 즉 형식 속에 그것을 담을 필요가 있다. '원만한 대인관계'라는 내용을 잘 지키기 위해서는 '예절'이라는 형식을 존중하는 편이 안전하다. 다만 지나치게 예절에 구애받으면 사람과 사람의 사이가 도리어 서먹서먹해질 염려가 있다. 여기에서도 중용(中庸)의 미덕을 발휘함이 바람직하다.

3. 질서 있고 평화로운 사회를 위한 주요 덕목

우리 주위에는 여러 가정과 여러 직장을 그 안에 포섭하는 거대한 사회가 있다. 가정과 직장과 거대한 사회 사이에는 밀접한 상관관계가 있으며, 사회 전체의 질서와 평화는 여러 가정과 여러 직장의 질서와 평화를 위한 기반의 구실을 한다. 한편 건전한 가정과 건실한 직장은 질서 있고 평화로운 사회를 위한 시민들을 길러 내는 기본 산실이다.

사회 전체의 질서와 평화는 어느 시대 어느 사회에나 있기 마련인 사회적 갈등을 어느 정도 슬기롭게 해결하느냐에 달려 있다. 그리고 사회적 갈등을 어느 정도 슬기롭게 해결하느냐를 결정하는 것은 주로 사회 성원들의 도덕적 수준에 달려 있다. 여기서 우리가 부딪치는 문제는 사회 성원들의 도덕적 수준을 높이기 위하여 윤리학자들이 해야 할 일이 무엇이냐 하는 물음이다.

윤리의 핵심이 사회적 갈등을 해결하기에 적합한 행위의 처방을 제시하는 삶의 지혜에 있다고 본 우리들의 견지를 받아들인다면, 윤리학자들이 해야 할 첫 번째 일은 그들의 사회가 겪고 있거나 앞으로 겪게 될 갈등의 기본을 파악하고, 그러한 갈등의 해결을 위하여 요구되는 주요 덕목(德目)을 제시하는 일이 될 것이다. 그리고 그들이 해야 할 두 번째 일은 그 사회가 요구하는 주요 덕목 내지 덕성(德性)을 갖춘 시민을 길러 내는 방안을 제시하는 일이라고 생각된다. 첫 번째 문제부터 고찰하기로 한다.

너무나 복잡한 우리의 문제에 대한 접근을 용이하게 하기 위하여, 여기서 우리는 하나의 비유를 이용할 수 있을 것이다. 다시 말하면, 일반적으로 사회적 갈등을 해소하기에 필요한 덕목들과 어떤 체육대회를 원만하게 진행하기 위하여 요구되는 덕목 사이에 유사성이 있다는 사실에 주목하고, 체육 대회가 개최되는 곳에서 일어나기 쉬운 갈등과 그 갈등을 해소하여 대회를 원만하게 진행하고 좋은 성과를 거두기 위하여 필요한 덕목들을 생각해 봄으로써, 우리들의 어려운 문제에 접근하는 실마리를 풀 수 있을 것이다.

여러 체육 단체가 참여하여 토너먼트 또는 리그의 방식으로 경기를 진행한다고 가정하자. 여러 체육 단체들은 각각 자기가 우승하기를 원할 것이며, 따라서 그들 사이에 이해의 대립이 생길 것이다. 그리고 이해의 대립이 있는 모든 곳에는 모종의 갈등이 생기기 마련이다. 이 갈등을 미연에 방지하거나 일단 일어난 갈등을 슬기롭게 해결하는 것은 그 대회를 성공적으로 운영하기에 필요한 조건이다. 그리고 대회에서 일어날 수 있는 갈등의 문제가 슬기롭게 해결되기 위해서는 선수와 임원 등 관계자들에게 요구되는 덕성이 있다. 대회의 원만한 진행을 위해서 요구되는 덕목은 일반 사회의 질서와 평화를 위해서도 매우 필요한 덕목이라는 것이 필자의 생각이다.

운동경기의 원만한 진행을 위해서 가장 중요한 덕목은 공정성(公正性)이다. 승리를 목표로 삼는 것이 경기이기는 하나 어디까지나 정정당당하게 겨루어서 승리를 얻어야 한다. 어느 한편이 규칙을 어기거나 그 밖의 어떤 부당한 방법으로 경기에 임하면 그 경기는 원만하게 진행되기 어렵다. 설령 경기에 지는 한이 있더라도 끝까지 공정한 태도를 견지하는 것이 바람직하다.

그러나 실제의 경기에서는 반칙을 범하는 선수들이 나타나는 경우가 흔히 있다. 이러한 경우를 위해서 모든 경기에는 심판이 있고, 심판은 규칙을 어긴 선수나 임원에 대하여 제재를 가할 책임과 권한을 가졌다. 경기에서 심판의 임무는 매우 중요한 것이며, 심판에게 요구되는 가장 기본적인 덕목도 역시 공정성이다. 심판은 경기하는 쌍방의 반칙을 엄정하게 지적해야 하며 제재를 가함에 있어서도 절대로 공정해야 한다. 만약에 심판이 편파적일 경우에는, 불이익을 당한 편이 승복하지 않을 것이며 경기는 치명적 손상을 입을 것이다.

'민주주의'를 당연한 원칙으로 받아들이고 있는 현대에서는 사회생활 전체를 위해서도 가장 기본적인 덕목은 공정성이다. 인간의 불평등을 당연한 것으로 인정했던 옛날 신분 사회에서는 공정성이 결여된 상태로도 질서가 유지될 수 있었다. 그러나 인간의 평등을 믿는 현대사회에서 공정성의 덕목이 무너지면 반드시 갈등이 심화되고 혼란이 야기된다. 그런 뜻에서 '공정성'은 현대 윤리에서 가장 기본적인 덕목이라고 말할 수 있다.

그러나 '공정성'의 기준을 어떻게 정하느냐 하는 것은 복잡하고 어려운 문제다. 운동경기의 경우에는 경기의 규칙을 인위적으로 적당히 정하고 그 규칙을 모든 경우에 엄격하게 적용하면 그것으로써 공정성이 보장된다고 우리는 생각한다. (예컨대, 야구에서 스트라이크 존을 정해 놓고 심판이 모든 경우에 그 스트라이크 존의 기준을 정확하게 적용하면, 그 심판은 공정한 심판이라고 보는 것이 우리들의 상식이다.) 다만 실제에 있어서는 경기 규칙 그자체가 A에게는 유리하고 B에게는 불리할 경우도 있다. (예컨대, 한국 선수들이 양궁에서 놀라울 정도로 좋은 성적을 계속 올렸을 때, 세계양궁협회의 주도권을 장악한 서양인들은 한국에게 불리하도록 경기 방식의 규칙을 여러 차례 변경한 바 있다.) 그런데 일반 사회 전체를 위해서 요구되는 '공정성'의 기준을 정하는 문제는 운동경기의 규칙의 경우보다 훨씬 복잡하고 어려운 문제다.

국가는 사회 전체를 위해서 적용할 규칙을 입법기관을 통하여 제정한다. 그런데 전체로서의 사회에는 이해가 대립하는 여러 가지 집단이 있는 까닭에, 공정한 법을 제정하는 문제는 운동경기의 규칙을 정하는 문제보다 훨씬 복잡하다. 여러 이익집단들은 각각 자신들에게 유리하도록 법이 제정되기를 원할 것이므로, 국민의 대표로 선정된 입법 의원들의 임무가 무겁고 어려운 일이 되기 마련이다. 이때 공정한 법을 만들기 위하여 입법 의원들에게 요구되는 가장 기본적인 덕성도 역시 공정성이다.

"공정한 법의 제정을 위해서 입법자에게 요구되는 기본적 덕성은 공정성이다."라는 명제가 순환론(循環論)에 빠지지 않기 위해서는 입법자에게 요구되는 '공정성'의 핵심을 다른 말로 바꾸어서 밝혀 줄 필요가 있다. 다시 말하면, '공정성'의 핵심이 무엇인가에 대한 탐구의 뒷받침이 없을 때, '공정성'의 덕목을 강조하는 우리들의 논의는 공허함을 면하기 어려울 것이다. 그러나 '공정성'의 개념에 대한 전문적 탐구에 많은 지면을 할애하는 것은 이 책의 기본 취지를 벗어나는 작업이 될 염려가 있다. 그러므로 여기서는 간략한 고찰로써 대신하기로 한다.

'공정하다'는 말이 사용되는 것은 이해관계나 처지가 다른 둘 이상의 개인 또는 집단의 대립이 있을 경우에 국한된다. 대립이 전혀 없는 상황에서는 '공정하다' 또는 '불공정하다'는 말은 사용되지 않는다. 잠재적(潛在的)이든 현재적(顯在的)이든 대립관계가 있는 둘 이상의 개인 또는 집단을 대하는 태도가 '공정하다'고 말할 수 있기 위해서는, 첫째로 그 태도에 논리적 일관성이 있어야 하고, 둘째로 그 태도가 사리(事理)에 합당해야 한다. 여기서 우리가 잠정적으로 내릴 수 있는 결론은 '공정성'의 개념이 이지(理智) 또는 이성(理性)과 불가분의 관계를 가졌다는 주장이다. 적어도 '공정성'의 덕목이 정감(情感)에 주로 의존하는 덕목이 아님에는 의심의 여지가 없다.

어떠한 처사가 공정한 처사냐 하는 문제에 대해서 적용할 수 있는 척도는 여러 문제 상황에 따라 다소간 차이가 있을 것이다. 다만 한 가지 확실한 것은 그 척도, 즉 잣대를 발견하기 위해서 가장 큰 힘이 될 수 있는 것은 언제나 이지 또는 이성이라는 사실이다. 바꾸어 말하면, 우리가 공정성이 요구되는 어떤 문제와 부딪쳤을 때, "어떻게 하는 것이 공정한 처사일까?" 하는 물음에 대답하기 위해서 필요한 것은 우리들의 감정을 동원하는 일이 아니라 이지 또는 이성의 힘에 호소하여 사고력을 동원하는 일이다. 주어진 문제를 놓고 논리의 일관성을 견지하며 깊고 넓게 생각한 끝에 얻은 결론에 따라서 그 문제에 대처할 때, 우리의 처사는 공정한 것이 될 공산이 크다. 아마 이것이 유한자(有限者)인 인간에게 가능한 최선의 길일 것이다.

앞에서 우리는 우리나라 전통 윤리의 기본 특색의 하나로서 '정감에 바탕을 둔 윤리'라는 사실을 언급한 바 있다. 효성(孝誠), 충성(忠誠), 인의(仁義), 정렬(貞烈) 등 전통 윤리에서 가장 소중한 것으로 높이 평가된 덕목들이 모두 정감에 바탕을 두었음에는 이론의 여지가 별로 없을 것이며, 여기서 우리는 현대 윤리와 관련해서 이 점을 다시 생각하게 된다.

우리나라 전통 윤리의 주요 덕목을 떠받든 것이 친화(親和)의 정감이었던 것과는 달리, 현대 윤리의 가장 기본적 덕목인 '공정성'의 척도는 그 뿌리를 냉철한 이지 또는 이성에 두었다는 사실을 깊이 마음에 새길 필요가 있다. 왜냐하면 우리는 지금 현대 우리 사회가 요구하는 윤리를 정립하는 문제에 매달리고 있기 때문이다. 공정성 이외에도 현대 윤리가 요구하는 덕목은 많이 있거니와, 그 가운데 대다수가 이지 또는 이성에 바탕을 두고 있다. 다시 운동경기의 비유를 통하여 생각해 보기로 하자.

운동경기가 원만하게 이루어지기 위해서는 선수와 임원, 그 밖의 관계자들이 규칙을 잘 지켜야 한다. 앞에서 말한 바와 같이, 경기에 관한 모든 규칙은 공정하게 정해져야 하거니와, 일단 정해진 규칙을 받아들이고 경기에 참가한 이상 모든 관계자들은 규칙을 엄수해야 한다. 규칙을 어기는 선수나 임원이 생기면 경기는 원만하게 진행되기 어렵다.

규칙을 만든다는 것은 넓은 의미의 약속을 맺는 행위에 해당하며, 규칙을 지키는 것은 약속을 지키는 행위의 일종이다. 그리고 약속을 지켜야 한다는 것은 정감(情感)이 요구하는 바라기보다는, 말과 행동 또는 앞의 행동과 뒤의 행동 사이에 논리적 일관성이 있어야 한다고 보는 이지(理智)의 요구다. 여기서 우리는 '약속 이행'이라는 덕목은 정감에 바탕을 두기보다는 이지에 바탕을 둔 덕목이라는 결론을 얻게 된다.

운동경기가 질서 있고 원만하게 진행되기 위해서 규칙의 준수가 필수적이듯이, 국가 내지 사회가 질서와 평화를 유지하기 위해서는 법의 준수가 필수적이다. 그리고 국가의 법은 운동경기의 규칙과 유사한 성질의 규범이다. 현대 민주국가에서 법의 제정은 일종의 약속 체결의 행위와 같은 것이므로, 준법(遵法)의 정신은 약속 이행의 덕성과 상통한다. 여기서 우리는 현대의 국가 내지 사회의 질서와 평화를 위해서 매우 중요한 덕목인 '준법'도 역시 이지에 바탕을 둔 덕목이라는 결론을 얻게 된 셈이다.

전국체전, 올림픽과 같이 규모가 큰 대회의 경우는 물론이요, 그만 못한 소규모의 운동경기의 경우에도, 그 행사 전체가 성공을 거두기 위해서는 참가자 전원이 '승리'보다도 한 단계 높은 공동의 목표를 가져야 한다. 경기에 참가하는 선수들 개인이나 단체는 각각 승리를 위해서 겨루는 대립의 관계로서 맞서기 마련이나, 그런 가운데서도 각자의 승리보다 더 크고 높은 공동의 목표를 가져야 한다. 예컨대, 전국체전의 경우에 여러 시도는 각각 자기 고장의 승리를 위해서 싸우는 와중에서도, '한국 체육 수준의 향상' 또는 '전 국민의 화합' 등이 승리보다도 더욱 큰 목표가 될 수 있을 것이다. 승부에만 집착하는 경기는, 비록 경기의 과정에 별다른 잘못이 없다 하더라도 그 모임 전체의 의의를 스스로 크게 제한하는 어리석음을 범하게 된다.

사정은 국가 또는 일반 사회의 경우에도 마찬가지다. 국가 또는 일반 사회에는 이해관계를 달리하는 여러 개인 또는 집단이 대립하고 갈등하며 살고 있다. 그들은 일차적으로 각각 자신들의 이익 또는 목표를 추구한다. 경기장의 운동선수들이 각각 자신들의 승리를 추구하는 것과 비슷한 사정이다. 그러나 이해관계를 달리하는 개인들 또는 집단들이 각각 자신들의 이익을 추구하는 일에만 몰두하고 그 이상의 더욱 높은 목적을 갖지 않는다면, 그 국가 또는 사회는 조만간 붕괴하고 말 것이다. 국가 또는 사회 전체의 질서와 평화와 발전을 희구하는 더욱 큰 공동의 목표가 없으면 그 국가나 사회는 유지되기 어렵다. 국가 또는 사회가 전체로서 무너지면 그 안에서 각자의 이익을 추구하던 개인 또는 집단은 그들의 기반을 송두리째 잃게 된다.

운동경기에 임하는 선수나 임원들이 '승리'보다 더욱 크고 높은 목적을 세우는 것은 상황 전체를 원대한 안목으로 바라봄으로써 가능하다. 개인 또는 집단이 자신들의 이익 추구보다도 더욱 크고 높은 목적을 갖는 것도 상황 전체를 원대한 안목으로 바라봄으로써 가능하다. 상황 전체를 원대한 안목으로 바라보는 태도는 심사숙고(深思熟考)에 해당하는 것이며, '심사숙고'의 덕목도 이지 또는 이성에 바탕을 두고 있음이 분명하다.

　운동경기의 모임이 원만하게 진행되기 위해서는 관계자들의 화합과 협동도 매우 중요하다. 그리고 화합과 협동은 사회 전체의 질서와 평화를 위해서도 필수적인 덕목이다. 그런데 화합과 협동의 덕목은 이지뿐 아니라 정감에도 크게 의존한다. 현대사회를 위해서도 이지에만 바탕을 둔 윤리로는 부족함을 의미한다. 어느 시대 어느 사회를 막론하고 넓은 의미의 사랑을 필요로 하지 않는 경우는 없으며, '사랑'이라는 정감의 덕은 모든 시대와 모든 사회가 요구하는 보편적 덕목이다.

　공정성과 약속 이행에서 화합과 협동에 이르기까지 위에서 언급한 덕목들은 대부분의 현대 국가 또는 현대사회에서 요구되는 거의 보편적인 주요 덕목이다. 현대의 여러 나라에서 일반적으로 요구되는 덕목들 이외에 우리 한국의 특수 사정에 비추어서 강조할 필요가 있는 덕목들도 생각할 수 있을 것이다. 위에서 언급한 일반적 덕목들만 유감 없이 실천되어도 한국의 장래는 밝게 전개될 수 있을 것으로 생각되나, 우리나라의 특수 사정이 요구하는 덕목까지 실천된다면 우리나라의 내일은 더욱 확고하게 보장될 것이다.

　한국의 특수 사정을 고찰할 때 우리는 국토의 분단 상황을 먼저 생각하게 된다. 우리의 민족 정서로 보나 '세계화'라는 이름의 거대한 물결의 도전을 극복하기 위해서나, 통일은 우리들의 절대적인 과제요 소망이다. 이 크나큰 과제를 달성하기까지에는 많은 난관을 극복해야 하며, 그 난관들의 극복을 위해서는 앞에서 언급한 일반적 덕목은 물론이요, 그 밖에도 추가해서 강조되어야 할 덕목들이 있다.

여기서 추가하여 강조되어야 할 덕목으로서 필자는 민족애와 인내 그리고 근면과 절약을 생각한다. 반세기 동안 분단 상태가 계속되는 가운데 남과 북의 가치관, 사고방식, 생활 정서 등에 심한 이질화가 생겼다. 이 이질화는 통일에 이르는 과정에서나 통일을 실현한 뒤에나 적지 않은 갈등의 요인으로서 작용할 것으로 예상된다. 때로는 갈등의 정도가 심하여 통일 그 자체에 대한 부정적 시각을 조장할 가능성조차 있을 것으로 우려된다. 이러한 어려움을 극복하고 우리가 소망하는 통일에 도달하자면, 뜨거운 민족애가 발휘되어야 하고 또 비상한 인내심이 있어야 할 것이다. 그 민족애와 인내심은 남한인과 북한인 모두에게 요구되는 것이나, 현재의 여러 가지 상황으로 볼 때 남한 사람들이 더 많은 포용력과 인내심을 발휘해야 할 위치에 놓여 있다고 생각된다.

통일과 관련하여 근면과 절약의 덕목을 강조하는 까닭은 통일을 바람직한 형태로 이룩하기 위해서는 실로 막대한 비용이 필요하리라는 예상에 있다. 우리는 동독과 서독이 통일한 전례를 알고 있다. 통일 당시의 서독은 서방 국가들 가운데서도 가장 부유한 나라의 하나였고, 동독은 공산주의 국가들 가운데서는 경제적 상황이 가장 좋은 편이었다. 그럼에도 불구하고, 동서독이 통일을 이룩했을 때 그 통일에 필요한 막대한 비용을 마련하는 일에 어려움이 많았다고 들었다. 그 비용은 잘사는 서독 사람들이 부담하기 마련이어서 그들에게는 통일이 달갑지 않았으며, 동독 사람들은 동독 사람들대로 상대적 빈곤감에 시달렸고 시장경제체제에 대한 적응에 어려움을 겪었다.

남한과 서독을 비교하고 북한과 동독을 비교할 때, 남북한의 경제 사정은 동서독의 경제 사정보다 훨씬 어려운 편이다. 그러므로 앞으로 다가올 한반도의 통일에 대비하여 남한이 많은 경제력을 비축해야 할 형편이다. 많은 경제력을 비축하기 위해서는 우리 모두가 부지런히 일하고 알뜰하게 저축하지 않을 수 없다. 통일과 관련하여 근면과 절약의 덕목을 강조해야 한다고 생각하는 까닭이다.

우리 한국이 해결해야 할 또 하나의 큰 과제는 이른바 세계화의 물결을 슬기롭게 타고 넘어가는 일이다. '세계화'의 물결에는 두 가지 측면이 있는 것으로 보인다. 그 첫째 측면은 '현실적 측면'이라고 부를 수 있는 것으로서 세계의 경제를 무한 경쟁의 시장경제 원리를 따라서 하나의 통일된 체계로 만들고자 하는 움직임이다. 관세의 장벽을 없애고 하나의 세계시장에서 모든 국가들이 자유경쟁을 할 경우에, 경제의 선진국은 유리하고 후진국은 불리할 것이 분명하다. 현재 경제 선진국으로서의 확고한 위치를 차지하기에 이르지 못한 우리 한국의 견지에서 볼 때, '세계화'의 물결은 크나큰 도전으로서의 성격을 띠고 있다. 이 도전을 극복하고 우리 한국도 경제의 선진국 대열에 들어가는 것이 우리들의 급선무다. 남북통일의 경제적 부담을 감당하기 위해서도 우리는 국제경제의 무한 경쟁에서 승리자가 되어야 한다.

국제경제의 무한 경쟁에서 승리자가 되기 위해서도 앞에서 언급했던 여러 가지 덕목들의 실천이 필요하다. 공정성, 준법을 포함한 약속 이행, 거시적 안목과 심사숙고, 화합과 협동, 민족애 내지 국가애, 근면과 절약 등 모든 덕목은 우리나라의 경제적 경쟁력을 키우는 데 이바지할 것이다. 위에서 언급하지 않은 덕목으로서 세계화 물결의 도전에 대응하기 위하여 필요한 것으로서는 창의성과 기민(機敏), 그리고 성실 등을 들 수 있을 것이다.

새롭고 우수한 제품을 만들어 내기 위하여 여러 나라가 경쟁하는 마당에서 승리자가 되기 위해서는 창의성을 발휘하여 새로운 발상으로 남보다 나은 제품을 개발해야 할 것이고, 기민한 활동으로 그것을 보급해야 할 것이다. 그리고 여기에 성실성을 추가하는 까닭은 그것이 모든 일을 위한 가장 기본적인 덕목이라고 믿기 때문이다. 국가 내부의 거래에 있어서도 그렇지만, 특히 국제사회에서는 성실한 태도로써 신뢰를 쌓는 것이 승리로 가는 바른 길이다.

'세계화'의 물결이 가진 또 하나의 측면은 '이상적 측면'이라고 부를 수 있는 것으로서, 세계의 모든 나라들이 국가 이기주의를 초월하여 인류의 번영과 평화라는 하나의 큰 공동 목표를 위해서 협동하기를 꾀하는 움직임이다. 그것은 인류가 한마음이 되어 하나밖에 없는 지구를 오염과 파괴로부터 지키자는 양심의 소리를 따르고자 하는 이상주의적 측면이다.

이 둘째 측면은 매우 먼 장래를 위한 목표이며 지구 위에서 일어나고 있는 오늘의 여러 가지 역사적 현실과는 요원한 거리에 있다. 그러나 물질주의적이며 이기주의적인 오늘의 인간상(人間像)에 내포된 위험성을 깊이 들여다볼 때, 우리는 이 둘째 측면도 결코 소홀히 생각해서는 안 될 것이다. 다만 세계 강대국의 대열에서 한발 뒤떨어진 위치에 있는 우리 한국으로서는 이 둘째 측면을 위해서 전력(全力)을 다할 처지가 못 된다는 안타까움이 있을 뿐이다. 세계화의 이상적 측면의 성공적 달성을 위하여 특별히 강조되어야 할 덕목으로서는 인류애(人類愛)와 신심(信心) 등을 들 수 있을 것이다.

한국의 특수 사정과 관련된 우리들의 과제로서는 한국의 고유한 문화를 지키고 더욱 발전시키는 문제도 생각하지 않을 수 없다. 아무리 '세계화'의 추세가 강한 시대라 하더라도 세계 전체가 한 가지의 문화로 획일화될 수는 없을 것이며, 또 그렇게 되는 것이 바람직하지도 않을 것이다. 개성이 뚜렷한 여러 개인들이 각자의 개성을 지키면서 화합과 친애(親愛)의 관계를 갖는 것이 바람직하듯이, 세계 여러 나라들은 각각 개성이 뚜렷한 문화를 지키고 발전시키는 가운데 평화와 협동의 관계를 유지하는 것이 바람직하다. 그것이 인류 전체의 문화를 더욱 찬란하게 빛내는 길이기 때문이다.

고유한 문화의 창달을 위해서 특히 강조해야 할 덕목으로서는 민족애와 창의성을 비롯하여 자주성(自主性), 정진(精進), 그리고 집념 등을 들 수 있을 것이다. 다만 문화에서 소중한 것은 그 꽃이라고 말할 수 있는 예술만이 아니며, 그 뿌리에 해당하는 가치관 내지 생활 태도가 더욱 중요하다는 사실을 명심해야 할 것이다. 문화는 겉으로 나타난 것의 화사함도 중요하지만, 더욱 중요한 것은 나타나지 않은 뿌리의 건전함이다. 화사하나 나약한 문화보다는 질박하나 건강한 문화가 더욱 바람직하다는 것이 필자의 소견이다.

　이상에서 우리는 여러 나라의 공통된 문제와 우리나라의 특수한 문제를 고려해 가며 현대사회가 요구하는 주요 덕목들을 생각해 보았다. 그러나 개인들의 개별적인 덕성의 발휘만으로 역사적 과제들이 해결될 수 있다고 본 것은 물론 아니다. 여러 개인들이 그들의 덕성을 발휘할 수 있는 여건이 마련되어야 하며, 그 여건을 만드는 일은 정부와 학교 그리고 언론기관 등 여러 조직체의 임무다. 그뿐만 아니라 개인들에게 시대가 요구하는 덕성을 심어 주는 일, 즉 인간 교육의 문제도 여러 조직체를 운영하는 기성세대와 가정의 부모들이 함께 책임져야 할 공동의 과제다.

9장
인간 교육

1. 인간 교육의 핵심: 가치관 교육
2. 인간 교육이 실패하게 된 사유
3. 인간 교육의 목표: 바람직한 인간상
4. 인간 교육의 방안

9장 인간 교육

1. 인간 교육의 핵심: 가치관 교육

40년 전 또는 50년 전과 비교할 때, 오늘의 우리 생활의 물질적 측면은 우리 자신도 놀랄 정도로 크게 향상되었다. 필자가 어렸을 때는 '초근목피(草根木皮)'라든지 '아침 밥, 저녁 죽(朝飯夕粥)'이라든지 하는 극빈 상태의 상징어는 누구나 체험으로 알고 있는 일상어이기도 했다. 그러나 요즈음 젊은이들에게는 그것들은 오로지 사전 속에서 잠자는 옛말이 되었다.

경제적 빈곤에는 육체적 고난이 따르기 마련이다. 기계문명이 초보 단계에 머물렀던 40년 내지 50년 전에는 대부분의 일을 직접 몸으로 해야 할 형편이었다. 무거운 짐도 등으로 지거나 머리에 이고 운반했으며, 먼 길도 걸어서 가야 할 경우가 많았다. 배부르게 먹고 등 따뜻하게 입는 것이 사람들의 가장 큰 소망이었다 해도 과언이 아니며, 그 소망만 달성하면 '잘사는 사람' 축에 들었다. 그러나 요즈음은 대부분의 어려운 일을 기계가 대신 해주고 있으며, 장거리 여행을 위해서는 비행기와 기차 또는 자동차가 대기하고 있다.

물질생활이 풍요롭게 되고 육체 생활이 쾌적하게 되었음과는 달리 우리들의 정신생활에는 크게 내세울 만한 향상이 없다. 보기에 따라서는 오늘의 정신생활은 반세기 전보다 도리어 빈곤해졌다고 말해도 지나치지 않을 것이다. 옛날에는 가난한 가운데서도 즐거움과 괴로움을 함께 나누며 정겹게 살았다. 그러나 지금 우리는 풍요로운 물질 속에서 가난하기 그지없는 마음씨의 노예가 되고 있다. 많은 사람들이 각각 자신만을 위해서 외롭게 살고 있는 것 같은 형국이다. 도대체 인간이 인간을 존중하게 대접하지 않는다. 더러는 자기 자신도 인간 이하의 것으로, 예컨대 돈벌이의 도구 또는 한갓 육체의 덩어리로 대접하기도 한다.

물질생활의 향상과 발맞추어 정신생활도 더욱 풍요롭게 되어야 사리(事理)에 맞는다. 그러나 우리의 현실은 사리를 크게 벗어나고 있다. 어디엔가 크게 잘못이 있음에 틀림이 없다. 도대체 무엇이 잘못되었기에 우리는 이토록 엄청난 모순을 경험하게 되었는가? 우리가 그것에 익숙해진 까닭에 그것이 모순이라는 사실조차 망각하기 쉬운 이 모순의 근원은 무엇일까?

경제의 구조가 사람들의 의식구조를 결정한다는 마르크스의 주장이 옳다면 저 물음에 대한 해답은 쉽게 찾아낼 수 있을 것이다. 우리들의 정신생활이 빈곤하게 되었다는 것은 우리들의 의식구조에 병이 들었음을 의미하며, 우리들의 의식구조의 병은 결국 그릇된 경제의 구조에서 왔다고 볼 수 있을 것이기 때문이다. 그러나 경제의 구조가 사람들의 의식구조를 결정한다는 마르크스의 주장을 어떻게 볼 것이냐 하는 점이 문제로서 남아 있다.

경제의 구조가 그 나라 국민의 의식구조를 결정하는 큰 요인의 하나임에는 틀림이 없을 것이다. 그러나 경제의 구조뿐 아니라 정치와 종교와 교육 등을 포함한 온갖 사회제도가 의식구조 결정의 요인이라고 보는 편이 옳을 것이다. 바꾸어 말하면, 전체로서의 사회구조가 그 나라 사람들의 의식구조를 결정하는 요인으로서 작용한다고 보아야 할 것이다. (더욱 정확하게 말하자면, 사회구조뿐 아니라 자연환경까지도 의식구조에 영향을 미친다고 해야 할 것이나, 문제를 줄이기 위하여 자연환경의 영향은 괄호 안에 넣어 두기로 한다.)

'사회구조'라는 말은 좁은 의미로 쓰일 수도 있고 넓은 의미로 쓰일 수도 있다. 좁은 의미로 쓰일 때의 '사회구조'는 법으로 명시한 여러 가지 제도들의 체계 내지 총합(總合)을 가리킨다. 넓은 의미로 쓰일 때의 '사회구조'는 불법이기는 하나 일반적으로 행해지고 묵인된 관행까지도 포함한 사회 현실의 구조를 가리킨다. '사회구조'라는 말을 넓은 의미로 사용할 때 "사회구조가 의식구조를 결정한다."는 명제의 개연성은 상당히 높아진다.[1]

사회구조가 일방적으로 의식구조에 영향을 미치는 것이 아니라 의식구조도 사회구조에 영향을 미친다는 것, 다시 말하면, 사회구조와 의식구조의 관계가 일방적 인과관계가 아니라 상호작용의 관계라는 것은 오늘의 상식이다. 여기서 우리가 사회구조와 의식구조 가운데서 어느 편이 더 근본적이며 어느 편이 더 중요하냐 하는 물음을 제기하는 것은 별로 큰 의미를 갖지 못할 것이다. 두 가지가 모두 중요하다고 보아야 하며, 우리가 현실의 개혁을 원한다면 사회구조와 의식구조의 잘못된 점도 모두 바로잡아야 한다. 다만 이 책이 본래 윤리 문제에 주안점을 두고 시작된 것이므로, 우리는 의식구조의 문제에 초점을 맞추어 가며 인간 교육의 문제를 생각해 보고자 한다.

우리가 인간 교육의 문제를 다루고자 하는 이 마당에서 사회구조와 의식구조의 관계를 언급함으로써 출발한 것은, '인간 교육'의 문제를 개별적 덕목을

---

1 조선시대의 하급 공무원이었던 서리(胥吏)에 대한 정부의 녹봉(祿俸)은 본래 미약한 것이었다. 임진왜란 이후에는 그나마 녹봉을 전혀 지급하지 않았다. 따라서 서리들은 자연히 서민들을 수탈함으로써 생계를 이어 가게 되었고, 서리들의 서민 수탈은 묵인된 관행으로 굳어졌다. 이것은 '구조화'한 사회 비리의 한 예라고 볼 수 있다. 해방 이후에도 우리 사회에는 '관행'이라는 이름으로 자행된 '구조적' 비리가 비일비재하였고, 아직도 그 근원을 뿌리 뽑지 못하고 있다.

가르치는 문제로서 다루기보다는 총체적 의식 교육의 문제로서 다루는 편이 바람직하다고 보았기 때문이다. 앞에서 우리는 현대와 미래의 우리 사회가 요구하는 주요 덕목을 살펴보았거니와, 그 덕목들을 체득(體得)하도록 스스로 노력하고 젊은이들을 지도하는 것도 우리의 과제가 되고 있는 인간 교육의 방안이 될 수 있을 것이다. 그러나 여러 가지 덕목이 각각 떨어져서 있는 것이 아니라, 하나의 올바른 마음씨가 서로 다른 상황에서 발휘되었을 때 이름을 달리하는 여러 가지 덕성이 나타나는 것이라고 생각되므로, 개별적 덕목을 따라서 하나하나 접근하는 것보다는 여러 가지 덕성의 근원이 되는 올바른 마음가짐의 뿌리로 접근하는 편이 바람직할 것으로 판단된다.

여기서 우리는 "덕(德)은 하나다."라고 한 소크라테스의 명언을 상기하게 된다. 용기, 절제, 지혜, 정의 등 여러 가지 종류의 덕목이 있으나, 그 뿌리는 하나라는 사실을 소크라테스는 일찍이 통찰했던 것이다. 여러 가지 덕의 공통된 뿌리가 무엇인가를 소크라테스는 분명한 말로 밝힌 바가 없는 것으로 안다. 그 뿌리에 해당하는 것은 마음가짐의 기본 자세라고 보아야 할 것으로 생각되며, 굳이 편리한 이름을 찾는다면 '의식구조'가 적합할 것으로 보인다.

의식구조의 핵심은 가치관(價値觀)이다. 그리고 가치관의 핵심은 우리가 삶을 통하여 가장 강하게 추구하는 목적이다. 인간은 동일한 순간에도 두 가지 이상의 것들을 원할 경우가 많다. 예컨대, 주말을 맞이하여 아내와 함께 영화를 보고 싶은 생각과 푹 쉬고 싶은 생각이 갈등을 일으킬 경우가 있다. 더욱 규모가 큰 예로서는 큰 부자가 되고 싶은 소망과 정치가로서 권력을 잡고 싶은 소망, 그리고 저명한 소설가가 되고 싶은 소망 사이에서 고민하는 수재의 경우를 들 수 있을 것이다. 이럴 경우에, 여러 가지 소망을 모두 달성할 수는 없을 것이므로 그 가운데서 하나를 선택하기 마련이다. 경합하는 몇 가지 소망 가운데서 가장 강력한 소망이 선택을 받고 실천적 행동으로 이어진다. 이러한 선택은 일상생활의 차원에서 일어나기도 하고 전 생애에 걸친 인생 설계의 차원에서 일어나기도 한다. 인생 설계의 차원에서 선택을 받고 실천적 행동으로 이어지는 강력한 소망이 그 사람의 가장 강력한 삶의 목적에 해당하며, 이것이 그 사람의 가치관의 핵심을 이룬다.

세상에는 가치 있는 것들이 무수하게 많다. 무수히 많은 가치의 담지자(擔持者)들은 우리들이 갖기를 원하는 대상이 되나, 그것들을 모두 가질 수 없는 것이 삶의 현실이다. 그러므로 우리는 무수한 욕구의 대상들 가운데서 획득이 가능한 일부를 선택하기 마련이다. 이때 그 선택이 현명한 사람의 가치관은 '건전한 가치관'이라 부를 수 있고, 그렇지 못한 경우에는 '그릇된 가치관'이라는 평가를 내릴 수 있다. 그리고 여기서 말하는 가치관이 앞에서 말한 여러 가지 덕성(德性)의 근원인 올바른 마음가짐의 바탕에 해당한다. 결국 올바른 마음가짐, 즉 건전한 가치관의 소유자가 자신이 처해 있는 상황을 정확하게 인식하여 행동을 취하게 되면, 그는 그가 처한 상황 여하에 따라서 이름이 다른 여러 가지 덕목을 실천하는 결과를 얻는다.

현명한 선택을 하는 사람의 가치관이 '건전한 가치관'이라고 하였다. 그러나 무수한 욕구의 대상들 가운데서 어떠한 선택을 했을 경우에 '현명하다'는 평가를 내릴 수 있는가? 이 물음에 대하여 우리는 "그 상황에서 실현이 가능한 최대의 가치를 선택할 때 그 선택은 현명하다는 평가를 받게 된다."고 우선 추상적인 대답을 할 수가 있을 것이다. 그러나 여기서 우리는 "최대의 가치란 어떠한 것을 의미하는가? 도대체 가치의 크고 작음 또는 높고 낮음을 비교하는 척도가 있는가?" 하는 어려운 문제와 만나게 된다. 이 물음에 대해서 우리는 불충분한 대로 다음과 같은 해답으로 응수할 수 있을 것이다.

첫째로, 수명(壽命)이 긴 가치는 그것이 짧은 가치보다 높이 평가된다. 둘째로, 여러 사람들에게 큰 혜택을 나누어 줄 수 있는 가치는 오직 소수에게만 큰 혜택을 줄 수 있는 가치보다 높이 평가된다. 셋째로, 그 자체가 목적으로서의 성격이 강한 가치는 다른 무엇을 위한 수단으로서의 성격이 강한 가치보다 높이 평가된다. 넷째로, 다른 가치의 실현을 위해서 도움이 되는 생산적 가치는 다른 가치의 파괴를 유발하는 소모적 가치보다 높게 평가된다. 이 네 가지 기준을 종합적으로 적용하여 주어진 상황에서 실현이 가능한 최대의 가치를 선택함이 바로 현명한 선택에 해당한다.

그러나 주어진 상황에서 실천이 가능한 몇 가지 대안 가운데서 어떤 선택이 최대의 가치를 실현하는 길인지를 하나하나 비교해서 정확한 판단을 내리기는 사실상 매우 어려운 일이다. 다시 말하면, 세밀한 계산을 통하여 대안들의 가치를 정확하게 측정하는 일은 거의 불가능하다. 우리에게 가능한 것은 대안들이 실현할 수 있는 가치의 우열을 거시적 관점에서 개략적으로 비교하는 일에 지나지 않는다.

우리는 가치의 세계를 크게 두 부류로 나눌 수가 잇다. 가치란 욕구를 충족시킬 수 있는 힘을 가졌거니와, 그 힘이 주로 본인에게 달려 있는 내면적 가치와 그 힘이 주로 본인 이외의 다른 것에 의존하는 외면적 가치로 나눌 수 있다. 전자의 예로서는 인격, 생명, 건강, 학문, 사상, 예술, 우정, 자유, 평화 등을 들 수 있을 것이며, 후자의 예로서는 돈과 재물, 권력과 지위, 향락과 과소비 등을 들 수 있을 것이다. 그런데 일반적으로 말해서, 내면적 가치에 속하는 것들은 외면적 가치에 속하는 것들에 비하여 수명도 길고, 여러 사람에게 큰 혜택을 나누어 줄 수 있을 뿐만 아니라 그 자체가 목적으로서의 성격이 강하며, 외면적 가치에 속하는 것들은 대개 다른 무엇을 위한 수단으로서 소중하다. 그리고 내면적 가치에 속하는 것들은 다른 가치의 실현을 위해서 도움이 되는 경우가 많으나, 외면적 가치에 속하는 것들은 다른 가치의 파괴를 가져오는 경우가 많다. 그러므로 여기서 우리는 "전체로서의 내면적 가치의 세계는 전체로서의 외면적 가치의 세계보다도 어느 모로 보나 더 높이 평가해야 마땅하다."는 결론을 얻게 된다.

내면적 가치의 세계가 외면적 가치의 세계보다 높이 평가되어야 한다는 결론은 인생의 올바른 길을 찾는 사람들에게 매우 중요한 지침이 된다. 왜냐하면 삶의 과정에서 우리에게 선택을 요구하는 심각한 문제들의 대부분은 내면적 가치로 가는 길과 외면적 가치로 가는 길 가운데서 어느 길을 선택해야 하느냐 하는 문제이기 때문이다. 내면적 가치로 가는 길과 외면적 가치로 가는 길 사이에서 하나를 선택해야 할 상황에서는 내면적 가치로 가는 길을 택해야 한다는 큰 원칙이 서게 되므로, 내면적 가치의 세계가 외면적 가치의 세계보다 높이 평가되어야 마땅하다는 저 결론은 선택의 기로에 섰을 경우의 우리들에게 매우 귀중한 지침이 될 수 있는 것이다.

그러나 "내면적 가치는 외면적 가치보다 우월하다."는 원칙을 일상생활의 차원에서 언제나 간단하게 적용할 수 있다고 단순하게 생각하는 것은 아니다. 가령 다음 휴가에는 한 편의 논문을 쓰려고 계획했던 어떤 석학에게 외국에서 파격적으로 많은 강사료를 약속하며 강연을 부탁했다고 가정하자. 이럴 경우에, 그 석학은 논문을 쓰는 것은 내면적 가치를 얻는 일이요, 많은 강사료를 버는 것은 외면적 가치를 얻는 일이라는 이유로 논문 쓰는 일을 택해야 한다고 간단하게 말할 수 있을까? 그렇게 단순한 문제는 아니다.

외국에 가서 강연을 하고 돈을 버는 것이 단순히 외면적 가치만을 얻는 행위라고 보는 것에서부터 문제가 있다. 강연이 청중들에게 큰 깨우침을 줄 수 있다면, 그것은 내면적 가치도 실현하는 행위가 될 수 있으며, 만약에 그 기회에 처음으로 어떤 나라를 여행하게 된다면 그 석학은 새로운 견문을 통하여 또 다른 내면적 가치를 얻을 수도 있을 것이다. 그러므로 논문을 쓰는 길을 택해야 옳다고 간단히 결정을 내리기는 어렵다. 논문을 씀으로써 석학이 얻는 가치와 강연을 들음으로써 청중이 얻는 내면적 가치의 경중(輕重)을 비교하는 것조차도 어려운 문제다. 그리고 강사료로 받는 거액의 돈이 어떤 내면적 가치의 실현을 위한 수단으로서 요긴하게 쓰일 수도 있는 일이다.

어떤 행위의 가치를 제대로 평가하기 위해서는 그 행위로 인하여 생길 직접적 결과만을 고려할 것이 아니라 그 직접적 결과의 여파로서 생길 간접적 결과까지도 고려하여 종합적인 판단을 해야 한다. 바꾸어 말하면, 한 행위의 평가는 그 행위와 그것의 직접적 결과만을 떼어서 생각해서는 안 될 것이며, 그 행위자의 생애 또는 인생 설계 전체와 연관시켜서 생각해야 한다. 여기서 우리는 매우 중요한 두 가지 사실을 알게 된다.

첫째로, 어떤 사람의 가치관 내지 사람됨을 평가함에 있어서 그 사람의 행동 하나하나를 살펴보는 것도 중요하지만, 더욱 중요한 것은 그의 생애 또는 인생 설계를 종합적으로 고찰하는 일이다. 사람들은 시시각각의 욕구를 따라서 행동을 하거니와, 그 욕구들은 각각 독립적으로 일어나는 것이 아니라 내면적 연관성을 가지고 일종의 체계를 형성한다. 그 욕구의 체계가 다름 아닌 가치관에 해당한다. 그리고 욕구의 체계, 즉 가치관의 위상(位相)을 결정함에 있어서 제일 중요한 것은 그 사람이 삶에서 가장 강하게 추구하는 목적, 즉 그의 욕구의 체계 안에서 최고봉을 차지하는 욕구가 무엇이냐 하는 점이다. 욕구의 체계 안에서 최고봉을 차지하는 욕구가 그의 가치관 전체의 위상을 좌우하는 동시에 그의 사람됨의 방향도 결정한다. 그러므로 인간 교육 또는 그 핵심을 이르는 가치관 교육에 있어서 관건이 되는 것은, 첫째로 한 사람의 욕구 체계 안에서 최고봉을 차지하는 욕구의 자리에 그 사람의 개성에 적합한 어떤 내면적 가치가 오도록 유도하는 일이요, 둘째로 그 최고봉을 차지한 목표 또는 가치가 실현되도록 그의 생활 설계를 도와주는 일이라고 볼 수 있을 것이다.

둘째로, "주어진 상황에서 실천이 가능한 몇 가지 대안 가운데서 어느 길을 선택해야 하는가?" 하는 물음 앞에서 우리가 기대할 수 있는 것은 근사치(近似値)로 접근하는 일에 불과하며, 하나의 절대적 정답을 얻는다는 것은 사실상 기대하기 어렵다. 몇 가지 가능한 길 가운데서 하나를 선택하여 실천에 옮겼을 경우에 어떠한 결과가 생기고, 그 결과가 또 어떠한 제2, 제3의 결과를 가져올지에 대해서 우리가 시도할 수 있는 것은 하나의 근사치에 접근하는 일이며, 엄밀하게 정확한 예측을 하는 것은 인간의 한계를 넘어서는 일이다. 그뿐만 아니라, 어떤 선택이 어떤 결과를 가져오리라는 것을 설령 정확하게 예측할 수 있다 하더라도, 우리는 각각의 결과에 담긴 가치를 정확하게 측정하기는 어렵다. 우리에게 가능한 것은 내면적 가치의 세계가 외면적 가치의 세계보다 한층 더 귀중하다는 원칙에 비추어서 어떤 직관적 비교 평가를 내리는 일에 지나지 않는다. 다만 비록 정확하지는 못하다 하더라도 어느 정도의 근사치를 얻게 되면 그것만으로도 큰 도움이 되는 것이며, 유한자 인간이 할 수 있는 일은 본래 불확실성 가운데서 그런대로 최선을 다함이라는 사실을 여기서도 염두에 두어야 할 것이다.

이상에서 우리는 인간 교육의 핵심은 가치관 교육이며, 가치관 교육의 관건은 내면적 가치를 우위에 두도록 삶을 설계하고 그 설계를 실천에 옮기도록 유도하는 것임을 보았다. 그러나 아직 그 가치관 교육을 베푸는 방법이 무엇이냐 하는 어려운 문제는 남아 있다. 지식이나 기술을 가르치는 방법은 일반적으로 널리 알려져 있으나 가치관을 가르치는 문제에 대해서는 확실한 방법이 알려져 있지 않다. 해방 이후의 반세기 동안에, 우리 한국은 지식 교육과 기술 교육에서만 장족의 발전을 했을 뿐, 가치관 교육에서는 도리어 후퇴하였다. 가치관 교육의 방법이 지식이나 기술을 가르치는 방법과 다르다는 것을 단적으로 말해 주는 증거로서 충분하다.

우리 조상들은『동몽선습(童蒙先習)』,『명심보감(明心寶鑑)』,『소학(小學)』 또는『내훈(內訓)』등을 교과서로 삼고 인간 교육을 실시하였고, 훈계(訓戒)를 통해서도 인간 교육을 시행하였다. 그리고 그러한 방법을 사용한 우리 조상들의 인간 교육은 그런대로 그들이 의도한 바에 가까운 성과를 거두었다고 볼 수 있다. 그러나 앞에서도 지적한 바와 같이, 해방 이후에는 우리나라의 인간 교육이 실패를 거듭했다는 것이 우리들의 반성이다. 여기서 우리는 그 실패의 원인을 찾아보지 않을 수 없다. 도대체 우리나라의 인간 교육이 해방 이후에 계속 실패해 온 까닭이 무엇일까? 가정교육과 학교교육, 그리고 사회교육 세 분야에 걸쳐서 차례로 살펴보기로 한다.

2. 인간 교육이 실패하게 된 사유

해방을 계기로 우리나라가 급격한 사회변동을 겪게 되었을 때, 그 변화의 물결은 가정에도 현저한 영향을 미쳤다. 첫째로, 학교교육이 양적으로 팽창하게 됨에 따라서 가정교육의 비중이 상대적으로 줄어들었다. 『동몽선습』이나 『명심보감』 또는 『소학』을 교재로 삼고 할아버지가 손자에게 도덕을 가르치는 가정을 보기 어렵게 되었고, 가정에서 도덕을 가르칠 필요가 있다는 생각 자체가 점차 약해지는 경향을 보였다. 미국 문화의 상징인 '자유'를 '방종'과 혼동하는 분위기 속에서 '도덕'이라는 것 자체를 구시대적 유물로 보는 시각이 생겨났고, 따라서 도덕교육의 필요성을 옛날처럼 느끼지 않는 가정이 늘어난 것이다.

새로운 학교가 도처에 세워지고 고등교육을 받는 젊은이들의 수가 늘어나게 되어 부모의 세대보다 자녀의 세대가 일반적으로 더 높은 학력의 소유자가 되는 현상을 보였다. 학력이 낮은 부모는 학력이 높은 자녀를 다소간 우러러보는 심리가 작용한 것도 가정에서의 도덕교육이 위축되는 요인의 하나가 되었다. 그러나 그보다 더욱 결정적인 것은 전통적 도덕관념을 가지고는 현실에 적응하기가 어려울 정도로 사회가 급격한 변화를 거듭했다는 사실이다.

앞에서도 언급한 바 있듯이, 해방 직후의 우리 사회는 극심한 혼란을 겪었고 그 혼란이 수습되기도 전에 6 · 25 전쟁이 터졌다. 도덕적 무정부 상태에 가까운 무질서가 오래 지속되었고, 부모의 세대부터가 도덕교육에 대하여 회의를 느끼기 쉬운 상황이었다. 도덕적인 사람들은 손해를 보고 부도덕한 사람들이 활개를 치며 날뛰는 세상에서 도덕에 대한 믿음을 굳게 유지하기는 어려운 일이다. 부모들 자신도 도덕적으로 살아야 한다는 신념을 갖지 못한 상태에서 자녀들에게 효과 있는 도덕교육을 베푼다는 것은 생각하기조차 어렵다.

사태를 더욱 난처하게 만든 것은, 사회의 모습이 급격하게 변화함에 따라서, 전통적 농경 사회를 배경으로 삼고 형성되었던 옛날의 도덕률을 가지고는 풀기 어려운 새로운 유형의 문제들이 무수히 일어났다는 사실이다. 그뿐만 아니라 사람들의 사고방식이 달라져서, 봉건적 색채가 강한 과거의 도덕 관념에 대해서 젊은 세대가 직관적 반발을 느끼는 사례도 적지 않게 되었다. 그러나 아직 새로운 시대에 적합한 새로운 윤리의 체계는 정립되지 못한 상태다. 이러한 상황에서 부모가 자녀를 어떻게 지도해야 할지 모르는 것은 당연한 일이며, 따라서 가정에서의 도덕교육이 점점 부실하게 되는 것은 자연스러운 추세라 할 것이다.

농경시대에 살던 우리 조상들은 올바른 삶의 길에 대해서 대략 그들 나름의 신념을 가지고 있었다. 그 신념의 체계는 주로 유교 사상에 바탕을 둔 것으로서 선대로부터 물려받은 것이었고, 그것을 다시 자손들에게 물려주는 것이 그 시대의 도덕교육이요 인간 교육이었다. 자손들도 그 전통적 유교 도덕을 성현(聖賢)의 가르침으로서 별다른 의심 없이 받아들였고, 그 가르침을 따라서 살면 현실에 적응함에 어려움이 적었다. 농경시대가 지속되는 동안 농경 사회를 배경으로 삼고 형성된 공맹(孔孟)의 가르침은 현실에 대한 적합성을 잃지 않았던 것이다.

그러나 해방을 계기로 미국 문화가 들어오게 되면서 사정이 크게 달라졌다. 미국 문화 가운데서도 그 진수(眞髓)에 해당하는 좋은 부분, 즉 본받을 만한 장점을 받아들인 것이 아니라, 미군의 거칠고 버릇없는 생활상 또는 미국 영화의 사치스럽고 천박한 화면에 비친 미국 문화의 말단을 받아들인 꼴이 되어, 그 충격이 매우 컸다. 서로 다른 문화라 하더라도 그 내면의 근원으로 파고들어 가면 어떤 공통점을 발견할 수도 있다. 그러나 외형(外形)에 나타난 지엽 말단으로 갈수록 두 문화의 차이는 더욱 크게 벌어진다. 그런데 해방 직후의 우리 한국은 미국 문화의 외형적 지엽 말단을 받아들였고, 그것도 비판 정신이 결여된 감탄의 심정으로 받아들였다. 부자(富者)의 나라 미국을 '일등국'으로 보는 경솔한 심정으로 미국의 것이라면 무엇이든 분별 없이 선망하는 몰지각이 만연하였다. 이 같은 부박한 풍조는 우리들의 전통적 가치관 내지 전통적 윤리 의식과는 크게 어긋나는 것이었다. 미국 문화의 무분별한 수용에 따른 정신 풍토의 변화는 특히 젊은 세대에게 큰 영향을 미쳤고, 전통 윤리에 대한 어설픈 상식이 도덕에 관한 지혜의 전부인 부모들로서는 그들에게 도덕교육 내지 인간 교육을 베푸는 일이 벅찬 과제가 되었다.

미국 문화 내지 서구 문화의 무분별한 수용의 문제가 있음을 깨닫고 다시 우리 문화와 우리의 도덕을 되살려야 한다는 반성의 목소리를 높인 사람들이 있었다. 그러나 그들의 복고주의(復古主義)는 크게 기대할 만한 것이 아니었다. 문화란 본래 국제적 교류를 통하여 변화하기 마련이므로 그 흐름을 역행하여 전통문화를 고수하기는 어려운 일이며, 농경 사회가 산업사회로 넘어오면서 옛날의 전통 윤리만으로는 풀기 어려운 새로운 문제들이 속출했기 때문이다.

농경시대의 우리 조상들은 유교 사상에서 가르친 '인간의 도리'라는 것을 믿고 그 '인간의 도리'를 따라서 사는 것이 삶의 올바른 길이라고 소박하게 생각하며 산 것으로 보인다. 그들은 물질적 빈곤에 익숙해 있었으며, 사람의 도리만 벗어나지 않으면 가난한 속에서도 행복을 얻을 수 있다고 생각하는 경향이 있었다. '청빈낙도(淸貧樂道)'라는 것이다. 부귀와 영화가 좋다는 것은 그들도 물론 알고 있었으며, 그에 대한 욕구가 전혀 없었던 것도 아니다. 그러나 부귀와 영화가 아무나 노력만 하면 도달할 수 있는 현실적 목표라고는 생각하지 않았으며, 그것은 사주(四柱)와 팔자(八字) 또는 조상의 음덕에 달린 문제로 간주하였다. 신분 사회에서는 분수를 알고 욕심을 부리지 아니함이 삶의 지혜요 미덕의 기본이었다.

그러나 8·15 해방과 6·25 전쟁은 저 '조용한 아침의 나라' 또는 '은자(隱者)의 나라'의 분위기를 근본적으로 바꾸어 놓았다. 무질서와 혼란 속에서 벼락 출세를 하는 사람들이 나타나기도 하고, 가난하던 사람이 졸지에 큰 부자가 되는 사례도 흔히 있었다. 이것은 사람의 생애가 팔자나 숙명에 의하여 결정되는 것이 아니라 본인의 활동 여하에 달려 있음을 말해 주는 현상이었다. 전근대적 사고방식이 무너지는 전기가 온 것이다.

사람의 생애가 그 본인의 활동으로 결정된다는 사실의 발견 그 자체는 바람직한 일이었다. 다만 문제는 그 당시의 사회가 혼란에 빠진 과도기여서, 정직하고 성실한 노력이 그에 부응하는 좋은 결과를 가져오기보다는, 수단을 가리지 않고 비리(非理)를 두려워하지 않는 부도덕한 사람들이 사회적 진출에 성공하는 사례가 많았다는 사실에 있었다. 사태를 더욱 곤란하게 만든 것은 부도덕한 방법으로 돈을 벌거나 지위에 오른 사람들을 경멸하는 시선보다는 그들을 선망하고 그들에게 아부하는 시선이 압도적으로 강했다는 사실이다.

'한강의 기적'을 구가해 가며 경제성장에 눈부신 성공을 거둔 결과로서 많은 졸부들이 생겼다. 졸부들은 부를 과시하며 향락을 즐겼고, 그들을 선망의 시선으로 바라본 사람들은 자신들도 부자가 되고 싶었다. 윤리니 도덕이니 하는 것에 구애받아서는 부자가 되기 어렵다는 것이 대다수의 인식이었으며, 부자가 되기를 원한 부모들은 자녀들이 보는 앞에서 부도덕을 감행하는 경우가 생겼다.

많은 부모들은 자녀에게 도덕을 가르치는 것보다도 부자가 되기 위한 경쟁력을 길러 주는 것이 요긴하다고 느꼈다. 장차 부자가 될 수 있도록 경쟁력을 길러 주는 가장 확실한 길은 일류 대학 또는 인기 학과에 입학시키는 일이다. 자녀를 착한 사람이 되도록 가르치는 것보다는 좋은 대학에 들어가도록 뒷바라지를 하는 것이 부모로서 해야 할 급선무가 되었다. "거짓말을 하지 말라." 또는 "제 욕심만 차리면 못쓴다." 하는 따위의 도덕적 훈계를 "공부 열심히 하라."는 잔소리 사이에 가끔 끼워 넣는 부모가 전혀 없었던 것은 아니다. 그러나 실천적 행동으로써 그러한 훈계와 일치하는 모범을 보여준 바 없는 부모의 말이 자녀들에게 감명 깊게 받아들여지기는 어려운 일이었다.

젊은 부모들 가운데는 도대체 '도덕교육'이라는 것을 할 필요가 없다고 믿는 사람들도 적지 않다. 예컨대, 내 아이가 타인에게 피해를 줄 행동을 하려고 했을 때 그 행동을 어머니로서 말리는 것이 옳으냐 또는 내버려 두는 편이 옳으냐 하는 질문을 받고, 말릴 필요가 없다고 단호하게 대답하는 젊은 어머니를 본 적이 있다. 그렇게 대답하는 이유로서 그 어머니는 두 가지를 들었다. 이유의 하나는 귀여운 내 아이의 기(氣)를 꺾고 싶지 않다는 것이었고, 이유의 또 하나는 무엇이 옳고 무엇이 그른가는 아이가 자라는 가운데 저절로 알게 될 것이므로 굳이 서둘러 그것을 가르칠 필요가 없다는 것이었다.

그러나 이 어머니의 생각은 분명히 그릇된 생각이다. 우선 '기를 살린다'는 명분을 세워 아이의 방종을 조장하는 것은 지극히 이기적일 뿐 아니라 '귀여운 그 아이'의 장래를 위해서도 삼가야 할 태도다. '기'라는 말을 그 어머니가 이해한 대로 사용한다면 '기' 가운데는 살려야 할 기도 있고 죽여야 마땅한 기도 있다고 보아야 한다. 박한상과 온보현, 또는 지존파 젊은이들의 경우는 마땅히 죽여야 할 기를 살려 두었던 까닭에 끔찍한 범죄 행위를 초래한 사례라고 볼 수 있을 것이다.

우리나라의 가정에서 도덕교육이 제대로 실시되지 못하고 있는 사유는 그 밖에도 여러 가지가 있을 것이다. 아버지는 직장 일과 술 마시는 일로 바쁘고, 어머니는 어머니대로 '내 생활'을 갖기 위해서 가정 밖에서 시간 보내기를 선호한다는 사정도 그 사유의 하나가 될 것이다. 자녀는 자녀들대로 학원과 도장을 다니기에 바쁘고, 더 자라면 입학시험 준비로 집에 있을 시간이 거의 없다는 우리나라의 풍속도도 그 사유의 하나가 될 것이다. 도대체 인생에서 무엇이 더 소중하고 무엇이 덜 소중한가에 대하여 근본적으로 다시 생각해 보아야 할 문제와 우리는 지금 마주 서 있다.

학교에 들어간 뒤에도 도덕교육 내지 인간 교육을 제대로 받지 못하는 것이 우리나라 청소년들의 실정이다. 초등학교에서 대학교에 이르는 각급 학교 교과목에는 도덕 내지 윤리를 가르치는 시간을 배정하도록 규정되어 있고 또 실제로 그런 과목을 가르치기도 한다. 문교 당국에서도 특히 인간 교육의 중요성을 거듭 강조해 왔다. 그러나 실제로는 그저 시늉을 내는 데 그칠 정도이며 내실은 극히 빈약한 실정이다.

국어와 외국어 또는 수학과 같이 지식을 다루는 교육은 주로 언어를 통하여 그 목적을 달성할 수 있다. 요즈음은 시청각 교재도 크게 활용하고 있지만, 전통적으로 지식은 말로써 가르쳐 왔고 또 그 방법으로 성과를 거두었다. 그러나 도덕교육의 경우는 사정이 다르다. 도덕교육에서도 언어를 그 수단으로 사용하기는 하나 그것은 보조적 수단으로서 기여할 뿐이다. 도덕교육의 가장 효과적인 수단은 언어가 아니라 행동이다. 교육자가 유덕한 행동의 모범을 보임으로써 피교육자가 그것을 본받도록 하는 것이다. 우리나라의 '스승'이라는 말에는 단순한 지식의 전수자(傳授者)에 그치지 않고 삶의 지혜, 즉 덕을 가르치는 사람이라는 뜻이 함축되어 있었다.

그러나 미국의 교육제도가 들어오고 학교의 규모가 커지면서 '교사'로부터 '스승'이라는 뜻이 빠져 나가기 시작했다. 교사들 자신도 젊은이에게 삶의 길을 가르치는 스승으로서의 사명감을 가지고 직업에 임하는 경우는 극히 드물며, 생계를 위한 수단으로서 직업을 대하는 것이 일반적 추세가 되었다. 따라서 그들은 교과과정에 '도덕'이니 '윤리'니 하는 과목이 있으므로 교과서와 자신들의 언어를 통하여 인간 교육을 시도하기는 하나, 그것은 사명감이나 신념에서 우러나온 행위이기보다는 하지 않을 수 없으므로 하는 수동적 행위에 가깝다. 이러한 실정은 우리나라의 인간 교육을 유명무실하게 만드는 사유의 하나다.

인간 교육의 보조 수단에 해당하는 교과서에도 문제가 있다. 도덕 내지 윤리의 교과서는 어떤 철학적 원칙을 바탕으로 삼고 일관된 체계가 내면으로 흘러야 하는 것인데, 우리나라의 도덕 내지 윤리 교과서는 철학적 기반이 매우 약한 상태에서 기획되고 제작되었다. 더러는 일본의 교과서를 모방하기도 하고, 더러는 주먹구구에 의존하기도 하여 적은 예산과 짧은 기간에 졸속을 무릅쓰고 책을 만들어 내곤 하였다. 윤리니 도덕이니 하는 것은 전문성을 떠나서 상식만으로도 능히 다룰 수 있다는 그릇된 생각이 중대한 교과서의 편찬에까지 나쁜 영향을 미친 것이다.

도덕교육을 통하여 청소년에게 반공 사상을 주입시키고자 한 정부의 시책도 인간 교육의 성과를 저해하는 큰 요인으로서 작용하였다. 남한의 역대 정권은 '반공(反共)'을 국시(國是)라고 말할 정도로 북한의 이데올로기에 대하여 예민하였고, 학생들을 우선 투철한 반공주의자로 육성하기를 꾀하였다. 젊은이들에게 자유민주주의의 미덕을 가르치는 일보다도 공산주의에 반대하는 정신을 주입하는 일에 더욱 역점을 두었다. 그러나 '반공'이란 한갓 부정적 개념에 지나지 않으며 그 자체가 미덕(美德)으로서의 적극적 의미를 인정받기는 어렵다. 그러므로 도덕교육의 내용에 반공 교육을 끼워 넣었을 뿐 아니라 후자에 더 큰 비중을 둔 인간 교육이 본연의 성과를 거두기는 어려운 일이었다.

사태를 더욱 나쁘게 만든 것은 정부의 지침을 따라서 실시한 학교의 반공 교육이 그 자체로서도 문제를 안고 있었다는 사실이다. 반공 교육은 결국 공산주의에 대한 비판을 통하여 이루어져야 하거니와, 우리나라에서의 공산주의 비판은 객관성 내지 공정성을 잃었던 것이다. 공산주의 이데올로기의 원조(元祖)라고 볼 수 있는 마르크스의 사상에는 긍정적인 면과 부정적인 면이 아울러 있다고 보아야 할 것이나, 한국의 학교에서 가르친 공산주의 비판은 비판을 위한 비판으로서의 색채가 강했다. 사실 우리나라에서는 공산주의 서적은 금서(禁書)로 되어 있었던 까닭에, 공산주의 비판을 담당한 교사나 교수들도 공산주의 사상의 원전은 읽지도 않고, 다만 극우(極右)의 사이비 학자들이 쓴 공산주의 비판서만을 읽고 학생들을 가르친 경우가 대부분이었다. 그리고 이 사실을 한국의 대학생들이 알게 되었고, 그들은 학교에서 가르친 공산주의 비판을 전적으로 불신하기에 이르렀다.

한국의 대학생들은 이승만의 자유당 시대부터 우리나라 정부에 대하여 비판적이었다. 6·25 전쟁을 계기로 좌익 성향의 대학생들이 대부분 북한으로 넘어가거나, 북한에 대하여 환멸을 느끼게 된 뒤에도 독재와 부패로 민심을 잃은 이승만 정권에 대하여 대학생들은 여전히 비판적 시각을 견지하였다. 박정희의 군사정권에 대해서도 '진보적'임을 자랑하는 대학생들은 우호적일 수가 없었다. 박 정권의 경제 발전 정책이 성공을 거둔 부작용으로 빈부의 격차가 크게 벌어졌고, 정경유착(政經癒着) 등 기타의 비리(非理)가 만연하였다. 이러한 사회 현실 속에서 꺼져 가던 좌익 사상의 불씨가 다시 살아났고, 대학생들 사이에 공산주의를 정의로운 사회 건설의 적합한 대안으로 믿은 학생들이 움직이기 시작했다. 이웃 나라 일본에서도 대학생들 사이에 극좌 세력이 대두한 것과 때를 같이했다. 단순한 우연의 일치는 아니었을 것이다.

공산주의에 대하여 호의를 느낀 대학생들 가운데 공산주의 서적을 탐독하는 사람들이 생겼다. 대개 일본에서 발행된 좌익 서적을 읽은 것으로 보이며, 그러한 독서의 영향을 받은 대학생들은 한국의 각급 학교에서 가르친 반공 교육을 전적으로 허위라고 믿게 되었다. 그리고 반공 교육에 대한 불신은 반공 교육과 한다발로 묶어서 가르친 윤리 교육에 대해서도 부정적으로 작용하였다.

고등학교 이하의 인간 교육을 결정적으로 저해한 요인으로서 가장 널리 알려진 것은 학교교육의 기본 목표를 대학 입학시험에 둔 그릇된 교육관이다. 학생들 자신이나 학부모들의 가장 절실한 소망이 명문 대학에 입학하는 것이고, 명문 대학에 입학시킨 학생 수에 따라서 고등학교의 우열을 평가하는 풍토 속에서, 각급 학교는 대학 입시의 준비를 위한 학원과 같은 것이 되고 말았다. 사람의 됨됨이를 시험으로 가려 낼 방법이 없었으므로 '인간 교육'이라는 것은 대학 입시와는 무관한 것으로 간주될 수밖에 없었고, 따라서 그것은 관심의 외곽으로 밀려나게 되었다.

제3공화국 이래 우리 나라의 역대 정부는 사회교육 차원의 인간 교육에 대해서 각별한 역점을 두었다. '인간 개조'라는 구호를 앞세우고 등장한 박정희 정권은 1968년에 '국민교육헌장'이라는 것을 제정 선포하는 일에 여러 학자들을 동원하여 떠들썩하게 했고, 이어서 1970년에는 '새마을운동'을 전개하여 국민 정신의 일대 개혁을 시도하였다. 박 정권의 뒤를 이어서 등장한 제5공화국과 제6공화국도 구호와 명칭은 달리했지만 정부 차원에서 나름대로 인간 교육 문제에 대한 배려를 게을리하지 않았다.

그러나 정부가 앞장선 사회교육 차원의 인간 교육도 별다른 성과를 거두지는 못하였다. 정부가 앞장선 인간 교육이 성과를 거두기 위해서는 정부의 요직에 있는 사람들이 국민의 스승으로서의 모범을 실천으로 보여주었어야 했으나, 국민들은 아무도 정치하는 사람들을 도덕적으로 탁월한 집단이라고 생각하지 않았다. 국민의 대다수가 정부의 고위층에 대하여 두려움을 느꼈을지는 모르나 도덕적 존경을 느낀 경우는 흔하지 않았다. 그러므로 정부가 지휘봉을 잡은 인간 교육의 시도에 대해서 적극적으로 호응하지 않았다. 국민들 가운데 영향력을 가진 계층은 대체로 군사정권에 대해서 부정적 시각을 가지고 있었으므로, 그들의 인간 교육이 성공할 수 있는 기반의 준비가 없었다고 보아야 할 것이다.

정부가 제시하는 도덕적 지시가 국민에게 설득력을 갖기 위해서는 정부가 책임져야 할 법질서가 확립되어 있어야 한다. 그러나 우리나라의 경우는 이 법질서에 문제가 많았다. 삼권분립의 원칙이 외형적으로는 서 있는 듯했으나, 내실에 있어서는 입법과 사법이 행정부의 영향을 받는 사례가 비일비재하였다. 윤리의 핵심에 해당하는 법에 대한 신뢰가 결여된 상태에서 법질서를 책임져야 할 정부가 인간 교육에 앞장을 선 데는 처음부터 무리가 있었다.

정부가 주도한 인간 교육이 소기의 성과를 거두지 못한 또 한 가지 사유로서는 이론적 기반이 매우 취약했다는 사실을 들 수 있을 것이다. 도덕교육 내지 인간 교육이 제대로 이루어지기 위해서는 상당히 높은 수준의 철학적 지식과 교육학적 지식이 전제되어야 한다. 그러나 우리나라의 군사정권은 그러한 이론적 기반의 준비 없이 그저 상식 또는 주먹구구에 의존해서 저 어려운 일을 시도한 것으로 보인다. 더러는 학자들의 단편적 자문을 받은 경우도 있었을 것으로 생각된다. 그러나 지식층과 정부의 사이가 원만하지 못했던 일반적 분위기 속에서 전문적 이론가들의 체계적 협조를 얻기는 어려운 실정이었다.

3. 인간 교육의 목표: 바람직한 인간상

앞에서 우리는 "덕(德)은 하나다."라고 한 소크라테스의 명언을 상기하였고, 인간 교육의 핵심은 가치관 교육이라는 사실을 지적하였다. 앞으로 우리들의 인간 교육은 건전한 가치관을 심어 주는 일에 역점을 두고 시행되어야 할 것이다. 가정교육 차원의 어린이 시절부터 '가치관'이라는 추상적 개념을 앞세우고 인간 교육을 꾀할 수는 없을 것이며, 유년기에는 '정직', '근면', '협동' 등 구체적 덕목에 해당하는 행위를 습관화하도록 이끌어 감이 필요할 것이다. 그러나 교육에 임하는 부모나 교사로서는 저들 개별적 덕목의 공통된 뿌리에 해당하는 건전한 가치관을 항상 염두에 두어야 할 것이다.

'건전한 가치관'이 어떠한 것인지를 우리는 몇 가지 관점에서 규정할 수 있을 것이다. 그 가운데서 비교적 알기 쉬운 것은 사회의 안녕과 질서에 이바지해 가며 그 사회 안에서 자신의 뜻을 이루기에 적합한 마음가짐을 가진 사람을 건전한 가치관의 소유자로 규정하는 접근일 것이다. 원만한 사회생활을 위하여 요구되는 기본적 덕성을 갖춘 사람을 건전한 가치관의 소유자라고 보는 데 별다른 무리는 없을 것이다. 이에 현대의 사회생활을 위해서 요구되는 기본적 덕성이 무엇인가를 살펴보기로 한다.

한 사회가 건실하게 존속하기 위해서는 그 사회의 성원들이 강한 공동체 의식을 가져야 한다. 자신의 개인적 이익과 배치할 경우에는 공동체에 피해를 끼치는 일까지도 감행하는 사람들이 많은 사회는 안녕과 질서를 유지하기에 어려움을 겪는다. 단순히 기존의 질서와 공동의 이익을 파괴하지 않음에 그치지 않고 더 나은 사회를 건설하기 위해서 사사로운 손해나 불편을 어느 정도 감수하는 적극적 공동체 의식을 가진 사람들이 많을 경우에 그 사회는 밝은 내일을 기대할 수 있을 것이다.

사회 안에서 태어나 사회 안에서 성장하게 되면 누구나 어느 정도의 공동체 의식을 갖기 마련이다. 그러나 개인의 이기심이 그의 공동체 의식을 압도할 정도로 강할 경우에는 후자는 실천적 행동의 마당에서 무력한 불발탄에 불과한 것으로 잠자게 된다. 바꾸어 말하면, 공동체 의식은 개인의 이기심과 상관관계를 가지고 있는 것이며, 그것이 그 개인의 이기심을 누를 수 있을 정도로 강력할 경우에만 실천적 의의를 갖는다. 그러므로 개인주의적 이기심이 강한 사람은 어떠한 사회에 있어서나 그 성원으로서 적합하지 않다는 결론이 된다.

하나의 사회가 사회로서 순조롭기 위해서는 그 성원들이 명시적으로 또는 암묵적으로 맺은 약속을 지켜야 한다. 같은 사회 안에 사는 사람들은 직접 또는 간접으로 여러 가지 관계를 가지기 마련이며, 사회적 관계를 가지고 사는 과정에서 사람들은 명백한 언어로 약속을 맺을 기회가 많을 뿐 아니라 사회적 관계를 맺고 있다는 사실 자체가 암묵리에 어떤 약속으로 묶여 있음을 함축할 경우도 많다. 이토록 약속의 체계로서의 성격을 가진 사회가 유지되고 발전하기 위해서는 성원들의 약속 이행이 필수적임은 자명하다. 사회의 안녕과 질서는 상호간의 신뢰에 달려 있고, 상호간의 신뢰도는 약속 이행에 대한 기대에 달려 있다 하여도 과언이 아니다.

사회생활의 안전장치 구실을 하는 약속 가운데서 가장 큰 비중을 차지하는 것은 법률이다. 법이라는 것은 지배계급의 이익을 보호하기 위한 장치에 불과하다고 보는 견해도 있으나, 법을 제정할 때 대중의 의사를 반영시킨다는 것은 결코 불가능한 일이 아니다. 입법의 과정이 민주주의적 절차를 따른다는 전제 아래서, 국민 모두가 법을 지킨다는 것은 원만한 사회생활을 위해서 매우 요긴한 조건이다. 그러므로 준법정신은 앞으로 우리나라의 주인이 될 젊은이들에게 심어 주어야 할 기본 덕목의 하나다.

반드시 명문화되지는 않았더라도 사회의 통념으로서 형성된 규범들이 있다. 차를 탈 때 줄을 서서 기다린다든지, 밤늦은 시각에 남의 집에 전화를 걸지 않는 것 등이 그것이다. 명문화되지 않은 규범은 어겨도 제재를 받지 않는 것이 보통이나, 제재 여부를 떠나서 사회의 규범을 자진하여 지키는 마음씨는 민주 사회의 건설과 유지를 위해서 매우 중요한 심성이다.

약속 이행의 마음가짐과 책임감은 불가분의 관계를 가졌다. 약속을 하게 되면 그것을 지킬 책임이 생기기 마련이며, 약속을 이행하고자 하는 의지는 약속에 따르는 책임을 수행하고자 하는 의지에 해당한다. 그러므로 책임감이 강한 사람일수록 약속을 잘 지키는 경향이 있다. 모든 종류의 책임이 약속에 연유하느냐 하는 물음에 대한 대답은 '약속'이라는 개념을 어느 정도 엄밀하게 또는 느슨하게 규정하느냐에 따라서 달라질 것이다. 어쨌든 '책임감'도 건전한 사회를 위하여 요구되는 중요한 덕성의 하나다.

우리가 실현하기를 원하는 민주 사회의 가장 기본이 되는 것은, 모든 사람들이 동등한 자유를 누리며 각자는 각자의 정당한 몫을 차지함으로써 기본 생활의 안정을 얻는 일이다. 이 기본 조건을 충족시키기 위하여 가장 중요한 것은 '공정성(公正性)'의 미덕이다. 민주주의의 근본이 되는 신조는 모든 사람은 인간이라는 점에서 동등한 권리를 가졌다는 믿음이며, 이 믿음에 충실하게 살기 위해서는 나와 너 그리고 그들을 공정하게 대접해야 하기 때문이다.

공정성의 기본이 되는 것은 사리(事理)를 따라서 판단하고 사리를 따라서 행동한다는 의미의 합리적 정신이다. '공정하다' 함은 대인관계에 있어서 사리에 맞도록 판단하고 사리에 맞도록 행동함을 의미하기 때문이다. 그런데 '사리'라는 것은 매우 모호한 개념이어서 어떻게 판단하고 어떻게 행동하는 것이 사리에 맞는 것인지를 명백하게 밝히기는 그리 쉬운 일이 아니다. 다만 한 가지 명백한 것은 사리에 맞도록 판단하고 사리에 맞도록 행동하기 위해서는 우선 냉철하게 생각함이 앞서야 한다는 사실이다. 감정이 앞서면 사리에 어긋나게 판단하거나 사리에 어긋나게 행동하기 쉽다.

생각을 거듭함이 공정성의 미덕으로 연결되기 위해서는 생각하는 관점 또는 시각을 바르게 잡는 습관을 아울러 길러야 한다. 같은 사물도 보는 위치에 따라서 그 모습이 다르게 나타나듯이, 같은 문제도 보는 시각에 따라서 다르게 생각될 수 있다. 자기의 처지에서만 생각할 경우에는 생각을 골똘히 할수록 도리어 편파적 결론을 얻기 쉽다. 처지를 바꾸어 생각하기도 하고 제삼자의 관점에서 생각하기도 하여 여러 관점에서의 고려를 종합할 때, 비로소 공정하고 올바른 결론을 얻을 수 있다.

자기 자신을 위하고자 하는 관점에서 문제를 생각할 경우에도, 눈앞의 이익에 집착하는 근시안적 관점을 택하느냐 또는 자신의 전 인격과 전 생애를 아끼는 원대한 관점을 택하느냐에 따라서 문제 상황이 다르게 파악되며, 문제 해결을 위한 처방도 다르게 나타난다. 일반적으로 말해서, 근시안적 관점에서 생각할수록 공정성에서 먼 처방에 도달할 공산이 크고, 원대한 관점에서 생각할수록 공정성에 가까운 처방에 도달할 공산이 크다. 그러므로 항상 원대한 안목으로 문제를 바라보는 태도를 기르는 것도 공정성의 덕을 쌓기 위해서 필요한 태도의 하나다.

원대한 안목과 넓은 시야를 가지고 사물과 현실을 바라보는 태도는 공정성의 덕을 위해서만 요구되는 것이 아니다. 그것은 세상을 바르게 인식하는 데도 도움이 되고 작은 '나'를 넘어서서 공동체와 융화되기 위해서도 필수적이다. 그러므로 원대한 안목으로 삶의 문제를 멀리 그리고 길게 내다보는 마음가짐은 민주 사회의 건설을 위해서도 큰 힘이 되고 한 개인의 보람된 삶을 위해서도 크게 이바지한다. 원대한 안목은 사생활을 위해서나 공공 생활을 위해서나 항상 우리를 넓고 깊은 삶의 지혜로 인도한다. 그러므로 한국의 내일을 위한 인간 교육은 젊은이들에게 원대한 안목을 길러 주는 일에도 응분의 역점을 두어야 할 것이다.

현대의 자본주의 국가들이 공통으로 안고 있는 문제점의 하나는 금전만능과 사치 낭비의 풍조가 인간의 삶에 심각한 해독을 끼치고 있다는 사실이다. 오늘날 우리 한국이 겪고 있는 심한 혼란도 저 불건전한 가치관의 풍조와 깊이 연관되어 있다. 금전만능의 풍조는 지나친 사회 경쟁을 유발하여 돈벌이에 수단을 가리지 않는 폐단을 초래하며, 사치와 낭비의 풍조는 관능적 쾌락주의를 초래하여 온갖 범죄를 조장하고 있다는 사실만으로도, 이 그릇된 가치관이 지닌 해독을 짐작할 수 있을 것이다. 금전을 가치의 정상처럼 숭배하고 관능적 쾌락의 향유를 삶의 더없는 보람으로 착각하는 생활 태도는 내면적 가치보다도 외면적 가치를 우위(優位)에 놓는 가치관의 일환이므로, 내면적 가치의 우위를 회복하도록 노력하는 일도 내일의 한국을 위한 인간 교육이 역점을 두어야 할 과제의 하나다.

인격, 학문, 예술, 사랑, 우정, 평화, 정의 등 여러 가지 종류로 나누어지는 내면적 가치들의 공통분모적 기반이 되는 것은 인간 자신이다. 다시 말하면, 내면적 가치에 속하는 여러 가지 가치들의 공통점은 그 어느 것이나 인간에 근거를 두고 있다. 인격이라는 내면적 가치는 인간 내부에서 형성되는 것이며, 학문과 예술은 인간이 만들어 내는 것이다. 사랑 또는 우정은 사람과 사람 사이에서 생기는 것이며, 평화 또는 정의와 같은 내면적 가치는 인간의 집단생활을 통하여 실현된다. 내면적 가치에 속하는 모든 것들이 그 공통된 근거를 인간에 두고 있다는 사실은, 여러 내면적 가치가 값진 까닭이 인간의 값짐에 있다는 것을 강력하게 시사한다. 사람의 생명과 인격이 귀중하다 함은 바로 인간이 귀중하다는 것과 거의 같은 뜻으로 이해된다. 학문의 연구 또는 예술의 창작 활동을 그토록 소중히 여기는 이유도 그것이 **인간이** 하는 활동이라는 사실과 무관하지 않을 것이다. 평화 또는 정의 실현이 그토록 소중한 것도 그것들이 **인간 사회**의 평화요 정의이기 때문이다.

내면적 가치들의 공통분모적 기반이 되는 것이 인간 자신이라는 사실은, 인간을 존중히 여기는 마음이 약한 사회에서는 내면적 가치를 숭상하는 가치 풍토가 형성되기 어려우며, 인간을 존중히 여기는 관념이 강할수록 내면적 가치를 존중히 여기는 관념도 강하리라는 것을 짐작하게 한다. 그리고 실제에 있어서도 인간 존중의 사상이 강한 사회에서는 내면적 가치도 높은 대접을 받는다. 요컨대, 우리는 내면적 가치의 숭상과 인간의 존중 사이에 밀접한 수반관계(隨伴關係)가 존재함을 확인할 수 있으며, 이어서 우리는 내면적 가치를 존중히 여기는 가치관을 심어 주기 위한 교육의 기본은 인간 존중의 사상을 심어 줌에 있다는 결론을 얻게 된다.

인간 존중의 사상은 인간에 대한 사랑의 심리를 그 바탕으로 삼는다. 왜 인간을 존중히 여겨야 하느냐는 물음에 논리적으로 만족할 만한 대답을 주기는 어려울 것이며, 그러한 물음은 한갓 물음을 위한 물음의 범주를 크게 벗어나지 못하는 특수한 물음이다. 인간 존중의 근거를 굳이 말해야 한다면, 인간인 내가 '나' 자신을 사랑하는 원초적 심정에 대해 언급하지 않을 수 없을 것이다. 인간도 동물인 까닭에 '나'에 대하여 본능적 사랑을 금할 수 없으며, 나 자신에 대한 사랑이 한 개인의 껍질 속에 갇혀서는 안 된다는 자각이 작은 나의 벽을 허물고 동족 속으로 융화되기를 염원하는 감정으로 승화될 때, 거기 인간 존중의 관념이 생긴다고 필자는 믿는다. 인간 존중의 사상은 인간의 동족에 대한 사랑과 인간 속에 잠재한 가능성에 대한 믿음의 결합이다. 그것은 일종의 종교적 심정에 가깝다.

인간 존중의 바탕이 되는 것은 동족 인간에 대한 사랑이라고 하였다. 사랑의 심리를 바탕으로 삼는 인간 존중의 사상이 뿌리를 내리기 위해서는, 거칠고 억센 감정을 부드럽고 따뜻한 정서로 승화시키는 일이 필요하다. 냉철한 이지(理智)를 키워 주는 일과 훈훈한 정서를 도야하는 일도 새 시대의 인간교육이 힘써야 할 중요한 과제의 하나다. 정서교육에 관련해서 특히 역점을 두어야 할 것은 인애(仁愛)의 정과 감은(感恩)의 정을 가꾸는 일이라고 생각된다.

'인애'의 정신은 깊고 높은 경지에 이른 인간애(人間愛)에 해당한다. 이 인애의 정신은 특히 유교 문화권에서 윤리의 기본 원리로서 오래 숭상되어 왔으나, 근래에는 각박한 이기주의에 밀려서 잊혀 가고 있다. 기독교의 이웃 사랑과 근본이 같은 이 인애의 덕성을 다시 함양하는 것은 내일의 한국과 내일의 인류를 위해서 매우 중요한 과제다.

효(孝)의 기본이기도 한 '감은'의 덕성도 우리나라에서는 전통적으로 숭상되고 함양된 미덕이었다. 그러나 이 미덕도 근래에는 야박한 근시안적 풍조에 밀려서 옛 모습을 잃어 가고 있다. 옛 전통을 아끼는 사람들이 몹시 아쉬워하는 효 사상의 퇴색도 은혜에 감사하는 정서의 고갈과 깊은 연관성을 가졌다. 부모의 끝없는 은혜를 감사히 여기는 마음이 되살아나는 날 효의 덕목도 되살아날 것이다.

인간은 어느 시대에나 누군가의 은혜를 입어 가며 살기 마련이지만, 특히 현대에는 모든 사람이 무수한 사람들의 혜택을 입고 산다. 의도적 호의에서 베풀어진 혜택만을 은혜라고 생각할 이유는 없으며, 자급자족만으로는 하루도 살기 어려운 현대사회에서는 모든 인간이 여러 사람들의 봉사와 그들이 생산한 물품의 은혜를 입어 가며 살고 있는 것이 우리의 현실이다. 누구인지를 확인하기조차 어려운 무수한 사람들로부터 받는 혜택은 전체로서의 사회로부터 받는 혜택이기도 하다. 이 일반적 혜택을 은혜로 느끼고 이에 보답하고자 하는 마음씨가 널리 보급된다면, 우리 사회의 모습은 크게 밝아질 것이다.

이상에서 우리는 교육을 통하여 장차 실현하고자 하는 새로운 인간상이 갖추어야 할 조건으로서의 덕목을 몇 가지로 나누어서 고찰하였다. 그러나 앞에서 언급한 바와 같이, 여러 가지 이름으로 구별되는 인격 특질 또는 덕성(德性)이 각각 독자적으로 형성되거나 독립해서 존재하는 것은 아니다. "덕은 하나다."라고 가르친 소크라테스의 말이 시사하듯이, 그것들은 내면적으로 서로 연결되어 하나의 인격을 구성한다. 바꾸어 말하면, 한 개인의 인격은 통일된 전체를 이루는 것이며, 하나의 인격이 여러 가지 서로 다른 상황에서 자신을 표현했을 때 그 표현, 즉 언행(言行)의 원동력이 된 습성(習性)에 대하여 우리는 '공정', '절제', '책임감', '인애' 등의 이름을 붙인다.

여러 가지 이름으로 분류되는 덕이 근본에 있어서 하나라면, 그 근본을 이루는 어떤 심성(心性)이 있다고 보아야 할 것이다. 따라서 인간 교육의 핵심을 이루는 가치관 교육의 성패는 여러 가지 덕의 뿌리에 해당하는 그 근본적 심성을 바르게 인식하고 그것을 함양함에 달려 있다 하여도 지나치지 않을 것이다. 그리고 필자는 여러 가지 덕의 근본에 해당하는 그 심성을 넓은 의미의 **도덕적 의지**라고 생각한다. 여기서 '넓은 의미의 도덕적 의지'라 함은 사생활과 공공 생활의 두 측면을 가진 자신의 생애를 하나의 훌륭한 작품으로 만들고자 하는 건설적인 삶의 의지라고 풀어서 생각할 수 있을 것이다.

한 개인의 생애는 본인의 지혜와 노력을 동원하여 만들어 나가는 하나의 예술 작품과도 같은 일면을 가졌다. 한 개인이 그의 생애를 훌륭한 작품으로 만들기 위해서는 보람되고 값진 삶을 살겠다는 굳센 의지를 가져야 하며, 자신이 속해 있는 사회의 존속과 발전을 위해서 적극적으로 기여하는 한편 자신의 사생활도 보람찬 것으로 만들기 위한 성실한 노력을 기울여야 한다. 보람되고 값진 삶을 살겠다는 강한 의지와 공사(公私)간에 뜻있는 삶을 위해서 최선을 다하고자 하는 성실성이 그 사람의 인격을 형성하는 여러 가지 덕성의 기본에 해당한다. 뜻있는 삶을 위해서 최선을 다하고자 하는 성실성도 도덕적 의지의 작용으로 볼 수 있으므로, 여러 가지 덕성의 근본을 이루는 심성을 '넓은 의미의 도덕적 의지'라고 부를 수 있다고 본 것이다. 어쨌든 뜻있는 삶을 위하여 최선을 다하고자 하는 성실성 또는 넓은 의미의 도덕적 의지를 길러 줌이 윤리 교육 내지 인간 교육의 기본적 핵심이라고 결론적으로 말할 수 있을 것이다.

4. 인간 교육의 방안

인간 교육은 특별한 전문가들의 소관사이기보다도 교육의 임무를 가진 모든 사람들 또는 교육의 능력을 가진 모든 사람들의 공동 소관이다. 가정의 부모와 학교의 교사는 물론이요, 언론인과 시인 또는 소설가도 넓은 의미로 인간 교육의 능력과 책임을 가진 사람들이다. 남의 모방의 대상이 되는 사람들 또는 남을 거느리고 있는 사람들은 누구나 다소간 인간 교육의 교육자로서의 임무 또는 능력을 가졌다고 보아야 옳을 것이다. 인간 교육의 능력 또는 임무를 가진 사람들은, 각자가 놓인 처지에서 각자의 영향권 안에 있는 사람들의 인간 형성을 돕는 임무를 수행하기 위하여 그 능력을 발휘해야 한다고 보아야 마땅할 것이다.

가정은 인간 교육의 기본 도장이다. 사람됨의 틀이 유아기에 거의 형성된다는 심리학자들의 주장은 인간 교육에 있어서 가정교육이 얼마나 중요한가를 일깨워 준다. 그러나 우리나라에서는 이 중요한 가정교육이 제 궤도를 걷지 못하고 있다. 가정교육의 중요성을 몰라서가 아니라 그 길을 모르기 때문이다. 부모들은 무엇을 어떻게 가르쳐야 할 것인지 확신을 갖지 못한 까닭에 가정에서의 인간 교육을 포기한 상태에 있는 경우가 많다. 더러는 어떤 신념의 체계를 가지고 있기는 하나, 그 체계가 옛날 전통 사회에 근거를 둔 것이어서, 오늘의 현실에 맞지 않는 교육을 고집하는 부모들도 있다.

사회변동이 거의 없었던 농경시대에는 조부모나 부모들은 자신들이 선조로부터 배우고 살아온 길과 신념의 체계를 따라서 젊은 세대를 가르치기만 하면 그것으로써 가정교육의 임무를 충분히 수행했다고 볼 수 있었다. 그뿐 아니라 어른을 따르고 존경하는 위계질서의 윤리가 확고했으므로 조부모나 부모가 가정에서 교육자로서의 임무를 감당하기가 비교적 수월하였다.

그러나 공업이 경제의 주도권을 잡은 이래로 상황은 달라졌다. '정보화 시대'니 '세계화'니 하는 이 시대에 적응하기 위하여 어떻게 살아야 옳을지, 부모의 세대도 갈피를 잡기가 어려운 세상이 되었다. 이러한 실정인 까닭에 대부분의 부모들은 일상적이며 근시안적인 삶의 처방 이상의 것을 가르치지 못하게 되고, 나머지 일부는 자신들도 실천하지 못하는 낡아빠진 교훈을 공허하게 전수하는 것을 가정교육의 정도(正道)로 생각하고 있다.

세상의 모습이 바뀐다 하더라도 인간관계의 기본은 크게 바뀌지 않는 경우가 많다. 앞 절에서 살펴본 '바람직한 인간상'은 자유 민주 사회에 적합한 인간상을 염두에 두고 그 덕목을 고찰했던 것이나, 거기서 말한 바람직한 인간상은 앞으로 다가올 정보화 시대 또는 세계화 시대에도 역시 바람직함을 잃지 않을 것이다. 다만 새로운 문명의 발달에 따라 새로운 사회문제가 생길 가능성에 대비하여, 저 기본 덕목을 상황에 따라서 응용하는 지혜를 가꾸는 일에 유의할 필요는 물론 있을 것이다.

앞 절에서 열거한 덕성을 자녀들에게 길러 주는 일이 부모가 맡아야 할 인간 교육의 목표에 해당한다. 그러나 어린이를 상대로 하는 가정교육에서 복잡한 원칙이나 이론을 가르칠 필요는 없을 것이며, 바른 행위를 거듭하도록 인도함으로써 기본적 덕목을 몸에 익히도록 하는 일이 중요한 것이다. 예컨대, 거짓말을 안 하는 일, 약속을 지키는 일, 욕심을 부리지 않도록 하는 일, 가정이라는 공동체를 위해서 협력하는 일, 동물이든 식물이든 생명을 가진 것을 아끼고 사랑하는 일 등을 일상생활에서 몸에 익히도록 하는 것이 중요하다. 특히 검소한 생활에 만족하는 일과 이기적 행동을 삼가는 일에는 더욱 역점을 두어야 할 것이다.

자녀에게 가르치는 덕목은 개별적이고 구체적임이 바람직하다 하더라도, 부모들 마음속에서는 그 덕목들이 내면적으로 연결되어서 하나의 체계를 이루어야 한다. 바꾸어 말하면, 여러 가지 행위를 솔선수범함으로써 자녀들을 지도하는 부모로서는 삶에 대한 하나의 신념 체계를 갖는 것이 바람직하며, 그 신념 체계가 개별적 행위 지도의 철학적 바탕을 이루어야 할 것이다. 훌륭한 자녀 교육을 감당할 수 있는 떳떳한 부모가 되기 위해서는, 항상 공부하고 연구하는 평생교육의 자세를 견지할 필요가 있다.

자녀에게 도덕교육을 베풀기 위하여 훈계를 자주 하는 것은 별로 효과가 없을 것이다. 훈계라는 것은 중요한 기회에 가끔 하게 되면 약이 될 수 있으나, 너무 자주 하면 '잔소리'가 되어 역효과를 나타내기 쉽다. 직접적으로 훈계를 하는 것보다는 자연스러운 대화를 통하여 삶을 이야기하는 가운데 간접적으로 느끼도록 하는 편이 효과적이다. 부모와 자녀가 넓은 의미의 친구가 되는 것이 중요하다. 좋은 뜻으로 우정이 생기면 '부자유친(父子有親)'과 효(孝)는 자연히 이루어질 것이다.

부모와 자녀 사이에 우정이 생기기 위해서는 함께 생활하는 시간이 많아야 한다. 식사 시간을 함께 가질 뿐 아니라 취미도 함께 나누도록 노력함이 바람직하다. 운동을 함께 즐기는 것도 좋을 것이고, 음악 또는 영화를 함께 즐기는 것도 도움이 될 것이다. 비교적 실천하기 쉬운 것은, 가족이 함께 시청하기에 적합한 프로그램을 선정하여, 부모와 자녀가 텔레비전 앞에 함께 모여 앉는 시간을 갖는 일이다. 이러한 관점에서 보더라도, 아이들은 입학시험 준비에 쫓기고 부모는 직장 일에 쫓겨서 서로 얼굴을 마주볼 시간이 적은 우리나라 현실에는 문제가 많다.

가정교육이 제대로 되기 위해서는 우선 부모들의 생활 태도가 바로잡혀야 한다고 말한 셈이 되었다. 그러나 사회 전체의 가치 풍토가 병들어 있는데 무슨 수로 부모들의 생활 태도 즉 가치관을 바로잡을 수 있을까? 사회 전체의 가치 풍토가 병들어 있을 경우에는 그 영향 아래 있는 일반 시민들의 생활 태도 역시 병들어 있기 쉽다. 이러한 상황에서 우리나라의 부모들이 올바른 생활 태도를 취함으로써 자녀들에게 교육자로서의 모범을 보인다는 것이 어떻게 가능하겠는가?

가정교육이 바른 궤도에 오르기 위해서는 우선 부모의 생활 태도가 바로잡혀야 하고, 부모의 생활 태도가 바로잡히기 위해서는 사회 전체의 가치 풍토가 대체로 건전해야 한다. 그리고 사회 전체의 가치 풍토가 건전하기 위해서는 각 가정의 가정교육이 필수적이다. 우리의 문제 상황에는 일종의 순환 논리가 개재되어 있는 듯하며, 이 순환의 고리를 어떻게 끊느냐 하는 것이 지금 우리가 당면한 문제의 핵심이다.

　사회현상 속에 숨어 있는 논리는 형식논리학의 그것처럼 단순하지 않다. 우리는 편의상 '한국의 가치 풍토' 또는 '한국 부모들의 생활 태도' 따위의 단순한 표현을 사용하지만, 이들 표현이 가리키는 대상은 여러 가지 요소의 복합된 사회현상이다. 좀 더 알기 쉽게 말하자면, "한국의 가치 풍토는 불건전하다."는 말의 본뜻은 "대다수의 한국인이 불건전한 생활 태도를 보이고 있다."는 말의 뜻에 가까우며, 한국인 가운데 건전한 가치관을 가지고 건전하게 사는 사람도 상당수 있다는 사실을 부인하는 뜻은 가지고 있지 않다. 마찬가지로 "한국의 부모들의 생활 태도에 문제가 있다."는 말도 한국의 부모들 가운데는 자녀들의 귀감이 될 만한 훌륭한 생활 태도를 가진 사람도 적지 않다는 사실을 부인하는 뜻은 포함하지 않는다. 일반적으로 말해서, 사회현상은 여러 가지 요소들의 복합된 현상이며, 그 속에 어떤 순환 논리적 측면이 개재할 경우에도 그 순환 논리는 형식논리학의 그것처럼 엄밀한 것이 아니라 매우 느슨한 성격의 것이다.

　한국의 가치 풍토가 비록 병들어 있다 하더라도 건전한 생각을 가지고 착실하게 사는 사람들도 많이 있다. 우리나라 부모들의 생활 태도에 도덕적으로 문제가 많다 하더라도 모두가 그런 것은 아니며, 자녀들의 귀감이 되기에 충분한 부모들도 많다고 보아야 한다. 건전한 생각을 가지고 착실하게 사는 사람들의 존재가, 자녀들의 귀감이 되기에 손색이 없는 부모들의 존재가, 앞에서 말한 저 순환 논리적인 것의 고리를 끊을 수 있는 희망이다.

　전국의 부모들 가운데는 건실한 생활 태도를 견지하며 자녀들의 가정교육을 제대로 하고 있는 사람들도 상당수 있을 것이다. 이러한 부모들의 존재가 널리 알려지고 그들을 본받는 사람들이 점차로 늘어나도록 한다는 것은 우리들의 노력으로 할 수 있는 일이다. 그러한 전략이 성공한다 하더라도 사회 전체의 가치 풍토가 바로잡히기까지에는 너무 많은 시일이 걸릴 것이다. 그러나 가치 풍토를 바꾸는 일이란 본래 단시일 안에 성취할 수 있는 과제가 아니다.

학교에 들어간 뒤에도 인간 교육이 계속되어야 함은 물론이다. 각급 학교는 입학시험 또는 취직 시험을 위한 강습소의 차원을 벗어나서 삶을 배우는 도장으로서의 모습을 되찾아야 한다. 바꾸어 말하면, 학교의 교사는 단편적 지식이나 기술을 가르치는 소매상이기를 거부하고 스승다운 스승으로서의 인격과 권위를 회복해야 한다. 참교육을 입으로 부르짖는 것만으로는 부족할 것이며, 입으로 말한 바를 실천해야 할 것이다.

교사를 양성하고 임명하는 제도부터 크게 개선해야 할 것이다. 단순히 생계를 유지하기 위한 수단으로서 교사라는 직업을 선택하는 것이 아니라 교육자라는 직업에 대하여 매력을 느껴서 그 길을 선택하는 교사가 많도록 하는 방안을 강구해야 할 것이다. 교육대학과 사범대학의 입학생 전부를 교사로서의 자질이 충분한 젊은이들만으로 채우기는 어려울 것이나, 되도록 많은 숫자의 입학생의 자리가 스승다운 스승이 되고자 하는 뜻을 가진 사람들로 채워지도록 입학시험제도부터 새로운 방안을 강구해야 할 것이다. 일반 대학을 졸업한 사람들 가운데서 교사라는 직업이 적성에 맞는 젊은이들을 선발하여 일정한 기간의 연수를 거쳐서 교사에 임명하는 방안도 검토해 볼 만하다. 교사가 되기로 일단 결심한 사람들에게는 그 길에 맞는 교육을 해야 할 것이다. 직업의 첫째 의의가 돈벌이에 있다고 보기보다는 자아를 실현해 가며 사회를 위하여 뜻있는 일을 하는 가운데 삶의 보람이 있다는 직업관에 투철하도록 가르쳐야 할 것이다.

교사라는 직업이 자랑스러운 직업으로 느껴지도록 만드는 방안도 강구해야 할 것이다. 품위를 유지하기에 지장이 없을 정도의 처우 개선도 중요할 것이며, 학부모들이 돈 봉투로 교사의 품위를 떨어뜨리는 폐풍의 근절도 중요할 것이다. 공식 집회의 자리에서 교사에게 상징적 예우를 높게 함으로써 교사라는 직업에 대하여 긍지와 책임감을 느끼도록 하는 방안도 고려할 여지가 있다.

교사가 지식 또는 기술의 전수자(傳授者)에 그치지 않고 인간 교육의 스승 노릇까지 하기 위해서는, 그 자신이 삶에 대하여 확고한 신념 체계를 가져야 하며, 그 체계가 미래지향적 타당성을 가져야 한다. 그러므로 인간 교육을 감당할 수 있는 교사가 되기 위해서는 삶의 문제에 대해서 항상 공부하고 연구하는 자세를 견지할 것이 요구된다. 교사 각자의 개별적 노력만으로 이러한 요구에 부응하기는 어려운 일이므로, 함께 다짐하고 함께 연구하는 기회와 기구를 마련함이 바람직할 것이다. 그러한 기회와 기구가 유명무실한 것이 되지 않기 위해서는 헌신적인 중심 인물이 나타나야 하며, 도서 시설과 연구비 책정을 위하여 정부의 해당 기관과 학교 재단 또는 육성회와 동창회 등의 적극적 지원이 있어야 할 것이다. 이러한 일이 단시일 안에 눈에 보이는 성과를 거두기는 어려울 것이나, 장기적 안목으로 볼 때 매우 뜻 깊은 일이므로 적극적 협력과 대담한 투자를 아끼지 말아야 한다.

모든 학교의 모든 교사들을 단시일 안에 인간 교육의 훌륭한 스승으로 만든다는 것은 사실상 불가능한 일이다. 모든 일을 한꺼번에 하고자 하면 내실(內實)이 없는 형식적 사업으로 그치고 말 염려가 있으므로 일은 단계적으로 추진하는 편이 현명하다. 우선 모범이 될 만한 학교 또는 연구회를 선정하여 집중적으로 육성하고, 그 다음에 성공한 사례(事例)가 얻은 경험과 성과를 점차로 확산시키도록 꾀하는 순서를 밟는 편이 효과적일 것이다. 처음에는 작은 규모의 시험적 연구 또는 시험적 운동으로 시작하더라도, 장차 전국 규모의 연구 또는 운동으로 확대해 가야 함은 물론이다. 여기서 요망되는 것이 위대한 교육 지도자의 출현이다.

대학 입학시험 준비에 교사와 학생 그리고 학부모가 몰두하고 있는 우리의 현실을 감안할 때, 인간 교육이니 전인교육이니 하는 것에 역점을 두자는 것은 한갓 탁상공론에 불과하다고 반박할 사람도 있을 것이다. 입학시험 준비와 인간 교육은 양립하기 어려우며, 사람들은 대학 입학시험 준비를 소홀히 하면서까지 인간 교육에 힘을 기울이지는 않을 것이라는 생각이다. 그러나 입학시험 준비와 인간 교육이 양립하기 어렵다는 전제에 대해서 우리는 신중하게 검토할 필요가 있을 것이다.

인간 교육이란 영어 교육이나 수학 교육 또는 과학 교육처럼 따로 시간을 들여서 공부해야 할 독립된 과목이 아니라, 다른 과목들의 공부와 일상생활을 통하여 부지불식간에 이루어지는 종합적 교육이다. 그러므로 인간 교육을 잘하기 위하여 따로 많은 시간을 할애할 필요는 없으며, 여러 학과와 일상생활을 통하여 인간 교육이 잘되어서 인격의 틀이 잡히고 정서의 안정과 삶에 대한 건전한 생각을 갖게 되면, 다른 학과의 공부를 위해서도 도리어 크게 도움이 될 것이다.

종전에 대학의 입학시험에서 사용했던 암기 위주의 '객관식 문제'로 평가할 경우에는 그런 문제에 대비한 입학시험 준비가 인간 교육에 지장을 줄 가능성이 충분히 있다. 인간 교육 또는 전인교육이 종합적 사고력을 기르는 데는 도움이 되나 단편적 암기력을 기르는 데는 별로 도움이 되지 않을 것임에 의심의 여지가 없다. 그러나 단편적 지식의 암기를 요구했던 종전의 입학시험 문제 출제에 문제가 있었다는 것은 이미 공인된 사실이며, 이제는 종합적 사고력을 요구하는 서술형의 문제로 바뀌는 추세에 있다. 이 추세를 그대로 밀고 간다면 앞으로는 삶에 대한 폭넓은 사색을 요구하는 인간 교육이 대학 입학시험 경쟁을 위해서도 도움이 될 공산이 크다.

"교사는 많으나 스승은 없다."는 말을 하는 사람도 있으나, 요즈음에도 훌륭한 스승들이 전혀 없다고 보기는 어렵다. 비록 수는 많지 않을지 모르나 참으로 스승다운 스승들이 초등학교에도 있고, 중고등학교에도 있는 것으로 안다. 저명인사로서 널리 알려지지 않은 교사들 가운데도 훌륭한 스승들이 있다고 믿는다. 그리고 그러한 분들의 존재는 하나의 가능성을 의미하는 것으로서 우리나라 교육의 내일을 위한 희망이다.

대학생들은 이미 성인(成人)에 속하므로 고등학교 이하에서 실시하는 바와 같은 인간 교육은 이들에게 적합하지 않다. 그러나 대학 생활을 하는 가운데 젊은이들은 성숙한 인격을 향하여 장족의 발전을 할 수 있는 기회를 갖는다. 진지하고 활발한 대학의 분위기가 학생들의 인격 성장을 위한 영양이 되는 것이다. 학생들에게 인격의 성숙을 위한 기회와 분위기를 충분히 주지 못하는 대학은 대학다운 대학의 수준에 아직 이르지 못했다는 평가를 감수해야 할 것이다.

대학은 최고의 지성을 자랑하는 집단이다. 이 집단이 해야 할 일의 하나는 국가와 사회의 장래를 위한 길을 밝히는 일이다. 옛날의 예언자가 한 것처럼 직관을 통하여 하나의 길을 제시하는 것이 아니라, 이론적 탐구의 축적과 종합의 결과로서 얻은 바를 따라서 국가와 사회가 가야 할 길을 제시해야 한다. 그렇게 하기 위해서는 대학교에서의 연구가 허공으로부터 내려와 냉엄한 현실 속으로 파고들어야 할 것이다.

인간다운 인간을 길러 내는 일은 가정교육과 학교교육만의 과제가 아니라 사회교육의 과제이기도 하다. 인간을 길러 내는 일은 평생을 두고 계속해야 할 과제라는 뜻에서 사회교육의 과제일 뿐 아니라, 가정과 학교에서의 인간교육이 성과를 거두기 위해서는 사회 전체의 외곽적 지원이 긴요하다는 뜻에서도 사회교육의 과제라고 보아야 한다. 여기서 우리는 개인들의 건전한 가치관과 사회 전체의 건전한 구조 사이에 긴밀한 상관관계가 있다고 말한 앞에서의 언급을 상기한다. 사회 전체의 가치 풍토가 깊이 병들어서 부정과 부패가 만연했을 경우에는 가정과 학교에서 바르게 가르쳐도 그 설득력은 자칫 한계에 부딪친다.

건전한 가치 풍토의 형성을 위해서 국가와 사회기 해야 할 일 가운데서 가장 기본적인 것은 법질서를 확립하는 일이다. 법은 윤리 규범 가운데서 공권력을 동원해서라도 실천되도록 해야 할 가장 중요한 것이다. 윤리 규범 가운데서 이것만은 꼭 지켜져야 할 것들을 추려 놓은 것이 법에 해당한다. 그러므로 법이 무너지면 윤리 전체가 흔들리고, 법질서만 확립되면 우선 위기 상황은 모면하게 된다고 하여도 과언이 아닐 것이다.

법질서가 확립되기 위해서는 우선 법 조항들이 공정하고 또 우리 현실에 맞아야 한다. 법규 가운데 일부 특수층에게는 유리하고 그 밖의 사람들에게는 불리한 조항이 있다면, 그 법조항에 불만을 품은 사람들이 법을 지키는 일에 협조하기를 원하지 않을 것이다. 또 법규 가운데 우리 현실에 부적합한 조항이 있어서 사문화(死文化)한 사례가 많을 경우에도 법의 권위가 크게 손상될 것이다.

법규가 공정하고 현실적이기 위해서는 입법기관이 건실해야 한다. 법을 만드는 사람들이 정권욕 또는 그 밖의 사리사욕에 사로잡히면 법질서의 확립은 출발에서부터 난관에 부딪친다. 법을 만드는 사람들이 무식할 경우에도 같은 어려움이 따른다. 입법가로서의 자격이 없는 사람들에게 입법의 권한이 주어졌을 때 그 책임은 궁극적으로 그들을 선출한 유권자에게로 돌아온다.

법질서의 확립을 위해서 두 번째로 중요한 것은 사법 행정의 공정한 운영이다. 사법기관이 정치 세력의 입김에 눌려 독립성을 잃거나 돈 가진 사람들의 농간에 말려서 공정성을 상실할 경우에, 국민은 그 나라의 법을 믿지 않을 것이며 기꺼이 법을 지키지 않을 것이다. 법관의 권위를 높여 주는 것은 그들의 엄숙한 복장이나 거만스러운 태도가 아니라 공정하고 용기 있는 사법 행정의 운영이다.

법질서의 확립을 위해서 세 번째로 중요한 것은 국민 일반의 준법정신이다. 법의 제정이 잘되고 사법 행정의 운영이 공정하다 하더라도 국민 일반의 준법정신이 미약하면, 중과부적(衆寡不敵)의 현상이 일어나 법질서의 문란을 막기 어려울 것이다. 법조문 가운데 불공정한 내용만 없다면 서로 법을 지키는 것은 모두를 위하는 길이 된다. 그러나 대다수가 법을 어길 경우에는 고지식하게 지키는 소수가 우선 손해를 보게 되고, 결국은 법질서가 무너지면서 모든 사람들이 손해를 보는 어리석은 결과를 초래한다.

법질서의 확립 또는 붕괴를 초래함에 있어서 가장 영향력이 큰 것은 정치가들이다. 정치가들의 작태 여하에 따라서 일반 국민들의 생활 태도가 크게 좌우된다. 정권을 비판하고 정치가들을 욕하는 사람들까지도 정치가들의 작태로부터 영향을 받는다. 더러는 욕하고 미워하면서 그들을 모방하기도 한다. 우리는 정치가들에게 군자나 도학자가 되기를 기대하지는 않는다. 그러나 그들의 생활 태도가 국민에게 미치는 영향과 국가의 장래에 대해서 미치는 영향이 막대하다는 사실을 마음에 깊이 새겨 주기를 희망한다.

오늘날 사회교육과 관련해서 가장 큰 영향력을 가진 것은 대중매체다. 대중매체에 종사하는 사람들은 뜻하지 않아도 사회교육을 위한 교사의 구실을 하는 결과를 부르곤 한다. 대중매체 가운데서도 가장 큰 영향력을 가진 것은 아마 텔레비전과 신문일 것이다. 현재는 많은 젊은이뿐 아니라 성인들까지도 텔레비전과 신문을 통하여 좋고 나쁜 것을 많이 배우는 세상이다. 텔레비전과 신문의 책임이 막중하다는 것을 말해 준다.

방송국과 신문사 측에서도 그들의 사회적 책임이 막중하다는 것을 모르는 바 아니다. 그리고 사회교육을 위하여 음으로 양으로 어느 정도의 구실을 하고 있는 경우가 많다. 그러나 그들의 책임이 막중함에 비하여 그들이 실제로 하고 있는 일은 매우 불만족스럽다. 그들은 한편으로 건전한 내용의 영상 또는 글을 세상에 자주 내보내기도 했으나, 다른 한편으로는 천박하고 병적인 내용의 것을 크게 내보내는 경우도 흔히 있었다. 예컨대, 본받을 만한 미담은 작게 보도하고 남의 호기심을 끌기에 적합한 퇴폐적 현상을 크게 보도하기도 하고, 검소한 소비생활을 권장하는 글을 사치스러운 의상이나 가구의 화려한 광고로 뒤덮어 버리는 따위의 사례가 비일비재하다. 또 음란하고 천박한 내용으로 가득 찬 책이 잘 팔린다는 소문을 대서특필하여 그 책이 점점 많이 팔리도록 부추기기도 하고, 그 저자를 대중매체의 각광을 받도록 끌어내어 일약 저명 인사로 만들어 주기도 하였다. 폭력을 미화하는 화면을 내보내어 청소년의 시선을 끎으로써 시청률을 높이는 경우도 많았다.

방송국이나 신문사 또는 잡지사와 같은 언론기관이 불건전한 가치 풍토를 조장할 가능성이 많은 화면 또는 지면을 내보내는 까닭은, 언론기관까지도 상업주의에 물들어 있기 때문이다. 생각이 부족한 사람들의 호기심을 자극하여 돈을 벌기 위해서는 인간 교육에 위배되는 짓도 감행해야 하는 것이 우리들의 현실이다. 그러나 '언론(言論)'이라는 것은 본래 돈벌이의 대상이 아니다. 돈을 벌겠다는 목적으로 언론기관을 만든다는 것은 발상부터가 잘못이다. '언론'이라는 사업은 돈을 써 가며 해야 하는 사업이다. 고아원이나 양로원이 그렇듯이 언론기관도 돈을 써 가며 봉사하고자 하는 정신으로 운영되어야 한다.

명검(名劍)이 사람을 살릴 수도 있고 죽일 수도 있듯이, 오늘의 방송과 신문은 국가와 사회의 건설을 위하여 크게 기여할 수도 있고 국가와 사회의 파괴를 위하여 작용할 수도 있다. 방송과 신문에 종사하는 사람들의 사명감과 식견 내지 철학이 크게 요망된다. 대방송인(大放送人)과 대기자(大記者)의 양성에 도움이 될 연수와 연구 활동을 활발하게 전개함이 크게 요청되고 있다.

정치적 간섭이나 관료들의 입김이 미치지 않는 훌륭한 교육 방송 기구의 설립을 구체적으로 계획할 필요가 있다. 전국에서 가장 실력이 있다고 인정되는 지성인들이 기꺼이 참여할 수 있을 정도로 신망이 두텁고 재정도 넉넉한 교육 방송국이 출현한다면, 여러 가지 유익한 프로그램을 구상할 수 있을 것이다. 최고 권위자들의 체계적 강의를 연속해서 방송할 수 있을 것이며, 수준 높은 대담 또는 질의 응답의 프로그램도 실시할 수 있을 것이다. 그러나 단시일 안에 눈에 보이는 성과를 기대하기는 어려우며, 오래 계속하는 가운데 점차로 시청자들의 마음속에 어떤 변화가 생길 것을 기대할 수는 있을 것이다.

종교 단체도 막대한 영향력을 가지고 있다. 종교도 역시 양쪽에 날이 세워진 괴력을 가진 것으로, 많은 사람들의 구원과 도덕을 위하여 크게 이바지하는 한편, 수많은 전쟁의 원인이 되고 무수한 사람들을 불행의 나락으로 떨어뜨렸다. 만약 한국의 여러 종교 단체들이 탁월한 지도자를 앞세워 건설의 길로 매진한다면 그 성과는 매우 클 것이다. 이것은 결코 공상이 아니다. 현재에도 일부 종교 단체가 매우 뜻 깊은 일을 많이 하고 있으니, 이 일을 더욱 확대하고 활성화하는 것은 충분히 실현이 가능한 목표다.

근래에 신문사 또는 대학 등에서 성인 교육을 위한 강좌를 개설하는 경우가 흔히 있고 또 상당한 호응을 받고 있다는 소문이다. 정부의 각 부처와 기업체들도 오래 전부터 연수원을 두고 소속 직원들의 재교육에 신경을 쓰고 있다. 이러한 여러 가지 성인 교육에서도 삶에 대한 기본적 자세의 문제를 적절하게 다루는 것이 바람직하다. 어학 또는 취미나 직무와 직결되는 과목과 아울러, 윤리와 가치관 등 삶의 문제를 다루는 강좌도 개설하는 한편, 문답 또는 토론의 형식을 통하여 결론을 모색하는 시간도 나누면, 비교적 좋은 성과를 얻을 수 있을 것이다.

'바르게 살기', '공정한 사회의 건설' 또는 '공동 선(善)의 실현' 등을 구호로 삼고 윤리 운동을 전개하는 단체도 여기저기 나타나고 있다. 용두사미(龍頭蛇尾)가 되는 일시적 운동에 그치지 않고 꾸준히 지속하면, 이러한 사회단체들도 노력에 비례하는 성과를 올릴 수 있을 것이다.

사회 전체가 부정과 부패로 가득 차 극심한 혼란에 빠져 있는 상황에서, 일부의 사람들이 이를 바로잡으려고 안간힘을 쓴다 하더라도 어찌 대세를 막을 수 있겠느냐고 비관론을 펴는 사람도 있다. 그러나 그러한 비관론은 일을 신중히 추진해야 한다는 충고의 뜻을 가질 뿐 가장 바람직한 생각은 아니다. 비관적 시각에서 현실을 바라보는 것은 그 자체가 그리 건강한 심리는 아니다. 모든 현실에는 밝은 측면과 어두운 측면이 아울러 있다. 그 어두운 측면을 간과해서는 안 될 것이나, 어두운 측면에 압도당하지 않는 기력(氣力)은 항상 가지고 있어야 한다. 우리 현실을 비관적 시각에서 바라보는 사람이 많으냐 또는 낙관적 시각에서 바라보는 사람이 많으냐에 따라서 우리 한국의 장래는 크게 달라질 것이다.

사회라는 것은 어떤 경우에나 바르게 살고자 하는 세력과 이를 파괴하고자 하는 세력의 싸움터다. 한 개인의 마음속에서도 선(善)을 지향하는 세력과 악(惡)을 지향하는 세력이 항상 싸운다. 집단의 경우에 있어서나 개인의 경우에 있어서나, 건설과 선을 지향하는 세력이 그 반대의 세력보다 우세할수록 그 집단 또는 개인의 장래는 희망적이다.

보통 '건강하다'고 알려진 사람도 신체의 모든 부위가 만족스러운 것은 아니다. 충치 하나 없고, 두 눈이 모두 밝으며, 무좀균에게 침범당한 부위도 없고, 치질 기운도 전혀 없으며, 감기나 몸살과도 전혀 인연이 없을 정도로 완전히 건강한 사람은 없다. 더러 약한 부위가 있고 병든 세포가 일부에 있다 하더라도 생활에 별다른 지장이 없을 정도라면 우리는 그 사람을 '건강하다'고 말한다.

국가나 사회의 경우도 사정은 마찬가지다. 질서가 정연하고 평화로운 나라로 알려진 국가라 하더라도 어두운 구석이 전혀 없는 것은 아니다. 세계가 부러워하는 나라에도 범죄자가 전혀 없지는 않고 주정뱅이나 무위도식하는 자도 더러는 있다. 악의 세력이 다소 있다 하더라도, 전체로 볼 때 큰 문제만 없으면 우리는 그 나라 또는 그 사회를 '건전하다'고 평가한다.

개인의 경우에 있어서나 집단의 경우에 있어서나 가장 중요한 것은 건강한 부위 또는 건강한 생각을 가진 사람들의 세력을 키우는 일이다. 신체나 정신의 취약한 부분을 보강하는 것이 개인의 건강한 삶을 위하는 길이듯이, 그릇된 생각 또는 그릇된 생활 태도를 가진 사람들을 하나 둘 올바른 길로 돌아서도록 함께 노력하는 것은 집단의 건강과 번영을 위하는 길이다.

참고문헌

權近, 『陽村集』(『국역 양촌집』, 민족문화추진회, 1978).
吉再, 『冶隱集』(안병주 역, 『야은집』, 한국정신문화연구원, 1980).
김동인, 「발가락이 닮았다」, 『한국단편문학대계』, 삼성출판사, 제1권.
_____, 「김연실전」, 『정수한국문학전집』, 문호사, 제2권.
김이석, 「실비명」, 『한국단편문학대계』, 제6권.
_____, 「동면」, 『신한국문학전집』, 어문각, 제27권.
金富軾, 『三國史記』(이병도 역, 『삼국사기』, 을유문화사, 1983).
김송, 「서울의 하늘」, 『신한국문학전집』, 제9권.
김유정, 「따라지」, 『한국단편문학대계』, 제14권.
_____, 「소나기」, 『한국단편문학대계』, 제4권.
김용성, 『한국현대문학사탐방』, 국민서관, 1973.
金宗瑞 外, 『高麗史節要』(『국역 고려사절요』, 민족문화추진회, 1968).
김태길, 『소설에 나타난 한국인의 가치관』, Ⅰ, Ⅱ, 문음사, 1986.
_____, 『변혁 시대의 사회철학』, 철학과현실사, 1991.
민족문화추진회 편, 『전통윤리교범자료집(傳統倫理敎範資料集)』, 1984.
박경리, 『시장과 전장』, 현암사, 1964.
_____, 「표류도」, 『신한국문학전집』, 제11권.
박연희, 「연모」, 『신한국문학전집』, 제28권.
安鼎福, 『東史綱目』(『국역 동사강목』, 민족문화추진회, 1977).
염상섭, 「만세전」, 『정수한국문학전집』, 제4권.
_____, 「삼대」, 『정수한국문학전집』, 제4권.
아산사회복지재단 편, 『한국의 사회복지』, 1979.
유승국 외, 『한국윤리사상사』, 한국정신문화연구원, 1987.
유재용, 『비바람 속으로 떠나가다』, 소설문학사, 1982.
유주현, 『조선총독부』, 신태양사, 1967.
유진오, 「김강사와 T교수」, 『정수한국문학전집』, 제4권.
李穀, 『稼亭集』(『국역 동문선』, 민족문화추진회, 1970).
이광수, 『무정』, 경진사, 1954.
_____, 「흙」, 1932-1933.

李奎報, 『東國李相國集』(『국역 동국이상국집』, 민족문화추진회, 1980).

이기백, 『한국사신론(韓國史新論)』, 일조각, 1970.

이병도, 『한국사대관(韓國史大觀)』, 보문각, 1964.

이병모 외 편, 『오륜행실도(五倫行實圖)』, 을유문화사, 1972.

이무영, 「제일과 제일장」, 『한국단편문학대계』, 제3권.

이병기·백철, 『국문학전사(國文學全史)』, 신구문화사, 1965.

李穡, 『牧隱集』(『국역 동문선』, 민족문화추진회, 1970).

이석훈, 「질투」, 『한국단편문학대계』, 제3권.

李承休, 『動安居士集』(성균대학교 대동문화연구원 영인본, 『高麗名賢傳』에 수록).

이인직, 「설중매」, 『정수한국문학전집』, 제3권.

이호철, 『자유만복(自由滿腹)』, 단음출판사, 1968.

이홍직, 『국사대사전』, 지문각, 1968.

一然, 『三國遺事』(이병도 역, 『삼국유사』, 관조출판사, 1982).

鄭夢周, 『圃隱集』(이한조 역, 『포은집』, 대양서적, 1975).

鄭麟趾 外 편, 『高麗史』(『역주 고려사』, 동아대학교 고전연구실, 1982).

주요섭, 「아네모네의 마담」, 『한국단편문학대계』, 제2권.

채만식, 「레디메이드 인생」, 『한국단편문학대계』, 제3권.

_____, 「치숙」, 『한국단편문학대계』, 제3권.

최남선, 「국민조선역사(國民朝鮮歷史)」, 『최남선 전집』, 제1권.

최정희, 「인간사」, 『신한국문학전집』, 제24권.

河崙 外 편, 『太祖實錄』(『태조실록』, 세종대왕기념사업회, 1972).

현진건, 「술 권하는 사회」, 『한국단편문학대계』, 제1권.

_____, 「할머니의 죽음」, 『한국단편문학대계』, 제1권.

홍태식, 『한국 공산주의 운동 연구와 비판』, 삼성출판사, 1969.

황순원, 「황노인」, 『한국단편문학대계』, 제5권.

Green, T. H., *Prolegomena to Ethics*, 1890.

Moore, G. E., *Principia Ethica*, Cambridge University Press, 1956.

Perry, R. B., *The General Theory of Value*, New York, 1936.

Russell, B., *Marriage and Morals*, 1929.

편　　집 : 우송 김태길 전집 간행위원회

간행위원 : 이명현(위원장), 고봉진, 길희성, 김광수, 김도식,
　　　　　 김상배, 김영진, 박영식, 손봉호, 송상용, 신영무,
　　　　　 엄정식, 오병남, 이삼열, 이영호, 이태수, 이한구,
　　　　　 정대현, 황경식

우송 김태길 전집

한국 윤리의 재정립

지은이　　김태길

1판 1쇄 인쇄　2010년 5월 20일
1판 1쇄 발행　2010년 5월 25일

발행처　　철학과현실사
발행인　　전춘호

등록번호　제1-583호
등록일자　1987년 12월 15일

서울특별시 종로구 동숭동 1-45
전화번호 579-5908
팩시밀리 572-2830

ISBN 978-89-7775-710-3　94100
　　　978-89-7775-706-6　(전15권)
값 20,000원

●잘못된 책은 교환해 드립니다.